U0578962

BLUE BOOK

智 库 成 果 出 版 与 传 播 平 台

企业社会责任管理蓝皮书
BLUE BOOK OF ENTERPRISE SOCIAL
RESPONSIBILITY MANAGEMENT

中国上市公司 ESG 研究报告
（2023）

RESEARCH REPORT ON ESG OF CHINESE LISTED COMPANIES (2023)

组织编写／中国企业管理研究会社会责任与可持续发展专业委员会
　　　　　北京融智企业社会责任研究院
著　　者／王晓光　肖红军　等

社会科学文献出版社
SOCIAL SCIENCES ACADEMIC PRESS（CHINA）

图书在版编目（CIP）数据

中国上市公司 ESG 研究报告 . 2023 / 王晓光等著 . --
北京：社会科学文献出版社，2023.6
（企业社会责任管理蓝皮书）
ISBN 978 - 7 - 5228 - 1803 - 0

Ⅰ . ①中… Ⅱ . ①王… Ⅲ . ①上市公司-企业环境管
理-研究报告-中国-2023 Ⅳ . ①F279.246

中国国家版本馆 CIP 数据核字（2023）第 085953 号

企业社会责任管理蓝皮书
中国上市公司ESG研究报告（2023）

著　　者／王晓光　肖红军 等

出 版 人／王利民
组稿编辑／邓泳红
责任编辑／宋　静
责任印制／王京美

出　　版／社会科学文献出版社·皮书出版分社（010）59367127
　　　　　地址：北京市北三环中路甲 29 号院华龙大厦　邮编：100029
　　　　　网址：www.ssap.com.cn
发　　行／社会科学文献出版社（010）59367028
印　　装／天津千鹤文化传播有限公司

规　　格／开　本：787mm×1092mm　1/16
　　　　　印　张：25.75　字　数：388 千字
版　　次／2023 年 6 月第 1 版　2023 年 6 月第 1 次印刷
书　　号／ISBN 978 - 7 - 5228 - 1803 - 0
定　　价／158.00 元

读者服务电话：4008918866

《中国上市公司 ESG 研究报告（2023）》
编　委　会

中国企业管理研究会社会责任与可持续发展专业委员会

中国企业管理研究会，原名中国工业企业管理教育研究会，创建于1981年。1995年3月经民政部批准，改名为中国企业管理研究会。作为全国性社团组织，中国企业管理研究会的主要职能是向政府反映企业管理中出现的问题、提出企业管理政策建议；总结和推广企业的先进管理经验，并开展管理咨询服务；进行企业管理理论研究和学术交流；组织协调全国大专院校企业管理教材的编写和教学经验的交流；开展企业家经营管理知识培训和国家间的学术交流等。研究会现有理事单位近300家，涵盖企业、高等院校、研究机构和新闻出版单位。自成立以来，研究会不仅为我国大中型企业培训了许多优秀的经营管理人才，而且就高等管理教育的改革、成人教育的发展等问题向国务院和中央有关部委提出了一些重要建议，受到中央有关领导同志的好评。

中国企业管理研究会社会责任与可持续发展专业委员会（原为2014年成立的"中国企业管理研究会社会责任专业委员会"）的定位是充分发挥中国企业管理研究会的优势，将企业、高等院校、研究机构联结起来，引领中国企业社会责任与可持续发展的潮流，推动中国企业社会责任与可持续发展的理论研究与实践，提高中国企业的责任竞争力。中国企业管理研究会社会责任与可持续发展专业委员会的理事单位来自全国多个研究机构、高等院校和知名企业，主要任务是从事社会责任与可持续发展基础理论研究、社会责任与可持续发展管理与教学案例开发、举办社会责任与可持续发展活动与会议、开展社会责任与可持续发展理论与实践优秀成果跟踪评价、提供社会责任与可持续发展高端培训和咨询服务。

北京融智企业社会责任研究院

北京融智企业社会责任研究院（以下简称"研究院"）是一家在北京市民政局正式注册、国内专门从事企业社会责任研究与推广的专业机构，其核心团队包括国内较早从事社会责任研究和实践的主要专家，研究院致力于为政府、企业和非政府组织在社会责任领域提供强有力的研究平台、服务平台、沟通平台、创新平台和合作平台，积极推动国内企业社会责任理论与实践的持续健康发展。

研究院始终以建设国内领先、国际一流的企业社会责任研究与服务专业机构为着眼点，坚持秉承"融生达道、智造卓越"的办院宗旨，融知成智，积极为企业探寻可持续发展之道，用智慧帮助更多企业成就卓越。

研究院拥有一支具有较高专业水平、素质全面、能力突出、经验丰富、胸怀激情、具有国际视野的研究与服务团队，造就了一批资深的企业社会责任专家。研究院拥有广泛的产业、学界、政府、国际机构资源，建立了高层次的社会责任国际平台，与国内企业社会责任政府主管部门保持着密切的合作与联系，形成了由来自中国社会科学院、国务院发展研究中心、北京大学、北京师范大学等机构的国内一流专家组成的"智库"。

研究院长期以来专注于可持续发展和企业社会责任领域的研究、咨询、培训和传播工作，出版了多本具有较大影响力的企业社会责任著作或研究报告，创新开展了多次不同形式的企业社会责任专项培训，研发了适合中国企业实际的可持续发展和社会责任管理体系与模式，为30多家中央企业、金融机构以及众多中小企业提供了社会责任的专门咨询服务，组织了多次具有广泛影响的企业社会责任国际和国内会议，积极为企业搭建社会责任的沟通与传播平台。

研究院目前是国家标准委员会核心合作单位，参与中国企业社会责任标准以及中国企业社会责任报告标准的制定。研究院创新推出了以社会责任管理能力成熟度模型为基础、以利益相关方关系管理为主线、以可持续竞争力提升为目标的社会责任管理体系和模式。

主要编撰者简介

黄速建　中国企业管理研究会会长，中国社会科学院工业经济研究所研究员。主要从事企业改革、企业集团、创新管理方面的研究，主持了多项国家社科基金重大项目、国家自然科学基金项目、国家软科学计划项目、中国社会科学院重大项目以及多个部委委托的重大研究课题，出版著作几十部，发表论文几百篇。

王晓光　管理学博士，研究员，毕业于中国社会科学院研究生院，现任北京融智企业社会责任研究院院长，中国企业管理研究会副理事长，中国工业经济联合会企业社会责任促进中心主任，中国工业企业社会责任研究智库秘书长，国家企业社会责任标准起草组专家。主要从事企业社会责任管理、企业战略与组织等领域的研究，在企业社会责任管理与可持续竞争力领域提出了系统的理论框架。先后主持或参与了联合国开发计划署（UNDP）、国际劳工组织（ILO）、科技部、工业和信息化部、国务院国资委等国际组织与相关部委的研究项目几十个，主持大型企业的社会责任咨询与培训项目上百个，发表论文数十篇，出版专著和教材多部。

肖红军　先后就读于厦门大学电子工程系、厦门大学管理学院和中国社会科学院研究生院，分别获得工程学学士、管理学硕士和管理学博士学位。中国社会科学院工业经济研究所研究员，长期从事企业社会责任、企业成长方面的研究，曾主持和参与了多项国家科技支撑计划项目、"863"项目、国家社科基金项目，以及国家发展改革委、工业和信息化部等多个部委委托的重要研究课题，出版企业社会责任著作多部，在全国核心期刊上发表论文多篇。

邵晓鸥　北京融智企业社会责任研究院院长助理、北京融智企业社会责任研究院可持续发展部部长，中国工业企业社会责任研究智库专家、研究院电力能源行业首席专家。具有海外学习经历，主要从事企业社会责任管理、企业传播策划、供应链管理等领域的研究。承担及参与政府、企业、非政府组织的课题或项目100余项，具有丰富的电力行业咨询服务经验。

王海龙　北京融智企业社会责任研究院常务副院长，中国工业企业社会责任研究智库专家、社会责任标准专业委员会副主任，主要从事企业社会责任管理、品牌管理、企业文化、企业公益、党建管理等领域的研究。承担及参与政府、企业、非政府组织的课题或项目200余项，具有丰富的企业管理咨询服务经验。在企业社会责任战略规划制订、企业社会责任指标体系构建、企业社会责任报告撰写等方面，具有丰富的经验。参与编写了《中国上市公司社会责任能力成熟度报告》等著作多部。

付先凤　北京融智企业社会责任研究院副院长/融智学院院长，中国工业企业社会责任研究智库专家、北京融智企业社会责任研究院资源与制造行业首席专家，主要从事企业社会责任管理、内控与风险管理等领域的研究。承担及参与政府、企业、非政府组织的课题或项目100余项，主持企业公众透明度蓝皮书、上市公司社会责任管理能力成熟度蓝皮书的研究与编写工作，对矿业、机械等行业具有较为深入的研究。

摘　要

　　ESG 是 Environmental（环境）、Social（社会）和 Governance（治理）三个英文单词的首字母缩写，强调企业不仅要关注财务绩效，而且要从环境、社会及治理角度衡量企业价值，使企业履行社会责任的表现可量化、可比较并可持续改善。随着资本市场的实践经验逐渐积累，ESG 理念带来的投资效益逐渐显现，投资者们发现其在规避投资风险方面具备突出价值。2022 年 5 月，国务院国资委发布《提高央企控股上市公司质量工作方案》，推动更多央企控股上市公司披露 ESG 专项报告，力争到 2023 年相关专项报告披露"全覆盖"。基于以上背景，北京融智企业社会责任研究院开展了中国上市公司 ESG 评价，并编写《中国上市公司 ESG 研究报告（2023）》。

　　在以往研究的基础上，北京融智企业社会责任研究院按照证监会分类标准，主要从上证 180 指数、深证 100 指数、沪深 300 指数、科创 50 指数、明晟中国 A 股国际通指数（MSCI CHINA 200）等 A 股成分股中筛选出十五大行业样本企业共 489 家，用来反映中国资本市场整体 ESG 发展水平。

　　本研究报告由总报告、技术报告、行业报告、投资报告等构成。从政策监管、信息披露、投资市场等方面对比海外先进发展经验，解读中国上市公司 ESG 与 ESG 投资发展情况，夯实理论研究基础，在借鉴国际经验的同时结合中国国情与上市公司面临的实际情况，进一步完善了 2022 年度中国上市公司 ESG 评价研究方法，旨在对中国上市公司年度 ESG 表现进行多角度、全方位的深入分析，提出降低上市公司环境风险、社会风险、治理风险，提升上市公司 ESG 管理水平的针对性措施。

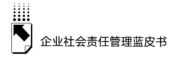

　　本书重点对489家中国上市公司进行分析，2021~2022年中国上市公司ESG评价得分整体较低，对于气候变化风险的关注不够，社会实践水平普遍偏高，在15个行业大类中，金融业ESG表现较好。本书聚焦十大重点行业中国上市公司ESG实践水平进行分析，并按照不同维度对样本评价为优秀的实践进行展示，分别是制造业（高耗能、高排放行业），制造业（其他行业），金融业，电力、热力、燃气及水生产和供应业，信息传输、软件和信息技术服务业，交通运输、仓储和邮政业，采矿业，建筑业，房地产业，科学研究和技术服务业，提炼形成了五大发现和五大趋势展望，从结论上看，2022年，中国上市公司ESG信息披露质量不断提升，各大行业差异显著；监管政策方面持续完善，ESG信息披露要求逐渐严格；企业方面，ESG发展理念与企业经营融合深度不足，仍需进一步加强ESG实践。在趋势展望部分，希望能为上市公司提高ESG管理水平和信息披露有效性提供参考，为政府部门、资本市场投资者及其他参与者等进行科学决策提供研究基础和相应的政策建议。

　　最后，展望中国ESG投资的未来方向，从ESG对上市公司盈利改善和风险防控的角度，引导上市公司践行ESG理念，帮助实现高质量、可持续发展，在服务新发展格局和促进经济高质量发展中发挥引领作用。同时选取具有行业代表性或具有ESG管理实践示范意义的上市公司，激励和推动更多的企业加入ESG行动，为其他企业融合中国市场特色、提高ESG管理与实践水平提供参考。

　　关键词： 中国上市公司　ESG评价　ESG投资　ESG实践

目 录 ↖

I 总报告

II 技术报告

III 行业报告

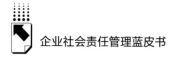

Ⅳ　投资报告

皮书数据库阅读使用指南

总 报 告

General Reports

B.1

2021~2022年中国上市公司
ESG综合分析

黄速建　王晓光　高慧莹*

摘　要： 本报告系统评价了中国上市公司ESG表现。通过对489家中国
上市公司进行分析发现，中国上市公司ESG评价得分整体较低，
获评A~AAA级企业仅占比11.86%；中国上市公司对于气候变
化风险的关注相对不够，ESG管理水平不高；中国上市公司社
会实践水平普遍偏高，普遍注重社区发展与员工权益，但供应
链管理水平和客户权益保护水平有待提升。在15个行业大类中，
金融业ESG表现较好，制造业ESG表现欠佳。

关键词： ESG　中国上市公司　企业社会责任　可持续发展

---

* 黄速建，中国企业管理研究会会长、中国社会科学院工业经济研究所研究员，主要从事企业
改革、企业集团、创新管理方面的研究；王晓光，博士，研究员，北京融智企业社会责任研
究院院长，主要从事企业社会责任管理、企业战略与组织等领域的研究；高慧莹，北京融智
企业社会责任研究院副研究员，研究方向为ESG市场调研。

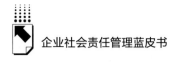

一　研究样本说明

（一）样本选取说明

1. 指数来源

中国上市公司 ESG 评价分析是针对在上海证券交易所（简称"上交所"）和深圳证券交易所（简称"深交所"）部分上市公司开展的有关ESG 实践水平的评价分析。本次研究的样本选自上证 50 指数、上证 180 指数、上证 380 指数、深证 100 指数、沪深 300 指数、科创 50 指数、中证 500指数以及 MSCI CHINA 200 上市公司，并进行去重处理，最终的样本数量总计 489 家。

上证 50 指数，是上海证券市场规模大、流动性好的最具代表性的 50 只股票组成的样本股，综合反映了上海证券市场最具市场影响力的一批优质大盘企业的整体状况。

上证 180 指数，是上海证券交易所对原上证 30 指数进行了调整并更名而成的，入选的个股均是一些规模大、流动性好、行业代表性强的股票。该指数不仅在编制方法的科学性、成分选择的代表性和成分的公开性上有所突破，同时也恢复和提升了成分指数的市场代表性，从而能更全面地反映股价的走势。

上证 380 指数，是上海证券交易所和中证指数公司于 2010 年 11 月 29日正式发布的。该指数与上证 180 指数、上证 50 指数等蓝筹指数一起构成上海市场主要的蓝筹股指数，它的出现反映了上交所上市公司及股票结构的变化与发展。

深证 100 指数，是中国证券市场第一只定位投资功能和代表多层次市场体系的指数。由深圳证券交易所委托深圳证券信息公司编制维护，指数包含深圳市场 A 股流通市值最大、成交最活跃的 100 只成分股。深证 100 指数的成分股代表了深圳 A 股市场的核心优质资产，成长性强，估值水平低，具有很高的投资价值。

沪深 300 指数，是由上海证券交易所和深圳证券交易所联合发布的反映 A 股市场整体走势的指数，在上海和深圳证券市场中挑选出来的规模大、流动性好的 300 只 A 股样本，沪深 300 指数覆盖了沪深两个证券市场，覆盖了沪深市场六成左右的市值，具有良好的总体市场代表性，能客观真实地反映 A 股市场运行状况。

科创 50 指数，由上海证券交易所科创板中市值大、流动性好的 50 只证券组成，反映最具市场代表性的一批科创企业的整体表现。科创 50 不仅将普通股纳入样本空间，还加入红筹企业发行的存托凭证和不同投票权架构公司股票，使其代表性增强。

中证 500 指数，由中证指数有限公司开发，其样本空间内股票是由全部 A 股中剔除沪深 300 指数成分股及总市值排名前 300 的股票后，总市值排名靠前的 500 只股票组成，综合反映中国 A 股市场中一批中小市值公司的股票价格表现。

明晟中国 A 股国际通指数，MSCI 是美国著名指数编制公司明晟公司的简称，是股权、固定资产、对冲基金、股票市场指数的供应商，旗下编制了多种指数。MSCI 指数是全球投资组合经理采用最多的基准指数。2018 年 5 月 15 日，MSCI 从中国 A 股公司中挑出 234 家公司，于 6 月 1 日生效。自 2018 年 6 月 1 日起，首批 234 只 A 股被纳入 MSCI 新兴市场指数。2020 年 11 月 30 日，MSCI 最新成分股调整名单公布，521 家上市公司被纳入其中。所有被纳入的上市公司都将接受 ESG 评测，不符合标准的公司将会被剔除。比起纳入 A 股的比例和名单，MSCI 和海外投资机构更看重的是 ESG 表现。

2. 信息来源

本研究主要基于以下四个信息来源渠道："国泰安数据服务中心"所开发的中国上市公司研究系列数据库，"Wind 资讯"所开发的中国上市公司数据库，东方财富旗下金融数据平台"Choice 金融终端"，上市公司的企业年度报告、企业社会责任报告/可持续发展报告/ESG 报告和企业官方网站以及权威组织平台。

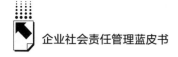

"国泰安数据服务中心"中国上市公司研究系列数据库收录了中国上市公司近年来的所有可能涉及的基本数据信息。本研究主要从"国泰安数据服务中心"中国上市公司研究系列数据库中收集了有关企业规模、上市时间、企业营利性、企业成长性以及企业公司治理等方面的企业基本信息。"Wind 资讯"涵盖了中国上市公司研究方面的大部分数据,本研究主要从该数据库中获取了样本企业名单,并从"国泰安数据服务中心"、东方财富旗下金融数据平台"Choice 金融终端"收集对应的企业信息,最终构成了较为完整的中国上市公司样本信息数据。

企业年度报告、企业社会责任报告/可持续发展报告/ESG 报告和企业官方网站是企业自主披露社会责任信息的重要平台和载体,其中,企业年度报告主要披露企业财务方面的信息,企业社会责任报告主要披露企业履责方面的管理实践信息,企业官方网站作为企业外部主要信息沟通渠道,较为集中且及时地展现了企业年度的新闻资讯和产品服务等相关信息。综合企业年度报告、企业社会责任报告/可持续发展报告/ESG 报告和企业官方网站收集到的各类信息,基本能实现企业财务信息和非财务信息的全覆盖。

(二)样本特征介绍

1. 上市地点分布

本研究样本企业的上市地点主要集中于上海和深圳,在 489 家样本企业中,324 家企业在上海上市,占比 66.26%;165 家企业在深圳上市,占比 33.74%。

2. 行业属性分布

本研究 489 家样本企业,按行业性质进行划分,分别为制造业企业 302 家,金融业企业 60 家,采矿业企业 11 家,房地产业企业 9 家,电力、热力、燃气及水生产和供应业企业 30 家,批发和零售业企业 7 家,信息传输、软件和信息技术服务业企业 28 家,建筑业企业 9 家,卫生和社会工作企业 4 家,交通运输、仓储和邮政业企业 13 家,教育业企业 1 家,农林牧渔业企业 3 家,科学研究和技术服务业企业 7 家,文化、体育和娱乐业企业 3 家,租赁和商务服务业企业 2 家。

3. 企业性质分布

本研究 489 家样本企业，按企业性质进行划分，分别为国有企业 206 家，占比 42.13%；民营企业 277 家，占比 56.65%；中外合资企业 6 家，占比 1.23%。

二　研究总体分析

2021 年中国上市公司的 ESG 评价平均得分为 43.97 分，整体处于 B 级。本研究的 489 家样本企业中，ESG 评价处于 A～AAA 级的企业有 58 家，占比 11.86%；处于 B～BBB 级的企业有 220 家，占比 44.99%；处于 C～CCC 级的企业有 211 家（见图 1），占比 43.15%。这表明仅 10% 多一点的企业在 ESG 方面探索出了较为优秀的 ESG 管理实践，仍有近 90% 的企业在 ESG 实践方面的表现不够成熟，处于评价体系的中游或下游水平。随着国家可持续发展政策和"双碳"目标的推进，资本市场对 ESG 的关注程度日益提升。上市公司积极强化践行 ESG 理念，提升自身在环境、社会责任和公司治理方面的表现，从而降低 ESG 风险，向投资者传递积极向好的信号，增强自身的竞争优势，实现企业的稳健发展。

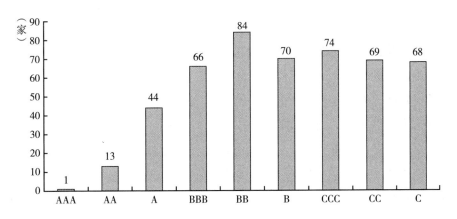

图 1　2021 年中国上市公司 ESG 评级结果分布情况

中国旅游集团中免股份有限公司（以下简称"中国中免"）作为全球免税店类型最全、单一国家零售网点最多的免税运营商，在2021年中国上市公司ESG评价中表现最好（见表1），成为唯一获得AAA级的企业。中国中免连续六年荣获上交所信息披露工作A级评价，并在本研究期内发布《中国旅游集团中免股份有限公司2021年度环境、社会及管治报告》，明确披露了公司的ESG工作目标、可持续发展规划和ESG管治架构，系统披露了公司在环境、社会和治理等维度的履责绩效和履责实践，ESG综合表现突出。

表1 2021年中国上市公司ESG评级排序前五名

行业属性	企业名称	经济维度评级排名	环境维度评级排名	社会维度评级排名	治理维度评级排名
租赁和商务服务业	中国旅游集团中免股份有限公司	29	5	81	34
金融业	中国建设银行股份有限公司	268	19	12	23
制造业	益海嘉里金龙鱼粮油食品股份有限公司	384	25	6	8
信息传输、软件和信息技术服务业	中国联合网络通信集团有限公司	465	72	19	30
信息传输、软件和信息技术服务业	国电南瑞科技股份有限公司	372	7	48	33

随着社会意识的进步和ESG体系的不断完善，许多上市公司进行ESG实践不仅是出于外部压力或管理层自利动因，而且也可能是一种期望创造价值的自发性行为。近年来，上市公司ESG信息披露水平逐年提升，主动进行ESG信息披露的上市公司数量和比例逐年增加，且中高评级的上市公司数量呈逐年提升趋势。尽管ESG责任投资及相关理念在中国的起步相对较晚，国内的ESG发展整体处于初级阶段，但国内已经有企业在ESG实践中获得了较为优异的表现，处于中游及下游水平的企业亟须对标优秀企业，提高ESG实践水平，通过良好的ESG实践获得利益相关方的认可，吸引资本市场投资者的关注，为企业长期可持续发展带来新的机遇。

三 不同维度综合分析

在本研究考察的 15 个行业大类 489 家上市公司中，归属于教育业的企业仅 1 家，无法支撑以离散法计算其在各维度的权重得分，故不再将其纳入各维度评价结果分析。

在本研究考察的经济、环境、社会和治理这 4 个维度中，社会维度平均得分最高，为 50.16 分，处于 BB 级；其次为经济维度，为 47.61 分；治理维度平均得分为 45.37 分；环境维度平均得分最低，为 42.65 分（见图 2）。经济、治理和环境维度均处于 B 级水平。上市公司需要以加强 ESG 管理为切入点，注重公司在经济、环境、社会等方面的表现，让公司在组织治理、绿色产品和技术、社区发展等方面有所作为，提高企业 ESG 管理水平，提升资源利用效率，降低成本，促进公司财务绩效与 ESG 绩效的同步增长。

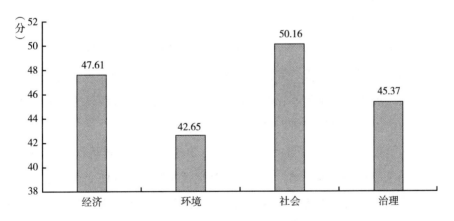

图 2　2021 年中国上市公司 ESG 各维度得分情况

中国上市公司 ESG 评价的经济维度主要考察企业经营方面的经济绩效，包括盈利能力、成长能力、偿债能力及投资价值。样本企业中，经济维度 ESG 评价处于 A~AAA 级的企业有 58 家，占比 11.86%；处于 B~BBB 级的企业有 220 家，占比 45.08%；处于 C~CCC 级的企业有 210 家（见图 3），占比43.03%。研究表明，90%以上的企业经营压力较大，偿债能力成为最关键的经济指标，尤为考验上市公司的抗风险能力。

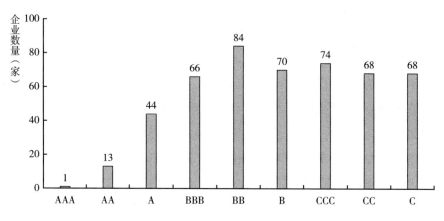

图3 2021年中国上市公司经济维度评级结果分布

上市公司践行ESG理念并不意味着为了追求可持续性而牺牲财务绩效，恰恰相反，ESG能够帮助企业规避已存在的治理问题和潜在的ESG风险，降低投资者投资亏损的可能性，提高上市公司的可投资性和抗风险能力。根据行为金融学理论，当投资者信心处于较高水平时投资的意愿较强，由于对公司未来发展前景充满信心，投资者可能会做出大量购入股票的决策，从而推动股价的上升，最终促进经济绩效的提升。

中国上市公司ESG评价的环境维度主要考察企业在环境层面的环境管理、资源能源利用、废弃物排放、生态环境保护和应对气候变化等方面的信息披露情况。同时，本研究从行业面临的风险和机遇等方面，对各重点行业在环境维度的风险议题进行提炼，筛选出资源能源使用、污染物和气候变化等行业风险议题。在样本企业中，环境维度ESG评价处于A~AAA级的企业有87家上市公司，占比17.83%；处于B~BBB级的上市公司有161家，占比32.99%；处于C~CCC级的上市公司有240家，占比49.18%。如图4所示，在环境维度处于AAA级的企业最少，C级的企业最多，80%以上的企业处于评价体系的中游及下游水平，在环境维度的ESG实践表现及披露水平较差。

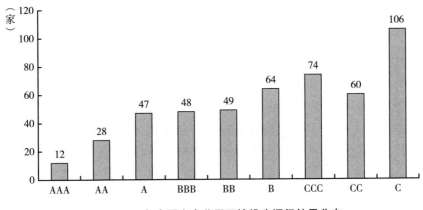

图 4　2021 年中国上市公司环境维度评级结果分布

近年来，党中央、国务院高度重视绿色低碳发展、高质量发展、可持续发展，2021 年 5 月，生态环境部印发的《环境信息依法披露制度改革方案》提出，到 2025 年，环境信息强制性披露制度基本形成，企业依法按时、如实披露环境信息。中国上市公司应积极响应国家战略安排，落实各项工作要求，系统推进环境信息披露工作，健全环境信息披露制度，重点关注资源能源使用、污染物和气候变化等行业风险议题，全面识别环境风险并制定应对管理办法，提高上市公司的环境信息披露水平，打造追求绿色低碳发展的企业形象，从而在资本市场获得更好的投资机会。

中国上市公司 ESG 评价的社会维度主要考察企业在社会层面的员工权益与发展、供应链管理、客户权益保护、社区发展等方面的信息披露情况。同时，本研究从行业面临的风险和机遇等方面，对各重点行业在社会维度的风险议题进行提炼，筛选出人权、劳工、产品责任、创新、供应链和社区等行业风险议题。在样本企业中，社会维度 ESG 评价处于 A~AAA 级的企业有 123 家上市公司，占比 25.20%；处于 B~BBB 级的上市公司有 173 家，占比 35.45%；处于 C~CCC 级的上市公司有 192 家（见图 5），占比 39.34%。上市公司在社会维度各评价等级的分布较为平均，有 1/4 的企业获得 A~AAA 级评价，在本研究考察的四个维度中表现最好。

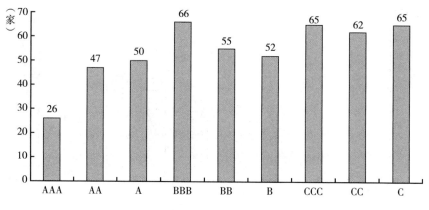

图 5　2021 年中国上市公司社会维度评级结果分布

　　从短期财务视角来看，上市公司在社会维度的 ESG 实践会被认为是一种成本支出，但从长期来看，企业为员工提供安全、健康、温暖的工作环境和权益保障，为供应商提供公平、透明、平等的合作氛围，有助于为企业发展提供稳定的人才队伍和业务关系，是长期积累并持续发挥价值的积极成果。针对各项行业风险议题，供应链或成最受关注的议题。当前，随着各个行业开展数字化转型实践，数字化供应链已成为新的发展趋势，上市公司应积极搭建数字化供应链体系，帮助供应商、生产制造商和经销商间实现数据互通、供应链融合，最大限度地为供应链上下游企业提供规范化、信息化的商品信息，综合提升企业和供应链伙伴的运营效率，实现合作共赢的和谐局面。

　　中国上市公司 ESG 评价的公司治理维度主要考察企业在治理层面的组织治理、合规风险管理、ESG 管理和信息披露等方面的表现。同时，本研究从行业面临的风险和机遇等方面，对各重点行业在治理维度的风险议题进行提炼，筛选出股东、管理、腐败与不正当竞争和合规经营等行业风险议题。在样本企业中，治理维度 ESG 评价处于 A～AAA 级的企业有 57 家上市公司，占比 11.68%；处于 B～BBB 级的上市公司有 230 家，占比 47.13%；处于 C～CCC 级的上市公司有 201 家（见图 6），占比 41.19%。将近 90% 的上市公司治理能力处于评价体系的中等及偏下水平，公司治理水平仍需进一步提升。

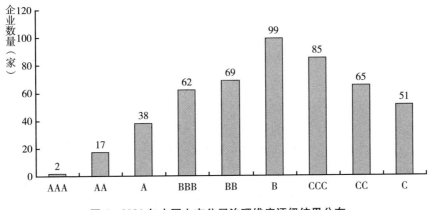

图 6　2021 年中国上市公司治理维度评级结果分布

2022 年 4 月 15 日，中国证监会发布《上市公司投资者关系管理工作指引》，首次将 ESG 纳入上市公司投资者关系管理的沟通内容中。上市公司在管理层面建立 ESG 管治架构，确立 ESG 管理办法，有利于为企业组织治理提供新的思路和方法，通过全方位的管治架构建设，全面评估企业合规风险并制定应对机制，提高股东等投资者对企业治理的参与程度，实现组织管理的多元化，提高决策科学化程度，为企业实现可持续发展提供稳健动力。

四　不同企业性质综合分析

对 489 家样本企业按企业性质进行划分，分别为国有企业 206 家，占比 42.13%；民营企业 277 家，占比 56.65%；中外合资企业 6 家，占比 1.23%。

在国有企业中，12.62% 的上市公司获得 A~AAA 级评价，46.60% 的上市公司获得 B~BBB 级评价，40.78% 的上市公司获得 C~CCC 级评价。在民营企业中，10.47% 的上市公司获得 A~AAA 级评价，44.04% 的上市公司获得 B~BBB 级评价，45.49% 的上市公司获得 C~CCC 级评价。在中外合资企业中，50.00% 的上市公司获得 A~AAA 级评价，33.33% 的上市公司获得

B~BBB 级评价，16.67%的上市公司获得 C~CCC 级评价（见图7）。综合样本量和统计结果来看，国有企业的 ESG 表现优于民营企业。

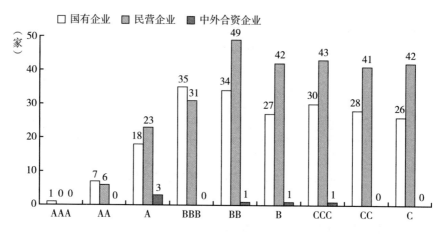

图7　2021年中国上市公司不同企业性质 ESG 评级结果分布

国务院国资委制定印发了《提高央企控股上市公司质量工作方案》，推动提高央企控股上市公司质量，要求央企控股上市公司建立更健全的 ESG 体系，实践更完善的 ESG 披露，争取到2023年实现 ESG 专项报告披露"全覆盖"。基于此，部分中央企业上市公司积极探索开展 ESG 实践，着手建立更加完善的 ESG 治理机制。2021年，国有上市公司的 ESG 平均得分为45.53分，略优于民营企业（见图8），但仍存在部分国有上市公司对 ESG 重视程度不足、ESG 信息披露水平不高的情况。

国有企业是中国经济社会发展的中坚力量，是国民经济良性发展的压舱石和稳定器。国有企业主动践行 ESG 理念，将 ESG 理念持续落实到下属的分公司及子公司、上下游企业，共同提高我国 ESG 实践水平。民营企业虽然不像国有企业一样接受更多的监管，但在监管要求方面，中国证监会、深交所、上交所相继出台信息披露政策指引。在 ESG 投资方面，国内监管以绿色金融、普惠金融为核心，出台了一系列政策，推动商业银行、公募基金等各类金融机构开发更多绿色贷款、绿色债券、绿色基金、碳金融产品等基于 ESG 投资理念的金融产品，引导资金向清洁、低碳、环保的企业和项目

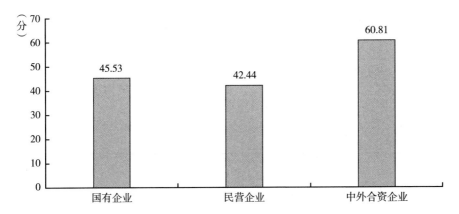

图8 2021年中国上市公司不同企业性质 ESG 评价平均得分情况

倾斜。投资者进行投资决策主要集中关注规避风险以及获得投资收益。良好的 ESG 评价可以补充传统财务报表缺乏的信息，帮助投资者更全面地了解投资标的风险和回报信息。因此，无论是国有企业、民营企业还是中外合资企业，扎实开展 ESG 实践，逐步提升 ESG 信息披露水平已成为其实现可持续发展的应有之义。

五　企业所在不同行业综合分析

样本量内上市公司归属的行业（行业大类）共分为 15 个大类，其中，教育业，租赁和商务服务业，批发和零售业，文化、体育和娱乐业，农林牧渔业，卫生和社会工作 6 个行业由于样本企业数量较少，不足以支撑行业分析，因此，该 6 个行业企业不列入以下行业分析。研究表明，ESG 综合表现最好的三个行业分别是金融业、科学研究和技术服务业以及房地产业，评价结果均为 BB 级。ESG 评价等级最低的行业是制造业，评级结果为 CCC 级，也是唯一获得 CCC 级评价的行业。

本研究通过筛选十大重点行业，从行业政策趋势、发展现状、发展特点等方面，对各重点行业在环境、社会、治理维度的重点议题进行提炼，筛选出五大行业的行业侧重指标（见表2）。

表 2　中国上市公司 ESG 评价指标体系（行业侧重指标）

重点行业	行业侧重指标
交通运输、仓储和邮政业	零碳技术
采矿业	生物多样性保护,尾矿处理
建筑业	绿色技术
房地产业	绿色技术,绿色金融工具
科学研究和技术服务业	产品质量管理

本研究中，金融业的 ESG 综合得分最高（见图 9）。针对不同的金融机构类型，将金融业细分为国有大型商业银行及股份制银行、地方商业银行、证券业金融机构和保险业金融机构 4 类。目前，我国对于上市公司 ESG 信息披露仍坚持自愿性原则，监管部门及行业自律组织相继出台了多项支持金融机构开展 ESG 投融资活动的政策指引，鼓励金融机构积极开展绿色金融服务、创新绿色金融产品类型、主动进行 ESG 信息披露。

本研究中，基于样本数量和总体评价结果，金融业 ESG 评价得分最高，如中国建设银行、中国工商银行等具有代表性的行业龙头上市企业积极开展了 ESG 领域的探索和实践，但并不表明我国金融业整体的 ESG 水平突出。《负责任银行原则》要求银行确保其业务战略与联合国可持续发展目标（SDGs）和《巴黎协定》保持一致，公开披露银行的正面和负面影响及其对社会目标的贡献，并对相关影响负责；要求证券业在资产管理实践中，将 ESG 议题纳入投资分析和决策过程，成为积极的所有者并适当披露其自身的 ESG 资讯，进一步推动整个投资行业接受并实施"负责任投资原则"（Principle for Responsible Investment，以下简称"PRI"），从而创造一个经济高效、可持续的全球金融体系。《可持续保险原则》首先要求保险业将 ESG 议题与保险公司的业务决策过程相结合，鼓励保险公司针对 ESG 领域的可保风险点进行产品创新，分摊客户及社会的 ESG 风险。金融业上市公司已有企业取得了良好的 ESG 实践，各金融机构需认真对标先进企业，以各项政策指引为指导，积极推进 ESG 管理实践，有效提升 ESG 信息披露水平。

本研究中，制造业的 ESG 综合得分最低（见图 9），分析表明，制造业在 ESG 评级中环境维度得分偏低，影响了 ESG 综合得分水平。工业和信息化部印发的《"十四五"工业绿色发展规划》中提出，要围绕重点行业和重要领域，持续推进绿色产品、绿色工厂、绿色工业园区和绿色供应链管理企业建设，遴选发布绿色制造名单。鼓励地方、行业创建本区域、本行业的绿色制造标杆企业名单。制造业作为我国迈向高收入国家的"入场券"和创新驱动经济高质量发展的主力军，亟须将绿色低碳发展理念融入公司整体战略，主动探索适合自身的绿色转型模式，推进技术改革和科技成果转化，发展"专精特新"产品，积极引进先进的绿色技术，有效提高资源能源利用效率。同时，将数字经济与传统制造业融合，将"制造业"转化为"智能制造业"，通过工业互联网、人工智能、大数据等新一代信息技术赋能绿色制造与管理，推动互联网与企业融合发展，最终提升企业绿色低碳生产水平，走出一条具备行业属性的绿色转型道路。

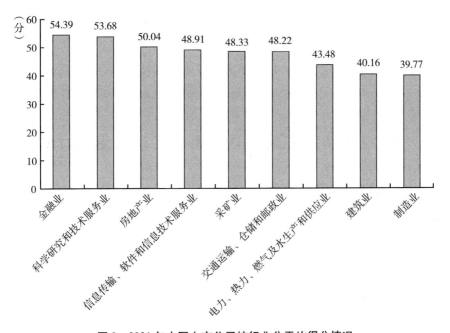

图 9　2021 年中国上市公司按行业分平均得分情况

B.2

2022年中国上市公司 ESG
五大发现与五大趋势

邵晓鸥　吴婧慈　罗琴秀*

摘　要： 本报告概括总结了2021~2022年中国上市公司ESG的主要研究结论及趋势研判。研究发现，2022年，中国上市公司ESG信息披露质量不断提升，各大行业差异显著；监管政策持续完善，ESG信息披露要求日趋严格；ESG发展理念与企业经营融合深度不足，仍需进一步加强ESG实践；ESG评价有效促进上市公司加强自身ESG管理，优化完善ESG评级中暴露出的弱项；可持续发展政策成为推动ESG投资市场稳健发展的重要力量，政策导向明显。

关键词： 上市公司　ESG　信息披露　投资机遇

一　2021~2022年中国上市公司 ESG 五大发现

研究发现1：上市公司 ESG 信息披露质量不断提升，各行业差异显著

研究发现，上市公司ESG信息披露质量都持续提升，环境信息和气候

---

* 邵晓鸥，北京融智企业社会责任研究院院长助理、北京融智企业社会责任研究院可持续发展部部长，中国工业企业社会责任研究智库专家、研究院电力能源行业首席专家，主要从事企业社会责任管理等领域的研究；吴婧慈，北京融智企业社会责任研究院研究员，研究方向为企业ESG战略；罗琴秀，北京融智企业社会责任研究院副研究员，研究方向为企业ESG理论与实践。

变化披露相较不足，不同行业信息披露表现不一。从上市公司2021年发布的报告来看，在489家上市公司中，1家企业获得AAA评级，13家企业获得AA评级，44家企业获得A评级，66家企业获得BBB评级，84家企业获得BB评级，70家企业获得B评级，74家企业获得CCC评级，69家企业获得CC评级，68家企业获得C评级。可见，越来越多的中国企业开始注重ESG问题，主动采取措施加强环保治理、推行社会责任、提高公司治理水平等。同时，也有一些企业积极响应ESG投资理念，加强ESG信息披露，提高透明度，以吸引ESG投资者。

中国上市公司在年报、可持续发展报告、ESG报告、CSR报告中对于公司治理、环境、社会的履责实践信息披露的完整性、准确性较之前年度持续提升，非财务信息披露在上市公司逐渐成为发展趋势。在所有行业中，租赁和商务服务业信息披露行业平均得分最高（见图1），其主要原因在于样

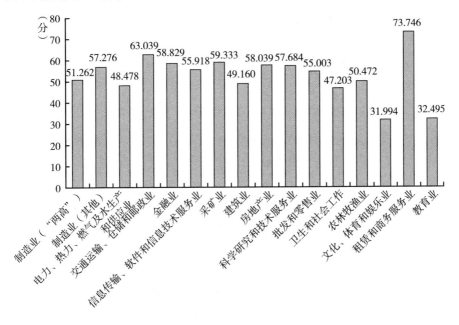

图1　2021~2022年上市公司ESG评价行业平均得分分布

注：制造业分为两大类：制造业（高耗能、高排放行业）和制造业（其他行业）。其中制造业（高耗能、高排放行业）简称制造业（"两高"），制造业（其他行业）简称制造业（其他）。

本企业中该行业企业基数较少，评级为 A 级以上企业 1 家，且得分较高，因此拉动行业整体平均分较高。金融业 77.8%的上市公司评级都在 B 级以上，制造业（其他）60.65%的上市公司在 B 级以上，制造业、金融业相较其他行业的信息披露质量整体较优（见图 2），金融业上市公司披露比例最高，制造业上市公司发布 ESG 报告数量最多。首先，各行业间整体信息披露质量差距较明显，不同行业的特征也会影响行业在 ESG 信息披露方面的表现，从行业来看，制造业、金融业也是 ESG 风险多发的行业，制造业 ESG 风险主要侧重公司治理、环境合规等问题，金融业 ESG 风险主要涉及产品、商业道德等问题。ESG 信息披露的质量也是关系到企业识别 ESG 风

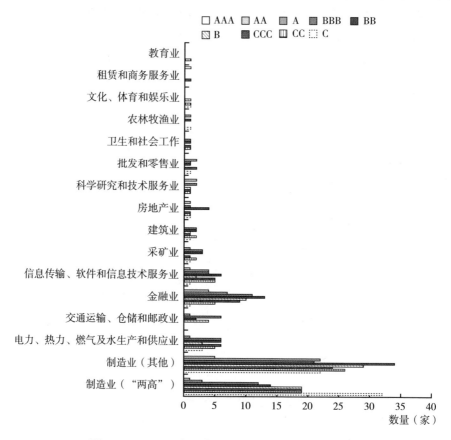

图 2 2021～2022 年上市公司 ESG 等级行业企业分布

险程度及应对能力的判断条件，因此，可以判断行业 ESG 信息披露表现与行业 ESG 风险因素的多少有一定程度的关联。其次，ESG 信息披露存在显著行业差异。不同性质与规模的企业披露情况不一致，主要在于 ESG 信息披露标准不统一，上市公司参照标准各不相同。标准的多样性意味着信息标准化程度很低，因此，企业披露形式多样，水平参差不齐，量化绩效指标数据等缺失较大，与国际通行的 ESG 报告编制要求仍存在一定差距。

研究发现2：上市公司 ESG 信息披露要求日趋严格，监管政策持续完善

研究发现，监管机构不断提出对 ESG 信息披露的新要求，相关监管制度建设仍在加强，ESG 信息披露开启了从自愿性披露到强制性披露的过渡。中国上市公司面临着证券、生态环境等多领域的监管，其中，环境信息已经进入强制性披露状态，强调在环境层面的执行力度，同时社会层面、治理层面的相关 ESG 信息披露要求也逐步明晰。

从国际来看，欧洲理事会通过了《企业可持续发展报告指令》（CSRD），将可持续发展报告的披露主体扩大到欧盟的所有大型企业和监管市场的上市公司，加强了对企业可持续发展报告的强制披露；美国证券交易委员会提出《加强和规范服务投资者的气候相关披露》议案，要求所有在 SEC 注册的美国和外国公司披露对其业务、运营结果、财务状况以及财报指标可能产生实质性影响的气候相关风险。

从国内来看，各大监管机构基于国内证券市场发展实际，结合国际发展趋势，不断推进完善监管制度。2022 年 4 月，中国证监会发布《上市公司投资者关系管理工作指引》，要求在沟通内容中增加上市公司的环境、社会和治理信息。上海证券交易所最新发布了《上海证券交易所上市公司自律监管指引第 1 号——规范运作》《上海证券交易所上市公司自律监管指南第2 号——业务办理》《关于发布上海证券交易所科创板上市公司自律监管指引第 1 号至第 3 号的通知》等文件，对上市公司 ESG 相关信息披露和业务操作方面提出了更具体的要求。深圳证券交易所整合、修订了《深圳证券

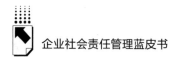

交易所上市公司规范运作指引（2020年修订）》，明确了不同类型公司的社会责任报告披露要求，形成了ESG信息披露的基本框架。

研究发现3：ESG发展理念与企业经营亟待深度融合，ESG实践仍需强化

研究发现，上市公司积极践行可持续发展理念，但与企业经营的融合仍然不足，亟须大力推进ESG与业务深度融合。当前，社会各界对社会议题、环境问题的关注度不断增加，ESG发展理念越来越受到国内外企业及金融机构的追捧，正在成为衡量企业可持续发展的重要标杆之一。从中国上市公司在ESG管理方面的信息披露情况来看，公司ESG与业务融合的表现稍显逊色，部分企业的ESG管理工作尚处于起步阶段，企业长期可持续发展竞争力亟待加快形成。

着眼未来，推动ESG理念与企业自身经营深度融合迫在眉睫，中国上市公司ESG发展也将迎来新的机遇。一方面，公司决策层要提高对ESG管理工作的重视程度，从战略层面推动ESG理念融入公司治理和业务经营全过程，进一步完善ESG工作机制，提升ESG绩效，获得可持续价值和长远发展。另一方面，公司应该注重提升ESG信息披露质量，充分呈现公司在环境、社会责任及公司治理等方面的突出成果，提高上市公司发展质量。

研究发现4：ESG评价有效促进公司加强ESG管理，ESG短板亟待补齐

研究发现，上市公司愈发关注自身ESG评级，ESG评级结果成为企业加强自身ESG管理的重要推动力量之一。目前，国内外主流评级机构从不同维度和风险议题对上市公司的ESG表现及风险进行评估，在为全球投资者提供了重要ESG投资决策参考的同时，也为上市公司改善ESG表现提供了重要依据。越来越多的上市公司主动与相关团队沟通，进而有针对性地改善评级过程中暴露出的ESG表现中的弱项。比如，道琼斯、MSCI（明晟）、

富时罗素、恒生等主流评级机构建立的ESG评级都为上市公司提供了双向沟通渠道，为企业改变自身商业行为提供了方向。

尽管国内外ESG评价体系各不相同，评价结果各异，但整体而言，ESG评级仍然有效评估了上市公司在ESG实践和信息披露等方面的具体表现。ESG评价体系通过对企业的环境、社会和治理方面的评估，可以帮助企业更好地履行社会责任，以透明化的企业行为有效回应利益相关方的关切，及时识别存在的ESG风险并制定有效应对举措，增强企业抗风险能力，促进企业可持续发展。值得注意的是，企业应该重点关注的是基于ESG评级结果中暴露出的薄弱问题进行有针对性的优化提升，在管理和业务中不断改进，而不只是加强信息披露。

研究发现5：政策持续推动ESG投资市场稳健发展，可持续发展导向明显

研究发现，中国ESG投资发展迅速，规模不断扩大，可持续发展相关政策有效推动了资金向ESG方向流动。近年来，ESG可持续投资资产规模在全球范围内持续增长，截至2022年6月底，共有5021家机构加入"负责任投资原则"（Principles for Responsible Investment，以下简称"PRI"）。受国际ESG投资理念的影响，中国的ESG投资规模在各项政策的推动下也在不断扩大，中国市场的ESG可持续投资践行者不断增加。从全球ESG投资的管理规模、投资策略、政策导向等维度来看，ESG投资呈现新的特点，ESG整合策略成为最受欢迎的投资策略，气候风险因素成为最受关注的因素。

减少碳排放、实现可持续发展成为当今世界最广泛的共识和最关切的议题之一。国际上，多国陆续宣布碳中和目标，不断引导金融资源向可持续发展领域倾斜，引导全球ESG投资稳健发展。MSCI推出ESG内部信息平台MSCI企业可持续发展洞察工具，旨在使上市公司的可持续发展高管能够设定ESG和气候目标并跟踪进展，将其可持续发展数据与同行进行比较，进一步提高其ESG和气候状况的透明度。从国内来说，ESG重要性在中国政

策话语体系中逐渐凸显，在推进可持续发展的过程中，政府主管部门和监管方注重政策研究。为落实国家战略，制定并发布了系统性的 ESG 相关政策文件，在政策供给端为经济社会的绿色低碳转型、市场的有序发展提供了政策框架和路径指引。党的二十大报告多次提及环境、社会和治理的相关内容，表明了党在新发展阶段、新发展理念、新发展格局下对高质量发展的深刻理解和科学把握，为高质量发展指明了方向、注入长久动能。就投资环境而言，2022 年对 ESG 投资"已有实践"的机构占比已提升至 21%，也反映出国内资管市场对 ESG 投资认识逐渐深化，ESG 理念实践有所增加。

二 2022年中国上市公司 ESG 五大趋势

（一）ESG 报告披露及实践持续加强

ESG 报告是上市公司披露 ESG 信息的主要方式，ESG 报告的重要性日益凸显。近年来，上市公司 ESG 相关报告披露率持续提升，上市公司通过可持续发展报告、ESG 报告、环境专项报告等形式及时有效地披露相关信息。随着监管制度的不断完善，以及全球投资者对 ESG 因素的热捧，上市公司将进一步更积极主动地披露 ESG 报告，扩大报告的范围，增加报告的深度，充分展现企业在社会责任、环境保护、可持续发展等方面的实际情况。此外，ESG 评级等级作为衡量上市公司 ESG 可持续发展水平的"新标杆"，上市公司越来越重视评级机构的 ESG 评级，将继续加强在环境、社会及治理三个维度的管理实践，以 ESG 实践推动企业 ESG 管理水平提升。

（二）ESG 评价体系逐步健全

相较于国际主流的 ESG 评级，国内 ESG 评级仍然处于多元化探索阶段，国际影响力较为欠缺，ESG 评价指标的相关研究也存在一定局限性，尚未形成较为统一的标准。在国家可持续发展政策引领下，市场对企业 ESG 表现及信息披露关注度不断提升，为中国 ESG 评价体系的健全和完善提供了机会。国内各大 ESG 评价体系也在充分借鉴国际主流 ESG 评价框架的基础上，结合中国国情，紧跟国际前沿趋势和最新 ESG 相关政策，并融入本土化评价指标，不断优化议题与权重设置方法，构建符合中国实际的 ESG 评价体系，持续增强本土 ESG 评级的权威性和公信力，助力我国 ESG 实践逐渐走向标准化、体系化和本土化，推动上市公司落实高质量发展要求，实现自身可持续发展。

（三）ESG 评价结果更智慧化

现有的 ESG 评价更多的是静态地反映公司的 ESG 表现，且受限于部分公司信息披露不足，难以全面、精准地抓取公司信息，缺乏对企业数据动态追踪，导致评价结果难以真实、客观、实时地体现企业 ESG 绩效。为更全面、深入地挖掘企业可持续发展价值，部分 ESG 评级机构开始积极运用大数据、人工智能等新一代信息技术，智能收集和分析企业的 ESG 信息，同时进行多维度动态监测，全面综合考察企业 ESG 绩效表现，不断提升评价质量与效率。比如，通过精细数据建模技术填补数据缺口，尤其是环境维度信息缺失。随着数字技术的进步与广泛运用，各种量化模型与算法持续迭代升级，数据采集与处理能力不断提高，为 ESG 评价的信息收集与体系完善提供了技术支持。这将及时甚至提前识别出企业 ESG 风险，充分挖掘企业投资价值，为投资决策提供重要信息参考，推动 ESG 投资市场发展。

（四）ESG 投资理念愈发深入

随着国内绿色金融发展理念的持续深入和不断实践，ESG 相关主题投资产品也逐步受到关注。我国绿色信贷规模位居全球第一。投资者愈发重视 ESG 因素，并将 ESG 纳入投资决策，旨在挖掘更具有可持续发展能力的优质标的，提升尾部风险控制能力。ESG 在资产投向上将重点投资于节能环保、清洁生产、清洁能源、生态环境、基础设施、绿色升级以及绿色服务等环保产业，以及与民生、乡村振兴、普惠金融、高质量发展等领域相关产业的市场固定收益类金融工具，促进资本配置优化，服务经济高质量发展。

（五）ESG 生态系统不断完善

在新发展理念和"双碳"目标的引领下，中国 ESG 发展迅速，在政策体系构建、ESG 信息披露、ESG 投资以及国际合作等方面均取得显著成效，ESG 生态逐步形成。从长远来看，ESG 生态系统将逐步得到完善，各国政府和监管机构将继续通过丰富的政策工具来积极推动 ESG 发展，包括 ESG 披露规则、投资者 ESG 披露及整合规则、国家可持续发展战略等政策；国际机构和标准化制定组织也将加大推广和普及 ESG 理念的力度，不断提升标准的规范性、系统化，为公正、客观、准确地评价企业提供基础；ESG 评价机构将进一步完善 ESG 评价体系、相关数据收集方式等，更加充分、客观地反映被评价公司的 ESG 治理水平；投资机构及投资者也逐步深入了解到企业 ESG 方面的绩效对财务绩效的影响，积极践行 ESG 投资理念，降低投资风险，及时识别 ESG 投资机遇；更重要的是，ESG 生态系统的完善将进一步推动企业的 ESG 实践，加强 ESG 信息披露。

技术报告

Technical Reports

B.3

国内外 ESG 发展进程分析

黄速建 王 桦 吴若菲*

摘　要： 本报告从理论层面对 ESG 和 ESG 投资的基本概念进行梳理，从政策监管、信息披露、投资市场等方面简要介绍 ESG 和 ESG 投资在国内外的发展现状。国外 ESG 发展较为成熟，不少国家已出台 ESG 信息强制披露要求，监管对象覆盖企业、金融产品、投资经理人。我国以央企、国企为抓手，正在逐步建立企业 ESG 信息披露制度。国内外 ESG 发展均呈现监管要求日渐明确、实践企业持续增加、规则指引逐渐完善、投资市场不断扩容的特点。

关键词： ESG 理念　ESG 投资　ESG 政策　信息披露

* 黄速建，中国企业管理研究会会长、中国社会科学院工业经济研究所研究员，主要从事企业改革、企业集团、创新管理方面的研究；王桦，管理学博士，北京石油化工学院副教授，主要从事企业风险管理和企业社会责任管理等领域的研究；吴若菲，北京融智企业社会责任研究院副研究员，研究方向为企业 ESG 理论与实践。

一　研究背景

ESG 是 Environmental（环境）、Social（社会）和 Governance（治理）三个英文单词的首字母缩写，强调企业不仅要关注财务绩效，也要从环境、社会及治理角度衡量企业价值，使企业履行社会责任的表现可量化、可比较并可持续改善。

2004 年，联合国组织在报告中首次提出 ESG 概念，提倡在投资中关注环境、社会、治理问题。2006 年，联合国设立"联合国责任投资原则"（United Nations Principles for Responsible Investment，UNPRI）组织，建立了 6 条联合国负责任投资原则，对 ESG 理念发展和推广起到了关键性作用。此后，国际组织、投资机构等市场主体不断深化 ESG 概念与应用，逐步形成完整的 ESG 生态；同时，金融市场也不断丰富 ESG 投资产品，ESG 参与范围不断扩大。

当前，世界处在区域冲突期、技术升级期、体系改革期等特殊阶段。随着气候变化和全球变暖加剧，2015 年 12 月 12 日，在巴黎气候变化大会上，近 200 个缔约方一致同意通过《巴黎协定》，协定指出，各方将加强对气候变化威胁的全球应对，将全球平均气温较工业化前水平升高控制在 2℃ 之内，并为把升温控制在 1.5℃ 之内而努力。以碳达峰、碳中和为目标的一系列环境问题受到全球关注，人们对 ESG 概念中环境维度的关注度也随之升温。自 2020 年起，全球经济社会发展受到新冠疫情的严重冲击，失业、贫困和饥饿人口激增，全球减贫进程放缓等全球性环境与社会问题给社会发展带来巨大压力。同时国际冲突频发，随着经济重心的分散，国际治理格局重塑，各国均面临可持续发展的韧性挑战。ESG 理念在各方积极寻求全球性问题解决之道的背景下得到极大关注，成为企业、组织增强风险应对能力的落脚点。

在世界百年未有之大变局下，ESG 投资以其长期增效与缓和风险的作用受到监管机构、资本市场以及各行各业的高度重视。国际大型机构投资者愈发重视上市公司的 ESG 表现，MSCI 等指数公司在选取上市公司纳入其指数的同时会对公司进行 ESG 评级，且相继研发形成一些具有影响力和代表性的 ESG 指标体系及指数。ESG 信息披露框架形式多样，以满足投资者对高质量、透明、可靠和可比的 ESG 信息需求。截至 2022 年底，国内已成立的 ESG 主题基金达 220 只，总规模约 3000 亿元；共有 123 家中国内地机构签署 PRI①。我国的 ESG 基础建设也在不断完善，ESG 评级体系和指南指引蓬勃发展，已有多家机构开发了具有中国特色的 ESG 议题。

在监管层面，为满足 ESG 投资发展需要，相关国际组织陆续出台了多项 ESG 资产认证标准，重视企业的 ESG 信息披露，如欧盟委员会（EC）在 2021 年 4 月发布的《公司可持续发展报告指令》，全球 ESG 投资监管逐步趋于完善。聚焦我国，党的二十大报告指出："中国式现代化是人口规模巨大的现代化；是全体人民共同富裕的现代化；是物质文明与精神文明相协调的现代化；是人与自然和谐共生的现代化；是走和平发展道路的现代化。"我国实施的"共同富裕"、"乡村振兴"、"双碳"目标等重大战略为 ESG 施展拳脚提供了广阔的空间，政策与发展趋势的融合正创造出强而有力的投资动能，监管要求也在进一步明确。2012 年 8 月，香港联合交易所发布《环境、社会及管治（ESG）报告指引》（以下简称《ESG 报告指引》），标志着香港地区 ESG 监管时代的到来，并于 2019 年、2021 年进行了修订、完善。2022 年 5 月 27 日，国务院国资委公布《提高央企控股上市公司质量工作方案》，明确提出要探索建立健全 ESG 体系。

着眼企业的角度，ESG 的要求与上市公司降本增效的发展需求同向同行。在国家立法、战略引领和政策支持的背景下，企业绿色转型、合规治理的过程也是自身进行环境、社会和公司治理管理的过程。党的十九大报告指出，我国经济发展模式迎来了由"规模速度型"到"质量效益型"的重大历史转变，企业高质量发展必须关注对环境和社会的影响。《中华人民共和国公司法》《中华人民共和国劳动合同法》《中华人民共和国反不正当竞争

---

① 长江证券研究所：《指数研究深度报告：ESG 系列四：以实践拓视野，走进 2022 国内 ESG 投资实景》，新浪财经，2023 年 1 月 28 日。

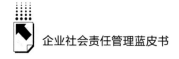

法》构成了我国企业 ESG 行为的基本原则。2022 年 2 月正式施行的《企业环境信息依法披露管理办法》，十三届人大常委会第三十五次会议通过的修改《中华人民共和国反垄断法》决定，都对企业经营提出了更高要求。ESG 投资充分发挥资本的作用，深化产融结合，为企业转型注入动能。同时，行业格局和社会矛盾正在持续变迁，大环境的不确定性迫使企业积极转向可持续发展。企业只有提前做好 ESG 治理并持续关注自身的 ESG 价值才能在未来的发展中赢得长期优势，形成企业韧性，更有的放矢和可持续地实现企业的高质量发展。

时移世易，全球视角下的 ESG 内容随着环境的变换不断丰富、更迭，以更好地回应时代发展需求。国际上对于 ESG 治理的新动作层出不穷；我国 ESG 话题方兴未艾，生态体系有待进一步成熟完善。未来，ESG 如何适应我国土壤并生根发芽，仍需要多方的努力和探索。

二　ESG 定义及重要性

（一）ESG 定义

仅就字面意义而言，ESG 是英文单词 Environmental（环境）、Social（社会）和 Governance（治理）的首字母缩写，是一种关注企业环境、社会、治理绩效而非财务绩效的企业评价标准。

英国《金融时报》将 ESG 定义为"资本市场中使用的通用术语，供投资者用来评估公司行为并确定公司未来的财务绩效"。ESG"是非财务绩效指标的子集，其中包括可持续、道德和公司治理问题，例如管理公司的碳足迹并确保有适当的系统来确保问责制"。ESG 是投资考虑因素，用于纳入投资决策和风险管理流程的风险评估策略。

香港联合交易所定义 ESG 即环境、社会及管治，它是与企业可持续发展相关的三个主要方面，是投资者在进行投资分析和决策时主要考虑的非财务因素。ESG 信息包括发行人对环境及社会有重大影响又或对持份者的评估及决策有重大影响的环境、社会及管治事宜和关键绩效指标。

具体内容上，环境维度强调企业在生产经营过程中对环境所采取的保护措施以及保护程度；社会维度侧重于企业社会责任，即企业的生产经营活动要从社会的长远利益出发；治理维度指维护公司运营管理中不同利益相关者之间的权力、责任和期望的规则与原则平衡稳定。

ESG 涉及两个领域的行为，一种行为在实体经济活动展开，企业在运营和管理流程中纳入 ESG 因素，称为 ESG 实践（ESG Practice）。另一种行为由投资领域展开，在投资研究、投资决定和投资管理流程中纳入 ESG，即一般所谓的 ESG 投资（ESG Investing）。

从 ESG 起源来看，它是资金管理者的一种负责任投资理念，引导建立更完善的金融市场和更可持续的社会。ESG 投资倡议号召金融市场参与者在分析、资产管理和证券经纪中更好地整合环境、社会和治理问题，关注并理解利益相关者的需求，增强投资者对金融机构的信任感，以形成更坚强、更有弹性的投资市场，并为社会的可持续发展作出贡献。

在落实 ESG 理念的过程中，ESG 进一步演化成关注可持续发展能力的企业评价逻辑。ESG 从环境、社会及治理角度衡量企业价值，使企业履行社会责任的表现可量化、可比较。通过 ESG 绩效，ESG 评价可以有效评估企业在促进经济可持续发展、履行社会责任方面的贡献。并且，ESG 评价逻辑与社会公众对于企业的期待相一致，从环境、社会、治理角度出发，强调承担社会责任，鼓励保护环境，重视规范管理，ESG 是公民的诉求与美好愿景的逻辑整合。

随着资本市场的实践经验逐渐积累，ESG 理念带来的投资效益逐渐显现，投资者发现其在规避投资风险方面具备突出价值。金融市场对 ESG 理念进行进一步的挖掘、总结，由此，ESG 被丰富为一种投资策略。2006 年，UNPRI 组织的 PRI 最早明确提出了与 ESG 挂钩的"负责任投资"理念，并倡导"将 ESG 因素纳入投资决策和积极所有权（Active Ownership）的投资策略和实践"的行动。金融机构运用 ESG 投资策略开发多种金融产品，包括 ESG 公募基金、ESG 理财产品、ESG 股权投资等。

得益于资本市场对于企业 ESG 信息的旺盛需求，系统化的 ESG 评价体系和信息披露框架不断细化与标准化。多家主流指数公司（如 MSCI、S&P）开发了 ESG 评价体系，服务于 ESG 指数及衍生投资产品，并凭借良好的投资回报获得资本市场的认可。第三方机构也纷纷与 ESG 理念接轨，开发了 GRI、ISO26000、CDSB 等 ESG 信息披露框架，满足公司和发行人报告披露的需求。同时，气候问题日益严峻，全球面临越来越严峻的气候、环境、资源挑战；社会各主体权益越来越受到重视，市场趋于多元，社会影响成为增强企业竞争力的重要因素。为了迎合资本市场和自身发展的需要，ESG 渐渐转化成一份致力于永续发展的企业行为指引。

现在，ESG 正转化为一种与时俱进的价值观念。多国已从监管层面发力，对企业 ESG 信息披露提出要求，促使企业履行社会责任。社会公众充分使用话语权，号召企业关注 ESG 要求。ESG 理念对于打造美好生活、促进社会可持续发展的积极作用受到重视，ESG 成为企业社会责任结合时代发展的表达，并可以作为传统价值观的载体，在公司治理、国家治理、全球治理中都具备嵌入和指引的巨大空间。

（二）ESG 实践生态

ESG 的参与方主要有五个：进行 ESG 实践的企业主体；负责监管、引导的各国政府与证券交易所；支持企业信息披露的非政府间组织；提供评价服务的供应商；采用 ESG 策略的投资者和金融机构。

根据出发点的不同，可将 ESG 生态分为以企业为核心、以提升企业价值为目标的 ESG 实践和以投资者为核心、以资本流动为目的的 ESG 投资。各参与方在不同生态场景下所发挥的作用亦有所不同。

ESG 实践体系主要涉及四方面：核心是企业的 ESG 管理；非政府组织对企业信息披露标准和框架的制定；评级机构对企业 ESG 绩效的评价；国家相关部门和交易所关于企业 ESG 要求的监管。

1. ESG 管理

企业是人类经济活动的基本单元，也是进行 ESG 实践的主体。上市公司的 ESG 管理工作，分为 ESG 实际工作的开展和 ESG 绩效的信息披露。ESG 的实际工作一方面是基于企业的实际情况，将 ESG 治理融入企业战略，制定 ESG 管理的目标，建立 ESG 管治框架。采取有效的行动，落实企业的 ESG 责任，提升企业环境、社会、治理三方面的绩效。另一方面使用 ESG 工具进行企业经营风险识别，回应利益相关方的需求，符合监管法规的要求，以期达到平稳运作、基业长青。企业进行 ESG 信息披露则是企业非财务信息的呈现，也是与各利益相关方沟通的渠道之一。目前，企业 ESG 信息披露的主要渠道是发布 ESG 报告。

2. ESG 信息披露

标准制定机构在 ESG 的发展过程中起着至关重要的作用。由于目前 ESG 相关信息的披露主要是企业自主行为，不同企业披露信息的类别和格式往往有较大差异，这为公正、客观、准确地评价 ESG 表现带来了困难。标准制定机构通过制定和推广 ESG 披露标准，促使企业采用规范化和系统性的方式披露 ESG 信息，从而有力推动 ESG 发展。标准制定机构通常是由国际机构、金融机构和学术界发起成立的非营利性组织。当前，具有较大影响力的 ESG 标准制定机构包括 GRI、SASB、ISO、CDP、TCFD 等。

3. ESG 评价

ESG 评价机构的主要工作内容包括构建评价体系、设计评价指标、收集相关数据、指标打分和评价结果发布等，其主要作用是将企业所披露的 ESG 信息标准化，为投资者提供企业的整合性 ESG 绩效参考。ESG 评级可以有效缓解投资者与企业之间的信息不对称问题，帮助投资者识别潜在的 ESG 风险和 ESG 价值，降低了投资决策成本；也帮助企业对自身 ESG 水平进行度量。

4. ESG 监管

政府及交易所的主要任务是制定和落实法规政策，对 ESG 发展起引导和监督作用。尽管 ESG 是一项多方话题，但政策风向是 ESG 发展的重要指引。政府对 ESG 的态度在很大程度上影响企业、投资人的态度及对 ESG 重要性议题的筛选，进一步作用于 ESG 信息披露需求和 ESG 评价逻辑。充分

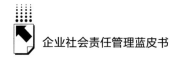

发挥政府的主导作用，也是以 ESG 为抓手从微观层面推动国家战略落地的有效措施。

（三）ESG 的价值

结合 ESG 的内涵定义，ESG 的重要性主要体现在三个方面，即外部性价值、社会责任价值以及可持续发展价值。

1. 外部性价值

自 18 世纪工业革命之后，生产技术革新，工厂林立，就业机会大增，大量工业产品涌入市场，深刻地改变了人类的生活形态。但是，实现大规模的机械化生产后，产业工人也沦为机器的奴隶；伴随圈地运动的开展，进入工厂的劳工是大量形式上自愿实际却是为生计所迫的无产者，劳工权利自然悄无声息地被经济理性主义主导下的资本主义浪潮所吞没。同时，噪声、污水、黑烟造成的环境污染问题以及企业的短期机会主义行为酿成的信用危机等（主要体现为食品安全危机、金融危机）更是日渐加剧。企业在追求经济利益最大化过程中对社会造成后果较严重的负外部性问题。

ESG 理念则重新定义企业和市场的边界，引导企业把自身商业行为对环境、社会造成的外部性影响"内部化"。ESG 的"E"正是强调企业在生产经营过程中对环境所采取的保护措施以及保护程度，例如，企业制定相关政策减少自然资源的使用量，提高水资源、能源等自然资源的使用效率；企业使用可再生资源。通过市场的手段解决企业发展对经济社会可持续发展造成巨大挑战的外部性问题，促使企业主动减缓、平衡外部性影响。

2. 社会责任价值

由于人口压力剧增和生存环境恶化，人类面临空前严峻的生存压力，与经济快速发展相伴随的惨痛代价严厉地鞭策着人类反思发展的方式、革新发展的理念，最终，人类命运共同体、可持续发展等成为当代世界各国众谋金同的发展观；与此同时，人权运动尤其是劳工权利的保障成为全球性的潮流。在此基础上，社会对企业功能的认识和普遍预期也发展到一个新阶段。在承认经济性是企业首要特征的同时，更加强调企业的社会性，即企业作为一种社会性的存在，需要承担与自身影响力相当的社会责任。

ESG 是企业社会责任的延展和深化。即企业的生产经营活动是从社会的长远利益出发，而非追求个体利益最大化。企业在追求经济效益的同时，根据政府相关法律法规，对维护其他利益相关者（如员工、消费者、厂商以及其他社会参与者等）的利益应尽责任。ESG 从环境和社会角度进行考量，将经济发展过程在 ESG 方面的投入转化为非财务价值考量指标，指导市场投资及企业经营，激励企业承担更多的社会责任。

3. 可持续发展价值

可持续发展目标和 ESG 存在诸多联系。可持续发展目标和 ESG 都旨在推动经济、环境和社会的可持续发展。可持续发展目标是全球迈向可持续发展的阶段性目标，而 ESG 则是企业实现可持续发展目标的方法和路径。ESG理念和框架被充分纳入可持续发展目标的内容。ESG 推动企业的环境、社会和治理变革，有助于支持实现可持续发展目标。

在企业发展过程中，ESG 在维护与利益相关者的积极关系、积累积极的道德资本、提升政府与公众认可、减少投资者信息不对称从而降低代理成本等方面，对企业长期发展产生正向影响，有利于企业价值的提高。ESG逻辑还可以有效帮助企业进行更为全面的风险识别与预警，在常规商业风险管理的基础上更好地提升企业应对负面性事件和外部环境变化的韧性。

三　ESG 投资定义及重要性

（一）ESG 投资定义

ESG 投资的概念由联合国全球契约组织（UNGC）提出，指一种将环境、社会和公司治理要素纳入考量的投资方式，包括分析和避免标的的 ESG风险、挖掘和把握 ESG 相关机遇等。

根据 MSCI 的定义，ESG 投资是一种投资方法，通常被认为与可持续投资、社会责任投资、责任相关投资和甄别具有相同的含义。在 MSCI 的 ESG 研究中，本研究将其定义为在投资决策过程中着重考虑环境、社会和治理因素。

ESG 投资是提倡责任投资（Responsible Investment）和弘扬可持续发展（Sustainable Development）的投资方法论，是以 ESG 作为关键考量因素的投资范式。在传统财务分析的基础上，通过环境、社会和治理三个维度考查企业中长期发展潜力，找到既创造股东价值又创造社会价值、具有可持续成长能力的投资标的。1990 年，KLD 研究分析公司创设首个 ESG 指数（多米尼指数，Domini 400 Social Index）；1999 年，道琼斯可持续发展指数（The DowJones Sustainability Indexes，DJSI）推出。

ESG 投资分为纯 ESG 投资和泛 ESG 投资。纯 ESG 投资通常指整体投资策略严格遵循西方社会认可的环境、社会、治理投资理念，同步考量环境、社会和公司治理三类因子，而非仅仅关注其中一项。例如，直接投资 ESG 绩优企业，购买实体资产、债券、股票等；投资 ESG 综合表现优秀的项目；购买 ESG 主题投资产品等。泛 ESG 投资通常指投资策略仅参考了环境、社会、治理中的一项或两项。例如，投资 E、S、G 任一领域的优秀项目、企业等；投资环境、社会相关主题的基金，包括低碳基金、社会责任基金等。

ESG 投资是可持续发展金融的重要部分，创造更多经济收益、实现可持续发展是 ESG 投资的目标。目前，绿色金融作为应对气候变化的重要工具，实则仅属于泛 ESG 投资，即 ESG 投资中的环境部分（见图 1、图 2）。

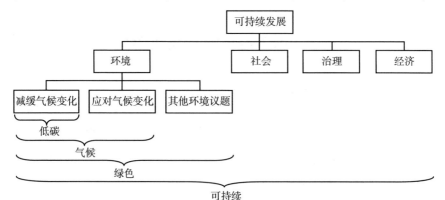

图 1　气候金融、绿色金融和可持续金融的联系与区别

资料来源：欧盟委员会（EC）、社会价值投资联盟（CASVI）。

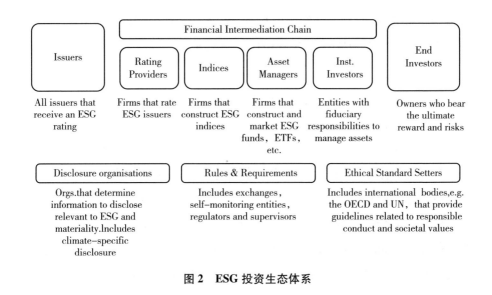

图 2　ESG 投资生态体系

资料来源：Boffo/Patalano（2020）。

（二）ESG 投资生态

ESG 实践体系主要涉及四方面：核心是投资者和金融机构的 ESG 策略投资、金融产品开发行为；评价机构对投资标的 ESG 绩效的评价；交易所对可持续投资标准的制定和市场监管；发行人获得资金支持。

1. 发行人

在 ESG 投资的生态系统中，第一个参与方是发行人（Issuer），也就是向金融市场通过公开或者私下方式发行股票或者债券，以此从投资者那里获取资金的经济主体。发行人的 ESG 信息披露是 ESG 投资评估的前提条件。

2. ESG 评价机构

ESG 评价机构是指通过抓取企业披露的信息，对外提供 ESG 评级的组织。一些评价机构会采用非常量化的方法，其中会利用各种量化数据对各个子指标进行加权处理。很多 ESG 评价机构同时也是 ESG 指数服务商，比如明晟、彭博、汤森路透、富时罗素（FTSE Russell）、维易（Vigeo Eiris）等。现在 ESG 指数在业界的应用快速扩散，它们成为各种 ESG 倾斜组合

（ESG Titled Portfolio）的业绩比较基准。在这些指数的基础上，市场上出现了一系列用于主动和被动投资的 ESG 基金和 ETF 产品。当前这些指数的创建方式，包括负面排除标准、面向更高 ESG 得分发行人倾斜的程度以及对于环境、社会或公司治理等不同主题强调的程度，都在指引 ESG 组合管理的过程中具有相当大的影响力。

3. 市场监管方

政府及交易所、可持续投资标准制定机构能发挥对 ESG 投资的产品界定、市场规范与监督作用，包括为负责任和可持续投资设定有关社会和环境方面的标准与指导原则，如联合国、经济发展与合作组织（OECD）以及国际标准化组织（International Organization for Standardization，ISO）。同时政府和交易所参与 ESG 投资时，发挥与传统金融市场中相同的规范制定和监管作用。

4. 投资主体

投资主体包括采用 ESG 策略直接投资的投资人，以及采用 ESG 投资策略整合 ESG 投资产品的金融机构。ESG 投资产品是对投资客体的筛选与整合。

（三）ESG 投资的价值

1. 投资主体角度

投资主体使用 ESG 投资策略，在基于传统财务分析的基础上，通过环境、社会和治理三个维度考查企业中长期发展潜力，找到既创造股东价值又创造社会价值、具有可持续成长能力的投资标的。

对于投资人而言，ESG 投资具有良好的投资回报。2018 年，PRI 根据 MSCI ESG Research 对 MSCI 新兴市场指数和 MSCI 中国指数成分股的研究数据，以及中国 A 股市场的境内资产管理公司实例进行了研究[①]，结果表明，将 ESG 数据纳入投资分析可带来 Alpha。在全球应对气候变化的步调下，绿色产业市场快速增长。在碳达峰、碳中和的目标下，国内绿色经济发展的政策力度大幅加码，ESG 投资正迎来历史性的发展机遇。

———————————

① PRI：《中国市场的 ESG 与 Alpha》，2018。

同时，ESG 投资具有明确的规避风险属性。采用财务数据以外的指标对企业进行全方位考察，可以对企业进行更加精确的价值评估，帮助投资者识别企业潜在风险。并且，ESG 符合长期优质投资资产的需求。在传统金融风险、转型风险、环境与气候风险并存的大背景下，使用 ESG 投资策略筛选出的投资标的往往具有更强的韧性与应对风险的能力。

经济回报之外，ESG 投资可以为投资人带来社会回报。投资人通过 ESG 投资践行自身价值理念，更好地发挥资金的作用，使用市场手段对环境、社会产生积极影响。另外，投资人借助支持可持续发展塑造社会形象，提升自身的 ESG 绩效。

2. 投资标的角度

随着 ESG 披露要求的不断提高和细化、企业发展中环境与社会的压力增大、投资机构在决策过程中对 ESG 考量的持续加码，上市公司也越发重视 ESG 投资对企业的影响。

ESG 投资可缓解企业转型压力，有助于企业降低融资成本。对被投企业而言，ESG 绩效是财务绩效之外的另一张成绩单，拓宽了企业的融资渠道，良好的公司治理更能有效降低股权和债务的融资成本。并且，ESG 资金为企业的生产经营绿色转型提供了支持，减轻了在环境、社会方面投入成本的压力。

企业的 ESG 投入能带来更佳的经营表现，且减少尾部风险。ESG 评价体系帮助企业进行全方位审查管理，在业务扩张的同时兼顾各利益相关方的期望，实现高质量发展。重视 ESG 管理且主动披露相关信息的公司，其风险也更容易被相关监管机构提前发现并介入干预，从而避免风险积累进而导致"黑天鹅"事件的发生。

四 ESG 的国内外发展现状

（一）国际政策监管层面

1. 欧盟：ESG 监管的先行者

在欧盟的 ESG 信息披露方面，欧盟于 2014 年颁布《非财务报告指令》，首次将 ESG 纳入政策法规范畴。根据指令，员工人数超过 500 人的上市公司、银行等大型公共利益公司应披露 ESG 相关信息，披露内容包括环境问题、社会事务和员工待遇、尊重人权、反贪污贿赂和公司董事会的多元化。2017 年欧盟修订《股东权利指令》，明确要求资管公司和机构投资者对外披露有关被投资公司股东参与的政策，或就选择不予披露进行解释，并且每年还必须披露该股东参与政策的实施信息，尤其是重要的投票情况等。2019 年出台了《可持续金融披露条例》（SFDR），统一了金融机构 ESG 信息的披露标准，要求包括资管公司、机构投资者、保险公司等和财务顾问在内的欧盟所有金融市场参与者的 ESG 信息披露义务，包括公司层面和金融产品层面。

2021 年 3 月，欧盟《可持续金融披露条例》在欧盟全境生效。条例对欧盟所有的金融市场参与机构和财务顾问提出披露可持续投资信息的基础性要求，并对专注于 ESG 投资的金融产品提出了更高的披露要求。SFDR 的实施统一了欧盟可持续金融信息披露的法定标准，有助于提高欧盟境内可持续投资的透明度，并将市场资金导向真正可持续的金融产品。此外，SFDR 将对面向欧盟境内的金融机构和投资人募集资金、发行产品或提供服务的包括中资机构在内的全球金融机构产生广泛影响，同时也对"漂绿"行为敲响警钟。

2021 年 4 月，欧盟发布《欧盟可持续金融分类气候授权法案》（以下简称《气候授权法案》）。该法案阐明技术筛选标准和可为欧盟环境目标作出最大贡献的经济活动，为推动资本流向真正符合可持续发展原则的投资提供了一套欧盟通用的分类体系。《气候授权法案》是推动资本流向低碳经济的巨大进步，有助于缩小《巴黎协定》签署以来气候行动与实体经济投资之间的差距，也为欧盟实现 2030 年将温室气体排放量减少 55% 的目标打下坚实基础。

2022 年 11 月，欧洲理事会通过《企业可持续发展报告指令》（CSRD）立场，预计 CSRD 将在 2022 年进入欧洲议会讨论并有望在 2023 年生效。CSRD 将可持续发展报告的披露主体扩大到欧盟的所有大型企业和监管市场的上市公司，对企业披露的 ESG 信息提出具体和标准化的要求，要求对可持续发展报告进行认证，并在企业管理报告中进行披露。CSRD 旨在加强企业可持续发展报告的强制披露。CSRD 获批实施后，欧盟有望成为全球首个采用统一标准披露 ESG 报告的发达经济体，并将在 ESG 信息披露方面进一步引领全球。

2. 美国：由点及面的 ESG 信息披露

美国 ESG 政策法规的出台是从对单因素的关注开始的。世纪之初，美国安然和世界通信公司的财务造假事件直接催生了《萨班斯—奥克斯利法案》的颁布。该法案是历史上美国政府全面地对公司治理、会计职业监管、证券市场监管等方面提出更加严格、规范的法律体系的管控。这一法案也构成了美国公司治理一直延续至今的法律基础，同时对全世界的公司治理产生了深远影响。

近十年来，环境议题（尤其是气候变化因素）成为美国资本市场关注的又一重点，与之相关的政策法规呈现量化和强制性的要求。

随着全球可持续发展浪潮的推进，美国就环境治理出台了新的法规文件。除了原有的《美国国家环境政策法案》《清洁空气法案》等相关法律法规外，美国在 2009 年联合国第 15 次气候变化大会召开之后，于 2010 年发布了《委员会关于气候变化相关信息披露的指导意见》，要求公司就环境议题从财务角度进行量化披露，公开遵守环境法的费用、与环保有关的重大资本支出等规定，开启了美国上市公司对气候变化等环境信息披露的新时代。

2015 年，在联合国提出 17 项可持续发展目标（SDGs）后，美国也相应地在政策法规中作出了回应，首次颁发了基于完整 ESG 考量的规定——《解释公告 IB2015-01》。公告就 ESG 考量向社会公众表明支持立场，鼓励投资决策中的 ESG 整合。由此，美国加速了 ESG 政策法规的制定和出台，ESG 政策法规的发展步入快车道。美国劳工部在 2016 年发布《解释公告 IB2016-01》、在 2018 年发布《实操辅助公告 No. 2018-1》，要求资产管理者披露 ESG 信息。

2019 年，纳斯达克证券交易所发布《ESG 报告指南 2.0》，为所有在纳斯达克上市的公司和发行人提供编制 ESG 报告的详细指引。同年，美国颁布《第 964 号参议院法案》，进一步强化了对加州公务员退休基金和加州教师退休基金的气候变化风险的管控以及相关 ESG 信息披露的强制性。2020年美国证券交易委员会（SEC）通过对"法规 S-K"的修正案，根据修正案要求，美国上市公司在年度报告（表格 10-K）中应披露影响投资决策的重要 ESG 信息，涉及人力资源、重大环境诉讼和风险信息等。

2022 年 3 月 21 日，美国证券交易委员会提出题为《加强和规范服务投资者的气候相关披露》的议案，将要求所有在 SEC 注册的美国和外国公司披露对其业务、运营结果、财务状况以及财报指标可能产生实质性影响的气候相关风险。

3. 英国：始于养老基金的 ESG 监管

经过十几年间的发展，英国财务报告委员会、法律委员会及伦敦证券交易所等机构不断出台各种针对 ESG 的法律法规或者修订并增加有关 ESG 的相关规则，英国已然形成了较为完善和全面的 ESG 法律框架。该框架涵盖的主体范围非常丰富，包括各类机构投资者、上市公司、非上市公司、养老基金等。

英国对于 ESG 的政策规制始于 2005 年的两项养老金保障基金条例——《职业养老金计划（投资与披露）条例》和《养老金保障基金（投资原则陈述）条例》，这两项条例将社会、环境和道德纳入，作为考量因素。

英国劳动与养老金部在 2018 年对《职业养老金计划（投资与披露）条例》进行修订，将受托者责任延伸至 ESG 范畴，以可持续因素帮助控制养老金长期风险与回报，强制要求受托者在提交的投资原则陈述中披露对 ESG 及气候变化的考量细节，进一步提升养老金投资基金中的信息披露透明度。2020 年，英国金融行为监管局（FCA）表示将会采用 TCFD 的方法和建议要求退休基金开展气候风险信息披露。

对于上市公司的监管，2006 年修订的英国《公司法》则从公司治理角度对董事职责作出规定，要求董事作出决策时应兼顾利益相关者及决策对利益相关者可能产生的后果，关注企业运营中对环境和社会的长期影响。2013年 10 月修订的英国《公司法》规定证券市场上市企业需要提供人权信息。2018 年 7 月修订的英国《公司治理准则》规定：Premium-listed 公司应报告其公司治理如何实现长期的可持续发展。此外，该准则还在一定程度上扩展到 ESG 的其他方面，比如，要求公司"为更广阔的社会作出贡献"，并强调利益相关者的参与。对于非上市公司的监管则主要适用 Wates 原则（Wates Principles）。该原则规定，2019 年 1 月后，如果一家英国的注册公司拥有超过 2000 名雇员或者营业额超过 2 亿英镑，资产负债表总额超过 20 亿英镑，则该公司在其董事会报告中必须披露公司治理结构，且未上市公司必须在网站上提供公司治理安排的声明。

英国也提出了机构投资者为客户和受益人创造长期价值的同时，应当为经济、环境和社会带来可持续利益。2014 年出台的《投资中介机构的受托责任》，明确 ESG 因素应当成为受托人考量的一部分。2019 年 10 月，英国财务报告委员会修订的《尽职管理守则》，明确资产所有人和资产管理者应当考量 ESG 及气候变化相关要素，推动资本市场长期可持续发展。2021 年，英国金融行为监管局发布基金遵守 ESG 义务的指导原则，对基金经理提出了设计、交付、披露三项"指导原则"。

（二）国际 ESG 信息披露框架

随着 ESG 投资规模的扩大，对 ESG 相关信息披露的需求也在增长。对此，很多企业开始披露相关 ESG 信息。但是 ESG 信息披露没有像国际财务报告准则（IFRS）这样的国际统一标准，大量披露标准分散在民间组织中，ESG 需要披露的领域、具体披露事项因披露标准而异。比如，GRI 披露标准的对象不仅是投资者还有公司内外相关方，而 SASB（已与 IIRC 合并）的主要对象为投资者；TCFD 以气候为主，而 GRI 涉及面更广（见表 1）。

表 1　常用 ESG 信息披露框架

组织/机构	框　架
全球报告倡议组织（GRI）	设定与经济、环境、社会相关的各项指标，并将其作为可持续发展报告予以披露
国际综合报告委员会（IIRC）	财务信息与非财务信息相关联，解释说明组织是否存在长期竞争力
可持续发展会计准则委员会（SASB）	公司向投资者披露财务上重要的可持续发展信息

续表

组织/机构	框架
碳排放披露项目（CDP）	进行环境相关的可持续发展信息披露
气候披露标准委员会（CDSB）	通过将环境信息整合到财务信息中以支持投资者的决策
气候相关财务信息披露工作组（TCFD）	在一致的框架内向金融市场参与者披露与气候变化相关的风险和机会

1. 全球报告倡议组织（GRI）

1997 年，全球报告倡议组织成立。GRI 是一家独立的国际组织，由美国非政府组织环境责任经济联盟（CERES）和联合国环境规划署（UNEP）联合发起成立。GRI 的成立宗旨是帮助商业、政府及其他机构认识其业务活动对可持续议题的影响，提高可持续发展报告的质量、严谨度和实用性。GRI 总部位于荷兰阿姆斯特丹，同时在全球其他国家和地区共设立 7 个区域中心（分别位于南非、新加坡、巴西、中国香港、哥伦比亚、美国和印度），通过这些分布各地的区域中心，GRI 得以根据不同地区和国家有针对性地开展工作。GRI 报告编制的业绩指标包括经济业绩指标、环境业绩指标和社会业绩指标，目前已被 90 多个国家和地区的上万家机构应用。

2. 碳排放披露项目（CDP）

2000 年，碳排放披露项目成立。CDP 是一家独立的非营利组织，它搭建了一个全球环境信息披露平台，不仅收集涵盖企业层面和城市层面的环境数据，而且还拥有全球最大的企业温室气体排放和气候变化战略等在线免费数据库，每年协助数千家公司、城市和地区衡量与管理它们在气候变化、水安全和森林采伐方面的风险和机遇。

3. 可持续发展会计准则委员会（SASB）

2011 年，可持续发展会计准则委员会成立，总部位于美国。SASB 是一家独立的非营利组织，通过制定一系列 ESG 披露指标，促进高质量、实质性的可持续信息的发布，以满足包括政府、投资者以及企业在内的社会各界的信息需求。SASB 制定的 SASB 准则，注重从投资者的角度出发，根据不同行业面临的机会与风险，分别制定可能对该行业财务产生重大影响的指标和衡量标准，从而提高企业信息的实用性和可比性。SASB 准则适应性较强，全球的企业与投资者均可以使用，目前该准则已被越来越多的金融机构与企业采纳。

4. 国际可持续发展标准委员会（ISSB）

2021 年，国际财务报告准则基金会宣布成立国际可持续发展标准委员会为投资者在可持续性披露方面的信息需求制定高质量的全球通用标准。同时 IFRS 宣布了 CDSB 和 VRF 的合并。CDSB 是一个由非营利组织 CDP 创立的、为企业和国家政府报告环境和气候变化信息的框架。VRF 则包含了集成报告框架（Integrated Reporting）和 SASB 这两项全球公认的 ESG 报告标准。IFRS 指出，许多投资者和监管机构呼吁发布在全球范围可比的可持续性财务报告准则，并且 IFRS 运用其专业知识和资源来启动这一项目。CDSB 和 VRF 的合并标志着简化和正式化企业可持续披露的重要一步，为建立金融市场的全球可持续性披露标准奠定了基础。随着 ISSB 的成立，国际披露标准统一的趋势也在加强。

（三）国内政策监管层面

ESG 理念进入中国的时间或许较短，但社会责任根植已久。在我国政策的语境中，对上市公司社会责任的要求就是企业 ESG 监管的基础。目前，国内尚未强制要求上市公司披露 ESG 信息，但是近年来国内呈现日益重视和披露要求日渐严格的趋势。

1. 中国香港

ESG 方面，中国香港较中国内地采取了更早、更积极的行动。

企业监管层面，2012 年，香港联合交易所发布《ESG 报告指引》，规定发行人须每年发布 ESG 报告，定期向利益相关方披露其可持续发展方面的绩效。2019 年 5 月 17 日，香港交易所发布咨询文件，将提高 ESG 报告披露要求的强制性并增加披露内容，建议进一步强化上市公司管治架构、ESG 报告原则、报告边界、环境及社会范畴等方面 ESG 信息的披露。12 月 18

日，香港交易所正式刊发有关检讨《ESG 报告指引》及相关《上市规则》条文的咨询总结（ESG 咨询总结），新的修订于 2020 年 7 月 1 日生效，港交所将 ESG 报告的披露时限从财年结束后的 7 个月减少到 5 个月。

2021 年 12 月 10 日，港交所刊发了有关修订《企业管治守则》的咨询总结，公布了经过修订后的管治新规。港交所察觉到投资者仍对上市公司及时披露 ESG 资料有强烈需求。经过本次修订后，港交所规定 ESG 报告须与年报同步刊发（上市公司须在财年结束后的 4 个月内完成 ESG 报告的披露）。

证券市场方面，香港证监会于 2021 年 6 月发布《致证监会认可单位信托及互惠基金的管理公司的通函——环境、社会及管治基金》（经修订的通函，以下简称"通函"），加强以 ESG 因素为主要投资重点的基金的信息披露规定。此通函取代 2019 年 4 月发行的《致证监会认可单位信托及互惠基金的管理公司的通函——绿色基金或环境、社会及管治基金》（以下简称"旧通函"）。对于所有基金管理人，2021 年 8 月，香港证监会发布《致持牌法团的通函——基金经理对气候相关风险的管理及披露》（以下简称"基金经理气候披露"），提出了基金经理应在投资及风险管理中考虑气候相关风险，并作出适当的披露，要求基金经理按照"治理—投资管理—风险管理—披露"模块提供气候相关信息。该通函面向全体基金管理人，提升了全体从业机构对气候相关可持续因素的关注度，也可能促进 ESG 基金和气候基金关注气候相关绩效，并提供了绩效量化乃至对比的数据基础。

2. 中国内地

（1）政府监管

2008 年 1 月，国务院国资委发布《关于中央企业履行社会责任的指导意见》，首次推动中央企业履行社会责任。多个发展意见和发展战略强调和细化了社会责任。强调中央企业履行社会责任的主要内容，包括建立社会责任报告制度。有条件的企业要定期发布社会责任报告和可持续发展报告。公布企业履行社会责任的现状、规划和措施、完善社会责任的沟通方式和对话机制，及时了解和回应利益相关方的意见建议，主动接受利益相关方和社会的监督。2011 年 1 月，《中央企业"十二五"和谐发展战略实施纲要》首次用专项战略规划对中央企业履行社会责任提出明确要求，全文出现 38 次"社会责任"。次年 3 月，国资委发布《关于中央企业开展管理提升活动的指导意见》。2016 年 3 月，国资委发布的《关于国有企业更好履行社会责任的指导意见》中首次将履行社会责任的要求从中央企业拓展到全体国有企业，对国有企业履行社会责任的指导思想、方法和具体路径提出了明确要求。

2021 年 12 月，《关于印发〈关于推进中央企业高质量发展做好碳达峰碳中和工作的指导意见〉的通知》中首次将社会责任管理作为中央企业的基本职能管理。再次明确了社会责任管理在中央企业中重要地位的不可替代价值。文件明确中央企业"十二五"时期管理提升活动范围覆盖企业管理 13 个具体领域，社会责任管理是其中之一。

2022 年 3 月，国务院国资委成立科技创新和社会责任局。进一步完善国资监管体制机制，更好发挥监管效能，建设世界一流企业，有利于更好地推动中央企业强化科技创新、履行社会责任。同年 5 月，国资委发布《提高央企控股上市公司质量方案》，推动更多中央企业控股上市公司披露 ESG 专项报告，力争到 2023 年相关专项报告披露"全覆盖"。

可以看出，我国对于上市公司社会责任的监管从中央企业/国有企业入手，覆盖范围逐步扩大，力度逐渐加大。

（2）证券市场

在证券监管层面，我国也延续了先试点后推广的风格，往往是上交所、深交所先采取行动，中国证监会再下达纲领性文件。

2006 年，深交所发布《上市公司社会责任指引》，要求上市公司在追求经济效益、保护股东利益的同时，积极保护债权人、职工等利益相关方的合法权益（S），积极从事环境保护（E）、社区建设等公益事业，完善公司治理结构（G），鼓励自愿披露公司社会责任报告。

2008 年 5 月，上交所发布《关于加强上市公司社会责任承担工作暨发布〈上海证券交易所上市公司环境信息披露指引〉的通知》，较为全面地细化了上市公司应该披露的涉及环境保护和可持续发展的相关事项。

2018 年 9 月，中国证监会修订《上市公司治理准则》，首次确立了 ESG 信息披露的基本框架，增加了利益相关者、环境保护与社会责任章节，其中第 95 条明确规定，上市公司应当依照法律法规和有关部门要求披露环境信息（E）、社会责任（S）以及公司治理相关信息（G）。

2020 年 12 月，上交所发布《上海证券交易所科创板股票上市规则》，要求科创板上市公司应当在年度报告中披露履行社会责任的情况，并视情况编制和披露社会责任报告、可持续发展报告、环境责任报告等文件。

2021 年 6 月，中国证监会公布《公开发行证券的公司信息披露内容与格式准则第 2 号——年度报告的内容与格式（2021 年修订）》和《公开发行证券的公司信息披露内容与格式准则第 3 号——半年度报告的内容与格式（2021 年修订）》，文件将"公司治理"整理为独立章节，体系化地要求公司披露 ESG 信息，鼓励公司主动披露积极履行环境保护、社会责任的工作情况。

2021 年 2 月，中国证监会发布《上市公司投资者关系管理指引（征求意见稿）》，其中将"公司的环境保护、社会责任和公司治理信息"列为上市公司与投资者沟通的主要内容，要求上市公司召开投资者说明会，对 ESG 信息披露事项进行说明。2022 年 4 月，中国证监会发布《上市公司投资者关系管理工作指引》，自 2022 年 5 月 15 日起施行，提到落实新发展理念的要求，在沟通内容中增加上市公司的环境、社会和治理信息。

2022 年 1 月，上交所发布多份文件。《上海证券交易所上市公司自律监管指引第 1 号——规范运作》，要求上市公司加强社会责任承担工作，鼓励及时披露公司承担社会责任的做法和成绩，并对上市公司环境信息披露提出了具体要求。《上海证券交易所上市公司自律监管指南第 2 号——业务办理》，其中要求上市公司和相关信息披露义务人应当按照本指南附件的规定办理 ESG 信息披露和业务操作。《关于发布上海证券交易所科创板上市公司自律监管指引第 1 号至第 3 号的通知》，鼓励科创公司进行规范运作，自愿披露 ESG 信息，持续披露科创属性的 ESG 个性化信息。

同年，深交所对《深圳证券交易所上市公司规范运作指引（2020 年修订）》进行了整合、修订，并更名为《深圳证券交易所上市公司自律监管指引第 1 号——主板上市公司规范运作》，要求公司在年度报告中披露社会责任履行情况，纳入"深证 100 指数"的上市公司单独披露社会责任报告；鼓励其他公司披露社会责任报告，并将"是否主动披露环境、社会责任和公司治理（ESG 信息披露）履行情况，报告内容是否充实、完整"作为信息披露工作的考核内容，形成了 ESG 信息披露的基本框架。

金融产品方面，2014 年 7 月，中国证监会发布的《公开募集证券投资基金运作管理办法》规范了基金募资、投资及其他运作活动，为 ESG 主题、社会责任主题等金融产品规范运作提出了基础要求。2016 年 8 月，中国人民银行、财政部等七部委联合印发了《关于构建绿色金融体系的指导意见》。该文件明确了支持绿色投资的重要作用，鼓励经济向绿色化转型，完善绿色债券界定标准，积极支持符合条件的绿色企业上市融资和再融资，逐步建立和完善上市公司与发债企业强制性环境信息披露制度。2018 年中国证券投资基金业协会正式发布了《绿色投资指引（试行）》，对基金管理人开展绿色投资提出原则性要求。2020 年 9 月，"双碳"目标的宣布进一步推动了绿色金融服务的发展，也扩大了 ESG 基金的成长空间。2021 年 4 月，中国人民银行、国家发展改革委、中国证监会共同发布《绿色债券支持项目目录（2021 年版）》［以下简称"绿债目录（2021 年版）"］，统一国内不同绿色项目标准。

五　ESG 投资的国内外发展现状

（一）ESG 投资领域重要国际组织

1. 联合国责任投资原则组织（UN-PRI）

联合国责任投资原则组织（UN-PRI）是联合国支持的国际投资者网络，成立于 2006 年，与联合国环境规划署和联合国全球契约组织进行合作，共同推动全球金融体系的良性循环。该组织成立的同时，联合国建立了6条遵循ESG责任投资理念的具体原则，为ESG责任投资提供标准化框架与思路。签署该原则的机构将遵循其发布的6条原则进行ESG责任投资。

UN-PRI的创办是ESG责任投资发展历程上一个重要的里程碑，在这个阶段，全球许多国家也顺应ESG责任投资思路，建立了可持续投资相关组织。截至2022年末，成员已经达到5311家，较2021年末增长38.81%，遍布全球60多个国家和地区，签署方管理的资产总规模超过120万亿美元，占全球专业资产管理规模的一半以上（见图3）。

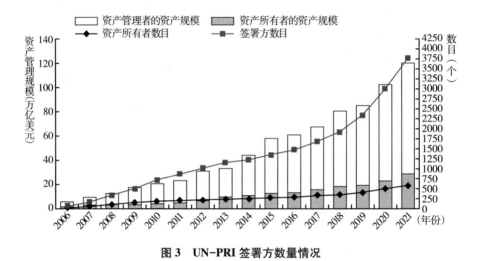

图3 UN-PRI签署方数量情况

资料来源：《负责任投资原则：与联合国环境规划署金融倡议和联合国全球契约协作的一项投资者倡议》。

2. 全球可持续投资协会（GSIA）

全球可持续投资协会（Global Sustainable Investment Alliance，GSIA）是实践可持续投资的会员制联盟。其会员为确立合作关系的各国协会，包括欧洲社会责任投资论坛（Euro SIF）、澳大利亚负责任投资协会（RIAA）、加拿大负责任投资协会（RIA）、英国可持续投资和金融协会（UKSIF）、美国社会投资论坛（USSIF）、荷兰可持续发展投资者协会（VBDO）、日本社会投资论坛（JSIF）、中国可持续和负责任投资论坛（China SIF）。该协会规范了 7 种投资策略, 每两年将对全球多个地区的 ESG 相关投资情况进行梳理, 致力于深化可持续投资组织在全球范围内的影响力。

3. 可持续发展会计准则委员会（SASB）

可持续发展会计准则委员会基金会, 是一家位于美国的非营利组织, 致力于制定一系列针对特定行业的 ESG 披露指标, 促进投资者与企业交流对财务表现有实质性影响且有助于决策的相关信息。经过多年的研究和市场调查, 在全球众多投资机构和企业的共同参与下, SASB 于 2018 年发布了全球首套可持续发展会计准则（简称"SASB 准则"）。SASB 准则旨在帮助企业和投资者衡量、管理和报告那些可以产生价值并对财务绩效有实质性影响的可持续发展因素, 以更好地识别和沟通创造长期价值的机会。

（二）ESG 投资重要理念

1. PRI 责任投资原则

①将 ESG 议题纳入投资分析和决策过程。②成为主动的所有者并将 ESG 议题纳入所有权政策和实践中。③寻求被投实体对 ESG 议题的适当披露。④促进投资行业对原则的接受和实施。⑤共同努力, 提高原则实施的有效性。⑥对实施原则的活动和进展情况进行报告。

2. 联合国17项可持续发展目标（SDGs）

2015 年 9 月 25 日, 联合国可持续发展峰会上, 193 个成员国正式通过 17 个可持续发展目标（SDGs）, 被称为"改变世界的 17 项目标", 旨在从 2015~2030 年以综合方式彻底解决社会、经济和环境三个维度的发展问题, 走可持续发展道路。

目标 1：在全世界消除一切形式的贫困。

目标 2：消除饥饿, 实现粮食安全, 改善营养状况和促进可持续农业。

目标 3：确保健康的生活方式, 促进各年龄人群的福祉。

目标 4：确保包容和公平的优质教育, 让全民终身享有学习机会。

目标 5：实现性别平等, 增强所有妇女和女童的权能。

目标 6：为所有人提供水和环境卫生并对其进行可持续管理。

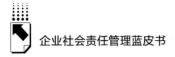

目标7：确保人人获得负担得起的、可靠和可持续的现代能源。

目标8：促进持久、包容和可持续经济增长，促进充分的生产性就业和人人获得体面工作。

目标9：建造具备抵御灾害能力的基础设施，促进具有包容性的可持续工业化，推动创新。

目标10：减少国家内部和国家之间的不平等。

目标11：建设包容、安全、有抵御灾害能力和可持续的城市和人类居住。

目标12：采用可持续的消费和生产模式。

目标13：采取紧急行动应对气候变化及其影响。

目标14：保护和可持续利用海洋和海洋资源以促进可持续发展。

目标15：保护、恢复和促进可持续利用陆地生态系统，可持续管理森林，防止荒漠化，制止和扭转土地退化，遏制生物多样性的丧失。

目标16：创建和平、包容的社会以促进可持续发展，让所有人都能诉诸司法，在各级建立有效、负责和包容的机构。

目标17：加强执行手段，重振可持续发展全球伙伴关系。

（三）ESG 投资策略

目前，ESG 投资策略主要分为七类，如表 2 所示。

表 2 ESG 投资策略七大分类

项目	具体内容
负面筛选	基于 ESG 标准,将特定行业或公司从投资组合中剔除
正面筛选	选取行业内 ESG 绩效优秀的公司
标准化筛选	按照相关国际组织(联合国、国际劳工组织等)的最低标准对投资标的进行审核
ESG 整合	将环境、社会和治理因素系统地纳入分析,与传统财务数据分析结合
可持续发展主题投资	投资于与可持续发展主题相关的资产,如清洁能源
影响力/社区投资	定向解决某些环境和社会问题,包括社区投资和向具有明确社会或环境用途的企业提供资金
股东参与	基于 ESG 的准则行使股东权利,从管理层影响公司行为

（四）海外 ESG 投资现状

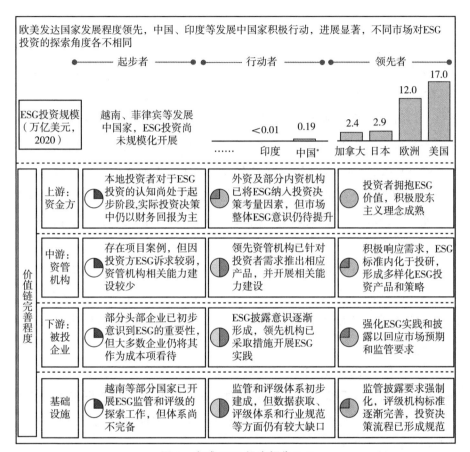

图 4　全球 ESG 投资报告 2.0

＊中国可持续投资市场 2021 年的投资规模总量，包含泛 ESG 公募基金、ESG 主题理财产品及 ESG 股权投资。

资料来源：BCG《中国 ESG 投资报告 2.0——笃行不怠，崭露锋芒》。GSIA；摩根大通亚太区 ESG 及公用事业证券研究团队；中国责任投资报告；专家访谈；BCG 分析。

1. 欧洲

欧洲 ESG 责任投资现状管理规模方面，根据 GSIA 公布的 GSIR2020，ESG 责任投资在欧洲的总资产管理规模达 12 万亿欧元（约 13.9 万亿美元），覆盖欧洲 18 个国家。

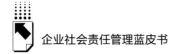

UN-PRI席位数量方面，根据UN-PRI年度报告2021，在UN-PRI签署机构中，2020年，欧洲地区共有1338席。截至2021年末，欧洲UN-PRI签署席位共1887席，2021年共新增462席，同比增长32.42%，其中英国及爱尔兰地区共新增195席。

投资策略层面，根据可持续与责任投资调查（SRI Study），欧洲地区策略使用最多的依次是负面筛选、股东参与、ESG整合、标准化筛选、正面筛选、可持续发展主题投资、影响力/社区投资。不同的ESG责任投资策略在欧洲呈现不同样态。ESG整合策略为当前增长最迅速、最具潜力的策略，该策略旨在将企业的ESG信息综合看待为因子，再据此拟定投资决策，对ESG信息的考察更为灵活。负面筛选的投资策略占据最大的规模，主要考察企业从事经济运动是否涉及生物测试、转基因工程、酒精、色情、博彩、军火、烟草等行为。

能源目标方面，2020年3月，欧盟委员会公布《欧洲气候法》草案，决定以立法的形式明确，欧洲到2050年实现"碳中和"。主题投资方面，欧洲有新能源、能源效率、可持续交通、绿色建筑、土地农林使用、水治理、废物治理及其他与环境相关的主题。单项占比投资最高的主题为水治理，约占17%。投资者方面，欧洲散户投资者占比增幅在近几年迅速扩大，在2017年占据30.77%。资产类别方面，在欧洲ESG责任投资的不同资产占比中，股权类产品占比最高（46.45%），其次是债券类产品（39.99%），与股权类相差不多。

2. 美国

管理规模方面，根据USSIF（美国可持续和负责任投资论坛）在官网发布的报告，USSIF统计下的美国责任投资资产规模已达到17.1万亿美元，与GSIR2020报告结果相同，占美国专业金融机构资产管理规模的1/3。该报告第一次公布是在1995年，当时统计的美国责任投资规模仅0.64万亿美元，到2020年增长了近26倍。

UN-PRI席位数量方面，2021年，美国共有UN-PRI签署席位899席，其中2021年新增209席。

投资主体方面，在美国，根据 USSIF 调查，16.6 万亿美元是由 530 个机构投资者、384 位基金经理和 1204 家社会投资机构持有，从事 ESG 相关投资。基金经理在环境（E）、社会（S）、治理（G）的三个议题上投资占比比较均衡，其中社会占 33.56%、治理占 33.23%、环境占 33.21%。覆盖的话题主要有气候变化、碳排放、反腐败、董事会、可持续新能源、智慧农业、高管薪酬等。美国逐渐开始关注种族公平投资与性别角度投资，旨在帮助存在性别不平等、女性歧视等问题的社区。

投资者方面，在机构投资资金中，公募投资比例约为 54%，保险资金占比约 36%。其中，机构资金关注的 ESG 话题从高到低排名为：社会（41.3%）、环境（31.0%）、治理（27.7%）。相比之下，美国机构投资者更加关心战争风险、气候变化及碳排放、烟草等问题。

国家战略导向方面，2021 年 4 月，美国总统拜登承诺美国到 2035 年通过向可再生能源过渡实现无碳发电，到 2050 年，让美国实现碳中和。这一目标无疑将加快美国 ESG 责任投资的发展。

（五）我国 ESG 投资现状

中国 ESG 资管市场过去一年间高速增长。截至 2022 年底，中国境内共发布 376 条泛 ESG 指数，同比增长 39.78%[①]；以相关 ESG 关键词进行筛选，国内存续 ESG 基金达 220 只，合计规模约 3000 亿元[②]。尽管涨势强劲，但中国 ESG 资管市场在全球占比依然很小，且较成熟市场仍有较大差距。中国 ESG 资管市场正处于高速发展前夜，未来潜力巨大。

一方面，截至 2022 年，已有 123 家中国内地机构签署 PRI，践行责任投资原则；在"双碳"目标下，越来越多的 A 股上市公司和投资机构开始主动披露 ESG 报告，部分上市公司还专门设立董事会 ESG 委员会；新能源行业成为投资风口，引起市场高度关注。现阶段，中国的 ESG 投资主要集

---

① 《中证 2022 年度报告系列：可持续发展理念成为共识　ESG 指数化投资持续向好》。

② 长江证券研究所：《指数研究深度报告：ESG 系列四：以实践拓视野，走进 2022 国内 ESG 投资实景》，新浪财经，2023 年 1 月 28 日。

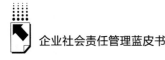

中在绿色信贷（如绿色债券）和泛 ESG 资管产品（如银行理财、公募基金、私募基金、券商资管、基金专户、保险资管）及境外产品（如 ESGETF 等类型）；但纯 ESG 策略主题基金和指数产品扩容加速，ESG 投资逐渐从泛概念走向实质性。2022 年，国内新成立 104 只 ESG 概念类基金，其中新成立的纯 ESG 策略主题基金共 23 只，较 2021 年增加 10 只；同期新成立泛 ESG 基金共 29 只，较 2021 年减少 26 只。

　　另一方面，国内的 ESG 投资参与者以机构投资者为主，尽管个人投资者对于 ESG 投资产品已有一定的认识和关注，但参与度仍然不足。《中国责任投资年度报告 2022》显示，84% 的受访投资者表示会在投资中考虑 ESG 因素；42% 的个人投资者同意外部环境和政策因素凸显了识别投资组合中 ESG 风险或机遇的重要性。但根据诺亚财富、普华永道思略特管理咨询联合发布的《中国财富人群情绪指数（2022）》报告，受访的中国财富人群表示，由于 ESG 评价标准过多、专项信息披露不足、概念了解比较初级等，当前愿意投资的群体仍比较少。尽管监管层面和机构投资者持续加大对 ESG 理念的关注，但是 ESG 投资基础设施仍需进一步完善，为更多的投资者参与 ESG 投资市场营造良好环境。

B.4
国内外 ESG 评价技术分析

肖红军　邵晓鸥　冯莞舒*

摘　要： 本报告系统梳理了国内外主流评价体系，结合中国上市公司实际，紧跟国际前沿趋势和最新 ESG 相关政策，进一步完善了中国上市公司 ESG 评价体系。在明确研究对象及研究价值的基础上，详细阐述了中国上市公司 ESG 评价模型及评价指标体系，优化了企业 ESG 评价指标体系的赋值赋权方式，形成了 2022 年中国上市公司 ESG 评价方法。

关键词： 上市公司　ESG 评价模型　指标体系

一　国内外主流 ESG 评价体系

（一）国际主流 ESG 评价体系

1.国际标准指南与准则

（1）GRI 可持续发展报告标准

2021 年 10 月 5 日，全球可持续发展标准委员会（GSSB）对 GRI 通用标准进行了更新，并发布了首个行业标准《GRI 11：石油和天然气行

---

* 肖红军，博士，中国社会科学院工业经济研究所研究员，主要从事企业社会责任、企业成长方面的研究；邵晓鸥，北京融智企业社会责任研究院院长助理、北京融智企业社会责任研究院可持续发展部部长，中国工业企业社会责任研究智库专家、研究院电力能源行业首席专家，主要从事企业社会责任管理等领域的研究；冯莞舒，北京融智企业社会责任研究院研究员，研究方向为 ESG 评级评价。

业标准（2021版）》，此次更新也是近年来GRI最重要的一次更新。更新将在2023年1月1日生效，在此之前，企业仍可使用2016版GRI标准进行报告。

相较于2016年的GRI标准，GRI标准（2021版）在通用标准中的3个子标准和议题专项标准均发生了变化，更大的变化是增加了"行业标准"板块。GRI通用标准（2021版）在报告组织框架、基本概念、报告原则、议题等方面都有不同程度的变化，其中报告组织框架由GRI 1基础2021、GRI 2一般披露2021、GRI 3实质性议题2021（见表1）三部分组成，不再区分全面和核心方案。GRI通用标准（2021版）议题专项标准一共有31个，比2016版减少3个。

GRI（2021版）预计将推出40个行业标准，目前，石油和天然气行业标准已经发布，正在制定中的有煤炭、采矿、农业、水产和渔业行业标准，预计将被优先纳入的其他行业包括食品和饮料、纺织和服装、银行、保险、资产管理、公共事业、可再生能源、林业以及金属加工业等。

表1　GRI 3 实质性议题 2021

所属议题	议题专项标准
经济议题	GRI 201:经济绩效 2016
	GRI 202:市场表现 2016
	GRI 203:间接经济影响 2016
	GRI 204:采购实践 2016
	GRI 205:反腐败 2016
	GRI 206:反竞争行为 2016
	GRI 207:税务 2019
环境议题	GRI 301:物料 2016
	GRI 302:能源 2016
	GRI 303:水资源和污水 2018
	GRI 304:生物多样性 2016
	GRI 305:排放 2016
	GRI 306:废弃物 2020
	GRI 308:供应商环境评估 2016

所属议题	议题专项标准
社会议题	GRI 401：雇佣 2016
	GRI 402：劳资关系 2016
	GRI 403：职业健康与安全 2018
	GRI 404：培训与教育 2016
	GRI 405：多元性与平等机会 2016
	GRI 406：反歧视 2016
	GRI 407：结社自由与集体谈判 2016
	GRI 408：童工 2016
	GRI 409：强迫或强制劳动 2016
	GRI 410：安保实践 2016
	GRI 411：原住民权利 2016
	GRI 413：当地社区 2016
	GRI 414：供应商社会评估 2016
	GRI 415：公共政策 2016
	GRI 416：客户健康与安全 2016
	GRI 417：营销与标识 2016
	GRI 418：客户隐私 2016

（2）SASB 准则

可持续发展会计准则委员会基金会［Sustainability Accounting Standards Board（SASB）Foundation］作为一家非营利性组织，一直致力于针对特定行业制定 ESG 披露指标，为投资者提供决策参考。经过多年的研究和市场调查，SASB 于 2018 年发布了全球首套可持续发展会计准则（以下简称"SASB 准则"）。

在传统行业分类系统的基础上，SASB 根据企业的业务类型、资源强度、可持续影响力和可持续创新潜力等方面将企业分为 77 个行业（涵盖 11 个部门），建立了可持续工业分类系统。

SASB 准则共包括 6 个元素，具体为一般披露指导、行业描述、可持续性主题及描述、可持续性会计准则、技术协议、活动度量标准。在使用过程中，企业可根据所在行业特点和必要性酌情删减。

SASB 准则中强调的可持续性是指从企业角度入手，以规范企业行为及活动的方式来提高其长期创造价值的能力。SASB 准则的可持续性主题分为环境、社会资本、人力资本、商业模式与创新、领导力与管治等 5 个维度，再从这 5 个可持续性维度中识别出 26 个相关的可持续性主题（见表 2）。

表 2　SASB 准则可持续性主题

维度	主题
环境	温室气体排放
	空气质量
	能源管理
	水及污水管理
	废弃及有害物管理
	生态影响
社会资本	人权和社区关系
	顾客隐私
	数据安全
	可及性和可负担性
	产品质量和安全
	顾客权益
	销售实践与产品标示
人力资本	劳工实践
	员工健康与安全
	员工参与、多元化与共融
商业模式与创新	产品设计和生命周期管理
	商业模式弹性
	供应链管理
	材料采购与效率
	气候变化的物理影响
领导力与管治	商业伦理
	竞争行为
	环境合法合规管理
	重大事故风险管理
	系统化风险管理

（3）ISSB 国际财务报告可持续披露准则

2022 年 3 月 31 日，国际可持续发展准则理事会（ISSB）发布了《国际财务报告可持续披露准则第 1 号——可持续相关财务信息披露一般要求（征求意见稿）》和《国际财务报告可持续披露准则第 2 号——气候相关披露（征求意见稿）》。ISSB 发布的征求意见稿广泛地整合了其他 ESG 标准，正式版本将会在参考世界范围内的反馈意见后发布。

可持续发展披露准则（ISDS）架构包括一般披露、主体以及行业特定标准，每类标准直接引用 TCFD 中建议的四大支柱作为"核心内容"，即企业应围绕其运营的核心层面进行报告，包括治理、战略、风险管理、指标和目标四个方面。其中，治理指主体用于监督和管理可持续相关风险和机遇的治理流程、控制措施和程序；战略指应对可能影响主体短期、中期和长期商业模式和战略的可持续相关风险和机遇的方法；风险管理指主体用于识别、评估和管理可持续相关风险的流程；指标和目标指用于评估、管理和监督主体一段时间内在可持续相关风险和机遇方面的业绩的信息（见图 1）。

图 1　ISDS 四大支柱

（4）TCFD 气候相关财务披露

金融稳定理事会（Financial Stability Board，FSB）于 2015 年成立气候相关财务信息披露工作组（TCFD），旨在为全球金融行业创建一套评估气候变化对企业未来运营可能受到的影响的准则。

2017 年推出的 TCFD 披露框架包含治理、战略、风险管理、指标和目标共四大支柱的 11 个披露项（见图 2），可以帮助金融机构充分评估气候变化对企业在收入、成本支出、资产和负债等方面的潜在影响。

建议和支持建议的信息披露

治理	战略	风险管理	指标和目标
披露机构与气候相关风险和机遇有关的治理情况	如果相关信息具有重大性,披露气候相关风险和机遇对机构的业务、战略和财务规划的实际和潜在影响	披露机构如何识别、评估和管理气候相关风险	如果相关信息具有重大性,披露评估和管理气候相关风险和机遇时采用的指标和目标
建议信息披露	建议信息披露	建议信息披露	建议信息披露
a)描述董事会对气候相关风险和机遇的监控情况	a)描述机构识别的短期、中期和长期气候相关风险和机遇	a)描述机构识别和评估气候相关风险的流程	a)披露机构按照其战略和风险管理流程评估气候相关风险和机遇时使用的指标
b)描述管理层在评估和管理气候相关风险和机遇方面的职责	b)描述气候相关风险和机遇对机构的业务、战略和财务规划的影响	b)描述机构管理气候相关风险的流程	b)披露范围1、范围2和范围3(如适用)温室气体排放和相关风险
	c)描述机构的战略适应力,并考虑不同气候相关情景(包括2℃或更低升温的情景)	c)描述识别、评估和管理气候相关风险的流程如何与机构的整体风险管理相融合	c)描述机构在管理气候相关风险和机遇时使用的目标以及目标实现情况

图2　TCFD 11个披露项

（5）SFDR可持续金融信息披露

在联合国2030年可持续发展议程提出的17个可持续发展目标之上,欧盟委员会于2018年制定了一个可持续金融行动计划（Sustainable Finance Action Plan,SFAP）。作为欧盟可持续增长融资行动计划的一部分,《可持续金融信息披露条例》（SFDR）于2018年5月被首次提出,于2022年4月通过了新的和最终版本的监管技术标准（RTS）。

SFDR是一套与可持续性发展相关的披露规定条例,主要针对金融市场参与者（Financial Market Participants,FMPs）和金融顾问。其中SFDR中关于可持续发展不利影响声明涵盖64个指标,其中18个是强制性指标,主要包括以下类别:9个与环境有关的指标,5个强制性的社会和雇员、尊重人权、反腐败和反贿赂指标,2个指标与对主权国家和超国家的投资有关,2个与房地产投资有关。

2. 国际评级机构 ESG 评价体系

（1）明晟（MSCI）ESG 评级体系

摩根士丹利资本国际公司（Morgan Stanley Capital International，明晟公司）的 MSCI ESG 评级体系是深受全球投资机构认可的 ESG 评价体系之一（见图 3），评级结果被全球投资者广泛使用，现已成为衡量一家公司 ESG 风险抵御能力的重要参考基准。

MSCI 的 ESG 评级对象为所有被纳入 MSCI 指数的上市公司。2018 年 6 月，MSCI 开始将 A 股纳入其新兴市场指数和全球基准指数，至 2019 年 11 月 A 股纳入因子从 15% 增加至 20%。截至 2022 年 6 月，MSCI 公开可查询 ESG 评级的公司数量超过 2900 家。

MSCI ESG 评级流程主要包括指标选择、权重分配、数据采集、指标评分、关键问题得分、评级结果输出等过程，此外对质量的审查是贯穿始终的。

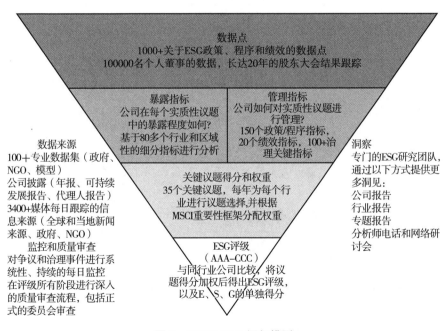

图 3　MSCI ESG 评级模型

资料来源：MSCI 官网。

　　MSCI ESG 评级指标体系包括 3 个范畴 10 个主题以及对应的 37 个关键议题（见表3）。MSCI 具体对公司进行评级时在指标选择上带有行业特征。MSCI 评级采用的是全球行业分类标准（GICS），包括 11 个行业大类 158 个子行业，MSCI 会为每个子行业选定关键议题。当子行业的关键议题被选定后，MSCI 评级会进行权重分配，其中每个 E 或者 S 相关的关键议题权重占总权重的 5%～30%，所有行业在治理范畴上的总权重不低于 33%。

表 3　MSCI ESG 关键议题框架

范畴(3 个)	主题(10 个)	关键议题(37 个)	
环境	气候变化	碳排放	产品碳足迹
		金融环境因素	气候变化脆弱性
	自然资源	水资源稀缺	原材料采购
		生物多样性及土地使用	
	污染和废弃	有毒物质排放及废弃	电子废弃物
		包装材料及废弃物	
	环境机遇	清洁技术的机遇	可再生能源的机遇
		绿色建筑的机遇	
社会	人力资本	劳工管理	健康和安全
		人力资源发展	供应链劳工标准
	产品责任	产品安全与质量	隐私与数据安全
		化学品安全	负责任投资
		金融产品安全性	健康与人口风险
	利益相关方反对意见	有争议的采购	
	社会机遇	社会沟通途径	医疗服务的途径
		融资途径	健康与营养的机遇
管治	公司治理	董事会多样性	所有权和控制权
		高管薪酬	会计
	公司行为	商业道德	腐败与不稳定性
		反竞争实践	金融体系不稳定性
		税务透明度	

（2）DJSI/CSA 评审体系

标准普尔的道琼斯可持续发展指数（The Dow Jones Sustainability Indexes，

DJSI）于 1999 年推出，是全球第一个可持续发展指数。DJSI 每年基于 CSA
（RobecoSAM 发布的企业可持续发展评估）的结果，对约占全球市值 95%的
7300 家公司在治理与经济、环境和社会标准等方面的表现进行综合评估
（见表 4），评选出在可持续发展方面有卓越表现的大型企业，为全球投资者
提供 ESG 投资决策参考。

DJSI 的 ESG 评级指标体系主要涉及经济、环境和社会三个方面，对企
业在环境、社会和经济领域的 600 余个指标进行评分，其指标包括通用指标
和行业指标，不同行业指标权重有明显差异，最终得分依据行业特性进行权
重调整后得出。

表 4　CSA 评价指标体系

方面	标准	权重
经济	行业准则/遵守/受贿与行贿	6.0
	公司治理	6.0
	风险与危机管理	6.0
	行业特定标准	取决于行业
环境	环境报告	3.0
	行业特定标准	取决于行业
社会	企业社会责任/慈善事业	3.0
	劳动实践指标	5.0
	人力资本开发	5.5
	社会报告	3.0
	人才吸引及保留	5.5
	行业特定标准	取决于行业

DJSI 的评估数据来源于四种渠道——公开信息、公司文件、调查问卷、
直接与公司联系，其中，填写问卷需提供公开可查询的信息。根据收集的企
业信息进行评估，各行业可持续发展表现得分最高的 10%将最终入选 DJSI
指数系列成分股。2021 年已有超过 2250 家公司参与了 CSA，2022 年 S&P
Global 将受邀公司的名单扩大到 11000 多家。

（3）汤森路透 ESG 评价体系

汤森路透（Thomson Reuters）ESG 评价体系是全球最全面的 ESG 评价体系之一，涵盖的数据范围包括全球范围内超过 7000 家上市公司。

汤森路透 ESG 风险评价体系是根据公司报告的数据和公开资料对公司 10 项大类指标进行评价，其中，环境类包括资源利用、排放、创新三个类别，社会类包括劳动力、人权、社区、产品责任四个类别，治理类包括管理、股东、企业社会责任战略三个类别。为能透明且客观地衡量公司的相对 ESG 表现、承诺和有效性，该体系提出了综合 ESG 分数，不仅包括对公司环境保护、社会影响、内部治理等传统三项的 ESG 评分，还囊括对于公司争议项的评分（见表 5），最终构成汤森路透 ESG 综合性评分。

表 5　ESG 争议项主要评价指标体系

一级指标	二级指标	一级指标	二级指标
社区	反垄断争议	产品责任	消费者争议
	商业伦理争议		客户健康和安全争议
	知识产权争议		隐私争议
	关键国家争议		产品获取争议
	公共卫生争议		责任营销争议
	税务欺诈争议		责任研发争议
人权	童工劳动争议	资源利用	环境争议
	人权争议	股东	会计争议
管理	管理层薪酬争议		内幕交易争议
			股东权利争议

（4）富时可持续发展评级体系

富时可持续发展评级体系是富时罗素公司各类可持续投资指数系列的设立基础。富时 ESG 评级框架由研究领域中每家公司的四个层级数据组成，包括环境、社会、公司治理三大核心内容，相应的 14 项主题评价及 300 多个独立的考察指标（见图 4）。FTSE ESG 评级体系的 14 项主题评价中，每项主题包含 10~35 个指标。根据 14 项主题评价，每家企业平均应用 125 个指标。

FTSE ESG 评级体系中的参考资料仅来自公开信息，包括公司季报、企业社会责任报告等、强制性会计披露、监管文件、证券交易所、非政府组织和媒体等。

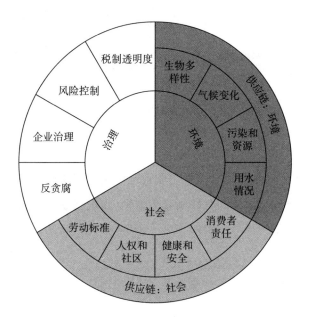

图 4 FTSE ESG 评级体系

资料来源：《FTSE4Good 指数系列概览：全球环境、社会和治理指数的先锋》。

（5）晨星 ESG 评价体系

Sustainalytics 是全球领先的独立环境、社会和公司治理研究、评级、分析提供商，于 2020 年 4 月被 Morningstar（晨星）收购了 60% 的股份。

Sustainalytics 的评价体系是从 ESG 风险角度出发，根据企业风险敞口和风险管理两个维度评估其管理 ESG 议题的表现。其中，风险敞口维度主要反映企业面临重大 ESG 风险的可能性，低风险分数表示议题对企业而言相对不重要，而较高风险暴露则显示该 ESG 议题对企业有可能构成重大影响；风险管理维度则是从企业的政策、计划、定量绩效、公司治理等维度来评估企业对重大 ESG 议题的管理能力（见图 5）。

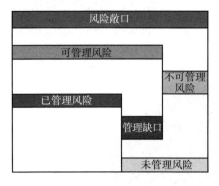 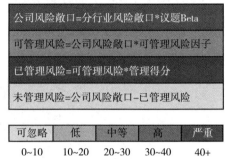

图 5 Sustainalytics 风险评级模型

Sustainalytics 的记分指标涵盖企业管理模块、实质性 ESG 议题模块及企业独特议题模块三个模块，其中实质性 ESG 议题模块为评分关键模块，主要包括企业在环境、社会和管治三个方面的多项综合指标。Sustainalytics 按照最终 ESG 风险得分将企业划分为五个风险等级，评分越高代表企业面临的 ESG 风险越高。

（二）国内主流 ESG 评价体系

1. 交易所 ESG 评价体系

（1）中证 ESG 评价体系

2005 年 8 月，沪深证券交易所共同出资成立中证指数有限公司。目前，中证指数有限公司已成为国内领先的金融市场指数提供商。为客观有效地反映上市公司 ESG 发展水平，中证指数有限公司于 2020 年 12 月推出《中证 ESG 评价方法 V1.0》，并于 2022 年 3 月对 ESG 评价方法进行了修订，形成了《中证指数有限公司 ESG 评价方法 V2.0》，进一步提升了评价指标体系的层次性和逻辑性以及评价方法的科学性。

中证 ESG 评价通过将 ESG 因素纳入，有助于投资者了解 ESG 风险和机遇对公司可持续运营的影响，为投资者提供 ESG 投资决策支持。中证 ESG 评价体系包含 3 个维度 13 个主题 22 个单元近 200 个指标。其中，环境

（E）维度共设置 5 个主题反映企业在生产经营过程中对环境的影响，揭示其可能面临的环境风险与机遇；社会（S）维度共设置 3 个主题反映企业对利益相关方的管理及社会责任方面的绩效，揭示其可能面临的社会风险与机遇；公司治理（G）维度共设置 5 个主题考察公司治理能力，揭示其面临的潜在治理风险（见表6）。

表 6　中证 ESG 评价指标体系

维度	主题	单元
环境（E）	气候变化	碳排放
	污染与废物	污染与废物排放
	自然资源	水资源
		土地使用与生物多样性
	环境管理	环境管理制度
	环境机遇	环境机遇
		绿色金融
社会（S）	利益相关方	员工
		供应链
		客户与消费者
	责任管理	责任管理
	社会机遇	慈善活动
		企业贡献
公司治理（G）	股东权益	中小股东保护
		控股股东与大股东行为
	治理机构与运作	机构设置
		机构运作
		激励与约束机制
	信息披露	信息披露质量
	公司治理风险	公司治理风险
	管理运营	财务风险
		财务质量

中证 ESG 评价结果共分为 10 档，由高到低分别为 AAA、AA、A、BBB、BB、B、CCC、CC、C 和 D，反映被评企业在所在行业内的 ESG 相对表现。

（2）国证 ESG 评价体系

2022 年 7 月 25 日，深交所全资子公司深圳证券信息有限公司正式推出国证 ESG 评价方法。国证 ESG 评价方法坚持立足本土原则，结合国际经验与本土实践，引入反映中国特色的 ESG 价值观，从环境（E）、社会（S）、公司治理（G）三个维度全面反映上市公司可持续发展方面的实践和绩效，旨在形成中国特色的 ESG 评价方法。

国证 ESG 评价指标体系在综合考虑评价逻辑、评价方法以及数据获取性和有效性的基础上，形成了 3 个维度 15 个主题 32 个领域和 200 余个指标的评价指标体系（见表 7）。

表 7　国证 ESG 评价指标体系

维度	主题	领域
环境(E)	资源利用	水资源
		能源耗用
		物料耗用
	气候变化	温室气体排放
		气候变化风险管理
	污废管理	污染物
		废弃物
	生态保护	环境管理
		生物多样性
	环境机遇	绿色业务
		绿色金融
社会(S)	员工	员工管理与福利
		员工发展与多样性
		健康与安全保障
	供应商	环境管理
		社会责任管理
	产品与客户	产品质量与安全
		客户权益保护
	社会贡献	公益事业
		科技创新

维度	主题	领域
公司治理(G)	股东治理	股权结构
		股东权利保护
	董监高治理	治理结构
		治理信息
	ESG 治理	治理内容
		治理成效
	风险管理	风险管理
		道德规制
	信息披露	及时性
		真实准确性
		充分完整性
	治理异常	治理异常

国证 ESG 评价分数由指标开始，依次计算出领域、主题、维度和 ESG 总分及评价结果。结合国际经验和国内研究，差异化设置各层级的指标和权重，最终自下而上逐级加权形成 ESG 评价结果。国证 ESG 评级结果由高到低分为 AAA、AA、A、BBB、BB、B、CCC、CC、C 和 D 共 10 档，反映受评对象 ESG 表现的相对水平。

2. 第三方机构 ESG 评价体系

(1) 万得 ESG 评价体系

万得信息技术股份有限公司（以下简称"Wind"）是中国大陆领先的金融软件服务企业，Wind 在深入研究 ESG 国际标准和指南的基础上，结合中国公司 ESG 信息披露的政策和现状，依托自身强大的数据采集、分析及处理能力，构建了独具特色的中国公司 ESG 评级体系。Wind ESG 评级预见性地评估企业实质性 ESG 风险及其可持续经营的能力，衡量公司在 ESG 方面的承诺与表现。目前已覆盖全部 A 股、港股上市公司与重要发债主体，约 8000 家。

Wind ESG 评价指标体系由管理实践得分（总分 7 分）和争议事件得分（总分 3 分）组成，并给出"AAA、AA、A、BBB、BB、B、CCC"的七档评级结

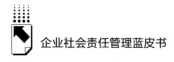

果，综合反映企业的 ESG 管理事件水平以及重大突发风险。其中管理实践得分旨在反映公司长期 ESG 管理实践水平，由环境、社会、治理三个维度得分加权而成，覆盖 27 个议题 300 余个指标（见表 8）；争议事件得分旨在反映公司短期突发事件风险，由新闻舆情、监管处罚、法律诉讼三大来源事件扣分加权而得。

表 8　Wind ESG 评价指标体系

三大维度	议题	指标
环境	环境管理 能源与气候变化 水资源 原材料与废弃物 废气 废水 生物多样性 绿色建筑 * 绿色金融 *	环境管理体系与制度 能源管理体系与制度 范围一、二、三温室气体排放 节约用水相关措施 ……
社会	雇用 职业健康与安全生产 发展与培训 研发与创新 供应链 产品质量 可持续产品 客户 隐私保护 社区 医疗可及性 *	员工流失率/离职率 人均培训时长 知识产权保护 社区公益投入 ……
治理	ESG 治理 董监高 股权及股东 审计 业务连续性管理 反垄断与公平竞争 贪污腐败	ESG 表现与高管薪酬挂钩 董监高离职率 独立董事比例 匿名举报机制 ……

注：* 为行业特有议题。

Wind 根据不同行业特性细分 62 个行业的 ESG 议题并设不同权重，遴选对不同行业更具实质性的 ESG 议题，对不同行业的 ESG 重点进行精准衡量。

（2）商道融绿 ESG 评价体系

商道融绿是国内领先的绿色金融及责任投资专业服务机构，专注于为客户提供 ESG 评级和信息服务、绿色债券评估认证、责任投资和绿色金融咨询与研究等专业服务。

商道融绿 ESG 评价主要评估公司 ESG 管理水平以及 ESG 风险暴露大小，综合评价公司的 ESG 绩效，衡量公司可持续发展的能力，侧重影响重要性原则。商道融绿 ESG 评价指标体系是在参考国际通用 ESG 评估方法论的基础上，结合中国实际情况和市场因素进行本土化完善。

商道融绿 ESG 评价指标体系包括环境、社会、治理三大维度，下设 14 项二级分类核心议题，包括 200 余项具体指标，由 700 余个数据点构成底层数据打分基础（见表 9）。具体指标也可分为 ESG 管理指标和 ESG 风险指标两类，ESG 管理指标主要衡量上市公司的 ESG 披露、管理措施等内容；ESG 风险指标主要衡量上市公司面临的 ESG 风险暴露情况。商道融绿 ESG 评价根据行业属性设置不同的权重，对各行业指派行业特定指标，形成每个行业下公司特有的 ESG 指标体系，以更好地把握不同行业的可持续发展绩效。

表 9　商道融绿 ESG 评价指标体系示例

范畴	核心议题	ESG 通用指标示例	ESG 行业指标示例	
			采矿业	农林牧渔业
环境	环境政策	环境管理体系、环境管理目标、绿色采购政策等	采区回采等	可持续农（渔）业等
	能源与资源消耗	能耗消耗、节能、节水、能源使用监控等		
	污染物排放	污水排放、废气排放、固体废弃物排放等	废弃物综合利用率等	污染排放监控等
	应对气候变化	温室气体排放、碳强度、气候变化管理体系等		
	生物多样性	生物多样性保护目标与措施等	生态恢复措施等	珍稀动物使用等

范畴	核心议题	ESG 通用指标示例	ESG 行业指标示例	
			采矿业	农林牧渔业
社会	员工发展	员工发展、劳动安全、员工权益等	职业健康安全管理体系等	职业健康安全管理体系等
	供应链管理	供应链责任管理、供应链监督体系等		
	客户管理	客户管理关系、客户信息保密等		可持续消费等
	产品管理	质量管理体系认证、产品/服务质量管理等		
	数据安全	数据安全管理政策等		
	社区	社区沟通、社区健康和安全、捐赠等	社区沟通等	社区沟通等
治理	治理结构	反腐败与贿赂、举报制度、纳税透明度		
	商业道德	信息披露、董事会独立性、高管薪酬、审计独立性等		
	合规管理	合规管理、风险管理等		

商道融绿 ESG 评价采集数据的渠道主要包括企业公开披露数据、监管数据、媒体数据、宏观数据、地理数据等。商道融绿 ESG 评级总分由 ESG 主动管理总得分和 ESG 风险暴露总得分相加构成，也由环境、社会和治理三个一级指标分数加总构成。评级分数区间为 0 ~ 100 分，划分为 A+ 至 D，共计 10 个评分级别，对企业的综合管理水平、产生 ESG 负面事件以及整体 ESG 风险程度进行了诠释。

（3）社会价值投资联盟 ESG 评价体系

社会价值投资联盟（深圳）简称"社投盟"，是 5A 级社会组织、由近50 家机构联合创办的中国首家社会联盟类公益机构，是支持"义利并举"社会创新创业项目的投资促进平台、中国首家专注于促进可持续金融的国际化新公益平台。

社会价值投资联盟对于企业社会价值的评估逻辑在于"义利并举",将企业的社会价值分为"义"和"利"两个取向,与环境效益、社会效益、治理结构、经济效益的国际共识相结合,通过目标(驱动力)、方式(创新力)和效益(转化力)三个维度对企业的社会价值进行评估。

社会价值投资联盟的评价体系实行"先筛后评"的机制,由"筛选子模型"和"评分子模型"两部分构成。筛选子模型是社会价值评估的负面清单,按照 5 个方面 17 个指标,对评估对象进行"是与非"的判断。如评估对象符合任何一个指标,即被判定为资质不符,无法进入下一步量化评分环节。在"筛选子模型"遴选出符合资质的上市公司后,"评分子模型"对其社会价值贡献进行量化评分。评分子模型包括 3 个一级指标 9 个二级指标 27 个三级指标 55 个四级指标(见表 10)。

表 10　社会价值投资联盟 ESG 评价指标体系

筛选子模型	评分子模型	
负面清单	一级指标	二级指标
产业问题 财务问题 违法违规 特殊处理 重大负面事件	目标	价值驱动
		战略驱动
		业务驱动
	方式	技术创新
		模式创新
		管理创新
	效益	经济贡献
		社会贡献
		环境贡献

社会价值投资联盟最终的评分设 10 个基础等级、10 个增强等级。基础等级设置为 AAA、AA、A、BBB、BB、B、CCC、CC、C 和 D;增强等级即 AA~B 基础等级用"+"和"-"号进行微调,表示在各基础等级分类中的相对强度。

（4）华证 ESG 评价体系

上海华证指数信息服务有限公司（以下简称"华证指数"），是一家专业从事指数与指数化投资综合服务的公司，成立于 2017 年 9 月。华证指数致力于生产高质量的 ESG 评级数据产品，底层数据依托大数据分析与自然语言处理等先进技术，做到定性有据，同时高比例采用定量数据评价，做到测量有度。目前，华证 ESG 数据的应用场景包括 ESG 指数构建、投资组合风险管理、资管产品 ESG 评价、量化策略研发等各个领域。

华证 ESG 评价指标体系融入国际 ESG 发展的最新趋势，同时考虑中国企业特点和发展阶段，通过按季度定期评价与动态跟踪相结合的方式，系统测算全部 A 股上市公司的 ESG 水平。华证 ESG 评价指标体系以 ESG 核心内涵和发展经验为基础，结合国内市场的实际情况，构建三级指标体系，包括 3 个一级指标 14 个二级指标 26 个三级指标（见表 11）。

表 11　华证 ESG 评价指标体系

一级指标	二级指标	三级指标
环境	内部管理体系 经营目标 绿色产品 外部认证 违规事件	环境管理体系 低碳计划 产品或公司获得环境认证 环境违法违规事件 ……
社会	制度体系 经营活动 社会贡献 外部认证	负面经营事件 社会责任相关捐赠 产品或公司获得质量认证 ……
公司治理	制度体系 治理结构 经营活动 运营风险 外部风险	关联交易 董事会独立性 资产质量 整体财务可信度 ……

华证 ESG 评价指标在国际 ESG 体系核心指标的基础上对国内行业及指标进行转换，补充中国特色指标并设计赋予权重。通过权重设计实现不同行

业适用不同指标体系，满足 ESG 评价精细化要求。最终采用行业加权平均法进行 ESG 评价，根据得分相应地给出"AAA~C"九档评级。

（5）中财绿金院 ESG 评价体系

中央财经大学绿色金融国际研究院（以下简称"中财绿金院"）是国内首家以推动绿色金融发展为目标的开放型、国际化的研究院。中财绿金院在 ESG 研究方面成果显著，自主研发了本土化的 ESG 方法学与指标体系，创新开发了绿色评价体系，并构建了 ESG 信用模型，为推动国内 ESG 发展奠定了相关研究基础。

中财绿金院 ESG 评价指标体系共包含三个部分：定性指标、定量指标和负面行为与风险。具体来看，包含 3 个一级指标——环境、社会和公司治理，26 个二级关键指标（见表 12）以及超过 160 个三级指标，对应的 3 个一级指标下都有扣分项，综合全面地评价公司的 ESG 行为。

表 12 中财绿金院 ESG 评价指标体系

一级指标	定性/定量	二级关键指标
环境	定性	节能减排措施
		污染处理措施
		绿色环保宣传
		绿色设计
		绿色技术
		绿色供应
		绿色生产
		绿色办公
	定量	绿色收入
		主要环境量化数据
		环境成本核算
社会	定性	综合
		扶贫及其他慈善
		社区
		员工
		消费者
		供应商
	定量	社会责任量化标准

一级指标	定性/定量	二级关键指标
公司治理	定性	组织结构
		投资者关系
		信息透明度
		技术创新
		风险管理
	定量	商业道德
		财报品质
		其他治理量化标准

中财绿金院将所有上市公司的行业划分为三类一级行业——制造业、服务业和金融业，再将一级行业向下划分共计 31 个二级行业，在每个行业的 ESG 评分表中随行业特性调整关键指标，对企业负面新闻与风险进行过滤，将"两高一剩"企业和含有火电业务的特殊企业进行扣分，最后将 E、S、G 三个维度与负面行为和风险的总得分进行计量汇总。中财绿金院的 ESG 评级是汇总上市公司在同一样本空间内的 ESG 得分情况，先对样本公司进行排名，再将公司相对于样本平均作出 ESG 评级，评定出 A+、A、A-、B+、B、B-、C+、C、C-、D+、D、D-共计 12 个等级。

（6）华测 ESG 评价体系

华测检测认证集团股份有限公司（以下简称"CTI 华测检测"）成立于 2003 年，总部位于深圳，是中国检测认证行业首家上市公司，是中国第三方检测与认证服务的开拓者和领先者。华测针对中国 A 股和 H 股，结合中国上市公司发展特点，形成华测 ESG 数据库，并基于该数据库，对上市公司的 ESG 表现进行评级。根据评级结果，推出一系列华测 ESG 指数。

华测 ESG 评级指标选取是根据中国政府监管政策和上市公司实践，制定和筛选出可以反映中国上市公司 ESG 表现的中国特色指标；还可以根据不同行业 ESG 要求和具体实践，制定行业特色指标，并相应调整权重，使得不同行业之间具有可比性。评价指标体系把定量指标和定性指标相结合，共包含四层指标：一级指标 3 个，二级指标 10 个，三级指标 22 个，四级指标 220 余个（见表 13）。

表 13　华测 ESG 评价指标体系

一级指标	二级指标	三级/四级指标
环境	创新	环境管理体系认证、绿色技术、绿色产品、生态保护、气候变化
	排放物	废弃物种类说明以及处理方法、温室气体排放、废弃物综合利用政策等
	资源使用	能源管理体系、节能产品认证、能源消耗总量、水资源利用政策、总耗水量、可持续性包装政策、包装材料循利用等
社会	员工	劳动合同签订率、员工总数、年度死伤总数、职业健康和安全政策、职业健康认证、职业发展政策、职业技能培训总时间等
	产品	质量管理体系认证、产品合格率、产品回收/投诉说明、客户隐私与数据安全政策说明、研发创新政策、年度研发投入金额、专利保护政策、责任产品、责任营销等
	供应链	供应链监督管理、供应链环境问题管理与监测、供应链社会问题管理与监测等
	社区	社区投资计划、本地化采购和用工政策、保证社区的健康与安全政策、对外捐赠总额、每股社会贡献值、纳税额等
管治	公司治理	董事会结构、董事会独立性等
	商业道德	反腐败和贿赂政策、公平竞争政策等
	责任管理	社会责任/可持续发展管理委员会，高管是否参与社会责任工作，实质性社会责任议题识别与管理等

华测 ESG 评级体系采用披露评估与绩效评估双评估法，总体绩效评价分年度绩效评价和负面信息评价，以年度绩效评价为主，根据负面信息评价结果，调整总体绩效评价。华测 ESG 评级得分为 0~10 分，根据评级分数划分为 AAA、AA、A、BBB、BB、B、CCC、CC、C 和 D 共 10 个评级等级。

（7）润灵 ESG 评价体系

润灵环球（RKS）是中国企业社会责任权威第三方评级机构，致力于为责任投资者（SRI）、责任消费者及社会公众提供客观科学的企业责任评级信息。RKS 的责任评级包括 ESG 评级、CSR 报告评级、社会责任以及投资者服务等。

RKS ESG评级从E、S、G三个维度进行评估，每个维度下按行业特性，识别出投资者关注的关键性议题，针对GICS 68个行业分类中的56个行业，共识别出26个关键性议题。各关键性议题会根据政策法规、投资人关切等因素随时进行动态调整（见表14）。

表14　RKS ESG评级指标体系

议题	关键性议题
公司治理	董事会有效性、高管薪酬、ESG风险管理、商业道德
环境	气候变化、废水排放、有毒有害气体排放、危险固体废弃物排放、尾矿排放、污水处理产生的污泥排放、包装材料、绿色金融产品、低碳产品、活动对环境的影响、供应链环境影响
社会	员工管理、人力资源管理、职业健康和安全、公益和慈善、社区影响、负责任投资、普惠金融、供应链劳工管理、信息安全、产品安全、隐私保护

RKS ESG评级在评价过程中，除部分公司治理议题外，对每个关键性议题根据管理规划、管理执行、管理绩效等管理过程评估其有效性，共涉及100多个指标。其中，管理规划涵盖公司战略、管理方针和承诺、管理目标三项，管理执行涵盖日常管理的程序和制度、改进的方案和行动计划三项，管理绩效涵盖绩效、绩效的历史趋势、行业内排名和其他管理的输出四项。最终根据设定的权重，分别计算出E、S、G的得分以及ESG总分，分数区间为0~10分。RKS ESG评级结果采用国际信用评级通常采用的分级方法分为7级，由低到高分为：CCC、B、BB、BBB、A、AA、AAA。

（8）联合赤道ESG评价体系

联合赤道环境评价股份有限公司（以下简称"联合赤道"）成立于2015年，是国内一家具有绿色低碳发展、环保咨询、环境检测等领域技术服务优势的国家高新企业。联合赤道以动态、立体、发展的视角，建立了一套科学、客观、专业的ESG评价体系，旨在为投资者和企业经营者提供可供量化的ESG评价结果，推动绿色低碳、节能环保事业发展。

联合赤道ESG评级方法体系从两个方面四个维度进行评估：ESG风险

暴露和 ESG 风险管理、ESG 机遇识别与 ESG 机遇管理。基于不同行业的主营业务、生产方式、风险特征等特点以及国民经济行业分类情况，各行业各有侧重，形成五大类差异化行业门类评价指标体系，其中工业 137 项、建筑业 116 项、农业 109 项、金融业 75 项、其他行业 98 项。

表 15　联合赤道 ESG 评价指标体系

维度	侧重指标	行　业
环境	行业绿色属性、气候应对、清洁生产、污染防治、资源消耗、绿色供应链、区域环境和环境信用	工　业
	ESG 相关责任承诺、绿色资产管理、气候与环境风险管理、绿色运营	金融业
	绿色施工气候应对、清洁生产、污染防治、资源消耗、绿色供应链、区域环境和环境信用	建筑业
	污废治理、农业投入品减量化、土壤重金属监测	农　业
社会	员工管理、生产管理(技术研发、质量保障、安全生产标准化)、客户管理、社会关系、社会负面信息	工业、建筑业和农业
	员工管理、生产管理(响应国家政策的小微、三农金融产品创新和信息安全)、客户管理、社会关系、社会负面信息	金融业
管治	董事会 ESG 治理、股东权益保护、治理能力、风险管理及内部控制、公司治理负面信息	所有行业

联合赤道 ESG 评价指标体系评级结果由高到低分为 AAA、AA、A、BBB、BB、B、CCC、CC、C 和 D 共 10 个级别。根据不同行业的 ESG 评价指标体系得出每个样本的分值，将测评出的 ESG 得分作为一个样本空间，利用聚类分析中基于模型的方法分析，最终映射到 ESG 评级模型中。

（9）嘉实基金 ESG 评价体系

嘉实基金成立于 1993 年 3 月，是国内最早成立的 10 家基金管理公司之一。2018 年初，嘉实基金加入 PRI，组建 ESG 专职研究团队，开展 ESG 研究和评价，定期发布嘉实 ESG 评价体系及结果，帮助投资者区分和识别 ESG 领先者和落后者。目前，嘉实 ESG 评价体系可覆盖全部 A 股、H 股市场超 7000 家上市公司、境内 7000 多家发债主体。

嘉实基金 ESG 评价指标体系由 3 个一级主题、8 个二级议题、23 个三级事项构成（见表16），包括本地化和反映中国市场特点的超过110个精选的 ESG 因素。最终评分结果为 0~100 分的数值，反映了公司 ESG 绩效在同行业中的位置。

表16 嘉实基金 ESG 评价指标体系

主题	议题	事项
环境	环境风险暴露	地理环境风险暴露
		业务环境风险暴露
	环境风险管理	气候变化
		污染和废弃物排放
		资源节约和保护
		环境违规事件
	环境机遇	绿色产品和服务
社会	人力资本	劳工管理和员工福利
		员工健康和安全
		人才培养和发展
		员工相关争议事件
	产品和服务质量	产品安全和质量
		商业创新
		客户隐私和数据安全
		产品相关争议事件
	社区建设	社区建设和贡献
		供应链责任
公司治理	公司治理结构	股权结构和股东权益
		董事会结构和监督
		审计政策和披露
		高管薪酬和激励
	治理行为	商业道德和反腐败
		治理相关争议事件

（10）责任云社会责任报告评价体系

责任云研究院成立于 2018 年 12 月 27 日，是专注于企业社会责任与可持续发展的专业智库。责任云研究院依据《中国企业社会责任报告评级标准》，已连续多年开展中国企业社会责任报告评级，旨在推动提升中国企业社会责任的信息披露水平和管理水平。

中国企业社会责任报告评级依据《中国企业社会责任报告编写指南（CASS-CSR 3.0）》和《中国企业社会责任报告评级标准（2014）》，对过程性、实质性、完整性、平衡性、可比性、可读性、创新性七大指标进行打分。根据各项指标的关键性及中国企业社会责任报告发展的阶段性特征，报告内容中的七大指标被赋予不同的权重，权重由"中国企业社会责任报告评级专家委员会"专家采用德尔菲法（专家法）确定。最终报告评级七大指标的权重分别被确定为 25%、25%、15%、10%、10%、10%、5%。

中国企业社会责任报告评价采取星级制，共分为五星级（卓越）、四星半级（领先）、四星级（优秀）、三星半级（良好）、三星级（追赶）、二星级（发展）、一星级（起步）七个级别和相应的发展水平。各星级对应一定的得分区间。

（11）中诚信绿金 ESG 评价体系

中诚信绿金科技（北京）有限公司（以下简称"中诚信绿金"）是中诚信集团旗下专业从事绿色金融服务的子公司。中诚信绿金参与国内多个监管机构相关课题研究和制度指引的制定工作，与国内外绿色金融相关机构均保持密切合作。中诚信绿金在多年信用评级经验的基础上通过建立契合国内政策趋势、信息披露现状、行业发展情况的 ESG 评级模型，开发多元化的 ESG 服务平台，提供专业的 ESG 评级服务。

中诚信绿金结合国内 ESG 信息披露现状和行业发展趋势，构建了具有行业特征的 57 个 ESG 评级模型，从环境、社会和公司治理三个维度，依据行业特征设计四层指标层级，一级指标 20 余个，二级指标 50 余个，三级指标 180 余个，四级指标 700 余个（见表 17）。

中诚信绿金 ESG 评价指标体系引入 ESG 风险因子，通过机器和人工抓取 ESG 相关风险事件，按照事件的类型、程度和涉及金额设定 ESG 风险评分卡。受评企业最终 ESG 等级为 ESG 正向得分扣除风险评分后的结果。通过 ESG 风险相关事件可更全面衡量企业 ESG 表现，提高 ESG 评级结果的准确性。中诚信绿金 ESG 评级底层数据分为定量指标和定性指标两类，根据

表 17　中诚信绿金 ESG 评价指标体系

维度	一级指标
环境	环保管理、排放物管理、资源管理、可持续发展
	环境争议事件管理
社会	客户责任、产品责任、员工责任、社会贡献、供应商责任、股东责任、安全管理、投资者责任、分包商管理
	社会争议事件管理
公司治理	治理结构和运行、高管行为、经营行为、合规与风控、发展战略、信息披露
	公司治理争议事件管理

其指标含义和评分目的确定其评分方法，评级结果共分为 AAA、AA、A、BBB、BB、B、C 七个级别。

（12）秩鼎 ESG 评价体系

北京秩鼎技术有限公司（以下简称"秩鼎"）是一家为金融机构及专业人士提供数据与分析工具服务的科技公司，是中国大陆第一批专门经营 ESG 数据的供应商和服务商。秩鼎深耕 ESG 数据、碳数据、供应链数据、排污数据等多个方面，并为金融机构及专业人士提供数据与分析工具服务，致力于帮助客户践行可持续投融资。

秩鼎 ESG 评价指标体系搭建参考中国市场的国情政策及行业属性，指标分为通用指标和行业特色指标共计 200 余个。秩鼎 ESG 评价体系基于海量 ESG 数据点，提供符合中国投资市场和行业差异性指标体系，并根据国内外政策及市场动态定期更新 ESG 评价指标体系（见表 18）。

表 18　秩鼎 ESG 评价指标体系

一级维度	二级维度	三级指标
环境	环境管理	环境管理体系认证、环保投入、环境处罚等
	节能政策	能源消耗总量、可再生能源消耗、水资源消耗等
	环境排放	温室气体排放、废水排放、废气排放等
	气候变化	供应商气候风险等级等
	环境机会	绿色产品、绿色收入、绿色专利质量等

续表

一级维度	二级维度	三级指标
社会责任	人力资本	人均薪酬、员工培训、员工满意度等
	健康与安全	职业健康与安全管理体系认证、安全生产投入等
	产品责任	质量管理体系认证、客户投诉、供应商质量等
	业务创新	研发人员、研发投入、专利授权、专利质量等
	社会资本	对外捐赠、精准扶贫、公益活动等
治理	治理结构	董事会结构、高管离职、管理层激励等
	股东	股权集中度、股东增减持、股利支付率等
	合规	诉讼、行业处罚、交易所处罚等
	审计	财报审计、内控审计、审计费用等
	信息披露	年报预约变更、信披等级、ESG 报告发布等

秩鼎通过指标评估、指标权重设置、分析评价模型特征等评估流程最终给出企业 ESG 百分制分数，对应分数划分为 AAA、AA、A、BBB、BB、B、CCC、CC、C 九个等级。

二 中国上市公司 ESG 评价体系

（一）构建依据

本次评价以创新、协调、绿色、开放、共享新发展理念为指导思想，在借鉴国际经验的同时结合中国国情，通过定性、定量分析相结合，正面、负面信息相结合的 ESG 评价指标体系（见图6），以评促改，推动上市公司落实高质量发展要求、回应资本市场要求，同时实现自身可持续发展，吸引更多国内外投资者的关注。

1. 高质量发展要求

党的十九大报告中首次提出高质量发展的新表述。近年来，习近平总书记接连强调"高质量发展"，意义重大。党的二十大报告提出，高质量发展是全面建设社会主义现代化国家的首要任务。可见，在未来相当长的一段时

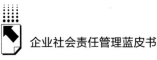

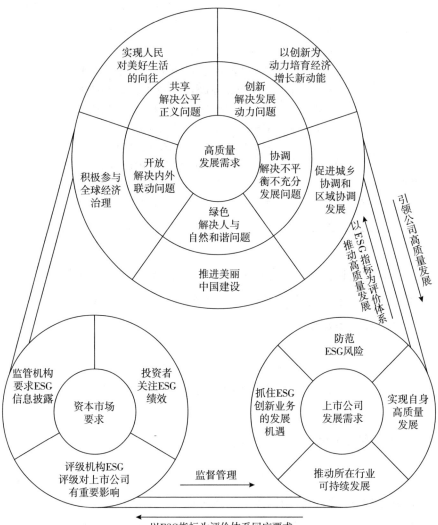

图 6 上市公司 ESG 评价模型

间内,高质量发展都将是中国经济发展的重大战略方向。宏观层面的经济高质量发展必然是以中观产业高质量发展和微观主体的高质量发展为支撑的。因而,在新发展阶段,高质量发展也对微观企业主体的发展方向、发展路径和发展模式提出了新要求。

党的十八大以来，以习近平同志为核心的党中央坚持生态优先、绿色发展，作出了一系列重大决策部署，并一以贯之大力推进。习近平总书记指出，建立健全绿色低碳循环发展经济体系是解决我国资源环境生态问题的基础之策。2021 年 2 月，国务院印发《关于加快建立健全绿色低碳循环发展经济体系的指导意见》。随着我国可持续发展和"双碳"目标的推出，我国经济社会全面转向绿色低碳和可持续发展的新阶段，ESG（环境、社会和公司治理）成为企业落实可持续发展目标的重要着力点，建立符合我国国情和发展阶段的 ESG 评价体系，有助于推动企业履行社会责任，有助于实现"双碳"战略目标、推动经济高质量发展。

"立足新发展阶段、贯彻新发展理念、构建新发展格局，推动高质量发展"是"两个一百年"奋斗目标必须抓紧抓好的工作。走高质量发展之路，就要坚持以人民为中心的发展思想，坚持创新、协调、绿色、开放、共享发展。

创新发展，注重解决培育发展新动力问题。要把发展动力主要依靠资源和低成本劳动力等要素投入转向创新驱动，把创新作为引领发展的第一动力，塑造更多依靠创新驱动、更多发挥先发优势的引领型发展；要紧紧抓住科技创新这个"牛鼻子"，激发创业创新活力，培育发展新动力，加快实现发展动力转换。

协调发展，注重解决发展不协调不平衡问题。通过把握中国特色社会主义事业总体布局，正确处理发展中的重大关系问题，切实强化短板意识，坚持区域协调、城乡一体、物质文明和精神文明并重，并在协调发展中拓展发展空间、平衡发展结构。

绿色发展，注重处理好人与自然和谐共生的问题。绿色发展是永续发展的必要条件和人民对美好生活追求的重要体现。通过坚持节约资源和保护环境的理念，促进低碳循环可持续发展，加快建设资源节约型、环境友好型社会，推动人与自然和谐发展。

开放发展，注重解决好发展的内外联动问题。扩大开放领域，重点吸收外资搭载的技术创新能力、先进管理经验以及高素质人才；以"一带一路"建设为带动，推动装备、技术、标准、服务"走出去"，协同推进战略互信、经贸合作和人文交流，促进深度融合与互利合作。

共享发展，注重解决好社会公平正义问题。让广大人民群众共享改革发展成果，是我们党坚持全心全意为人民服务根本宗旨的重要体现。坚持发展为了人民、发展依靠人民、发展成果由人民共享，形成人人共享发展成果的良性生态链。

2. 资本市场要求

在国家可持续发展政策引领和"双碳"目标推进下，国内资本市场日益关注企业的 ESG 表现。与此同时，监管层也在持续重点关注，证监会、交易所相继出台了一系列政策指引，不断规范和健全上市公司 ESG 相关信息披露工作，支持企业开展 ESG 实践。因而，在构建中国上市公司 ESG 评价体系过程中，充分结合监管层对企业 ESG 实践的要求以及资本市场对企业 ESG 的关注重点，将有助于推动上市公司积极践行 ESG 理念，保护投资者利益，推动资本市场可持续成长和高质量发展。

香港联交所持续提升对在港上市公司的 ESG 信息披露要求，自 2012 年发布《ESG 报告指引》后，于 2019 年 12 月再次发布新版指引，由之前 11 个层面的 43 个指标变化为 12 个层面的 48 个指标，进一步扩大强制披露的范围，将披露建议全面调整为"不披露就解释"。2021 年港交所对《企业管治守则》及相关《上市规则》条文中的管治事宜进行修订，旨在通过引入多项新政策来提升香港上市公司的 ESG 披露和管理水平。2021 年 11 月，香港联交所发布了供上市发行人参考的《气候信息披露指引》。

2018 年 9 月，中国证监会修订并正式发布《上市公司治理准则》（2018年修订），ESG 信息披露基本框架被首次确立，新设第八章"利益相关者、环境保护与社会责任"的相关内容，其中第九十五条指出，"上市公司应当依照法律法规和有关部门的要求，披露环境信息以及履行扶贫等社会责任相关情况"。2021 年 6 月，中国证监会发布《公开发行证券的公司信息披露内容与格式准则第 2 号》，增加 ESG 章节，要求"重点排污单位"的公司或其重要子公司，应当根据规定披露公司经营的环境信息。2022 年 4 月，中国证监会对《上市公司与投资者关系工作指引》（证监公司字〔2005〕52 号）

进行了修订，形成了《上市公司投资者关系管理工作指引》。

上海证券交易所先后出台《上海证券交易所上市公司环境信息披露指引》《上海证券交易所上市公司自律监管指引第 1 号——规范运作》《上海证券交易所上市公司自律监管指南第 2 号——业务办理》等文件，鼓励及时披露公司承担社会责任的做法和成绩，持续引导上市公司披露环境信息，增强社会责任意识，积极开展 ESG 实践。同时，上海证券交易所高度重视科创板上市公司 ESG 信息披露工作，先后发布《上海证券交易所科创板股票上市规则（2020 年 12 月修订）》《关于做好科创板上市公司 2021 年年度报告披露工作的通知》等文件，为科创板上市公司提供了更为具体的 ESG 信息披露指引。

深圳证券交易所继 2006 年发布《上市公司社会责任指引》以来，持续关注企业 ESG 相关信息披露工作，两次修订《深圳证券交易所上市公司信息披露工作考核办法》，并将履行社会责任披露情况纳入考核，推进企业加强 ESG 信息披露。

3. 国内外 ESG 评价变化

随着国内外监管趋势的发展、内外部环境的变化以及 ESG 投资理念的普及，企业 ESG 理念不断加深。国内外各大评级机构紧跟 ESG 发展动向，与时俱进，不断更新迭代其 ESG 评价指标体系。与此同时，联合国可持续发展指标（SDGs）、GRI 可持续发展报告标准、ISO26000 社会责任指南等国际标准指南倡议也为企业社会责任实践提供了明确指引，ISSB 国际财务报告可持续披露准则、SFDR 可持续金融信息披露条例等准则的推陈出新也进一步为企业 ESG 管理指明了方向。本评价体系在构建过程中，根据国内外 ESG 发展动向，充分吸纳国际经验和国内研究成果，本评价体系有助于提升中国上市公司 ESG 评价的精准性和实效性。

4. 上市公司内在发展需要

一是防范 ESG 风险。世界经济论坛发布的 2021 年《全球风险报告》指出，新冠大流行加剧了贫富差距和社会分化，预计将在未来 3~5 年阻碍经济发展，未来 5~10 年加剧地缘政治紧张局势。报告认为，从未来 10 年的风险发生概率和影响来看，环境风险仍是首要问题。随着内外部风险持续增加，上市公司通过将 ESG 纳入公司风险管控机制，与利益相关方形成危机抵御合力，有助于提升企业防范和化解 ESG 风险的能力。

二是实现自身高质量发展。当前，上市公司发展的外部环境正在发生复杂深刻的变化。上市公司想要在未来构建全球化的竞争力，必须以 ESG 或可持续发展为抓手，在商业活动中创造社会价值，推动企业设计、产品和服务的创新，提高运营效率，降低成本，减少企业风险，提升品牌效益，培育良好企业声誉，获得员工、客户、供应链上下游企业、股东等各利益相关者甚至整个社会的广泛认可，探索形成自身高质量发展路径，以自身发展的确定性应对外部环境的不确定性。

三是抓住 ESG 新兴业务的发展机遇。随着碳减排、可持续发展等战略的不断实施，各行业细分领域的 ESG 相关产业不断涌现出新的业务机会。社会公众对产品的需求已逐步向绿色、健康、安全、可持续、共赢的方向转变。上市公司通过将 ESG 与业务结合，进行可持续产品的创新，能够在实现社会价值的过程中获得新的商业机会，获得新的发展机遇。上市公司需要适时抓住 ESG 新兴业务发展机遇，优化可持续融资能力，更好地服务利益相关方，这样才能增强自身获得投资与拓展多元化业务的能力。

四是推动所在行业可持续发展。受逆全球化、贸易保护主义抬头、新冠疫情等多重因素叠加影响，全球产业链供应链脆弱性持续上升。产业链供应链的稳定运行对企业的发展乃至生存至关重要，上市公司的发展也依赖于所在行业的可持续发展。上市公司通过积极践行 ESG 理念，不断提升 ESG 管理水平，发挥履行社会责任的带头作用，推动所在行业的产业链供应链可持续发展，这将有助于所在行业在资本市场上获得良好绩效，让更多利益相关方在行业发展中受益，增强所在行业的社会影响力，为企业自身可持续发展提供有力保障。

（二）构建原则

科学性原则，以中国特色社会主义思想为指导，以上市公司可持续发展实践为依据，科学合理地设计指标体系。

适用性原则，参考资本市场要求和国际标准指南倡议，结合上市公司发展实践，形成适用于高质量发展要求、资本市场要求、上市公司自身发展需求的指标体系。

可行性原则，通过官方权威、完整可靠、实时准确的信息渠道，获取上市公司在环境、社会和治理三个维度的信息。

前瞻性原则，评价基于高质量发展要求、资本市场要求、公司自身发展需求，设计评价指标和评价方法，评价结果对上市公司的可持续发展具有很好的指导作用。

（三）指标体系

本评价研究将经济、环境、社会和治理四个维度作为中国上市公司 ESG 评价的一级指标，将 18 个 ESG 重点议题作为关键指标，突出设置"行业侧重指标"和"行业风险议题"，并以"ESG 争议事件"与"第三方评价"验证上市公司 ESG 综合评价的全面性与严谨性（见表 19）。

表 19　中国上市公司 ESG 评价指标体系

类型	经济	环境	社会	治理
关键指标	盈利能力	环境管理	员工权益与发展	组织治理
	成长能力	绿色创新	供应链管理	合规风险管理
	偿债能力	资源能源利用	客户权益保护	ESG 管理
	投资价值	废弃物排放	社区发展	信息披露
	—	生态环境保护	—	—
	—	应对气候变化	—	—
行业指标	行业侧重指标			
	行业风险议题			
验证指标	ESG 争议事件			
	第三方评价			

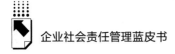

指标体系的指标主要参考以下几方面。

1. 现有国家政策要求

本指标构建依据国家宏观政策要求，包括强化政治引领、深入贯彻新发展理念、推动高质量发展、服务"双碳"战略、扎实推动共同富裕等国家政策中关于可持续发展方面的具体要求。

2. 现有评价指标

现有评价指标体系分为国际社会标准指南倡议、国内外评级机构评价指标、国内外 ESG 指数评级评价指标以及监管机构评价指引等现有指标。

结合国内外先进评价体系，本指标突出设置"行业侧重指标"和"行业风险议题"。"行业侧重指标"通过筛选十大重点行业，从行业政策趋势、发展现状、发展特点等方面，对各重点行业在环境、社会、治理维度的特色议题进行提炼，增强指标实质性、针对性。

"行业风险议题"从行业面临的风险和机遇等方面，对各重点行业在环境、社会、治理维度的风险议题进行提炼，有效加强上市公司 ESG 综合评价对投资的指导作用。

3. 中国上市公司 ESG 发展实践

此类指标是 ESG 评价指标在过去评价体系中没有涉及的，但对于上市公司加强 ESG 管理是非常重要的，故被纳入指标体系。例如，因考虑到企业环境、社会和治理绩效离不开企业自身经营和生存发展的能力，故延续上一年度增加"经济"维度。

（四）评分方法

1. 指标赋权赋值

本研究采用指标动态赋权和专家主观赋权相结合的方法，对中国上市公司 ESG 评价指标进行赋权（见表 20）。其中，动态赋权需计算所有样本上市公司同一指标得分的离散度，离散度越大时，说明样本上市公司在该项指标上的得分差距越大，计算出来的动态权重也越大；反之，离散度越小时，说明样本上市公司在该项指标上的得分差距越小，计算出来的动态权重也越小。

新的评分方法对样本上市公司公众 ESG 评价提出更高要求，想要得到较高的 ESG 综合评价得分，不仅需要在 ESG 评价指标各个维度上表现优秀，更需要在样本上市公司表现参差不齐或总体表现较差的维度上表现突出。

表 20　中国上市公司 ESG 评价指标评分方法

第一步 指标评分	➤ 对于每一个样本上市公司，二级指标的定性评价部分由专家根据评分参考办法给出得分 ➤ 二级指标的定量评价通过对指标原始数据进行无量纲化和同数量级处理后，由计量模型计算得出
第二步 指标动态赋权	➤ 应用计量模型，计算所有样本上市公司同一指标得分的离散度 ➤ 根据离散度的大小，确定该指标的权重
第三步 设置主观权重	➤ 运用专家主观赋权设置每项指标主观权重
第四步 计算指标 最终得分	➤ 将三级指标评分与指标动态权重值相乘，计算出该指标的动态权重得分 ➤ 将三级指标评分与指标主观权重值相乘，计算出该指标的主观权重得分，对动态权重得分进行纠偏 ➤ 指标最终得分等于 50% 的动态权重得分加 50% 的主观权重得分
第五步 计算样本上市 公司最终得分	➤ 将同一企业各项指标最终得分加总，得出样本上市公司最终得分

2. 等级划分

各维度指标采用百分制（0~100 分），结合指标权重得出最终指标得分并加总。根据加总得分划分评级等级。本研究通过对中国上市公司 ESG 评价指标赋权进行优化，以及对上市公司 ESG 评价赋值原则进行确认，得到上市公司 ESG 评价体系。通过对样本上市公司进行 ESG 评价，依据得分高低，细分成 AAA（最高）、AA、A、BBB、BB、B、CCC、CC、C（最低）9 个级别（见表 21）。

表 21　中国上市公司 ESG 评级结果与得分区间

级别	AAA	AA	A	BBB	BB	B	CCC	CC	C
分数区间（分）	90~100	80~89	70~79	60~69	50~59	40~49	30~39	20~29	0~19

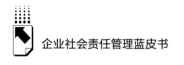

三 评价研究实施

本研究全程遵循科学、全面、准确、透明的基本原则,对样本上市公司开展的涉及生产经营及其产生的经济、社会、环境影响等与公众有密切关系的信息进行有效披露与沟通交流,并对其水平和效果进行分析评价,根据评价结果确定样本上市公司 ESG 最终等级。

(一)评价信息系统

相比上一年度,在中国上市公司 ESG 评价前期准备过程中,总结往年经验,项目团队持续完善评价信息系统,更新 ESG 评价信息数据库功能,细化评价信息收集范围,并在该范围的基础上区分原则性评价和相关性评价,更好地满足投资者对 ESG 评价在数据、风险预警、舆情分析、企业动态等多方面的需求,科学反映上市公司 ESG 绩效表现。

(二)评价信息收集范围

本研究收集了 489 家上市公司的基本信息。首先通过目前责任投资机构使用的指数模型,如上证 180、深证 100、沪深 300、科创 50、明晟中国 A 股国际通指数(MSCI CHINA 200)等 A 股成分股,将上市公司投资基金指数的成分股与上市公司的样本量进行交叉比对,反选出 489 家样本。其次主要通过万得(Wind)数据库、Choice 数据库获取样本上市公司年度经济维度数据,为本研究所需的基本信息的收集提供了极大的便利。

对于上市公司的 ESG 信息,主要获取渠道包括上市公司官网、年度财务报告、可持续发展报告、ESG 报告、社会责任报告、环境报告等专项报告、投资者公告、媒体采访等。

对于上市公司 ESG 争议事件的判别,本研究对权威网站、权威媒体等所披露的关于上市公司的争议事件进行检索,这些权威网站包括国务院国资委、中国证监会、生态环境部、上交所、深交所等网站和政府部门网站等，以及各大数据库。

（三）评价信息审核机制

中国企业 ESG 评价的信息审核工作是对所收集信息的真实性、完备性以及依据所收集到的信息开展的末级指标赋值的准确性进行审核。

对收集到的信息的真实性进行审核，保证了对上市公司所收集到的信息，均对应于特定的末级指标所标识的企业社会责任意愿、行动或绩效，从而避免了由信息对应错误所带来的企业 ESG 评价结果的真实性调整。如医药行业上市公司在年报中将职业健康安全作为质量管理体系的内容进行了介绍，而能源行业上市公司在年报中则将职业健康安全作为安全管理体系的内容进行了介绍，对此，需要区别对待，以保证信息的真实性。

对收集到的信息的完备性进行审核，是进一步收集缺少末级指标项可能存在的企业 ESG 信息，从而最大限度地避免信息的缺失，提高信息的完备性。如对于"内控合规"指标，部分行业上市公司在年报里并没有进行独立的信息披露，而是作为公司治理的内容进行了介绍，针对此情况需要进行二次收集，以保证信息的完备性。

对末级指标赋值进行审核，定期召开专家研讨会议，保证了末级指标得分满足企业 ESG 信息与相应的 ESG 赋值标准的一致，从而保证了企业 ESG 评价末级指标赋值的准确性。如针对同一个末级指标，不同上市公司的赋值水平不因行业特性而有所不同，以保证赋值水平的一致性和评价结果。

行业报告
Industry Reports

B.5
制造业（高耗能、高排放行业）上市公司 ESG 评价分析

邵晓鸥　冯莞舒*

摘　要： 本报告主要通过经济、社会、环境、治理四个维度，对制造业（高耗能、高排放行业）［以下简称"制造业（'两高'）"］119 家上市公司 ESG 信息披露情况与实践水平进行了系统分析。研究发现，制造业（"两高"）ESG 绩效整体表现欠佳，其中经济和环境维度得分较高，社会维度得分较低，治理维度需加以重视。

关键词： ESG 评价　制造业　高耗能、高排放行业

2012~2021 年，我国制造业综合实力持续提升，规模优势不断巩固。制

---

* 邵晓鸥，北京融智企业社会责任研究院院长助理、北京融智企业社会责任研究院可持续发展部部长，中国工业企业社会责任研究智库专家、研究院电力能源行业首席专家，主要从事企业社会责任管理等领域的研究；冯莞舒，北京融智企业社会责任研究院研究员，研究方向为 ESG 评级评价。

造业增加值从 2012 年的 16.98 万亿元增加到 2021 年的 31.4 万亿元，占全球制造业增加值比重从 22.50% 提高到近 30.00%①，持续保持世界第一制造大国地位。制造业是国家经济命脉所系，推动制造业高质量发展也是建设现代化经济体系的内在要求。按照国民经济统计分类，我国制造业有 31 个大类 179 个中类 609 个小类，产业门类最齐全，产业体系最完整。2021 年 11 月，国家发展改革委、工业和信息化部、生态环境部、国家市场监督管理总局和国家能源局等 5 部门发布了《高耗能行业重点领域能效标杆水平和基准水平（2021 年版）》，对"高耗能"项目给予了权威的界定评判标准和方法。该文件明确指出，根据有关行业能耗的国家标准来判定是否为"高耗能"行业，突出标准引领作用。而对于煤电、石化、化工、钢铁、有色金属冶炼、建材等 6 个行业，也都出台了相应的污染物排放国家标准。

本报告基于制造业的行业特征，将具备高耗能、高排放特征的上市公司单独作为样本分类进行分析，包含化学原料及化学制品制造业，黑色金属冶炼及压延加工业，非金属矿物制品业，有色金属冶炼及压延加工业，金属制品业，橡胶和塑料制品业，纺织业，造纸和纸制品业，石油加工、炼焦和核燃料加工业等共 9 个细分行业被划分为高耗能、高排放制造业（见表 1）。

表 1　制造业（"两高"）上市公司 119 家样本细分行业分布

单位：家

行业细分类别	企业数量
化学原料及化学制品制造业	38
黑色金属冶炼及压延加工业	20
非金属矿物制品业	19
有色金属冶炼及压延加工业	19
金属制品业	6
橡胶和塑料制品业	8
纺织业	6
造纸和纸制品业	2
石油加工、炼焦和核燃料加工业	1

① 工业和信息化部举行的"新时代工业和信息化发展"系列主题新闻发布会。

按照中国证监会分类标准，主要从上证180、深证100、沪深300、科创50、明晟中国A股国际通指数（MSCI CHINA 200）等A股成分股中筛选出119家制造业（"两高"）上市公司，占本研究上市公司样本总量（489家）的24.34%。本研究的信息主要来源于万得（Wind）数据库、Choice数据库、企业年度报告、社会责任报告和官方网站以及权威组织平台公开披露的样本企业财务信息和非财务信息。本报告重点评价分析119家制造业（"两高"）上市公司ESG实践水平。

2021年制造业（"两高"）上市公司的ESG评价指标体系共有经济、社会、环境和治理4个评价维度18类评价指标50项关键评价指标。在此基础上，本报告从行业政策趋势、发展现状、发展特点、面临的风险和发展机遇等方面，增加单位产值能耗、温室气体排放密度下降情况等行业侧重指标，以及资源能源使用、污染物、温室气体、劳工、供应链等行业风险议题进行综合评分。ESG评级结果共分为九级，分别为AAA、AA、A、BBB、BB、B、CCC、CC、C。本报告通过对2021年中国上市公司制造业（"两高"）119家样本企业ESG绩效作深入分析，发现样本上市公司整体ESG绩效表现不佳，ESG评级大多集中在尾部。

一 制造业（"两高"）上市公司ESG评价研究五大发现

（一）研究发现1：制造业（"两高"）上市公司整体ESG表现欠佳，头部企业优势较小

2021年制造业（"两高"）上市公司ESG评价研究共计119个样本。排名领先的企业中，仅1家上市公司被评为AA级，占比0.84%；3家上市公司被评为A级，占比为2.52%；45家公司分布在B~BBB级，占比37.82%；剩余70家公司分布在C~CCC级，占比为58.82%（见图1）。超

过半数制造业（"两高"）上市公司 ESG 评级结果落后，高耗能、高排放制造业上市公司整体表现不佳。

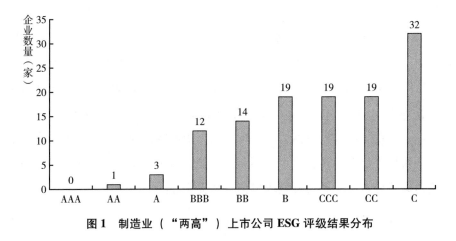

图 1　制造业（"两高"）上市公司 ESG 评级结果分布

在制造业（"两高"）的 9 个细分行业中，纺织业上市公司 ESG 评级均分最高，其次是石油加工、炼焦和核燃料加工业，金属制品业，三者均高于 50 分（见图 2）。纺织业是我国较早开展社会责任建设工作、ESG 管理工作的行业。中国纺织工业联合会等行业组织牵头助力 ESG 发展，构建 ESG 信息披露团体标准，加强纺织业上市公司 ESG 能力建设，更好地响应监管需求。

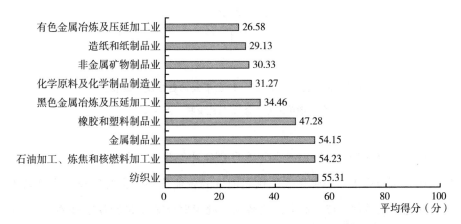

图 2　制造业（"两高"）上市公司 ESG 评价分行业平均得分分布

从制造业（"两高"）上市公司四大维度平均得分来看，经济维度平均得分最高，为 46.73 分；其次为环境维度，平均得分为 45.55 分；社会维度平均得分为 39.16 分，治理维度平均得分为 37.53 分（见图 3），制造业（"两高"）上市公司四大维度平均得分均处于 B 级及以下评级，表现欠佳。从行业经济发展来看，我国制造业市场主体活力和实力不断增强，骨干龙头企业持续做强做优，中国制造业企业 500 强营业收入从 2012 年的 21.7 万亿元增长到 2021 年的 40.24 万亿元，有 58 家制造业企业进入 2021 年世界 500 强榜单，展现了经济韧性潜力。环境方面，中国制造业深入实施制造强国战略，加快推进制造业转型升级，不断向智能、绿色、服务方向努力，上市公司将对碳达峰、碳中和目标实现发挥重要支撑作用。

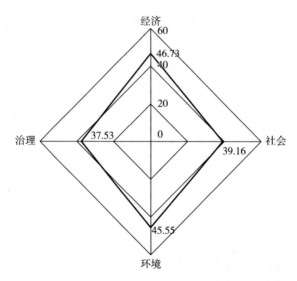

图 3　制造业（"两高"）上市公司各维度平均得分

注：此类雷达图单位为"分"，特此说明，全书同。

在制造业（"两高"）上市公司的 ESG 评价前五名中，4 家上市公司 ESG 排名在 A 级及以上。整体来看，排名前五的企业均在社会维度有突出绩效表现，环境绩效表现一般，经营压力较大，尚未形成完善的 ESG 治理体系。

排名首位的中化国际（控股）股份有限公司（简称"中化国际"）是

化学原料及化学制品制造业领域具有核心竞争力的国际化经营大型国有控股上市公司。公司以"精细化学　绿色生活"为企业愿景，将商业实践与社会价值共融，与社会、客户、股东和员工共享成长，推动中国化工新材料行业创新发展和产业升级，追求可持续发展。

珀莱雅化妆品股份有限公司（简称"珀莱雅"）排名第二，在各维度均有良好表现。公司秉持"美丽永存、共享美好"的企业使命，以坚实、全面的ESG管理为基础，用创新产品为消费者带来美的生活，通过以人为本的管理成就员工，积极参与公益事业，以品牌力量助力美的社会，携手全价值链共护美丽地球，与员工、消费者和全社会共享美好。

排名第三的中国国际海运集装箱（集团）股份有限公司（简称"中集集团"）作为中国金属集装箱行业的龙头企业，2021年收入直线增长，并规范公司ESG管理机制，完善公司ESG管治架构，识别出7个关键ESG议题，以此明确工作重点，包括员工安全与健康、落实可持续发展战略、产品质量与安全、节能降耗、绿色产品及服务、廉洁诚信经营、大气污染物排放管理，在日常工作中对上述议题进行重点审视与绩效提升，并相应地进行目标管理，治理维度表现优异（见表2）。

表2　制造业（"两高"）上市公司ESG评价前五名

排名	股票简称	综合评价	经济维度评价	环境维度评价	社会维度评价	治理维度评价
1	中化国际	AA	B	A	AAA	BBB
2	珀莱雅	A	BBB	A	AA	A
3	中集集团	A	B	AAA	A	AAA
4	稳健医疗	A	B	A	AA	BB
5	苏泊尔	BBB	BB	BBB	AA	BBB

（二）研究发现2：制造业（"两高"）上市公司行业产能扩张受限，面临的形势更为复杂

中国上市公司ESG评价的经济维度主要考察企业在经营方面的经济绩

效，包括盈利能力、成长能力、偿债能力及投资价值。2021 年的经济维度评级结果中，1 家企业评级为 AA 级，占比为 0.84%；4 家企业评级为 A 级，占比为 3.36%；76 家被评为 B～BBB 级，占比 63.87%；38 家企业被评为 C～CCC 级，占比为 31.93%（见图 4）。综合来看，制造业（"两高"）上市公司经济发展一般，财务风险较高，在"能耗双控""限电停产"落实力度逐步加大的背景下，部分地区"一刀切"的政策令企业难以适应、生存面临挑战。

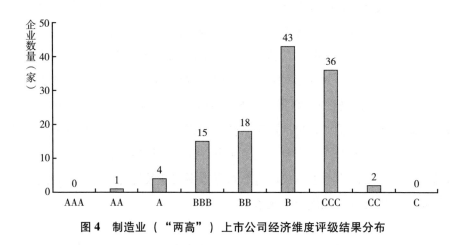

图 4　制造业（"两高"）上市公司经济维度评级结果分布

其中，评级为 AA 的上市公司是苏州纳微科技股份有限公司（以下简称"纳微科技"）。2021 年，纳微科技营业收入较上年增长 117.74%，归属于上市公司股东的净利润较上年增长 158.75%，经营活动产生的现金流量净额较上年增长 118.21%，主要受益于中国生物医药产业高景气度和公司在药物分离纯化领域十多年的积累，公司主营业务继续保持高速增长势头，生产和营运效率提升，使得盈利能力得到进一步凸显。

在经济维度中，由于 119 家样本均来自制造业（"两高"），行业（"两高"）在国民经济中占据重要地位。由于制造业（"两高"）处于产业链较为重要的位置，涉及部分下游行业原材料和中间产品的供给以及基础性能源产品的供给，对于其他行业的影响力和感应力较高。"十四五"开局之年，高耗能、高排放项目在一些地方有抬头趋势，遏制制造业（"两高"）无序扩张、推动绿色低碳转型迫在眉睫。

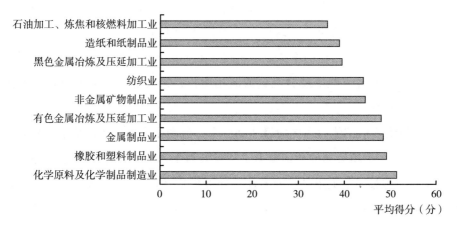

图 5　制造业（"两高"）上市公司经济维度细分行业评级均分分布

经济维度盈利能力主要通过净利润同比增长率和净资产收益率（ROE）等指标来衡量。制造业（"两高"）上市公司的盈利能力平均得分为 47.25 分（见图 6），最大值与最小值分别为 83.32 分和 22.52 分，两极分化严重。四川和邦生物科技股份有限公司名列前茅，评级为 AA 级；其他排名 A 级及以上的上市公司，基本为化学原料及化学制品制造业细分领域的企业，这主

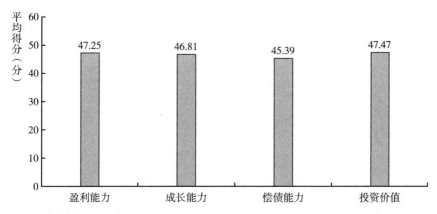

图 6　制造业（"两高"）上市公司经济维度二级指标平均得分分布

要是因为受 2021 年化工产品价格上涨拉动，同时化工原料购进价格下跌，成本费用下降加快，整个行业利润增幅大幅提高，数据显著上升。

经济维度成长能力主要通过营业收入同比增长率和分红金额同比增长率等指标来衡量。制造业（"两高"）上市公司的成长能力平均得分为 46.81 分，整体表现一般，在样本企业中，仅 3 家上市公司营业收入未能实现同比增长，20 家企业未能实现分红金额同比增长，绝大部分上市公司表现出强劲的成长能力。

经济维度偿债能力主要通过速动比率、流动比率等指标来衡量。制造业（"两高"）上市公司的偿债能力平均得分为 45.39 分，仅 11 家企业评级为 AAA 级，超过半数上市公司能力评级分布在 C ~ CCC 级，尾部企业偿债能力有待加强。国家层面，进一步规范行业竞争，对银行贷款政策方面和基建投资项目的复合审批方面严加限制；调整出口退税政策，严格控制低附加值产品的出口，加剧了制造业（"两高"）上市公司的财务风险，使其经济发展受阻。

经济维度投资价值主要通过市盈率（TTM）和市净率（MRQ）等指标来衡量。制造业（"两高"）上市公司的投资价值平均得分为 47.47 分，仅 17 家上市公司评级分布在 A ~ AAA 级，评分较低的上市公司集聚在黑色金属冶炼及压延加工业、金属制品业板块，投资价值并不理想。

（三）研究发现3：制造业（"两高"）上市公司发展方式向绿色转型，生态保护问题突出

环境维度主要考察上市公司在环境管理、绿色创新、资源能源利用、生态环境保护、废弃物排放、应对气候变化等方面的信息披露情况，并根据制造业（"两高"）的行业特征设置风险议题，其中大气污染争议、水污染争议、固废污染争议体现污染物方面的风险，碳排放争议体现温室气体方面的风险。从环境维度评级结果分布来看，在 119 家制造业（"两高"）上市公司中，A ~ AAA 级公司共 16 家，占比 13.45%；B ~ BBB 级公司有 34 家，占比 28.57%；C ~ CCC 级公司有 69 家，占比达 57.98%，超过半数（见图7）。

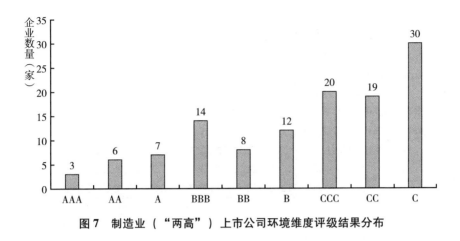

图 7　制造业（"两高"）上市公司环境维度评级结果分布

2021 年 4 月，生态环境部下发的《关于加强高耗能、高排放项目生态环境源头防控的指导意见》（征求意见稿）提出，将从加强源头引领、严格环评审批、强化监管执法等方面推进制造业（"两高"）行业有序发展、减污降碳。制造业（"两高"）上市公司在环境维度上整体表现不佳，生态环境保护方面面临诸多瓶颈和挑战，对资源能源利用和应对气候变化需要进一步提高重视程度。

2021 年 9 月，国家发展改革委印发《完善能源消费强度和总量双控制度方案》（发改环资〔2021〕1310 号，以下简称《方案》），明确了新时期做好能耗双控工作的总体要求、主要目标、工作任务和保障措施，及时回应了社会关切，并将对碳达峰、碳中和目标实现发挥重要支撑作用。

2021 年，纺织业，金属制品业，橡胶和塑料制品业，石油加工、炼焦和核燃料加工业平均得分最高，造纸和纸制品业表现最差（见图 8）。在"十四五"期间，"结构调整""科技创新""绿色发展"等仍然是纺织业发展的主旋律。2021 年 6 月下旬，中国纺织工业联合会发布《纺织行业"十四五"发展纲要》，提出按照"创新驱动的科技产业、文化引领的时尚产业、责任导向的绿色产业"的发展方向，持续深化产业结构调整与转型升级，加大科技创新和人才培养力度，建成若干世界级先进纺织产业集群，不断改善全产业链科技创新生态环境。

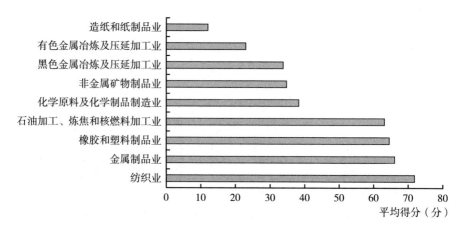

图8　制造业（"两高"）上市公司环境维度细分行业评级均分分布

排名靠前的山东玲珑轮胎有限公司（以下简称"玲珑轮胎"）属于橡胶和塑料制品业细分领域，致力于低碳生产，公司参照ISO14064组织进行温室气体排放的内部核查，采取绿色产品策略对轮胎实施全生命周期管理，在产品和工艺设计阶段即考虑清洁生产因素，积极开展新能源建设，以达到污染防治和环境保护的目的。

环境管理指标主要考察上市公司在环保理念和环境管理体系等方面的信息披露情况。制造业（"两高"）上市公司的环境管理平均得分为50.00分（见图9），四成上市公司环境管理评级为AAA级，三成上市公司被评为B~BBB级，整体环境管理表现较好。多数企业在公司使命、价值观和战略中体现了环保理念，具备通过国内或国际认证的意识，形成了完整的环境管理体系，树立清晰的环境目标，并针对环境风险制定防范机制。

在环境维度二级指标中，绿色创新平均得分最高，为50.27分。该指标主要考察上市公司在能源的生产及其消费过程中是否应用清洁能源技术、是否应用智慧能源技术，企业在日常运营中是否有相应的环保技术，企业在环境保护方面的资金或资源投入，开展的环境保护、污染防治投入。数据显示，26家上市公司评级为AAA级，投入大量能够有效减少污染物排放、助力生态环境质量改善的环境保护专用设备以及人力资源，占比达21.85%；

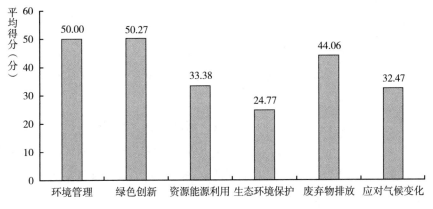

图 9　制造业（"两高"）上市公司环境维度二级指标平均得分分布

仍有 31 家上市公司未投入人力资源与资金进行绿色创新。

资源能源利用指标主要考察企业在综合能源消耗总量及密度、水资源消耗量密度、能源使用效益目标制定等方面的信息披露情况。制造业（"两高"）上市公司的资源能源利用平均得分为 33.38 分；11 家上市公司评级为 AAA 级，74 家上市公司评级分布在 C~CCC 级，多数上市公司并不重视加强能源管理、完善用能制度，行业整体资源能源综合利用率较低。

废弃物排放指标主要考察上市公司有害废弃物和无害废弃物排放密度降低情况。制造业（"两高"）上市公司的废弃物排放平均得分为 44.06 分，有 23 家上市公司得分 0 分，表明有 23 家并未统计公司废弃物情况或消耗量逐年上升，并未达到有效管理废弃物排放、挖掘项目减排潜力、盘活闲置污染物、推动区域经济社会高质量发展的效果。

生态环境保护指标主要考察上市公司在资源利用效率等方面的信息披露情况。制造业（"两高"）上市公司的生态环境保护平均得分为 24.77 分，得分最低，25 家上市公司评级为 AAA 级，9 家上市公司被评为 B~BBB 级；85 家上市公司被评为 C 级，尾部企业明显承压。该指标主要考察上市公司的资源利用效率以及生物多样性保护方面的信息披露情况。目前，制造业（"两高"）上市公司还存在企业生态环境主体责任缺位、事中事后监管不到位等问题，与绿色转型发展要求仍有不小差距，亟须在深入打好污染防治攻坚战中予以破解。

应对气候变化指标主要考察上市公司在将应对气候变化融入战略、应对气候变化风险管理、应对气候变化政策及措施、温室气体排放密度下降情况等方面的表现。制造业（"两高"）上市公司的应对气候变化平均得分为32.47分，9家上市公司评级为AAA级，超过半数上市公司的评级结果分布在C～CCC级。我国的制造行业大部分分布在沿海地区，受到气候变化的负面影响也是非常大的，这些影响也可能会产生相互关联，这就是为什么需要各行各业共同应对气候变化。

（四）研究发现4：制造业（"两高"）上市公司社会责任履责能力提升，供应链韧性不足

社会维度主要考察企业在员工权益与发展、供应链管理、客户权益保护、社区发展等方面的信息披露情况，并根据制造业（"两高"）行业特征，以员工健康体现制造业（"两高"）行业在劳工方面的风险。数据显示，获评A～AAA级企业高达26家，占比21.85%；B～BBB级公司共38家，C～CCC级公司共55家（见图10），整体呈梯级上升趋势，表明上市公司社会维度绩效正在稳步提升。

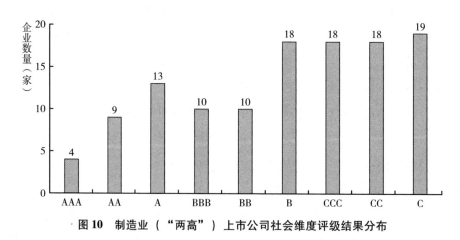

图10 制造业（"两高"）上市公司社会维度评级结果分布

2021 年，纺织业、金属制品业、橡胶和塑料制品业在社会维度的评级均分得分最高，其次是石油加工、炼焦和核燃料加工业，最末是非金属矿物制品业（见图11）。社会维度排名第一的企业是龙佰集团股份有限公司（以下简称"龙佰集团"）。龙佰集团承诺尊重和维护国际公认的各项人权，遵守有关劳工和人权的国际公约，尊重和保护员工合法权益；坚持平等雇佣和机会均等；实现员工收入增长，重视员工发展。龙佰集团在做大做强的同时，自觉履行社会责任，践行人文关怀，以切实行动参与防汛救灾、乡村振兴、助学捐赠、社会公益等活动，用真情回馈社会。

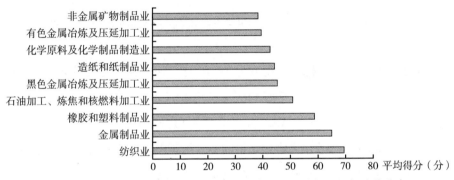

图 11　制造业（"两高"）上市公司社会维度细分行业评级均分分布

在社会维度的二级指标得分中，客户权益保护指标得分最高，为 54.86 分（见图12）。客户权益保护指标主要考察上市公司在产品质量管理、产品创新、客户服务措施等方面的表现。其中，20 家上市公司被评为 AAA 级，1/3 以上企业评分优异，在报告期内，充分满足消费者的消费需求，提高产品质量，做好售后服务，保护消费者的利益。

社区发展指标平均得分为 51.28 分。该指标主要考察上市公司在社区参与和社会公益活动方面的表现。制造业诞生之初就因某些特性而呈现集群化发展现象，而且大多数高质量发展的制造业都有明显的产业集群特性。产业集群能更好地塑造健壮的区域产业生态系统，在实现自身高质量发展的同时促进社区的健康发展，共同塑造"价值共创，共生共赢"的制造业发展命运共同体。

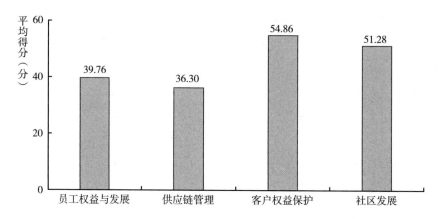

图 12 制造业（"两高"）上市公司社会维度二级指标平均得分分布

员工权益与发展指标平均得分为 39.76 分。该指标主要考察上市公司在员工公平招聘、职业健康安全管理、员工培训投入和员工关爱方面的表现。其中，6 家上市公司评级为 AAA 级，42 家上市公司被评为 C 级，两极分化明显。究其原因，公司并未建立完善的劳工管理制度，在保障职工职业健康安全、员工培训投入上略显不足，缺乏定量指标披露。

供应链管理指标平均得分为 36.30 分。疫情的蔓延给全球企业的生产力带来了挑战，引发上下游企业风险急速攀升。数据显示，多数企业在日常经营过程中完成了供应商识别与评估，大大提高了供应灵活性、降低了管理成本；但大多都忽略了，上市公司需要建立和完善供应链社会与环境社会风险管理体系，披露企业管理供应链环境及社会风险的管理要点，包括对供应商筛选机制的实施，供应链环境及社会风险评估方法，为解决供应链社会与环境社会风险采取的行动。

（五）研究发现5：制造业（"两高"）上市公司加快信息披露步伐，ESG 管理水平仍需提升

中国上市公司 ESG 评价的治理维度主要考察企业在组织治理、合规风险管理、ESG 管理、信息披露等方面的情况，并新增以反映企业公司治理

层面的 ESG 争议事件作为负向指标。制造业（"两高"）上市公司治理维度仅 1 家获得 AAA 级，为中国国际海运集装箱（集团）股份有限公司（以下简称"中集集团"）；AA 级上市公司 1 家，为杭萧钢构股份有限公司；A 级上市公司 2 家；B~BBB 级上市公司共 46 家，占比 38.66%；C~CCC 级上市公司共 69 家，占比 57.98%。头部企业数量明显较少，表明制造业（"两高"）企业对履行社会责任的认识仍显不足，很少提及公司治理。

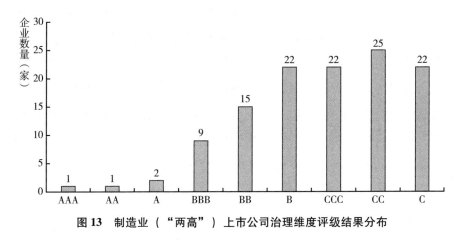

图 13　制造业（"两高"）上市公司治理维度评级结果分布

2021 年，金属制品业、纺织业、橡胶和塑料制品业在治理维度的评级均分得分最高，其次是石油加工、炼焦和核燃料加工业，最后是造纸和纸制品业（见图 14）。治理维度排名第一的企业是中集集团。

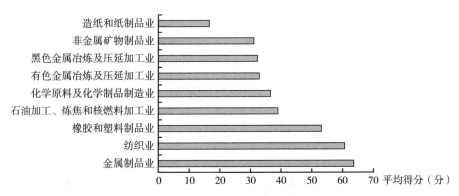

图 14　制造业（"两高"）上市公司治理维度细分行业评级均分分布

中集集团建立了以董事会为 ESG 事宜的最高负责及决策者的 ESG 管治架构,董事会对公司的 ESG 策略、目标管理及信息披露承担全部责任,批准 ESG 方面改善建议,其中董事会战略委员会为主责委员会,研究可持续发展战略,监察年度 ESG 政策的制定和执行,识别评估及管理重要的 ESG 议题以及与绿色、安全、可持续发展相关的风险与机遇,审批与审视 ESG 管理目标,批准发布报告,在 ESG 治理方面有独特的实践路径。

组织治理指标主要考察上市公司在董事会多元化、董事会 ESG 管理、股东关系管理、小股东利益保护、反贪污等方面的表现。制造业("两高")上市公司的组织治理平均得分为 44.77 分(见图 15),31.93% 的样本上市公司被评为 B~BBB 级,52.94% 的样本上市公司被评为 C~CCC 级,行业整体组织治理表现较差,头部企业领先优势明显。有效的组织治理对于执行商业模式和推动长期、可持续的价值创造至关重要,制造业企业多数为国有企业,组织架构较为传统,难以将 ESG 完全嵌入公司的愿景、使命、战略以及日常运营决策的实施。

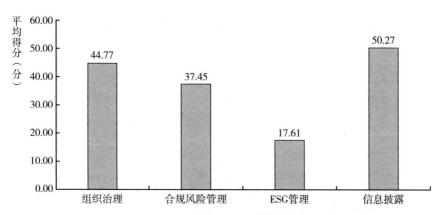

图 15 制造业("两高")上市公司治理维度二级指标平均得分分布

合规风险管理指标主要考察上市公司在制定风险防控计划、风险评估、风险监测预警、内控合规等方面的表现。制造业("两高")上市公司的合规风险管理平均得分为 37.45 分。制造业上市公司多数为集团控股公司,规模庞大、体系繁杂,集团层面设置的合规管理体系在分子公司决策、执行、监督的过程中难以有效落实，覆盖面与联动性较差，这将造成一定的合规风险。

ESG 管理指标主要考察上市公司在 ESG 相关能力提升培训、ESG 治理架构、ESG 或 CSR 专员设置、ESG 或 CSR 绩效管理等方面的表现。制造业（"两高"）上市公司的 ESG 管理平均得分为 17.61 分，此项得分最低。分析显示，制造业具有较高的国际市场性和供应链流通性，其消费者的低碳意识业已形成，低碳已经被这些行业视为产品竞争优势之一，制造业上市公司正在进一步深化对 ESG 的认识，但 ESG 建设不可能一蹴而就，制造业上市公司正在摸索高质量发展的转型道路。

信息披露指标主要考察上市公司在信息披露渠道、利益相关方参与等方面的表现。制造业（"两高"）上市公司的信息披露平均得分为 50.27 分，此项得分最高。在治理维度，信息披露对比前几项指标来说，是上市公司最容易与现有业务链接且最容易看到成效的工作。样本企业基本建立起了多元的信息渠道，积极、主动与各利益相关方保持良好沟通，整体表现较好。

二　制造业（"两高"）上市公司 ESG 评价总结

通过本报告分析，建议制造业（"两高"）上市公司重点关注以下几方面。

第一，将绿色理念融入企业商业逻辑，践行可持续发展战略。在世界经历百年未有之大变局和我国构建"双循环"新发展格局背景下，在国家碳达峰、碳中和目标导向下，推动绿色低碳循环发展、促进制造业全面绿色转型意义重大。在高耗能、高污染制造业中，上市公司可以通过研发和生产环保产品、推行绿色生产流程和工艺以及环境认证等方式证明企业环保能力来满足市场对绿色产品的需求，减少资源浪费和环境污染，提升企业形象和品牌价值。同时，上市公司还可以采用可再生能源等方式降低能耗，促进节能减排，从而实现可持续发展，提升企业的竞争力和市场占有率。坚持绿色理念不仅有助于企业实现可持续发展目标，还能够为稳定经济发展注入新动力。

第二，重视环境相关议题，并采取必要行动减少企业碳排放。制造业绿色转型箭在弦上，但仍旧面临很多问题，如缺少智能系统管控能耗及绿能建置的构建经验等。总结经验，制造业企业可以通过采用可再生能源，降低对化石燃料的依赖；通过推广节能和环保技术，减少能源浪费和环境污染；加强信息披露和报告，制定清晰的环境目标和计划，以便利益相关方了解上市公司的环境表现和进展情况。这样可以帮助上市公司减少能耗和碳排放，降低对环境的影响，并向更可持续的方向发展。

第三，受外部环境影响，制造业上市公司更需检视供应链韧性。2021年以来，受地缘政治风险、全球通胀压力以及极端气候事件等影响，全球供应链遭受到巨大冲击。在能源转型的背景下，所需要的关键材料和资源如锂、钴、镍等供不应求，价格暴增，对新能源汽车行业的供应链稳定和成本把控提出挑战。另外，对"走出去"制造业上市公司而言，供应链环节的环境污染、符合低碳减碳的供应商不足、工厂员工高流失率、劳动力健康和质量安全事件等议题越发受到重视。中国企业从全球供应链发展中受益良多，但全球化下的新风险也让更多制造业上市公司须重新检视自身供应链安全。

第四，提升制造业上市公司ESG管理水平，做好信息披露工作。ESG管理水平的提高需要一定时间和成本，需要上市公司在长期的实践中不断积累经验，探索适合自身的ESG管理模式。一方面，上市公司需要制定全面的ESG政策和计划，将ESG目标融入企业战略和商业逻辑，并确保其与企业的长期利益和利益相关者的利益相一致。同时，要建立ESG管理框架和指标体系，以衡量ESG绩效并跟踪进展情况。另一方面，上市公司需要建立有效的内部管理和控制体系，以确保ESG政策的实施和监督。这包括建立内部审计和风险管理机制，对ESG风险进行识别和评估，建立管理和激励机制以促进员工的ESG意识和行为。在资本市场，政府和监管机构也应加强对制造业上市公司的监管和引导，推动上市公司向更高水平的ESG管理、高质量发展转型。

三 制造业（"两高"）上市公司ESG 典型实践案例

案例1 中集集团积极迎战碳中和①

中集集团已将ESG风险管控纳入集团风险管控体系中，并列入风险矩阵和监察管理中；在原有8个企业风险管理议题中，明确加入"应对气候变化"议题，对风险进行深度识别；与专业机构共同研究碳中和的风险和机遇。

中集集团主动肩负时代责任，积极把握"双碳"机遇，集团及下属重点企业已开始探索和谋划绿色发展转型路径，在持续推进自身运营节能减碳工作的同时，为全球客户和社会提供安全、环保、高效、智能的装备和服务，助力客户和社会减碳，努力实现企业可持续发展，努力为国家"双碳"目标实现和应对全球气候变化作出积极贡献。

2021年，中集来福士、华电重工、博强重工三方首创发起了"绿色践行者"倡议，力邀海上风电产业链上下游伙伴共建海上风电合作新秩序，共约通过切实行动，推动海风更快实现平价化，助力国家"双碳"目标早日实现。国家电投、上海电气、通用电气、华商国际、美国船级社、NOV等多家单位出席发起仪式并响应倡议，在倡议书上签名。"绿色践行者"倡议也是目前国内民间海风领域首个自发的、开放型的致力于碳中和目标的行业倡议。

案例2 珀莱雅打造责任供应链②

珀莱雅作为全价值链核心地位的企业，公司的采购行为对环境、社会均有重要影响，珀莱雅站在全价值链系统的整体高度审视公司的责任。一方面，珀莱雅所使用的原材料影响到产地的土壤与生物多样性，还可能产生劳

---

① 中国国际海运集装箱（集团）股份有限公司《社会责任暨环境、社会及管治报告（2021）》。
② 珀莱雅化妆品股份有限公司《2021年度环境、社会及公司治理（ESG）报告》。

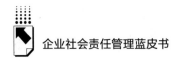

工问题；另一方面，珀莱雅积极引导与支持，能够促使供应商降低其自身的环境与社会影响。因此，公司努力践行可持续采购原则，致力于提升全价值链的可持续属性。

在棕榈油采购方面，公司自身产品生产中没有直接使用棕榈油；在采购棕榈油制成的原料时，向供应商了解其棕榈油的产地来源等信息，了解其可持续属性，并优先采购经过 RSPO 认证的棕榈油；在生产方面，珀莱雅与供应商共同探讨，推出了多项节能降耗的改进措施。此外，公司积极参与行业研发，分享和交流打造责任供应链的经验。2021 年度，公司参加上海同济大学和阿普塔举办的"2021 包装可持续发展研讨会"以及包装之家协会和SK 共同举办的可持续包装的全球趋势研讨会，与社区、院校、企业一起携手探索绿色且以人为本的未来包装新生态，与各利益相关方携手降低对环境的消极影响，打造责任供应链。

案例 3　中化国际致力于构建可持续发展的宏大格局①

中化国际将可持续发展提升至企业战略高度，明确董事会为可持续发展工作的最高统筹决策机构，2021 年制定"十四五"可持续发展计划和目标，结合当前所处的内外部环境，分析企业面临的挑战与机遇，持续推进可持续发展理念与企业战略规划的深度融合，稳步推动"FINE 2030 行动"目标如期实现，追求企业和环境、社会的共同可持续发展。

中化国际围绕"强本固基""科技创新""伙伴网络""绿色生产"四大行动路径，系统性推进可持续发展体系建设，规划可持续的一体化循环产业链，大力研发清洁技术与绿色产品，推进绿色制造体系建设，并号召行业上下游企业共同推动可持续发展，将企业打造成为世界一流精细化工企业可持续发展的典范。

---

① 中化国际（控股）股份有限公司《2021 年度可持续发展报告》。

B.6
制造业（其他行业）上市公司
ESG 评价分析

邵晓鸥　罗琴秀*

摘　要： 本报告主要对制造业（其他行业）183 家上市公司 ESG 信息披露情况与实践水平进行系统分析。研究发现，制造业（其他行业）ESG 绩效整体表现欠佳，近四成企业 ESG 评级分布在 C～CCC 级，社会维度评价综合得分较高，经济维度和环境维度评价综合得分则有待提升。建议重点提升上市公司风险防控能力，提高环境维度的信息披露水平，重视社会议题管理，强化 ESG 管理顶层设计，进而提升上市公司 ESG 管理水平。

关键词： ESG 评价　制造业　上市公司

制造业是国民经济的主体，是立国之本、兴国之器、强国之基。在国民经济行业分类中，制造业涵盖了 31 个细分行业，各行业间特征存在较大差异。无论是监管机构还是资本市场，对于不同类型行业的监管要求和关注重点均有所不同。在制造业高质量发展的背景下，监管机构对于具有高耗能、高污染特性的制造业类企业出台了严格的监管要求，符合监管要求成为相应企业的重点工作，尤其是 ESG 中的环境维度的表现更是重中之重。为更加客观全

---

* 邵晓鸥，北京融智企业社会责任研究院院长助理、北京融智企业社会责任研究院可持续发展部部长，中国工业企业社会责任研究智库专家、研究院电力能源行业首席专家，主要从事企业社会责任管理等领域的研究；罗琴秀，北京融智企业社会责任研究院副研究员，研究方向为企业 ESG 理论与实践。

面地评价中国上市公司的 ESG 表现，本书基于制造业的行业特征，将具备高能耗、高污染问题的企业单独作为一类进行分析，将电气机械和器材制造业，化学纤维制造业，计算机、通信和其他电子设备制造业，家具制造业，酒、饮料和精制茶制造业，农副食品加工业，汽车制造业，食品制造业，铁路、船舶、航空航天和其他运输设备制造业，通用设备制造业，文教、工美、体育和娱乐用品制造业，医药制造业，仪器仪表制造业，专用设备制造业等 14 个细分行业划分为制造业（其他行业）［以下简称"制造业（其他）"］（见表 1）。

表 1　制造业（其他）上市公司 183 家样本细分行业分布

单位：家

行业细分类别	企业数量
电气机械和器材制造业	25
化学纤维制造业	7
计算机、通信和其他电子设备制造业	47
家具制造业	1
酒、饮料和精制茶制造业	14
农副食品加工业	8
汽车制造业	11
食品制造业	5
铁路、船舶、航空航天和其他运输设备制造业	9
通用设备制造业	3
文教、工美、体育和娱乐用品制造业	1
医药制造业	30
仪器仪表制造业	1
专用设备制造业	21

按照中国证监会分类标准，主要从上证 180、深证 100、沪深 300、科创 50、明晟中国 A 股国际通指数（MSCI CHINA 200）等 A 股成分股中筛选出共 183 家制造业（其他）上市公司，占本研究中上市公司样本总量（489 家）的 37.42%。本报告的信息主要来源于万得（Wind）数据库、Choice 数据库、企业年度报告、社会责任报告和官方网站以及权威组织平台公开披露的样本企业财务信息和非财务信息。本报告重点评价分析 183 家制造业

（其他）上市公司 ESG 实践水平。

2021 年制造业（其他）上市公司的 ESG 评价指标体系共有经济、社会、环境和治理 4 个评价维度 18 类评价指标 49 项关键评价指标。在此基础上，本报告从行业政策趋势、发展现状、发展特点、面临的风险和发展机遇等方面，增加单位产值能耗、资源利用效率等行业侧重指标，以及资源能源使用、污染物、气候变化、人权、劳工、供应链等行业风险议题进行综合评分。ESG 评级结果共分为 9 级，分别为 AAA、AA、A、BBB、BB、B、CCC、CC、C。本报告通过对 2021 年中国上市公司制造业（其他）183 家样本企业 ESG 绩效作深入分析，发现样本企业 ESG 绩效整体表现欠佳，ESG 评级分布在 C~CCC 级的占比达 39.34%。其中，社会维度评价综合得分较高，经济维度和环境维度评价综合得分则有待提升。

一 制造业（其他）上市公司 ESG 评价研究五大发现

（一）研究发现1：制造业（其他）上市公司整体 ESG 表现一般，社会维度平均得分最高

2021 年制造业（其他）上市公司 ESG 的评价研究共计 183 个样本。其中，5 家公司被评为 AA 级，占比为 2.73%；22 家公司被评为 A 级，占比为 12.02%；84 家公司分布在 B~BBB 级，占比高达 45.90%；剩余 72 家公司分布在 C~CCC 级（见图 1），占比为 39.34%。将近一半制造业上市公司 ESG 评级分布在 B~BBB 级，制造业（其他）上市公司整体表现一般。

在制造业（其他）的 14 个细分行业中，农副食品加工业上市公司 ESG 评级均分最高，其次是文教、工美、体育和娱乐用品制造业，两者均高于 60 分；汽车制造业、医药制造业、化学纤维制造业紧随其后，ESG 评级均分均高于 50 分；酒、饮料和精制茶制造业最低（见图 2）。其中，农副食品加工业在环境、社会、治理维度均表现优秀，在治理维度表现最好。

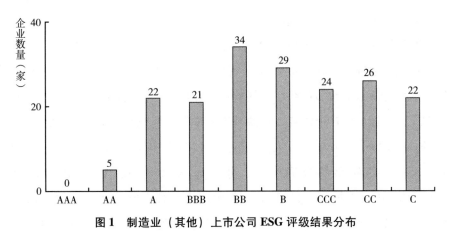

图1　制造业（其他）上市公司 ESG 评级结果分布

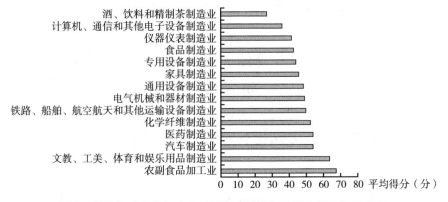

图2　制造业（其他）上市公司经济维度细分行业平均得分分布

从制造业（其他）上市公司四大维度平均得分来看，社会维度平均得分最高，为53.86分；其次为治理维度，平均得分47.63分；经济维度平均得分46.57分，环境维度平均得分46.10分（见图3）。整体而言，2021年制造业（其他）上市公司四大维度表现较为一般，在经济维度，企业面临的经营压力不断增大，自身盈利能力和未来发展前景受到外部环境的负向冲击；在环境维度，企业绿色环保意识不断增强，但仍需加强环境管理，进一步减小生产经营活动对生态环境的影响和破坏；在社会维度，企业参与促进社会发展的意愿较强，注重客户权益维护，在四大维度中表现最佳；在治理维度，企业高度重视治理能力对企业经营发展的影响，但仍然存在 ESG 管理意识不足、董事会参与 ESG 管理较少等问题。

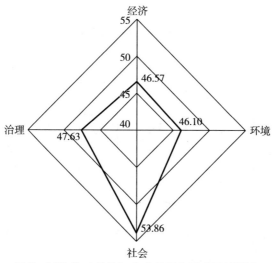

图 3　制造业（其他）上市公司各维度平均得分

在制造业（其他）上市公司的 ESG 评价前五名中，企业综合评价结果均为 AA 级（见表 2）。其中，前三家企业在环境维度评价结果均为 AA 级，在社会维度评价结果处于 AA~AAA 级，两大维度表现优秀；而经济和治理维度评价结果呈现两极差异，同为农副食品加工业的益海嘉里金龙鱼粮油食品股份有限公司（以下简称"金龙鱼"）和河南双汇投资发展股份有限公司（以下简称"双汇发展"）经济维度评价结果均为 CCC 级，表明自身经营压力较大，两家企业在治理维度评价结果为 AA 级，医药行业的康希诺生物股份有限公司（以下简称"康希诺"）治理维度评价结果仅为 BBB 级。这表明受新冠疫情影响，不同行业经营压力存在差异，医药行业企业盈利能力更高；金龙鱼和双汇发展作为传统制造业中的老牌企业，经过多年的发展和积淀，已经构建形成完善的治理架构，ESG 理念深度融入企业运营，治理能力表现优异。

金龙鱼秉持"建立一个理想的集团"的愿景，不断进行管理创新和技术创新，在为客户提供优质产品的同时，力求在环境责任、社会责任和公司治理等方面携手利益相关方，共创可持续发展的未来。为保证公司持续、规范、健康发展，2021 年公司在董事会下设立了可持续发展委员会，完善了公司治理结构，进一步落实环境、社会及公司治理工作。

表 2　制造业（其他）上市公司 ESG 评价前五名

排名	股票简称	综合评价	经济维度评价	环境维度评价	社会维度评价	治理维度评价
1	金龙鱼	AA	CCC	AA	AAA	AA
2	康希诺	AA	A	AA	AA	BBB
3	双汇发展	AA	CCC	AA	AA	AA
4	海尔生物	AA	BB	AA	AAA	BBB
5	新希望	AA	CC	BBB	AAA	AA

（二）研究发现2：新冠疫情持续影响制造业（其他）产销水平，经济维度得分集中在下半区

中国上市公司 ESG 评价的经济维度主要考察企业在经营方面的经济绩效，包括盈利能力、成长能力、偿债能力及投资价值。在 2021 年的经济维度评级结果中，3 家企业评级为 A 级，占比为 1.64%；130 家被评为 B ~ BBB 级，占比为 71.04%；50 家企业被评为 C ~ CCC 级，占比为 27.32%（见图 4）。其中，评级为 A 的 3 家上市公司分别为嘉兴斯达半导体股份有限公司（简称"斯达半导"）、康希诺、爱美客技术发展股份有限公司（简称"爱美客"）。在全球经济下行压力增大、新冠疫情反复、能源价格上涨和原材料市场竞争激烈等多重挑战下，制造业（其他）上市公司整体经济维度表现一般，在产出水平下降的同时面临市场需求不足，现金流紧张影响企业持续经营的能力。

经济维度中，由于 183 家样本包含细分行业跨度大，且各企业规模、产业形势、抗风险能力差距较大，故经济维度表现相差较大。2021 年，仪器仪表制造业在经济维度的评级均分得分最高，其次为专业设备制造业，表现最差的为汽车制造业和农副食品加工业（见图 5）。受生产成本大幅上涨、

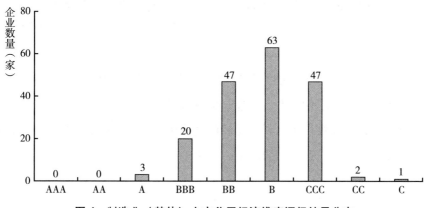

图 4 制造业（其他）上市公司经济维度评级结果分布

新型渠道对传统渠道冲击，以及消费整体表现低迷等因素影响，农副食品加工业企业难以提高产品价格，部分企业利润下降甚至亏损，整体发展面临较大压力。在新冠疫情的持续影响下，居民对汽车类耐用性消费品的消费意愿降低，汽车消费市场信心较为不足，汽车制造业企业遇到较大挑战，经济维度表现欠佳。

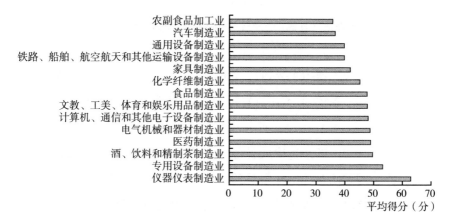

图 5 制造业（其他）上市公司经济维度细分行业评级均分分布

上市公司的盈利能力主要通过净利润同比增长率和净资产收益率（ROE）等指标来衡量。制造业（其他）上市公司的盈利能力平均得分为 46.85 分

（见图6），最大值与最小值分别为88.55分和0.38分，两极分化严重；超七成的制造业（其他）上市公司盈利能力评级分布在B~BBB级，整体盈利能力表现一般，其中2家企业评级为AA级，分别为新疆大全新能源股份有限公司（以下简称"大全能源"）和杭州士兰微电子股份有限公司（以下简称"士兰微"）。不同类型制造业企业盈利能力存在差异，但总的来看，原材料成本上涨导致行业盈利空间被持续挤压，以及新冠疫情带来产销衔接不畅，都使得制造业企业利润降低、经营承压。

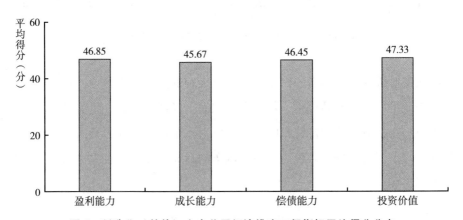

图6　制造业（其他）上市公司经济维度二级指标平均得分分布

上市公司的成长能力主要通过营业收入同比增长率和分红金额同比增长率等指标来衡量。制造业（其他）上市公司的成长能力平均得分为45.67分，1家企业评级为AAA级；近九成的制造业（其他）上市公司成长能力评级分布在B~BBB级，整体成长能力表现一般，继续做大做强的潜力较大。ESG作为一种防范社会环境风险、推动可持续发展的新理念，积极推动ESG与经营深度融合将有助于制造业企业提高成长能力，促进企业进一步做大做强。

上市公司的偿债能力主要通过速动比率、流动比率等指标来衡量。制造业（其他）上市公司的偿债能力平均得分为46.45分，仅15家企业评级为AAA级；近六成的制造业（其他）上市公司能力评级分布在C~CCC级，整体偿债能力偏弱。相较而言，制造业作为重资产行业的典型代表，综合成本较高，产业链条较长，整体资金流动性偏低，部分企业存在应收预付款项较多、资本结构不合理等问题，这进一步影响企业短期偿债能力。

上市公司的投资价值主要通过市盈率（TTM）和市净率（MRQ）等指标来衡量。制造业（其他）上市公司的投资价值平均得分为 47.33 分，最大值与最小值分别为 99.86 分和 7.88 分，不足两成的制造业（其他）上市公司投资价值评级分布在 A~AAA 级，80 家企业被评为 C~CCC 级，占比为 43.72%，表明在市场竞争日趋激烈、外部环境充满不确定性和挑战的情况下，投资者对制造业（其他）上市公司的投资价值判断较为保守，投资意向受到冲击，不利于整个行业可持续发展。

整体而言，制造业（其他）上市公司 2021 年在经济维度的整体表现较弱，仅 3 家企业评级为 A 级，近七成企业被评为 B~BBB 级。制造业（其他）上市公司的盈利能力两极分化严重、差异明显，盈利空间整体均受到挤压；成长能力整体表现一般，可通过积极推动 ESG 与经营业务深度融合增强企业未来发展潜力；但短期偿债能力和投资价值维度的表现欠佳，近六成样本企业偿债能力评级分布在 C~CCC 级，投资意向略显不足，有待进一步改善。

斯达半导主营业务是以 IGBT 为主的功率半导体芯片和模块的设计研发、生产及销售。公司总部位于浙江嘉兴，在上海和欧洲均设有子公司，并在国内和欧洲均设有研发中心。2021 年，公司实现营业收入 170664.32 万元，较 2020 年增长 77.22%，在各应用行业实现稳步增长，特别是新能源行业增幅达到 165.95%，保持了良好的增长势头。公司实现归属于上市公司股东的净利润 39838.30 万元，较 2020 年增长 120.49%。

（三）研究发现3：制造业（其他）上市公司环境维度表现一般，废弃物排放的统计与信息发布亟待推进

环境维度主要考察上市公司在环境管理、绿色创新、资源能源利用、生态环境保护、废弃物排放、应对气候变化等方面的信息披露情况，并根据制

造业（其他）的行业特征设置风险议题，其中以大气污染争议、水污染争议、固废污染争议体现污染物方面的风险，以碳排放争议体现温室气体方面的风险。从环境维度评级结果分布来看，在 183 家制造业（其他）上市公司中，AAA 级公司共 5 家，占比 2.73%；A ~ AA 级公司共 33 家，占比 18.03%；B~BBB 级公司有 67 家，占比 36.61%；C ~ CCC 级公司有 60 家（见图 7），占比达 32.79%。制造业（其他）上市公司在环境维度整体表现一般，资源能源综合利用水平有待进一步提升，废弃物排放的统计与披露存在不足。

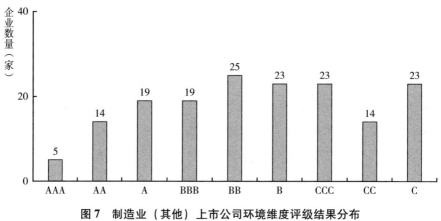

图 7　制造业（其他）上市公司环境维度评级结果分布

2021 年，铁路、船舶、航空航天和其他运输设备制造业在环境维度的评级平均得分最高，其次为农副食品加工业，表现最差的为仪器仪表制造业（见图 8）。铁路、船舶、航空航天和其他运输设备制造业中的中国船舶重工股份有限公司（以下简称"中国重工"）排名第一，环境维度得分 94.73 分。

环境管理指标主要考察上市公司在环保理念和环境管理体系等方面的信息披露情况。制造业（其他）上市公司的环境管理平均得分 60.18 分（见图 9），三成制造业（其他）上市公司环境管理评级为 AAA 级，84 家被评为 B~BBB 级，占比 45.90%。制造业（其他）上市公司整体环境管理表现较好，多数企业牢固树立绿色环保理念，大部分企业有完善的环境管理体系。

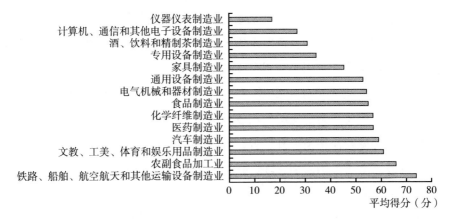

图 8　制造业（其他）上市公司环境维度细分行业评级均分分布

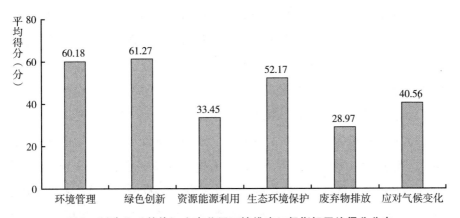

图 9　制造业（其他）上市公司环境维度二级指标平均得分分布

　　绿色创新指标主要考察上市公司在环保技术或环保产品，以及环保投入等方面的信息披露情况。制造业（其他）上市公司的绿色创新平均得分61.27 分，在各维度中平均得分最高；其中 49 家企业评级为 AAA 级，占比达 26.78%；A~AA 级企业共 47 家，占比 25.68%，行业整体表现较好。制造业（其他）上市公司在绿色创新方面呈现两极差异，部分企业环保投入力度大，而部分企业尚未运用环保技术或生产研发环保产品，这可能是由于制造业（其他）包含细分行业跨度大，相应的监管尚不完善，部分行业绿色创新的动力不足。

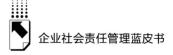

资源能源利用指标主要考察企业在综合能源消耗总量及密度、水资源消耗量密度、能源使用效益目标制定等方面的信息披露情况。制造业（其他）上市公司的资源能源利用平均得分 33.45 分；16 家企业评级为 AAA 级，超过一半的样本企业评级分布在 C~CCC 级，行业整体资源能源综合利用不足。大部分企业尚未制定能源使用效益指标，在综合能源、电能、间接能源等方面的消耗量较往年呈上升趋势，资源能源利用效率有待提升，单位产值能耗信息披露不足，仍需加大环保技术的引进和应用力度，进一步提升节约资源能源的能力。

生态环境保护指标主要考察上市公司在资源利用效率等方面的信息披露情况。制造业（其他）上市公司的生态环境保护平均得分 52.17 分，74 家企业评级为 AAA 级，占比 40.44%；84 家企业被评为 C 级，占比为 45.90%，行业整体表现呈现两极分化。部分企业资源利用效率很高，通过技术革新、行为约束等综合性措施不断提升资源利用效率；而部分企业在资源利用效率方面的信息披露不足，未充分展现其在生产、消费、回收等社会各流通环节的生态环境保护举措，有待提升相关信息披露水平。

废弃物排放指标主要考察上市公司有害废弃物和无害废弃物排放密度降低情况。制造业（其他）上市公司的废弃物排放平均得分 28.97 分，在各大维度中平均得分最低，最大值与最小值分别为 100.00 分和 0 分，两极分化现象明显；20 家企业评级为 AAA 级，AA 级企业 24 家，超过六成的样本企业评级结果分布在 C~CCC 级，行业整体表现不佳。资料显示，大部分企业有害废弃物排放相较往年未呈降低趋势，部分企业排放设施建设不足，无害废弃物信息统计不足，仍需加大废弃物排放管理力度，提升废弃物处置和利用能力。

应对气候变化指标主要考察上市公司在将应对气候变化融入战略、应对气候变化风险管理、应对气候变化政策及措施、温室气体排放密度下降情况等方面的表现。制造业（其他）上市公司的应对气候变化平均得分 40.56 分，27 家企业评级为 AAA 级，近一半的评级结果分布在 C~CCC 级，行业整体表现较为一般。资料显示，部分企业通过减污降碳、绿色技术创新等举措积极应对气候变化，但温室气体排放密度信息披露不多，在识别、评估及管理气候相关风险方面行动不足，仍需加强应对气候变化风险管理，将气候变化议题纳入企业整体战略。

整体而言，制造业（其他）上市公司在环境维度整体表现一般，AAA 级评级 5 家，近三成企业评级结果为 C~CCC 级。大多数制造业（其他）上市公司企业牢固树立绿色环保理念，环境管理能力显著提升，环保投入的增加促进了企业绿色创新，在应对气候变化上努力作为，但资源能源综合利用仍不足，废弃物处置和利用不佳，仍需从战略层到管理层和执行层加大节能减排力度，进一步统筹和加强应对气候变化，提升生态环境保护绩效。

在碳达峰、碳中和背景和全球气候变化的挑战下，中国重工肩负实现自身发展与保护生态环境的双重责任。2021 年，中国重工秉持绿色发展理念，完善环境管理体系，推动产品绿色基因化，积极采取措施应对气候变化，做对环境负责的企业公民。公司关注船舶的绿色基因，通过自主研发、产业技术联盟、联合攻关等创新模式，从船舶的研发、设计、制造、交付、回收多点发力，推出一批绿色环保优势船舶，持续推进绿色低碳可持续发展。

（四）研究发现4：制造业（其他）上市公司社会维度表现良好，员工权益与发展仍需强化

社会维度主要考察企业在员工权益与发展、供应链管理、客户权益保护、社区发展等方面的信息披露情况，并根据制造业（其他）行业特征，以员工健康和安全争议体现制造业（其他）行业在劳工方面的风险，以社会领域的第三方正面评价作为加分项。制造业（其他）上市公司社会维度评级得分分布情况显示，获评 AAA 级企业高达 17 家，占比 9.29%；A~AA 级公司共 42 家，B~BBB 级公司共 54 家，C~CCC 级公司共 70 家（见图 10），大部分企业在社会维度表现良好。

2021 年，文教、工美、体育和娱乐用品制造业在社会维度的评级平均得分最高，其次为农副食品加工业，表现最差的为计算机、通信和其他电子设备制造业（见图 11）。文教、工美、体育和娱乐用品制造业中的上海晨光文具股份有限公司（以下简称"晨光股份"）排名第一，社会维度得分 75.31 分。

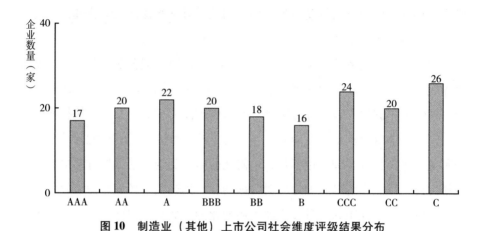

图 10 制造业（其他）上市公司社会维度评级结果分布

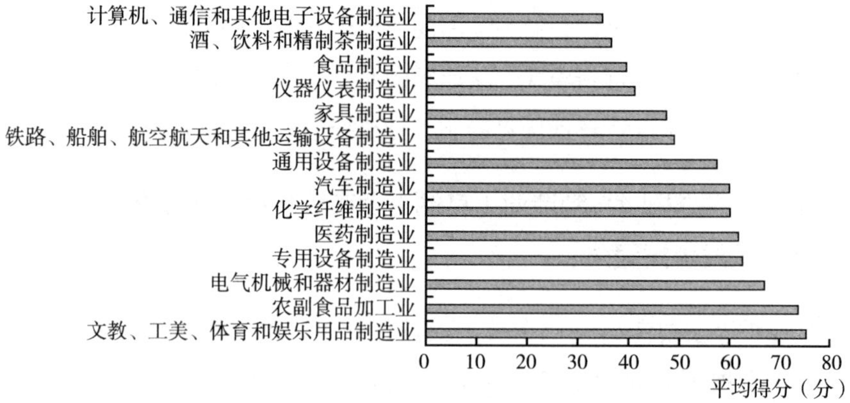

图 11 制造业（其他）上市公司社会维度细分行业评级均分分布

　　员工权益与发展指标主要考察上市公司在员工公平招聘、职业健康安全管理、员工培训投入、员工关爱等方面的表现。制造业（其他）上市公司的员工权益与发展平均得分 45.28 分（见图 12），在各大维度中得分最低；22 家企业评级为 AAA 级，76 家企业被评为 C～CCC 级，占比为 41.53%，行业在员工权益与发展方面整体呈现两极差异。资料显示，部分企业高度重视员工公平招聘和职业健康安全管理工作，但部分企业在员工培训投入和员工关爱方面的信息披露不足，制造业（其他）上市公司仍需将员工关系管理标准化、制度化、系统化，在关心关爱员工生活和身心健康状态方面表现得更为主动，加强职业健康安全管理。

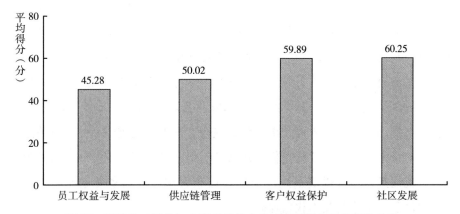

图 12　制造业（其他）上市公司社会维度二级指标平均得分分布

供应链管理指标主要考察上市公司在供应商识别与评估、供应链社会与环境社会风险管理等方面的表现。制造业（其他）上市公司的供应链管理平均得分 50.02 分，约 1/3 样本企业供应链管理评级结果为 AAA 级，行业整体对供应链管理工作重视程度较高。资料显示，绝大部分样本企业都建立了完善的供应商管理手册和管理制度，但大多数企业对供应商识别与评估仅考虑对企业经济层面的因素，对供应链上下游企业的社会与环境风险防控意识较为薄弱，管理全面性有待加强。

客户权益保护指标主要考察上市公司在产品质量管理、产品创新、客户服务措施等方面的表现。制造业（其他）上市公司的客户权益保护平均得分 59.89 分；52 家企业评级为 AAA 级，超过 1/3 的制造业（其他）上市公司客户权益保护评级结果为 C~CCC 级，行业整体表现一般。资料显示，尽管绝大部分制造业（其他）上市公司高度重视产品质量管理，不断创新推出产品，并制定了客户服务相关规范，但部分企业在客户权益保护体系完整度、措施完善度等方面仍有较大提升空间。

社区发展指标主要考察上市公司在社区参与、社会公益活动等方面的表

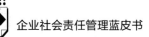

现。制造业（其他）上市公司的社区发展平均得分 60.25 分，57 家企业评级为 AAA 级，65 家企业被评为 C～CCC 级，行业在社区发展方面整体呈现两极差异。资料显示，部分企业在社区参与和社区公益活动方面表现活跃，积极投身社会公益事业，而部分企业对推动社区发展关注不足，有待进一步在促进所在社区文化、教育、经济发展方面作出更多的积极贡献。

整体而言，制造业（其他）上市公司在社会维度表现一般，仅 17 家企业四大维度均表现较优，社会维度评级结果为 AAA 级。制造业（其他）上市公司在推动社区发展方面积极作为，在为客户提供优质产品的同时关注客户权益与服务提升，持续强化供应链管理，但在员工权益与发展方面的短板明显，仍需进一步加强安全生产与职业健康管理，组织多样化员工关爱活动，关注员工培育与基本权益保障。

晨光股份秉持"员工为本"的原则，始终尊重、认可并善待每一位员工，致力于为每一位晨光人开拓更广阔的发展空间，建立完善员工福利关爱保障体系和职业健康与安全制度。积极搭建可持续社区，给社会温暖的回馈，通过倡导公平教育、支持困难人群、社区参与等方式传递晨光的理念和价值。晨光坚持"聚焦和伙伴"的供应商策略，积极探索与供应商共赢之道，打造坚实的合作基础。通过持续推动采购业务的标准化和精细化，搭建高效、健康和安全的供应链管理体系，发挥自身影响力，积极帮助和引导价值链上下游的健康发展。

（五）研究发现5：制造业（其他）上市公司信息披露质量较好，ESG 管理能力短板显著

中国上市公司 ESG 评价的治理维度主要考察企业在组织治理、合规风险管理、ESG 管理、信息披露等方面的情况，并新增以反映企业公司治理层面的 ESG 争议事件作为负向指标，以企业获得的正面第三方评价作为加分项。制造业（其他）上市公司治理维度仅 1 家获得 AAA 级，为宁德时代新能源科技股份有限公司（以下简称"宁德时代"）；AA 级公司 11 家，A 级公司共 15 家，共占比 14.21%；B～BBB 级公司共 92 家，占比 50.27%；

C~CCC 级公司共 64 家（见图 13），占比 34.97%。仅 1/7 的制造业（其他）上市公司治理维度评分分布在 A~AAA 级，表明制造业（其他）企业治理能力存在短板，管理层对 ESG 管理的重视程度偏低。

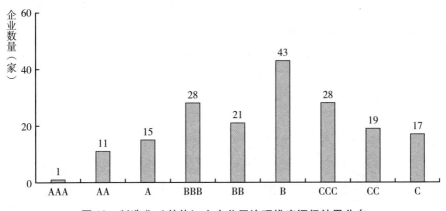

图 13　制造业（其他）上市公司治理维度评级结果分布

2021 年，农副食品加工业在治理维度的评级均分最高，其次为仪器仪表制造业，表现最差的为酒、饮料和精制茶制造业（见图 14）。农副食品加工业中的新希望六和股份有限公司（以下简称"新希望"）排名第一，治理维度得分 85.39 分。

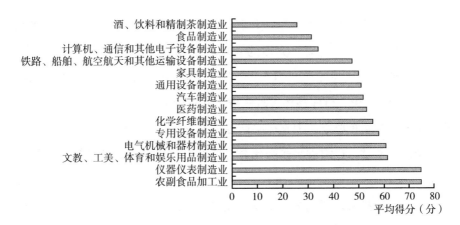

图 14　制造业（其他）上市公司治理维度细分行业评级均分分布

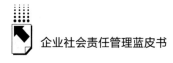

组织治理指标主要考察上市公司在董事会多元化、董事会 ESG 管理、股东关系管理、小股东利益保护、反贪污等方面的表现。制造业（其他）上市公司的组织治理平均得分 51.88 分（见图 15），17 家企业评级为 AAA 级，近四成企业评级为 C～CCC 级，占比为 36.61%，行业整体表现一般。资料显示，样本企业在董事会多元化、股东关系管理和小股东利益保护等方面的信息披露不足，部分企业尚未制定董事会 ESG 管理制度和规范，组织治理体系仍待进一步完善。

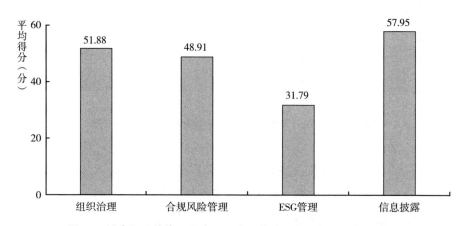

图 15　制造业（其他）上市公司治理维度二级指标平均得分分布

合规风险管理指标主要考察上市公司在制定风险防控计划、风险评估、风险监测预警、内控合规等方面的表现。制造业（其他）上市公司的合规风险管理平均得分 48.91 分，17 家企业评级为 AAA 级，近一半的评级结果分布在 C～CCC 级，行业整体表现一般。样本企业持续推进合规运营，严格遵循相关法律法规要求，但在风险防控方面整体缺乏系统性，风险监测预警和风险评估不足，仍需进一步强化合规风险管理意识，制定和完善风险防控计划。

ESG 管理指标主要考察上市公司在 ESG 相关能力提升培训、ESG 治理架构、ESG 或 CSR 专员设置、ESG 或 CSR 绩效管理等方面的表现。制造业（其他）上市公司的 ESG 管理平均得分 31.79 分，最大值与最小值分别为

100.00 分和 0 分，两极分化现象明显；仅 20 家企业评级为 AAA 级，121 家企业被评为 C~CCC 级，占比为 66.12%，行业整体对 ESG 管理工作重视程度不足。大部分企业尚未建立 ESG 治理架构，缺乏负责企业的 ESG 管理相关工作的规划、组织和协调的管理体系，未来可以通过开展 ESG 能力提升培训、设置 ESG 或 CSR 专员等方式提升 ESG 绩效。

信息披露指标主要考察上市公司在信息披露渠道、利益相关方参与等方面的表现。制造业（其他）上市公司的信息披露平均得分 57.95 分，近四成样本企业的信息披露评级结果为 AAA 级，行业整体信息披露质量较高。绝大多数样本企业及时发布企业年度报告和 CSR/ESG 报告，并通过官方网站、微信公众号、网络媒体等多元化渠道真实、准确、完整、及时地披露企业相关信息，但部分企业仍需增强与利益相关方沟通的主动性，畅通与各类利益相关方的沟通渠道。

整体而言，制造业（其他）上市公司在治理维度表现一般，仅 1 家企业在治理维度评级结果为 AAA 级。制造业（其他）上市公司通过建立多元畅通的信息披露渠道与利益相关方进行沟通，信息披露质量较高，组织治理体系持续完善，但在 ESG 管理方面存在短板，尚未构建完善的 ESG 治理体系，风险防控意识和能力有待进一步增强。

新希望公司严格按照《中华人民共和国公司法》《中华人民共和国证券法》《上市公司治理准则》《深圳证券交易所股票上市规则》《深圳证券交易所上市公司规范运作指引》和中国证监会有关法律法规、规范性文件的要求，结合本公司的实际情况，持续完善公司治理结构，包括股东大会、董事会、监事会、管理层权责、运作规范等，公司治理有效性持续提升。公司董事会下设审计、薪酬与考核、战略、提名、风险管理五个专业委员会，其中审计、薪酬与考核、提名、风险管理委员会中独立董事应占半数以上并担任召集人。

二　制造业（其他）上市公司 ESG 评价总结

通过本报告分析，建议计算机、通信和其他电子设备制造业，医药制造业，电气机械和器材制造业等类型制造业上市公司重点关注以下几方面。

一是提升企业风险防控能力，构建自身可持续竞争力。当前，在新冠疫情持续影响下，制造业面临劳动力不足、需求疲软等诸多挑战，企业自身经营压力增大，建议企业不断优化资产结构，确保现金流充足，提升持续经营的能力。在我国经济从高速增长转向高质量发展的背景下，计算机、通信和其他电子设备制造业，电气机械和器材制造业等类型企业亟须不断加强自身能力建设，全面构建与高质量发展相适应的新路径，提升企业风险防控能力，增强企业发展韧性，凸显企业可持续发展竞争优势。同时，面对复杂的国内外形势，计算机、通信和其他电子设备制造业作为我国"走出去"企业中的典型代表，更需注重产品竞争力、产业创新能力，以及中国制造的品牌影响力，与国外强化、优化产业合作，深度融入全球产业链，打破国外技术和市场垄断，提升自身抗风险能力。

二是提升企业环境维度的信息披露水平，加快绿色低碳转型发展。2021 年 11 月，工业和信息化部印发的《"十四五"工业绿色发展规划》提出，到 2025 年工业产业结构、生产方式绿色低碳转型取得显著成效，绿色低碳技术装备广泛应用，能源资源利用效率大幅提高，绿色制造水平全面提升，为落实 2030 年工业领域碳达峰目标奠定坚实基础。建议制造业，尤其是上市公司应在资源能源使用、废弃物排放等方面，设定科学的节能、减排目标，加强资源节约循环利用和生态保护，尽快转变能源消费结构，以制造先行带动绿色发展，通过结构减碳、技术降碳、智能低碳、管理节碳等手段，加快推进制造业绿色转型，使制造业可持续发展能力进一步提高。制造业企业的节能减排也不局限在生产制造过程中，还要逐步完成办公节能、生活节能，倡导绿色工作方式，实现立体式节能，打造环境友好型上市公司。在应对气候变化等方面做好气候风险识别与风险应对，加快制造业绿色低碳转型。比如，铁路、船舶、航空航天和其他运输设备制造业，汽车制造业以及医药制药业，应进一步注重绿色采购，加强产业链供应链绿色发展，联通上下游合力提升环境管理水平，不断提升环境层面信息披露水平。

三是重视社会议题管理，促进企业与利益相关方的合作共赢。制造业（其他）是国家生产能力和国民经济的基础与支柱，在吸纳劳动力就业、维护社会稳定方面发挥着重要作用，因而保护员工权益（包括劳务派遣人员）、构建和谐劳动关系是制造业（其他）服务民生的重要内容。但部分企业仍然存在劳工争议事件处理不及时、员工伤亡事件偶有发生等情况。建议计算机、通信和其他电子设备制造业以及仪器仪表制造业、家具制造业等类型上市公司进一步完善员工权益与发展机制，积极解决劳动关系中的突出矛盾问题，全面提升员工的幸福感和获得感。例如，严格贯彻落实公平招聘惯例，完善同工同酬保障机制，推进男女雇员平等用工，注重劳务派遣人员用工的合规性，全面保障劳务派遣人员薪酬福利及合法权益；完善职业安全健康体系，提升职业健康安全管理水平；加大员工培养培训力度，完善人才培训机制，畅通男女员工平等晋升和培训的通道，同时注重对劳务派遣人员的专项培训；优化员工职业发展环境，组织开展多样化的职工活动，关爱和帮扶困难员工，提升员工的归属感。

四是提升企业 ESG 管理水平，推动 ESG 与业务融合。目前，酒、饮料和精制茶制造业，食品制造业，计算机、通信和其他电子设备制造业等类型上市公司 ESG 管理工作尚处于起步阶段，仅仅将 ESG 信息披露视为满足监管层面的合规披露要求，企业内部的 ESG 相关工作较为零散，尚未推动 ESG 管理与业务融合。建议企业强化 ESG 管理顶层设计，推动董事会参与 ESG 管理及各类事项，积极将 ESG 整合到业务战略规划、融入企业日常运营中，持续推动可持续发展战略的制定、推行及落实，完善 ESG 治理体系的搭建，加强与利益相关方沟通，以便更准确、高效地识别和管理企业 ESG 相关风险，强化风险管理及内部监控，抓住潜在机遇。从企业自身优势出发，制定具有企业特色、与企业整体战略发展相契合的可持续发展战略，不断优化企业可持续履责实践。

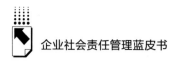

三 制造业（其他）上市公司 ESG 典型实践案例

案例 1 复星医药推进绿电消费 减少能源消耗①

上海复星医药（集团）股份有限公司基于现有政策，对绿电消费途径的适用条件、项目经济性影响因素、市场成熟度等方面进行了梳理和分析，针对成员企业如何选择和参与绿电消费提出建议。

首先，对于具备分布式可再生能源发电系统安装条件的成员企业，鼓励其投资建设自发自用的分布式可再生能源发电项目，如屋顶光伏项目。成员企业可根据自身资金和人员条件，选择自行投资或通过第三方投资建设后享受电价优惠的形式实现绿电消费，万邦医药、朝晖药业、钟吾医院、新星康体已建有内部光伏发电系统，2021 年内共计发电 1579084 千瓦时。

其次，对于缺乏分布式可再生能源发电系统安装条件或者资源不足以满足绿电消费需求的成员企业，建议其根据当地电力交易市场提供的交易服务品种采购绿电，提醒成员企业保持政策敏感度并与具备实力的综合能源服务商及售电企业建立合作，适时参与分布式发电市场化交易。2021 年共计 15 家成员企业生产基地采购绿电，共计外购新能源 3152391 千瓦时、外购水电 22162113 千瓦时、外购核电 1272281 千瓦时，分别占总耗电量的 0.5%、3.3% 和 0.2%，实现减碳 16230 吨。

案例 2 大全能源设立"手拉手"互助基金 关爱帮扶困难员工②

2021 年，纵使风雨兼程，也没能阻挡追光人前行的脚步，无论是酷暑还是寒冬，勤恳努力、踏实付出的大全人在这一年创造了无数个温暖人心的奇迹。大全能源高度重视困难员工、重大疾病员工的关爱帮扶工作。公司健全常态化、规范化的帮扶机制，严格落实《"手拉手"互助基金帮扶管理办

---

① 上海复星医药（集团）股份有限公司《2021 年度企业社会责任报告》。
② 新疆大全新能源股份有限公司《2021 环境、社会责任及公司治理报告》。

法》，认真核实员工困难，精准帮扶。2021 年，公司号召 1484 人募集善款 65460 元，8 名员工通过申请慈善基金 11000 元解决了生活实际困难，让广大员工切实感受到来自公司"大家庭"的温暖和幸福。

案例 3　宁德时代加强 ESG 管理　推动企业可持续发展①

宁德时代在提供创新产品和服务的同时，将可持续发展管理理念融入业务运管理念中。公司制定并公开发布"可持续发展承诺"，致力于构建可持续发展管理体系，坚持道德经营与合规经营，确保公司可持续发展，为全球客户提供有竞争力的新能源解决方案。公司建立了自上而下的 ESG 管理架构，以确保 ESG 工作高效推进。公司可持续发展管理委员会由 5 名体系联席总裁担任委员，委员会对公司 ESG 事宜履行监察与决策权。ESG 执行层由各部门管理层组成，作为各个分领域的责任人，保障 ESG 工作的高效开展与落实。为进一步推动可持续发展治理，公司将 ESG 绩效指标与 ESG 执行层相关部门的绩效挂钩。公司为此设置合理的考核权重，并根据年度考核结果采取奖惩措施。

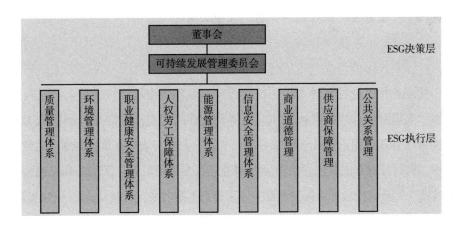

---

① 宁德时代新能源科技股份有限公司《2021 环境、社会与公司治理（ESG）报告》。

B.7

金融业上市公司 ESG 评价分析

邵晓鸥　吴若菲*

摘　要： 本报告通过对 2021 年中国上市公司金融业 60 家样本企业 ESG
信息披露情况作深入分析，发现样本企业整体 ESG 实践情况良
好，在 ESG 融入业务方面已取得一定成果，但相关上市公司自
身 ESG 管理仍有待加强。国有大型银行及股份制银行在环境、
社会、治理方面表现领先；城市商业银行在履行社会责任方面
意识有所欠缺；保险业上市公司已将 ESG 理念与风险防控体系
结合；资本市场服务及其他金融业上市公司在可持续投资领域
发挥带头作用。

关键词： 金融业　ESG 金融产品　上市公司

　　金融业是指经营金融商品的特殊行业，是现代市场经济的核心，具有指
标性、高风险性、效益依赖性和高负债经营性的特点。金融业发展融入 ESG
理念可以有效实现企业负外部性内部化、倡导公平与效率并重、倒逼产业模式
升级。我国金融业主要包含货币金融服务、资本市场服务、保险业和其他金融
行业四个部分。随着环境保护和社会公正意识不断增强，金融业深化 ESG 实践，
对于防范市场震荡风险、引导社会资源投向可持续发展领域具有重要意义。

---

* 邵晓鸥，北京融智企业社会责任研究院院长助理、北京融智企业社会责任研究院可持续发展
部部长，中国工业企业社会责任研究智库专家、研究院电力能源行业首席专家，主要从事企
业社会责任管理等领域的研究；吴若菲，北京融智企业社会责任研究院副研究员，研究方向
为企业 ESG 理论与实践。

按照中国证监会分类标准，本报告主要从上证180、深证100、沪深300、科创50、明晟中国 A 股国际通指数（MSCI CHINA 200）等 A 股成分股中筛选出60家金融业上市公司，占本书上市公司样本总量（489家）的12.27%。本报告的信息主要来源于万得（Wind）数据库、Choice 数据库、企业年度报告、社会责任报告和官方网站以及权威组织平台公开披露的样本企业财务信息和非财务信息。本报告重点评价分析60家金融业上市公司 ESG 实践水平。

2021年金融业上市公司的 ESG 评价指标体系共有经济、社会、环境和治理4个评价维度15类评价指标42项关键评价指标。在此基础上，本报告从行业政策趋势、发展现状、发展特点、面临的风险和发展机遇等方面，为国有大型商业银行及股份制银行、城市商业银行、资本市场服务和其他金融业、保险业设置不同的"腐败争议""内幕交易争议""客户投诉风险"等行业侧重指标，设置"绿色金融"作为金融业行业风险议题进行综合评分。ESG 评级结果共分为九级，分别为 AAA、AA、A、BBB、BB、B、CCC、CC、C。本报告通过对2021年中国上市公司金融业60家样本企业 ESG 绩效作深入分析，发现金融业整体 ESG 实践情况良好，在 ESG 融入业务方面已取得一定成果，但相关上市公司自身 ESG 管理仍有待加强。国有大型银行及股份制银行在环境、社会、治理方面表现领先；城市商业银行在履行社会责任方面意识有所欠缺；保险业上市公司已将 ESG 理念与风险防控体系结合；资本市场服务及其他金融业上市公司在可持续投资领域发挥带头作用。

一 金融业上市公司 ESG 评价研究五大发现

（一）研究发现1：金融业上市公司 ESG 整体实践良好，大型银行表现突出

2021年，在60家金融业上市公司中，11家企业获评 A~AA 级，占比为18.33%；34家被评为 B~BBB 级，占比56.67%；15家企业评级结果处

于 C～CCC 级，占比为 25.00%。60 家样本企业 ESG 整体处于中游水平，行业平均水平为 BB 级，可见该行业上市公司较为重视 ESG 理念和实践。《中国 ESG 发展白皮书（2021）》显示，金融业发布 ESG 报告的公司数量、披露率均位居首位，ESG 信息披露力度与强度遥遥领先。其中银行业 A 股上市公司 ESG 报告披露率达 100%，非银金融上市公司披露率为 83.13%①。基于金融业在国民经济中的特殊地位及各个板块社会功能差异较大，为提高指导意义，本报告将进一步对银行业、保险业、资本市场服务和其他金融业上市公司的 ESG 信息披露水平展开分析。同时中国银行业总资产在金融业总资产中占比超过 90%②，立足于国有大型控股商业银行、全国性股份制银行、城市商业银行三者经营范围、服务对象的差异，对国有大型商业银行及股份制银行、城市商业银行进行分类分析。

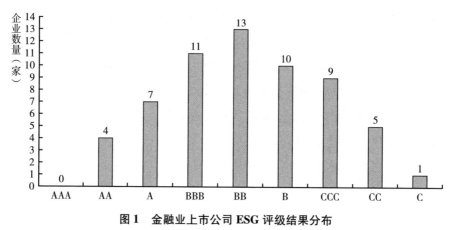

图 1 金融业上市公司 ESG 评级结果分布

2021 年金融业整体 ESG 评级结果显示，该行业环境维度和社会维度均获评 BB 级，经济维度和治理维度获得 B 级，反映出金融行业 ESG 各方面发展较为均衡，信息披露较为全面，无明显短板（见图 2）。在国家普惠金融、绿色金融、供应链金融等一系列政策的引导下，金融业已围绕共同富裕、践

---

① 数据来自 Wind 资讯。
② 中国人民银行金融稳定局：《金融风险日趋收敛 稳定基础更加牢靠》，2022 年 3 月 3 日。

行普惠、绿色发展展开丰富实践，环境和社会得分高于 50 分；受疫情影响，国内经济缓慢复苏，金融业上市公司多板块业务波动平衡，大型银行充分发挥稳定市场的作用；在监管重压之下，该行业治理方面信息披露情况较好，领先企业已在合规的基础上进一步完善治理风险防控。

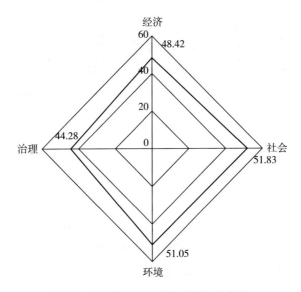

图 2 金融业上市公司各维度平均得分

2021 年，在 14 家国有大型商业银行及股份制银行上市公司中，5 家企业获评 A~AA 级，占比为 35.71%；8 家被评为 B~BBB 级，占比 57.14%；1 家企业评级结果为 CCC 级，占比为 7.14%。可以看出，不同类型上市银行的 ESG 信息披露程度存在一定差距，国有大型商业银行与股份制银行的 ESG 表现要远胜于城市商业银行。由于资金规模大、经营地域广、市场占比高、业务品种复杂，国有大型商业银行和股份制银行作为维持金融稳定的重要压舱石，承担着更多的经济责任与社会责任，受到来自监管机构和行业自律组织的诸多要求与约束，其 ESG 工作起步较早、投入较大，表现显著优于其他银行。

2021 年国有大型商业银行及股份制银行 ESG 评级结果显示，环境维度、社会维度、治理维度均获评 BB 级，仅有经济维度评价结果为 B 级（见图 4）。可以看出，样本企业在 ESG 方面积极实践，并取得一定成果。经济方面，

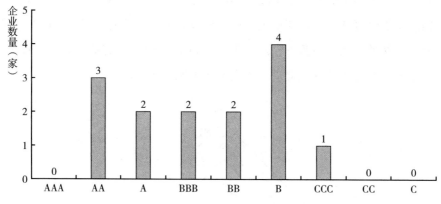

图3 国有大型商业银行及股份制银行上市公司 ESG 评级结果分布

国有大型商业银行落实维护国家金融稳定的主体职责，夯实经济稳定恢复基础；环境方面，探索多元化绿色金融产品和服务方面已初见成效，渐成体系；社会方面，坚持以客户为中心，加强消费者权益保护，服务实体经济，助力企业复工复产；治理方面，建立了符合市场要求的公司治理框架，基本完成由行政式治理向公司化治理转变。

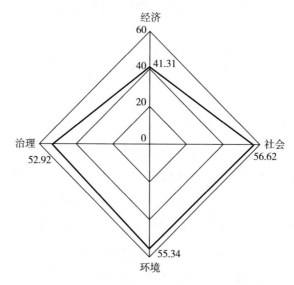

图4 国有大型商业银行及股份制银行上市公司各维度平均得分

2021 年，国有大型商业银行及股份制银行 ESG 评价前五名为中国建设银行股份有限公司（以下简称"建设银行"）、中国工商银行股份有限公司（以下简称"工商银行"）、招商银行股份有限公司（以下简称"招商银行"）、中国邮政储蓄银行股份有限公司（以下简称"邮储银行"）、上海浦东发展银行股份有限公司（以下简称"浦发银行"）（见表 1）。建设银行和招商银行高度重视 ESG 相关工作，不断完善 ESG 治理体系，推进 ESG 因素纳入业务和风险流程，均获得 MSCI ESG A 级评价，是全球市值排名前十的银行中评级最高的两个银行。工商银行于 2007 年将绿色金融上升为全行战略，自 2015 年成立了绿色金融研究团队，2021年将"推进绿色金融和可持续金融"列为可持续发展重要议题之首，全面深化绿色金融实践。

表 1 国有大型商业银行及股份制银行 ESG 评价前五名

排名	股票简称	综合评价	经济维度评价	环境维度评价	社会维度评价	治理维度评价
1	建设银行	AA	B	AA	AAA	A
2	工商银行	AA	CCC	A	AAA	A
3	招商银行	AA	AA	B	A	A
4	邮储银行	A	BB	A	BB	BBB
5	浦发银行	A	C	A	AA	BBB

2021 年 9 家城市商业银行上市公司中，无 A～AAA 级企业；4 家被评为 B～BB 级，占比 44.44%；5 家企业评价结果为 CCC 级，占比为 55.56%，反映出城市商业银行整体 ESG 信息披露水平较为落后。相比国有大型商业银行及股份制银行，城市商业银行作为服务地方的生力军，立足于本地市场，聚焦区域经济发展需求，为当地城市发展和产业壮大提供支持。但受到企业规模小，本地资源禀赋有限，市场环境、社会、治理方面认知度不足的限制，相关业务需求有限且单一，城市商业银行仍需主动强化 ESG 管理意识，进一步拓展履行社会责任的空间。

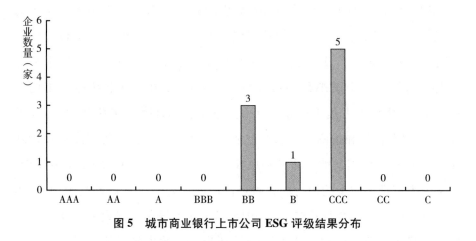

图5　城市商业银行上市公司 ESG 评级结果分布

2021 年城市商业银行 ESG 评价结果显示，环境维度、社会维度、治理维度均获评 CCC 级，仅有经济维度获得 BB 级（见图6）。可以看出，样本企业在发展经济的同时未能兼顾环境、社会、治理工作，多数公司 ESG 管理空白。城市商业银行受益于地方经济增长，服务地方企业发展，主要经营指标稳中向好；社会方面，信息披露情况极不理想，员工权益保护及产品质量管理意识匮乏；环境方面，大部分企业虽已围绕碳中和目标布局绿色金融，但自身环境信息披露严重不足；治理方面，合规风险管理及 ESG 管理薄弱，仅有少数企业开展相关动作。

2021 年，城市商业银行 ESG 评价前五名为重庆银行股份有限公司（以下简称"重庆银行"）、南京银行股份有限公司（以下简称"南京银行"）、浙商银行股份有限公司（以下简称"浙商银行"）、江苏银行股份有限公司（以下简称"江苏银行"）、宁波银行股份有限公司（以下简称"宁波银行"）（见表2）。重庆银行始终秉持"地方的银行、小微企业的银行、市民的银行"三大战略定位，服务区域经济发展，创造社会价值，同时作为境内第 7 家"赤道银行"，创新推出"双碳"系列绿色金融产品、成功落地碳排放权质押融资贷款，不断丰富绿色金融创新服务手段，截至2021 年末绿色金融规模已经超过 200 亿元。

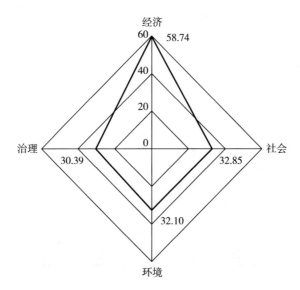

图 6　城市商业银行上市公司各维度平均得分

表 2　城市商业银行上市公司 ESG 评价前五名

排名	股票简称	综合评价	经济维度评价	环境维度评价	社会维度评价	治理维度评价
1	重庆银行	BB	B	A	A	CCC
2	南京银行	BB	A	CCC	B	CCC
3	浙商银行	BB	CCC	B	CCC	B
4	江苏银行	B	BBB	CCC	CC	B
5	宁波银行	CCC	AAA	CC	CC	CCC

2021 年，在 32 家资本市场服务和其他金融业上市公司中，5 家企业获评 A～AA 级，占比为 15.63%；18 家被评为 B～BBB 级，占比为 56.25%；9 家企业评价结果为 C～CCC 级，占比为 28.12%，整体 ESG 信息披露情况处于中上水平（见图 7）。资本市场是服务实体经济的主战场，证券业上市公司在其中具有投资者和企业的双重身份，也具有连接投资者和上市公司的纽带功能。相关企业深化 ESG 理念能够为各利益相关方创造多重价值，一方面有力推动被动融资管理向主动融资管理转变，响应国家战略

需求，服务实体经济转型升级；另一方面塑造可持续发展品牌形象，持续提升自身综合价值，把握全球 ESG 投资机遇，强化国际市场竞争力与综合金融服务能力。

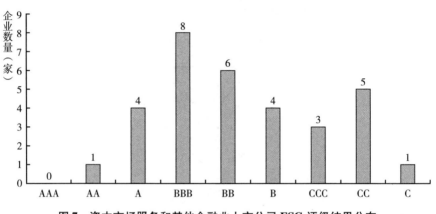

图 7　资本市场服务和其他金融业上市公司 ESG 评级结果分布

2021 年资本市场服务和其他金融业 ESG 评价结果显示，经济维度、环境维度、社会维度、治理维度均获评 B 级（见图 8）。可以看出，样本企业 ESG 信息披露规范度较高，但议题覆盖全面性不足，各个维度下均未出现 AAA 级领先企业。经济方面，市场规模企稳，各大板块稳步增长；环境方面，关注可持续投融资业务，但对于自身环境影响管理两极分化严重；社会方面，重视社区发展贡献，充分发挥对实体经济的促进作用；治理方面，在监管重压下总体信息披露情况良好，但企业 ESG 管理相对落后。

2021 年，资本市场服务和其他金融业 ESG 评价前五名为中信建投证券股份有限公司（以下简称"中信建投"）、财达证券股份有限公司（以下简称"财达证券"）、华泰证券股份有限公司（以下简称"华泰证券"）、东方证券股份有限公司（以下简称"东方证券"）、红塔证券股份有限公司（以下简称"红塔证券"）（见表 3）。中信建投致力于搭建可持续金融模式，于 2021 年已初步梳理建立了可持续金融框架，通过将 ESG 因素纳入风险分析、尽职调查、分类统计与沟通参与等环节，在投资银行、资产管理、财富管理等业务中深化开展 ESG 实践。

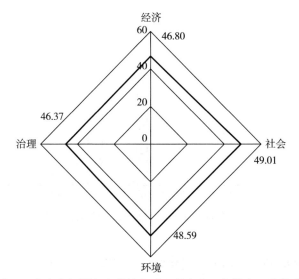

图 8 资本市场服务和其他金融业上市公司各维度平均得分

表 3 资本市场服务和其他金融业 ESG 评价前五名

排名	股票简称	综合评价	经济维度评价	环境维度评价	社会维度评价	治理维度评价
1	中信建投	AA	B	BBB	AA	BBB
2	财达证券	A	BB	BBB	AA	A
3	华泰证券	A	CCC	A	BBB	BBB
4	东方证券	A	B	A	BBB	B
5	红塔证券	A	BB	BBB	A	A

2021 年，在 5 家保险业上市公司中，1 家企业获评 A 级，占比为 20.00%；其余企业均被评为 B~BBB 级，占比 80.00%，整体 ESG 实践情况良好（见图 9）。保险业集风险管理者、风险承受者与主要投资者于一身，识别、理解和管理风险是该行业的核心，ESG 管理作为一种有效的风险规避工具已得到广泛应用。同时保险作为一种保障机制、市场经济条件下的风险管理基本手段、金融体系与社会保障体系的重要支柱，起着分散客户及社会 ESG 风险的重要作用。越来越多的国际和国内保险企业开启 ESG 绿色保险行动，向可持续发展方向迈进。

2021 年保险业 ESG 评价结果显示，经济维度、环境维度、社会维度均获

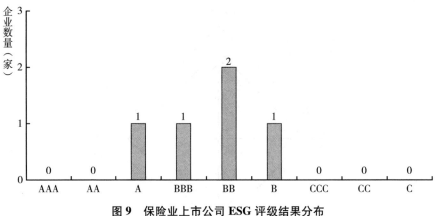

图9 保险业上市公司 ESG 评级结果分布

评 BB 级，治理维度相对落后，仅获得 B 级评价（见图 10）。可以看出，样本企业各个维度均已展开丰富实践，但 ESG 治理的整体性不足。经济方面，总资产规模稳步增长，多数上市保险业企业投资收益呈现同比增长趋势；环境方面，应对气候变化意识良好，资源能源利用和绿色产品创新稍显薄弱；社会方面，客户权益保护达到金融业领先水平，员工权益与发展信息披露扎实；治理方面，ESG 管理水平不高，从业人员 ESG 管理意识有待加强。

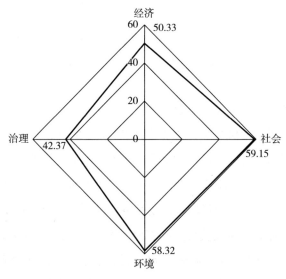

图10 保险业上市公司各维度平均得分

2021 年，保险业 ESG 评价前五名为中国平安保险（集团）股份有限公司（以下简称"中国平安"）、中国人寿保险（集团）公司（以下简称"中国人寿"）、中国太平洋保险（集团）股份有限公司（以下简称"中国太保"）、新华人寿保险股份有限公司（以下简称"新华保险"）、中国人民保险集团股份有限公司（以下简称"中国人保"）（见表4）。中国平安是国内首家签署联合国"负责任投资原则"（UNPRI）的资产所有者，在ESG 领域具备了方法论体系、金融投资业务实践、产品工具等方面的先发优势，同时借助责任投资助力企业改善风险管理，实现长期稳定的投资模式，展现出为投资者创造长期价值的能力。

表 4　保险业 ESG 评价前五名

排名	股票简称	综合评价	经济维度评价	环境维度评价	社会维度评价	治理维度评价
1	中国平安	A	CC	AA	BBB	A
2	中国人寿	BBB	BBB	BBB	B	B
3	中国太保	BB	BB	BB	BBB	CCC
4	新华保险	BB	BBB	B	BBB	B
5	中国人保	B	B	CCC	BB	CCC

（二）研究发现2：金融业上市公司整体规模稳中有进，支持实体经济复苏

中国上市公司 ESG 评价的经济维度主要考察企业经营方面的经济绩效，包括盈利能力、成长能力、偿债能力及投资价值。2021 年该行业整体经济维度评价结果为 B 级，其中，评价最高的 AAA 级有 1 家，其余为：A～AA级 7 家，B～BBB 级 30 家，C～CCC 级 22 家。受出口超预期增长、新动能不断增强和上年低基数等因素影响，我国经济稳定回升，全年增速呈前高后低走势。货币市场交易量持续增加，银行间衍生品市场成交量保持增长；股票市场主要股指上涨，两市成交金额增长明显。城市商业银行整体经济表现领先，活力较足；其余行业保持平稳运行。

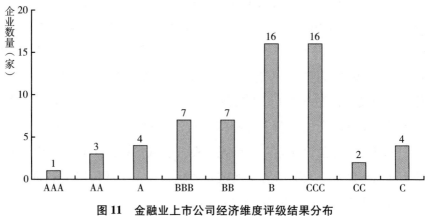

图11　金融业上市公司经济维度评级结果分布

　　上市公司的盈利能力主要通过净利润同比增长率和净资产收益率（ROE）等指标来衡量。金融业上市公司的盈利能力平均得分为49.38分（见图12），评价结果为：A～AAA级12家、B～BBB级23家、CC～CCC级25家。样本企业整体运行稳健。城市商业银行盈利能力表现突出，在A档中占据近半数席位，立足地方优势在本地市场细分领域进一步扩张；但评价结果无B档企业，区域经济发展的不平衡是造成城市商业银行盈利表现分化的因素之一。在经济下行区间，国有大型商业银行以稳定市场为主要任务，落实减费让利政策，加大对中小微企业和普惠金融的支持力度，净利差、净息差普遍收窄，整体盈利能力表现一般。随着疫情影响减弱，市场景气度向好，带动证券业务持续高增，财富管理需求扩大，头部券商保持稳定增速；东方财富先发优势明显，充分受益于财富管理市场空间扩容，盈利能力达AAA级。保险业上市公司盈利能力评价结果参差不齐，受制于疫情对于保险等非必需品的需求抑制仍未结束，供需不匹配导致行业整体新单保费增速显著下滑；投资收益表现良好，成为相关企业盈利增长的主要驱动因素。

　　上市公司的成长能力主要通过营业收入同比增长率和分红金额同比增长率等指标来衡量。金融业上市公司的成长能力平均得分为50.26分，评价结果为：A～AAA级13家、B～BBB级24家、CC～CCC级23家。样本企业整体成长性较足。对于城市商业银行而言，优质区域的城市商业银行在良好信

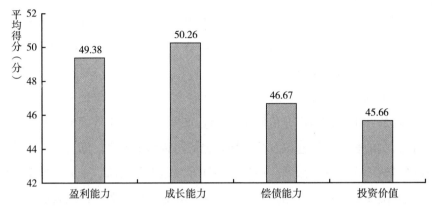

图 12　金融业上市公司经济维度二级指标平均得分分布

用环境和信贷需求下，延续较快扩张态势，量增价稳，实现净利息收入的较快增长。2021 年，证券行业营业收入首次突破 5000 亿元，财富管理规模增长带来的乘数效应带动券商业务规模的不断提升，北京证券交易所建立等多层次市场建设带动券商业绩增长；国联证券以 58.11% 的营收同比增幅位列上市券商之首[①]，获得 AAA 级评价。保险业和大型商业银行体量较大，保持稳健增长，成长性表现不突出。

上市公司的偿债能力主要通过速动比率、流动比率等指标来衡量。本次评价仅对资本市场服务及其他金融业进行偿债能力考察，平均得分为 46.67 分，其中，A~AAA 级 7 家，B~BBB 级 9 家，C~CCC 级 16 家，样本企业整体流动性承压。随着融资融券、FICC 及场外衍生品等重资本型业务的快速发展，证券公司资金需求迅速上升，发债步伐同步加快，负债经营渠道持续拓宽，杠杆水平增长较快，整体资产负债率处于较高水平。在中长期公司债券的陆续到期以及业务资金需求增长的情况下，证券行业整体债务规模亦呈上升趋势。债务规模的逐步加大使其流动性管理难度亦同步增加，股市"黑天鹅"事件、信用风险事件以及债券市场收益率的大幅波动都将持续挑

---

① Wind 数据库。

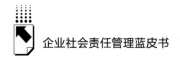

战证券公司的流动性管理能力。

公司的投资价值主要通过市盈率（TTM）和市净率（MRQ）等指标来衡量。金融业上市公司的投资价值平均得分为 45.66 分，评价结果为：A～AAA 级 9 家，均属于邮政业；B～BB 级 19 家，C～CCC 级 32 家。样本企业整体资本市场信心度不高。近年银行业面临监管趋严、存贷款利差收窄、互联网金融的冲击、房地产业信用违约风险拖累、疫情冲击等因素的影响，市场对银行股的长期发展趋势及盈利增长趋势持谨慎的态度。随着大幅取消外资保险经纪公司的准入限制，保险业对外开放迈上新台阶；个人养老金和商业健康保险发展被提升到国家战略高度，[①] 相关企业迎来广阔发展机遇。伴随资本市场试点注册制等各项改革措施的稳步推进，居民财富管理需求不断增长，机构客户的需求渐趋丰富，证券行业在高基数下仍保持高增长，持续向好的基本面数据也为券商行业自身投资价值提升带来了充足动力。

整体而言，2021 年金融业上市公司经济运行稳中有进。金融业是强周期行业，其发展趋势与宏观经济的联系非常紧密，在国内宏观经济下行压力下，相关企业增速放缓；多业务多板块波动互补，金融总量平稳增长，有力支持实体经济发展，对支持市场主体恢复和保持经济运行在合理区间发挥了积极作用。

（三）研究发现3：金融业上市公司环境治理意识领先，绿色金融热度高涨

中国上市公司 ESG 评价的环境维度主要考察企业环境管理、绿色创新、资源能源利用、应对气候变化等信息披露情况。2021 年该行业整体环境维度评价结果为 BB 级，其中，评价最高的为 AA 级 3 家，其余为：A 级 11 家、B～BBB 级 23 家、C～CCC 级 23 家（见图 13）。在国家"双碳"目标的

---

① 2021 年 12 月，中央全面深化改革委员会第二十三次会议，审议通过了《关于推动个人养老金发展的意见》。同年 9 月，国务院发布《"十四五"全民医疗保障规划》，做出了"加快发展商业健康保险"的部署。

指引下，绿色金融①热度高涨，以银行、保险、券商为主体的金融机构通过专项信贷投放、增设专项投融资等手段，向传统产业或战略性新兴产业提供资金支持，助力各行业甚至全社会顺利实现绿色转型。2021 年 7 月，中国人民银行发布《金融机构环境信息披露指南》，加速金融和经济绿色化的进程。在监管机构和资本市场的推动下，金融业上市公司对于业务及自身运营的环境影响日渐重视。

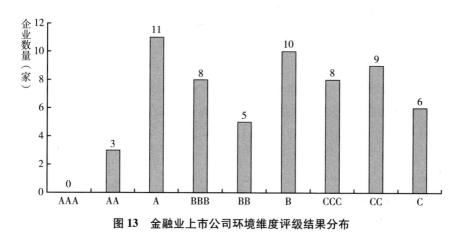

图 13　金融业上市公司环境维度评级结果分布

环境管理指标主要考察上市公司在将环保理念融入公司运营、公司环境影响管理体系建设等方面的信息披露情况。金融业上市公司的环境管理平均得分为 49.98 分（见图 14），评价结果为：A~AAA 级 12 家、B~BBB 级 23 家、CC~CCC 级 25 家。样本企业整体环境管理力度有待加大：30% 的样本企业未披露环境管理相关信息；多数企业仅将环保写入发展理念，尚未制定明确绿色发展路径，只有不到 30% 的样本企业制定环境管理政策、在经营过程中明确纳入环境管理因素，是否落实绿色管理实践成为该指标得分的关键。研究显示，保险业上市公司均未开展与环保意识相匹配的管理行动；大

---

① 绿色金融是指为支持环境改善、应对气候变化和资源节约高效利用的经济活动，即对环保、节能、清洁能源、绿色交通、绿色建筑等领域的项目投融资、项目运营、风险管理等所提供的金融服务。

部分城市商业银行环境管理意识薄弱，仅有重庆银行披露自身环境管理情况。大部分金融业上市公司的环境管理体系建设仍处于起步阶段，相关政策及风险防范机制仍有进一步完善细化空间。

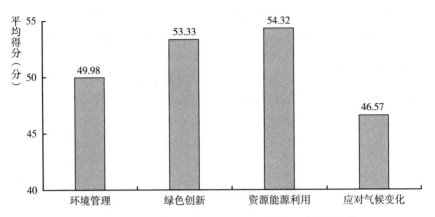

图14　金融业上市公司环境维度二级指标平均得分分布

　　绿色创新指标主要考察上市公司在推进零碳解决方案、投入环境保护的资金资源等方面的信息披露情况。金融业上市公司的绿色创新平均得分为53.33分，评价结果为：AAA级27家、B~BBB级13家、C~CC级20家。样本企业整体表现较为出色。绿色金融是绿色发展的重要支撑，是加速经济绿色低碳转型的巨大动力，同时为金融业带来巨大机遇。大部分金融机构已立足自身特色开发多样化绿色金融产品，我国已经形成了包括绿色贷款、绿色债券、绿色保险、绿色基金、绿色信托等在内的多层次绿色金融体系。但目前国内绿色融资市场以债权类融资为主，绿色基金、绿色信托、绿色保险、碳金融等产品的市场规模较小，新型绿色金融产品的创新性不足。在"双碳"目标的牵引下，该指标相对落后的上市公司尚需紧跟市场需求、发掘绿色业务潜力；金融业上市公司可进一步拓展细分产品，合力推动绿色金融规范化、体系化、创新化发展。

　　资源能源利用指标主要考察上市公司在能源消耗数据、制定节能减排目标等方面的信息披露情况。金融业上市公司的资源能源利用平均得分为54.32分，评价结果为：A~AAA级6家、B~BBB级36家、CCC级18家。

样本企业整体集中于中游。研究显示，大部分金融业上市公司均制定了能耗使用目标，但极少数企业对能源消耗量进行统计。尽管金融机构并非高排放高能耗企业，且能源使用品种及途径较为单一，但其经营活动过程中的办公、差旅等环节的碳排放同样不可小视。金融机构分支机构众多，数据统计面临口径难一致、覆盖难完整、核算难准确等挑战。样本企业中仅有约10%的上市公司披露了综合能源使用量，且数据缺乏连续性。相关上市公司需重视能耗的量化，规范数据的日常统计与管理，加强数据的保存及整理，提高资源能源使用数据的披露质量。

应对气候变化指标主要考察上市公司在识别气候变化风险、应对气候变化等方面的信息披露情况。金融业上市公司的应对气候变化平均得分为46.57 分，评价结果为：A ~ AAA 级 20 家、B ~ BBB 级 8 家、CCC 级 32 家。样本企业整体具有应对气候变化的意识。研究显示，在内部运营层面，大部分金融业上市公司已采取应用节能降耗技术、使用清洁能源等举措，推动自身绿色转型；或受限于数据统计难度，温室气体排放量披露水平并不理想。在外部影响方面，保险业上市公司、国有大型商业银行及股份制银行在应对气候变化的战略制定和气候变化风险管理上领先于其他金融机构。气候风险可以通过物理风险和转型风险两大渠道影响金融部门，并且对金融市场的安全性和稳定性存在较大威胁，金融机构务必及早展开应对气候变化的部署，支撑自身和社会平稳完成低碳转型。

总体而言，2021 年金融业上市公司环境方面关注度持续走高。绿色低碳转型意味着社会经济增长方式的彻底转变，金融机构已深刻意识到自身在"双碳"进程中的重要角色，发挥调节资源配置的功能，通过市场手段引导更多资本投入绿色产业，有力防范气候变化带来的风险。研究表明，金融业上市公司具备前瞻性的气候风险应对意识，但在环境管理方面仍欠缺实施力度。

（四）研究发现4：金融业上市公司普遍重视社会话题，关注社区发展需求

中国上市公司 ESG 评价的社会维度主要考察企业在员工权益与发展、

客户权益保护、社区发展方面的信息披露情况。2021年该行业整体社会维度的评价结果为BB级，其中，评价最高的1家为AAA级，其余为：A～AA级11家、B～BBB级26家、C～CCC级22家（见图15）。作为服务实体经济的行业，金融业与社会发展紧密相连，在支持社会可持续发展方面具有充分的影响力。高质量发展要求金融业不仅是服务于当下具有高回报的行业，还要解决不平衡不充分的问题，相关企业要平衡高经济回报和高社会价值间的关系，更多地关注包括普惠金融、科技金融等在内的社会话题，在实现商业价值的同时通过自身的金融属性去创造社会价值。

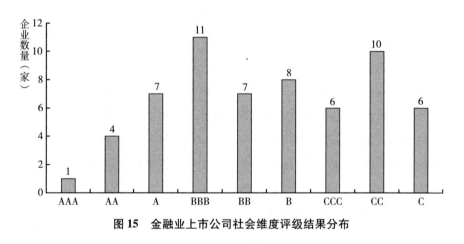

图15　金融业上市公司社会维度评级结果分布

社区发展指标主要考察上市公司在社区参与、社会公益活动等方面的表现。金融业上市公司的社区发展平均得分55.03分（见图16），是社会维度二级指标中的最高得分；其中，A～AAA级19家、B～BBB级22家、C～CCC级19家，样本企业均重视参与社区建设，仅在参与深度与广度上存在差异。城市化、社区化、老龄化已成为我国社会发展不可逆转的潮流，社区和社区集群将成为广大城乡居民和小企业的承载主体。金融机构以金融服务为抓手，利用金融产品广阔的覆盖面融入社区生活，在推广服务的同时延伸服务触角，有效促进社区经济发展、提升社区生活水平、增强社会公平正义。银行作为普惠金融政策的中坚力量，带动欠发达地区经济增长；保险企业落实风险分担功能，近年聚焦健康风险防范和老龄人口的权益保护，同时开发地方特色险种，满足不同发展需要；证券业上市公司精准识别地方发展需求，提供融资服务。

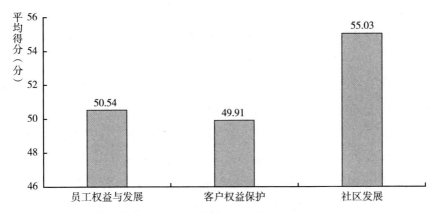

图 16　金融业上市公司社会维度二级指标平均得分分布

客户权益保护指标主要考察上市公司在产品质量管理、客户服务措施等方面的表现。金融业上市公司的客户权益保护平均得分49.91分，其中，A～AAA级5家、B～BBB级27家、C～CCC级28家，样本企业关于客户权益方面的信息披露处于中下水平。研究发现，金融业上市公司普遍重视客户服务质量，但对于产品质量把控有所忽略。样本企业中仅有2家上市公司未披露客户服务措施，其余企业均建立了完整的客户服务管理机制，部分企业对于客户隐私采取了针对性的保护措施，起到了良好的带头作用。在产品创新方面，保险产品对于风险评估要求更高、开发时间较长；而银行业和证券业上市公司在金融科技的助力下具有更低的开发成本、对于市场需求的反应更加灵活，在产品方面获得了更高评价。但仅有少数头部券商和大型银行披露产品质量管理体系，其余上市公司仍需加强产品把关。

员工权益与发展指标主要考察上市公司在员工公平招聘、职业健康安全管理、员工关爱、员工培训投入等方面的表现。金融业上市公司的员工权益与发展平均得分50.54分，其中，A～AAA级18家、B～BBB级16家、C～CCC级26家，样本企业整体劳工资源投入与劳工风险存在一定差距。人力资

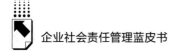

本是金融机构最重要的生产要素之一，瞬息万变的资本市场使金融行业从业人员具有工作强度大、准入门槛高的特点。同时，金融业从业人员除了受劳动法相关的法律法规制约外，还受到金融行业各种监管规定的管制。金融业上市公司普遍重视员工福利，在员工培训方面投入较大，为员工提供了良好的发展环境。尽管相关从业人员未暴露在显性职业病危害环境中，但是企业仍应关注员工超负荷工作、过度劳累、慢性病隐患等职业健康问题，为员工普及相关疾病预防知识，倡导工作与生活的平衡，营造健康可持续的工作氛围。

总体而言，2021年金融业上市公司社会表现良好。金融机构作为经济和社会发展的源头活水，在疫情冲击后的全面复苏中发挥了重要的引导作用。相关上市公司普遍立足社区发展需要，优化客户体验，支持员工发展，以自身业务为抓手，坚持把更多金融资源配置到经济社会发展的重点领域和薄弱环节，实现经济价值与社会价值相统一。

（五）研究发现5：金融业上市公司治理外部监管趋严，仍需压实内控责任

中国上市公司 ESG 评价的公司治理维度主要考察企业在治理层面的组织治理、合规风险管理、ESG 管理、信息披露。2021 年该行业整体治理维度评价结果平均为 B 级，其中评价结果最高的 6 家是 A 级，其余为：B~BBB 级 29 家、C~CCC 级 25 家（见图 17）。金融业是契约密集型、资金密集型产业，金融业务具有高杠杆性和负外部性，需要维护契约执行的良好环境。失效的金融机构公司治理被认为是 2008 年国际金融危机发生的一大原因，规范的公司治理是实现健康可持续发展的必要条件。2021 年，中国银保监会印发《银行保险机构公司治理准则》；随后出台了《银行保险机构董事监事履职评价办法（试行）》、《银行保险机构大股东行为监管办法（试行）》、《银行保险机构关联交易管理办法》（征求意见稿）等相关文件，监管范畴不断扩大。

信息披露指标主要考察上市公司在信息披露渠道、利益相关方参与、负面舆情回应等方面的表现。金融业上市公司的信息披露平均得分 56.58 分（见图 18），其中，A 级 25 家、B~BBB 级 26 家、C~CCC 级 9 家，样本企

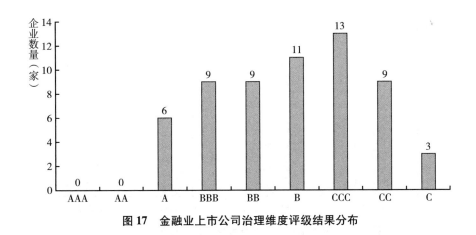

图 17　金融业上市公司治理维度评级结果分布

业整体信息披露情况良好。金融业上市公司对于环境、社会和公司治理情况的信息披露既是衡量其可持续发展水平的重要尺度，也是营造健康和谐资本市场环境的关键措施。作为关系国计民生的高风险行业，行业监管机构、自律组织对金融业也有更为严格的披露要求，树立安全可靠的资产管理者形象、建立高效透明的资本市场，对于增强资本活力同样有着重要意义。研究显示，金融业上市公司普遍重视信息披露环节，畅通多个披露渠道，链接多方利益相关者；样本企业中仅有少数证券业上市公司在利益相关方沟通的覆盖面上稍有不足。随着全球绿色金融发展的不断深入，领先的金融机构已响应监管指引，率先开展气候相关信息披露，推动经济的绿色转型和可持续发展。

组织治理指标主要考察上市公司在董事会多元化、董事会 ESG 管理、股东关系管理、小股东利益保护、反贪污等方面的表现。金融业上市公司的组织治理平均得分 50.56 分，其中，A～AAA 级 14 家、B～BBB 级 24 家、C～CCC 级 22 家，样本企业整体治理水平分层次明显。金融业上市公司经营规模大、业务多元化、关联度高，跨机构、跨市场、跨行业、跨区域经营，容易引起风险交叉传染，经营管理状况的外部溢出性很强，关系到国家金融安全和社会公共利益，公司治理必须予以更高的要求和更严格的规范。研究显示，金融业上市公司均重视公司治理，但实践深度参差不齐，部分公司的治理工作仅处于满足监管要求的合规阶段，对于董事会多元化、推进 ESG

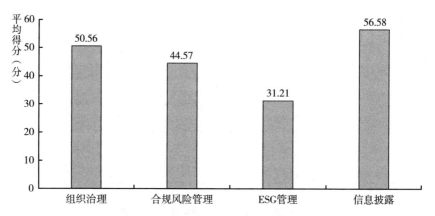

图18 金融业上市公司治理维度二级指标平均得分分布

进程的管理单薄。治理的目标不仅是股东利益的最大化，更是保证所有利益相关者的利益最大化。组织治理不是局限于权力制衡方面，而是必须着眼和确保企业决策的科学化与公正性；不仅需要建立完备有效的公司治理结构，更需要建立行之有效的公司治理机制。

ESG 管理指标主要考察上市公司在 ESG 相关能力提升培训、ESG 治理架构、ESG 或 CSR 专员设置、ESG 或 CSR 绩效管理等方面的表现。金融业上市公司的 ESG 管理平均得分 31.21 分，其中，A~AAA 级 6 家、B~BB 级 12 家、C~CCC 级 44 家，样本企业大部分均未建立完整的 ESG 管理机制。金融机构社会责任表现在很大程度上影响其声誉资本的形成，良好的履责表现对树立公司形象和提高声誉有正面的影响，其经济责任、法律责任、员工责任以及慈善责任对提高企业声誉、降低经营成本、提升长期效益具有显著的正向作用。随着 ESG 在国际社会受重视程度不断增强、国内监管要求日益提升，我国金融机构强化 ESG 管理成为必修课。研究显示，大部分金融业上市公司已建立了基本的 ESG 治理架构，但是缺乏有效的 ESG 事项推进机制；样本企业中仅有 2 家公司设有专岗负责 ESG 工作，仅有 3 家公司将 ESG 纳入绩效管理。相关上市公司仍需进一步压实 ESG 管理责任，全面提升自身运营和业务发展的 ESG 绩效。

合规风险管理指标主要考察上市公司在制定风险防控计划、风险评估、风险监测预警、内控合规等方面的表现。金融业上市公司的合规风险管理平均得分 44.57 分，其中，A~AAA 级 13 家、B~BBB 级 18 家、C~CCC 级 29 家，样本企业整体风险防控仍有提升空间。在金融机构治理发展过程中需要高度注重内外部治理协调发展，坚持治理者定位与被治理者定位并重，健全被动合规与主动风险防控机制。保险行业、证券行业、国有大型商业银行及股份制银行具有长期的风险管理意识与实践基础，合规风控水平整体稳定。但城市商业银行在高速发展的同时积累了大量问题和风险，其合规风险管理工作近年来才在监管部门的要求下逐步得到重视。中国银保监会网站数据显示，截至 2021 年第四季度，城市商业银行平均不良贷款率为 1.90%，高于大型商业银行及股份制银行；资本充足率仅为 13.08%，风险抵补能力不强。部分城市商业银行受区域经济环境和自身历史包袱等拖累，区域性系统性风险隐患尤为突出。尚需健全内控合规管理，持续提升防范化解重大风险能力。

总体而言，2021 年金融业上市公司治理维度表现稳健。在多个监管政策密集发布的压力和长期发展的需求下，金融机构的治理已自觉从"三会一层"的运作扩展到发展战略、股权管理、薪酬激励、内控、风险、合规、关联交易、审计、信息披露、社会责任等多个方面；相关企业已打造完善治理制度体系，正进一步形成规范化的治理机制。

二　金融业上市公司 ESG 评价总结

通过本报告分析，建议金融业上市公司重点关注以下几方面。

一是丰富绿色金融产品供给。发展绿色金融，以金融手段支持和促进生态环境保护和经济增长的绿色低碳转型，是金融机构在环境领域推进 ESG 实践的核心工作。目前，我国已初步建立绿色金融体系的政策框架，绿色金融市场初具规模；但相关产品的总量和种类较为有限，碳金融等产品的市场体量较小，新型绿色金融产品的创新性不足，仍处于发展的初级阶段。资金是实现高碳行业有序转型的关键，对银行而言，支持高碳行业按照全球或区域的气候目标和路径进行有序转型的金融同样是关键着力点。绿色金融产品存在设计流程较烦琐、产品收益周期较长、监管要求较高等特点，金融机构可以结合其他国家的经验有选择地引入合适的绿色金融产品种类，依据我国市场情况和需求进行优化，做到从实际发展状况出发助力可持续发展及现代流通体系的建设。

二是借力金融科技推广普惠服务。金融科技的迅猛发展为普惠金融转型注入了内生动力，信息技术与产业的深度融合成为践行普惠金融、发展数字经济的新引擎，为金融机构捕获客户需求、扩大运营范围和防控风险提供了新的解决方案。借助金融科技促使金融服务触达用户的方式和商业逻辑发生变革，有效提升金融服务的便捷性、精准性、安全性；扩展金融服务的对象群体和辐射半径，进一步实现金融服务惠及大众。另外，利用数字技术优化金融产品风控模型，建立健全数字化风控体系，加强对普惠金融业务全流程、精细化管理，保障普惠金融安全平稳发展。针对不同发展阶段、不同发展需求的人群，制定更有针对性的分级分类的风控策略，进一步降低金融服务成本及潜在风险。相关企业可以充分借力金融科技，弥合数字鸿沟，助力数字经济发展，促进公平与可持续发展。

三是分类健全信息披露标准。当前各类金融机构已开展了不同程度的信息披露实践，我国金融业上市公司的 ESG 信息披露情况在国内处于较高水平。但因尚未建立统一规范的信息披露标准，不同公司信息披露的范围与方法一致性弱，造成深度和广度参差不齐、可比度不高的情况。在绿色转型的大势之下，金融机构自身和业务的环境信息披露透明度要求趋严，投资者对于标准化的信息披露需求日渐增强。相关上市公司尽快形成通用成熟的信息披露标准共识有助于大幅提高行业信息披露质量，增进披露内容对行业利益相关方的价值。基于不同类型金融机构环境信息披露重点、目标及面临的问题存在较大差异，除了遵循《金融机构环境信息披露指南》等监管要求外，企业应进一步参考 GRI、TCFD 等国际主流信息披露标准，分类建立健全信息披露框架，使金融机构的 ESG 信息披露更加系统、完整。

四是深入推进治理能力现代化。当前，国内正处于转变经济发展方式、优化经济结构、推动高质量发展的攻坚克难关键阶段，金融治理体系与治理能力的现代化都是金融对外开放进程中必不可少的一环，完善金融业公司治理对于防范金融系统性风险、防止资产质量加速劣变更具特殊意义。相关上市公司需着力实现股权结构的市场化、法治化突破，强化对股东和实际控制人的穿透管理；厘清政监资关系，推动管理向治理的思维转变；明确金融机构在金融体系内的功能定位和分类，秉持分类治理思维，对不同类型组织建立不同的治理结构、治理机制、治理手段；充分发挥债权人、债务人、监管者、地方政府等利益相关者的监督作用，健全金融治理生态。完善现代金融治理体系，提高金融治理能力，统筹发展和安全两件大事，夯实金融机构持续健康发展的根基。

三　金融业上市公司ESG典型实践案例

案例1：中国平安整合绿色公益资源　提升绿色影响力[①]

2021年，中国平安保险（集团）股份有限公司（以下简称"中国平安"）整合绿色公益资源，发布和运营了国内首只碳中和主题慈善信托。旨在围绕碳中和目标，促进生态文明建设，包括但不限于资助、支持和推广绿色低碳优秀项目；为倡导和普及绿色金融理念，传播组织开展相关领域公益活动；通过物资补贴等多种方式补贴贫困群体使用清洁能源等。中国平安积极响应"双碳"战略、落地平安集团绿色金融发展战略，全力支持国家绿色经济转型和产业链升级，致力于为社会、公众带来更有温度的金融服务。

案例2：建设银行着力"新金融"实践　提升金融服务可得性[②]

建设银行秉持"服务大多数人而不是少数人"的新金融愿景，坚持以人民为中心围绕支持实体经济和促进共同富裕，持续做好顶层设计，完善体制机制，创新金融产品，设立服务专区，不断夯实普惠金融服务能力。

---

① 中国平安保险（集团）股份有限公司《2021可持续发展报告》。
② 中国建设银行股份有限公司《2021年社会责任报告》。

2021年设立"建行惠懂你"平台运营中心，服务小微企业首贷客户超过16万户；走进重点县域，制定综合化金融帮扶方案；下沉服务重心，51万个普惠金融服务点覆盖全国80%的乡镇及行政村。始终以"新金融"思维引导金融资源着力解决发展中不平衡不充分问题和人民群众急难愁盼问题，以"新金融"实践更好地服务实体经济和社会民生。

案例3：重庆银行ESG理念融入运营　领跑城市商业银行①

重庆银行在本次上市公司ESG评价中位列城市商业银行首位，具有相对领先的ESG管理意识。重庆银行在"十四五"规划中明确了"以客户为中心，全力推进服务提升""以创新为引领，全力推进数字转型""以协同为支撑，全力推进特色发展"三大重点任务，将责任理念、跨边界责任管理思维深刻地融入发展运营（见图19），夯实可持续发展的管理之基。在ESG信息披露方面，重庆银行根据香港交易所附录二十七《环境、社会及管治报告指引》，分层面回应ESG议题，展示关键绩效；邀请第三方审计机构对社会责任报告进行鉴证，保证了信息披露的可靠性。

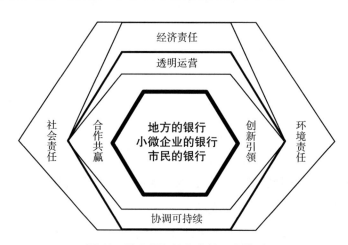

图19　重庆银行社会责任理念模型

————————

① 重庆银行股份有限公司《2021重庆银行社会责任报告》。

B.8
电力、热力、燃气及水生产和供应业上市公司 ESG 评价分析

王海龙　匡子瑞*

摘　要： 本报告主要从经济、社会、环境、治理四个维度，对电力、热力、燃气及水生产和供应业 30 家上市公司信息披露情况与实践水平进行了系统分析。研究发现，电力、热力、燃气及水生产和供应业 ESG 整体水平一般，其中经济和社会维度得分较高，治理维度得分较低，环境维度得分最低。

关键词： ESG 评价　电力、热力、燃气及水生产和供应业　上市公司

电力、热力、燃气及水生产和供应业包括电力、热力生产与供应业，燃气生产与供应业，水的生产与供应业三大行业，在我国国民经济中处于主体地位，扮演着保障能源安全的重要角色，具有产业链长、市场规模大、国有企业与中央企业占比较高等特点。2021 年，随着能源低碳化转型更加深入，增产保供政策持续推进，电力、热力、燃气及水生产和供应业同时面临着转型压力和供需矛盾，其可持续发展能力受到多方关注。按照中国证监会分类标准，本报告主要从上证 180、深证 100、沪深 300、科创 50、明晟中国 A 股国际通指数（MSCI CHINA 200）等 A 股成分股中筛选出共 30 家电力、热力、燃气及水生产和供应业上市公司，占本书中上市公司样本总量（489

---

* 王海龙，北京融智企业社会责任研究院常务副院长，主要从事企业社会责任管理、品牌管理、企业文化、企业公益、党建管理等领域研究；匡子瑞，北京融智企业社会责任研究院研究员，研究方向为电力能源行业社会责任理论与实践。

家）的 6.13%。本报告的信息主要来源于万得（Wind）数据库、Choice 数据库、企业年度报告、社会责任报告和官方网站以及权威组织平台公开披露的样本企业财务信息和非财务信息。本报告重点评价分析 30 家电力、热力、燃气及水生产和供应业上市公司 ESG 实践水平。

2021 年，电力、热力、燃气及水生产和供应业行业上市公司的 ESG 评价指标体系共有经济、社会、环境和治理 4 个评价维度 18 类评价指标 54 项关键评价指标。在此基础上，本报告从行业政策趋势、发展现状、发展特点、面临的风险和发展机遇等方面，增加行业侧重指标和行业风险议题（资源短缺风险、碳排放争议与腐败争议）进行综合评分。ESG 评级结果共分为九级，分别为 AAA、AA、A、BBB、BB、B、CCC、CC、C。本报告通过对 2021 年中国上市公司电力、热力、燃气及水生产和供应业行业 30 家样本企业 ESG 绩效作深入分析，发现，电力、热力、燃气及水生产和供应业 ESG 整体水平一般，其中经济和社会维度得分较高，治理维度得分较低，环境维度得分最低。针对以上问题，对电力、热力、燃气及水生产和供应业提出以下建议：一是在保供背景下兼顾环境影响，将绿色低碳作为长期战略；二是顺应新发展趋势，将社会责任与新兴业务结合；三是加强 ESG 顶层设计，积极参与我国 ESG 体系建设；四是以多元化、智能化、数字化为导向，吸引投资者关注。

一 电力、热力、燃气及水生产和供应业上市公司 ESG 评价研究五大发现

（一）研究发现1：电力、热力、燃气及水生产和供应业上市公司 ESG 整体水平一般，仅1家企业评分 A 级

2021 年，30 家电力、热力、燃气及水生产和供应业上市公司中，1 家企业评级为 A 级，占比为 3.33%；15 家被评为 B ~ BBB 级，占比 50.00%；14 家评级为 C ~ CCC 级，占比 46.67%（见图 1）。可以看出，30 家企业

ESG 整体表现一般，评级结果集中在后半区间。评级最高的企业为中国广核集团有限公司（以下简称"中国广核"），获 A 级。

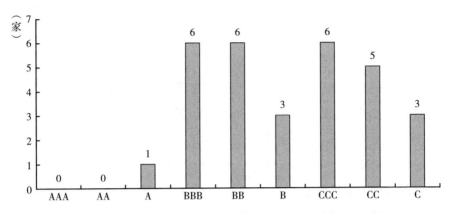

图1 电力、热力、燃气及水生产和供应业上市公司 ESG 评级结果分布

2021 年电力行业经济、环境、社会和治理四个维度的得分中，经济维度平均分最高，为 50.20 分；其次为社会维度 50.02 分；再次为治理维度 42.02 分；环境维度平均分最低，为 38.43 分（见图2）。

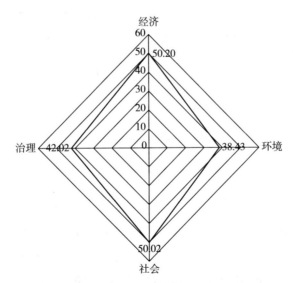

图2 电力、热力、燃气及水生产和供应业上市公司各维度平均得分

总体而言，2021 年电力、热力、燃气及水生产和供应业上市公司 ESG 评价表现一般。经济维度表现没有太大波动，清洁能源和低碳转型是投资和发展的重点；环境维度整体表现在四大维度中最差，能源供需矛盾背景下的低碳转型面临更大的风险与挑战，废弃物排放成为突出问题；社会维度，企业在社区、供应链、员工等方面表现良好，但需要增强对客户权益的保障；治理维度，信息披露表现优异，但 ESG 管理仍处于较低水平。

在电力、热力、燃气及水生产和供应业综合排名前五中，综合评价结果为 A 级的企业有 1 家，BBB 级的企业有 4 家（见表1）。其中，排名前三的企业在经济维度处于中等偏下水平，在环境维度处于中等水平，在社会维度和治理维度处于中等偏上水平。可见，综合评价结果排名靠前的企业也面临经营压力，且在环境管理方面仍有较大提升空间。

表 1　电力、热力、燃气及水生产和供应业上市公司 ESG 评价前五名

排名	股票简称	综合评价	经济维度评价	环境维度评价	社会维度评价	治理维度评价
1	中国广核	A	BB	B	BBB	AA
2	长江电力	BBB	BB	BBB	BB	BB
3	华电国际	BBB	CC	BB	AA	BBB
4	国投电力	BBB	B	B	B	BB
5	上海电力	BBB	CCC	BB	BB	B

（二）研究发现2：电力、热力、燃气及水生产和供应业上市公司经济维度表现稳定，清洁能源发展前景较好

中国上市公司 ESG 评价的经济维度主要考察企业在经营方面的经济绩效，包括盈利能力、成长能力、偿债能力和投资价值。在 30 家电力、热力、燃气及水生产和供应业上市公司研究样本的经济维度评级中，A 级公司 2 家，占比 6.67%；B～BBB 级公司共 21 家，占比 70.00%；C～CCC 级公司 7 家，占比 23.33%（见图3）。

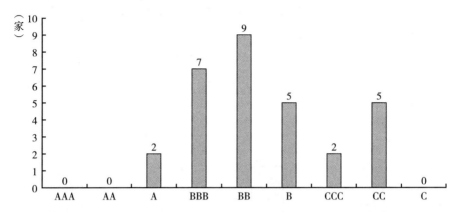

图 3　电力、热力、燃气及水生产和供应业上市公司经济维度评级结果分布

在经济维度二级指标中，盈利能力平均得分最高，为 53.66 分。盈利能力主要通过净利润同比增长率和净资产收益率（ROE）等指标来衡量。根据评级结果，评级为 A 级及以上的上市公司，基本为清洁能源企业或具备清洁能源板块的企业，主要是 2021 年，燃煤价格大幅上涨且屡创历史新高，销售电价上调幅度远低于燃煤价格涨幅，导致火电企业以及大型发电集团的煤电板块整体亏损。相对而言，清洁能源企业以及具备清洁能源板块的企业受影响较小，盈利能力明显较强。

成长能力平均得分为 50.88 分。成长能力主要通过营业收入同比增长率和分红金额同比增长率等指标来衡量。2021 年，电力、热力生产和供应业成长能力整体一般，样本企业中，26 家营业收入实现同比增长，但仅 10 家企业实现分红金额同比增长，未能向广大投资者展现可长期持有的投资价值。

投资价值平均得分为 49.90 分。投资价值主要通过市盈率（TTM）和市净率（MRQ）等指标来衡量。2021 年，电力、热力生产和供应业投资价值整体一般。行业内部，清洁能源企业向装机结构优质且清洁化利用程度较高的火电企业投资，价值相对较高。

偿债能力得分最低，为 49.40 分。偿债能力主要通过速动比率、流动比率等指标来衡量。不同行业的偿债能力具有异质性，电力、热力生产和供应业属于重资产行业，项目投资建设等需求较大，对融资依赖程度较高，但融资渠道单一，以银行为主，导致偿债能力整体不强。2021年，行业项目开发建设的投入持续加大，资产负债水平进一步提高，且仍面临补贴延迟、平价上网及市场化交易等问题，后续仍需关注现金流回流及问题改善进展（见图4）。

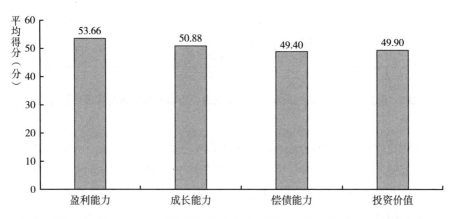

图4　电力、热力、燃气及水生产和供应业上市公司经济维度二级指标平均得分分布

整体而言，2021年电力、热力、燃气及水生产和供应业经济维度表现一般，未与往年有太大差别，但各企业因业务板块不同而差异明显，清洁能源企业以及具备清洁能源业务板块的企业有更好的发展前景和投资价值。

经济维度排名第一的上市公司是中国节能风力发电股份有限公司（以下简称"节能风电"）。2021年，节能风电实现营业收入35.39亿元，同比增长32.68%；利润总额90425.24万元，同比增长17.12%；累计装机容量5151.96兆瓦；资产负债率71.12%。截至2021年底，公司的运营装机容量达到429.42万千瓦，实现上网电量96.37亿千瓦时，平均利用小时数为2369小时，高出全国行业平均水平约123小时。

（三）研究发现3：电力、热力、燃气及水生产和供应业上市公司环境维度表现不佳，保供仍需兼顾转型

中国上市公司ESG评价的环境维度主要考察企业在环境管理、绿色创

新、资源能源利用、废弃物排放、生态环境保护和应对气候变化等方面的信息披露情况。另外，考虑到2021年随着全球经济复苏，能源需求大幅度回弹，叠加恶劣天气、能源市场震荡等因素，本报告将资源短缺风险和碳排放争议作为重点风险议题。

从环境维度评级结果分布来看，评级最高的公司为BBB级别，为长江电力和中国核电工程有限公司（以下简称"中国核电"）；评级B~BBB级企业15家，占比50.00%，C~CCC级企业15家，占比50.00%（见图5）。环境信息披露水平整体较低。

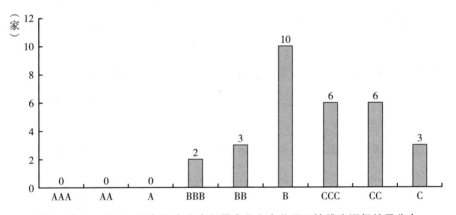

图5　电力、热力、燃气及水生产和供应业上市公司环境维度评级结果分布

环境维度二级指标中，绿色创新平均得分最高，为54.91分（见图6）。该指标主要考察上市公司在能源的生产及消费过程中是否应用清洁能源技术、智慧能源技术，企业在日常运营中是否有相应的环保技术，企业在环境保护方面的资金或资源投入，开展的环境保护、污染防治行为。在近年能源革命和"双碳"大背景下，绿色创新在改变生产工艺、降低治理成本、开发绿色产品以及提高管理效率等方面发挥作用，成为电力、热力、燃气及水生产和供应业实现可持续发展的关键方向，也成为投资者关注的重点。

资源能源利用平均得分次之，为51.72分，该指标主要考察上市公司在综合能源、水资源消耗总量及密度等方面的信息披露情况。一方面，技术创新提高能源综合利用效率的成果逐渐显露；另一方面，电力供需矛盾也凸显

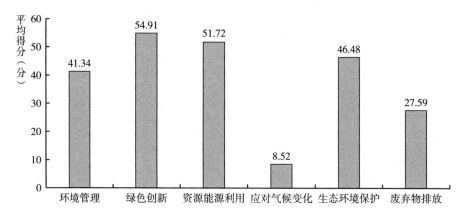

图6　电力、热力、燃气及水生产和供应业上市公司环境维度二级指标平均得分分布

了提升能源效率的紧迫性，倒逼企业进行节能改造和能源再利用。但就数据披露情况来看，消耗量密度统计归口较为单一，披露情况较好，定性披露对于上市公司仍是挑战。

生态环境保护平均得分为46.48分，该指标主要考察上市公司的资源利用效率和生物多样性保护方面的信息披露情况。样本企业因为与资源利用关联度较高，所以回应较好，但近半数企业未披露自身生物多样性保护方面的信息。2021年10月，中共中央办公厅、国务院办公厅印发《关于进一步加强生物多样性保护的意见》，上市公司应提高参与度和重视度。

环境管理平均得分为41.34分，该指标主要考察上市公司在环保理念、环境管理体系、环保技术与环保产品、环保投入等方面的信息披露情况。样本企业中，多数企业在公司使命、价值观和战略中体现了环保管理理念，具备通过国内或国际认证的意识，但尚未形成完整的环境管理体系、树立清晰的环境目标，并针对环境风险制定防范机制。少部分企业尚未披露自身环境管理信息。

废弃物排放平均得分为27.59分，该指标主要考察上市公司有害废弃物和无害废弃物排放密度降低情况，2021年极端天气频繁发生且强度增大，在综合能源消耗量上升的情况下，新能源发电受资源间歇性影响出力不佳，火电成为保障电力可靠供应的主体,导致无害、有害废弃物排放密度整体上升。

应对气候变化平均得分最低,为 8.52 分,该指标主要考察上市公司在识别和应对气候变化风险,以及减少温室气体排放方面的表现。得分较低一是由于前文所述高比例火电带来的温室气体排放密度上升;二是考虑到全国碳市场开启第一个履约周期碳排放权交易,部分企业 2021 年度温室气体实际排放量相关数据涉及商业秘密,未进行公开披露;三是将应对气候变化融入战略并建立起相应的管理机制和政策是一个复杂的过程,需要结合气候情景基础模型、全球或区域气候相关政策标准或目标、行业和宏观经济社会影响、企业的关键生产要素和财务状况等资源或数据进行评估与分析,且国内过去并没有针对性的法规、政策。因此,大多数企业尚需要较长时间进行应对气候变化实践。

(四)研究发现4:电力、热力、燃气及水生产和供应业上市公司社会维度整体较好,客户服务仍待加强

中国上市公司 ESG 评价的社会维度主要考察企业在员工权益与发展、供应链管理、客户权益保护和社区发展等方面的信息披露情况。2021 年,评级 A~AAA 级企业 6 家,占比 20.00%,评级 B~BBB 级企业 14 家,占比 46.67%,C~CCC 级企业 10 家,占比 33.33%(见图7)。

在社会维度的二级指标得分中,供应链管理平均得分最高,为 54.22 分(见图8)。该指标主要考察上市公司在供应商识别与评估、供应链社会与环境风险管理等方面的表现。电力、热力、燃气及水生产和供应业产业链长、环节多、影响广泛,供应链中所有节点企业在经营中都具有自己独特的业务模式,在采购、库存以及销售阶段的模式和行为都存在较大差异,供应商管理、采购规范性等工作都与业务开展和社会声誉息息相关,导致供应链管理一直是该行业上市公司重点关注的领域。就披露情况而言,样本企业在供应链风险管理方面表现较弱,多数企业未设立或未披露自身供应链环境社会风险管理政策。供应链风险管理的不足是当前电力、

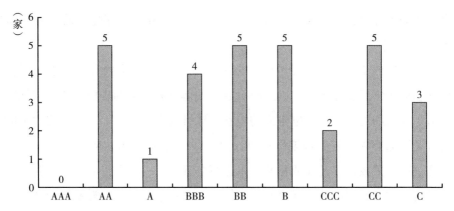

图7　电力、热力、燃气及水生产和供应业上市公司社会维度评级结果分布

热力生产和供应业上市公司尚未将环境与社会要素完全融入自身风险管理中的体现。

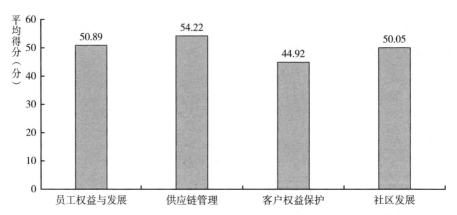

图8　电力、热力、燃气及水生产和供应业上市公司社会维度二级指标平均得分分布

员工权益与发展平均得分50.89分。该指标主要考察上市公司在员工公平招聘、职业健康安全管理、员工培训投入和员工关爱方面的表现。其中，员工培训表现较好，多数样本企业在该方面投入较往年有所提升。职业健康安全管理体系的建立和披露情况，显著弱于其他几项指标。多数样本企业具备员工职业健康安全管理的制度和方法，定性披露较为充分，但尚未建立完善体系并取得国内和国际机构的认证。

社区发展平均得分 50.05 分。该指标主要考察上市公司在社区参与和社会公益活动方面的表现。因央企、国企在电力、热力生产和供应业所占比例较高，所以样本企业广泛参与乡村振兴，并结合自身行业特色开展了助学、捐款、抗灾、环境保护等公益与志愿活动，体现出该行业在助力社区发展方面受政策引导和行业资源影响的两重特征。

客户权益保护得分较低，为 44.92 分。该指标主要考察上市公司客户服务措施的建立和披露情况。在客户权益保护方面，发电企业较少披露客户服务管理、客户隐私保护、服务人员培训等机制以及关注客户满意度、投诉次数等工作。自电力体制改革以来，发电企业直接进入市场，与电力用户直接交易，通过竞争确定电量和价格。但就披露情况而言，发电企业还未能完全树立市场意识和客户意识。

（五）研究发现5：电力、热力、燃气及水生产和供应业上市公司信息披露水平优异，ESG 管理不够健全

中国上市公司 ESG 评价的治理维度主要考察企业在组织治理、合规风险管理、ESG 管理和信息披露等方面的情况，并将腐败争议作为重点风险议题。在 2021 年治理维度中，中国广核是唯一获 A 级以上评级的企业，为 AA 级；B~BBB 级 16 家，占比 53.33%；C~CCC 级 13 家，占比 43.33%（见图9）。

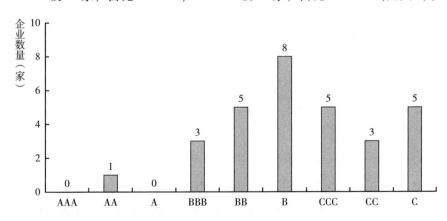

图9 电力、热力、燃气及水生产和供应业上市公司治理维度评级结果分布

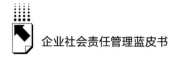

在治理维度的二级指标得分中，信息披露平均得分最高，为 62.18 分（见图 10），该指标主要考察企业在信息披露渠道和利益相关方参与方面的表现和披露情况。样本企业基本建立起了多元的信息渠道，在疫情影响下，仍然保持了与多类型利益相关方的沟通，表现较好。

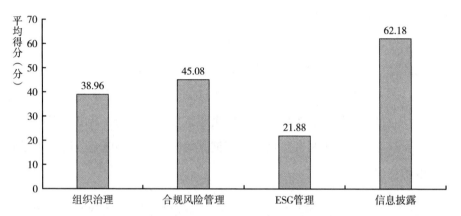

图 10　电力、热力、燃气及水生产和供应业上市公司治理维度二级指标平均得分分布

合规风险管理平均得分 45.08 分，该指标主要考察企业在制定风险防控计划、风险评估、风险监测预警和内控合规方面的表现和披露情况。整体而言，样本企业都具备合规管理的基本体系，但在披露方面多为定性描述，未能体现自身在风险管理中制定的目标、计划、方法与流程，不利于对未来或可能出现的风险进行事前控制。

组织治理平均得分 38.96 分，该指标主要考察企业在董事会多元化、董事会 ESG 管理、股东关系管理、小股东利益保护、反贪污方面的表现和披露情况。董事会 ESG 管理指标的得分显著低于其他指标，意味着样本企业大多未明确 ESG 制度并规定具体部门负责 ESG 日常管理事宜，或未对该事项进行披露，体现出该行业上市公司 ESG 管理缺乏顶层重视。

ESG 管理平均得分 21.88 分，该指标主要考察企业是否建立了 ESG 培训体系、ESG 治理架构、ESG 专员及岗位职责、ESG 或 CSR 绩效管理机制。较低的得分反映出 ESG 的顶层重视不足、ESG 管理体系不够完善、ESG 工作成效尚未得到合理衡量和评价等问题。分析显示，以上问题有几方面原因：首先，在我国电力、热力、燃气及水生产和供应业中，央企和国企占比较高，承担着政治责任，各项工作的开展主要以党的方针政策为引领，而非单纯的资本市场驱动，因此，在顶层设计和管理运作上都与成熟的国际ESG体系存在不同；其次，目前国内对上市公司ESG监管力度和市场反馈都不足，体系化的ESG投资框架和方法论亟待建立并完善，且ESG投资数据库也有待完善和丰富，导致ESG影响力难以量化到投资层面上，难以真正倒逼企业改善ESG管理。

二 电力、热力、燃气及水生产和供应业上市公司ESG评价总结

通过本报告分析，建议电力、热力、燃气及水生产和供应业上市公司重点关注以下几方面。

一是在保供背景下兼顾环境影响，将绿色低碳作为长期战略。ESG中的环境议题与我国"双碳"目标高度契合，也与电力、热力、燃气及水生产和供应业当前的革命性转型方向相适配。但随着能源保供从阶段性转为常态化，电力、热力、燃气及水生产和供应业上市公司面临着能源安全与能源转型之间的矛盾，需要在以下三方面进行提升：战略层面上，上市公司应当读懂国家政策并定制目标，坚定践行绿色发展理念，将绿色低碳转型作为长期的、可持续的战略；管理层面上，应当逐步完善对于环境保护、绿色创新、生态保护和气候变化应对等方面的管理体系，并制定长期明确的目标；技术层面上，应该在以技术创新和精益管理实现自身节能减排的基础上，促进全行业提升资源利用效率，形成"发展和应用经济适用的清洁能源"的能力。

二是顺应新发展趋势，将社会责任与新兴业务结合。随着政策、市场、技术和用户端的变化，电力、热力、燃气及水生产和供应业逐步向综合能源服务转型，上市公司应将传统的供应链、员工、社区发展、客户服务等社会议题与新模式、新场景、新业态相结合，助推全社会经济发展和产业结构调

整，并重视新的利益相关方关系管理，协调好各相关方的利益，优势互补，实现更为广泛的协同优化。

三是加强 ESG 顶层设计，积极参与我国 ESG 体系建设。在具体开展 ESG 实践的同时，电力、热力、燃气及水生产和供应业应从企业战略规划和体制机制层面进一步有效加强 ESG 治理，合理设定企业 ESG 目标，制定实施框架，科学评估 ESG 绩效，找准企业 ESG 管理的有效途径，并与 ESG 监管机构、研究机构、中介机构等加强交流合作，积极参与构建具有中国特色、与国际准则接轨兼容，并具备行业特色的 ESG 信息披露规则、ESG 绩效评价方法和 ESG 投资指引等，为行业 ESG 健康发展、我国 ESG 体系发展贡献力量。

四是以多元化、智能化、数字化为导向，吸引投资者关注。随着新一轮科技革命和产业变革的兴起，以数字化为核心特征、以数据为关键生产要素、以数字技术为驱动力的新型生产方式蓬勃发展。上市公司在生产经营中，需改变传统运行方式，通过引入 5G 通信、大数据、人工智能等新技术，与能源的绿色生产、安全传输与高效应用实现有机融合，提升业务运行水平与效率，对投资者形成长期吸引力。

三 电力、热力、燃气及水生产和供应业上市公司 ESG 典型实践案例

案例 1 上海电力引领低碳创新绿色转型①

上海电力股份有限公司坚持开发与保护并重、经济效益与社会责任并重，加快实施能源革命，大力发展新能源产业。推进生态优先、节约集约、绿色低碳发展，努力降低企业及产业链上下游碳排放，为全球生态文明建设贡献力量。

公司大力推进能源转型，有序推进单一能源向多能源混合电站转型，加

---

① 上海电力股份有限公司《2021 年度可持续发展报告》。

快构建多元化清洁能源供应体系；结合城市环境综合治理、周边企业用能用氢及用碳需求、光伏及海上风电等项目，推动火风光储与生态融合发展。加大新能源产业布局，制订公司战略发展规划，明确"每年新增不少于300万千瓦新能源装机、2024年突破1000万"的发展目标；变革新能源开发体制，整合成立覆盖全国的10家省域公司，加快开拓新能源业务步伐。加快培育新兴产业，建设综合功能站、加氢站、换电站，建设储能、光伏等新兴产业融合业态，深入发展"六新"产业；积极发展氢能产业，多个加氢站项目有序推进，持续服务零碳绿色交通发展。稳步推动低碳管理，积极参与碳交易，通过市场抵消机制，开展碳交易与碳排放配额置换探索，参与绿电绿证市场，建立碳减排指标储备库，创造新能源增值收益并降低公司碳排放履约成本。

案例2　中国广核加强透明沟通[①]

中国广核始终遵循"透明之道"特色公众沟通工作体系，不断创新与运营所在地利益相关方的沟通形式，加强信息公开，开展公众沟通活动，致力与社会各界构建互动互信、和谐友好的关系。

2021年8月7日，中国广核在疫情防控的特殊时期，创新沟通模式，联合国资小新、科普中国、人民网等平台，共同开启第九届"8·7公众云开放"线上体验日直播，带领公众体验核电基地，公布了中国广核核电板块助力"双碳"目标数据里程碑和全国核电行业首份自然资本核算结果，展示了中国广核在应对气候变化、助力"双碳"目标及生物多样性保护等方面的实践。

2021年7月12日，中国广核欧洲能源公司在法国南部Assac风电场举办"从风电场到风车磨坊"主题云开放公众体验活动。电视台主持人、当地250名小学生、Assac市市长以及周边农户一同听取了关于风电场知识和生物多样性保护工作的讲解。活动视频登陆法国第一大电视新闻台BFMTV

---

① 中国广核电力股份有限公司《2021年度环境、社会及管治报告》。

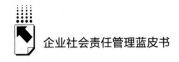

黄金时段，并得到法国当地《巴黎人报》《快报》等主流媒体报道。法国当地旅游局已经将 Assac 风电场纳入当地"工业旅游"推广项目，中国广核也被法国媒体评价"展现出了中国的企业责任担当"。

案例3　华电国际完善社会责任管理推进机制①

华电国际电力股份有限公司在践行企业社会责任的同时，逐步摸索出一套职责分明、上下联动的社会责任管理推进机制，形成了由董事会、战略委员会、高级管理层、牵头部门、各部门及分子公司组成的分级管理体系，充分发挥企业各级对社会责任的管理职能，进一步提升了社会责任管理的系统化和专业化水平。

在社会责任管理体系方面，公司董事会通过下设战略委员会监督和管理本集团 ESG 有关事宜，对本集团 ESG 策略及汇报承担总体责任，同时对评估、排列及管理重要 ESG 相关事宜（包括对本集团业务的风险）负有全面责任。公司战略委员会负责集团 ESG 战略规划、政策制定及目标设定，并适时向董事会汇报，并检查进度。公司高级管理层负责跟进集团 ESG 战略规划、政策及目标的实施进度，同时对集团 ESG 重要性议题进行审议，并适时向战略委员会汇报，积极推动 ESG 与企业经营深度融合。

---

① 华电国际电力股份有限公司《2021 年度社会责任报告（环境、社会及管治报告）》。

B.9

信息传输、软件和信息技术服务业
上市公司 ESG 评价分析

邵晓鸥　吴若菲*

摘　要: 本报告通过对 2021 年中国上市公司信息传输、软件和信息技术服务业 28 家样本企业 ESG 信息披露情况作深入分析,发现样本企业 ESG 信息披露整体表现水平一般,多数企业未关注自身环境影响,环境信息披露严重不足;社会维度未充分围绕产业优势展开深度实践;治理维度整体情况较好,具备打造标杆行业潜力。随着信息传输、软件和信息技术服务业快速发展壮大,ESG 理念对相关企业在经济发展中兼创环境社会价值的指导意义日益凸显,成为打造成熟的可持续发展产业的重要指南针。

关键词: 信息传输、软件和信息技术服务业　ESG　信息披露　可持续发展

　　信息传输、软件和信息技术服务业既是国家战略性新兴产业的重要组成部分,也是关系国民经济和社会发展全局的先导性产业,具有技术更新快、

---

* 邵晓鸥,北京融智企业社会责任研究院院长助理,北京融智企业社会责任研究院可持续发展部部长、中国工业企业社会责任研究智库专家、研究院电力能源行业首席专家,主要从事企业社会责任管理等领域的研究;吴若菲,北京融智企业社会责任研究院副研究员,研究方向为企业 ESG 理论与实践。

应用领域广、渗透能力强等突出特点，对经济社会发展发挥重要支撑和引领作用。同时，信息传输、软件和信息技术服务业也是我国经济转型和产业升级的重要支柱，是信息化和工业化"两化融合"的核心。随着我国经济转型、产业升级进程的不断深入，传统产业的信息化需求被不断激发，信息传输、软件和信息技术服务业的市场规模将持续扩大，应用价值也将更加凸显。

按照中国证监会分类标准，本报告主要从上证180、深证100、沪深300、科创50、明晟中国A股国际通指数（MSCI CHINA 200）等A股成分股中筛选出共28家信息传输、软件和信息技术服务业上市公司，占本书中上市公司样本总量（489家）的5.73%。本报告的信息主要来源于万得（Wind）数据库、Choice数据库、企业年度报告、社会责任报告和官方网站以及权威组织平台公开披露的样本企业财务信息和非财务信息。本报告重点评价分析28家信息传输、软件和信息技术服务业上市公司ESG实践水平。

2021年信息传输、软件和信息技术服务业上市公司的ESG评价指标体系共有经济、社会、环境和治理4个评价维度16类评价指标46项关键评价指标。在此基础上，本报告从信息传输、软件和信息技术服务业政策趋势、发展现状、发展特点、面临的风险和发展机遇等方面，增加"信息安全与隐私保护""网络治理"作为行业侧重指标，设置"员工健康和安全争议""隐私争议"等7个行业风险议题进行综合评分。ESG评级结果共分为九级，分别为AAA、AA、A、BBB、BB、B、CCC、CC、C。本报告通过对2021年中国上市公司信息传输、软件和信息技术服务业28家样本企业ESG绩效作深入分析，发现样本企业ESG信息披露整体表现水平一般，多数企业未关注自身环境影响，环境信息披露严重不足；社会维度未充分围绕产业优势展开深度实践；治理维度整体情况较好，具备打造标杆行业潜力。随着信息传输、软件和信息技术服务业快速发展壮大，ESG理念对相关企业在经济发展中兼创环境社会价值的指导意义日益凸显，成为打造成熟的可持续发展产业的重要指南针。

一 信息传输、软件和信息技术服务业上市公司 ESG 评价研究五大发现

（一）研究发现1：信息传输、软件和信息技术服务业上市公司 ESG 水平参差不齐，多数集中于中下段

2021 年，28 家信息传输、软件和信息技术服务业上市公司中，2 家企业评价结果为 AA 级，占比 7.14%，3 家企业获评 A 级，占比 10.71%；11 家被评为 B ~ BBB 级，占比 39.29%；12 家企业评价结果为 C ~ CCC，占比 42.86%，其中 CCC 级为 7 家（见图 1）。28 家样本企业 ESG 信息披露水平参差不齐，行业平均水平仅为 B 级，反映出信息传输、软件和信息技术服务业上市公司 ESG 发展水平不均衡，多数企业未对环境、社会、治理工作进行系统性规划。行业内企业规模、发展时间差距较大，领先的大型企业可持续发展经验无法被有效复制，中小型上市公司需主动探索 ESG 管理之道。

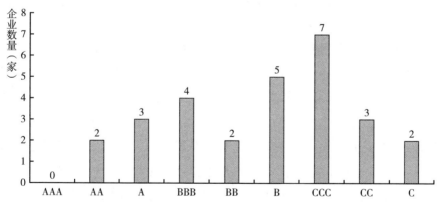

图 1 信息传输、软件和信息技术服务业上市公司 ESG 评级结果分布

2021 年信息传输、软件和信息技术服务业整体 ESG 评价结果显示，该行业环境维度表现仅为 CCC 级，为 ESG 评价四个维度的最低分。经济维度、

社会维度和治理维度均获评 B 级，行业平均水平稍显落后。这反映出信息传输、软件和信息技术服务业经济表现存在一定压力；环境维度关注度不足，信息披露状况不佳；社会维度伴生多重发展风险，尚未形成全面应对策略；治理维度有待进一步开展积极 ESG 管理行动（见图 2）。

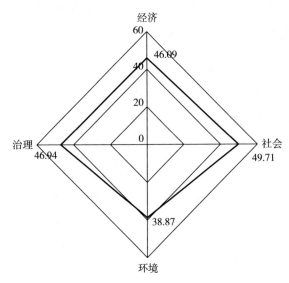

图 2　信息传输、软件和信息技术服务业上市公司各维度平均得分

2021 年，信息传输、软件和信息技术服务业整体 ESG 评价前五名上市公司为中国联合网络通信集团有限公司（以下简称"中国联通"）、国电南瑞科技股份有限公司（以下简称"国电南瑞"）、广联达科技股份有限公司（以下简称"广联达"）、中国电信集团有限公司（以下简称"中国电信"）、远光软件股份有限公司（以下简称"远光软件"）。其中 AA 级上市公司 2 家——中国联通和国电南瑞均长期高度重视可持续发展工作，具有扎实的信息披露基础，分别已连续发布 16 年、10 年社会责任类报告；深入的 ESG 管理实践也有效提升了企业 ESG 绩效，2 家公司在环境、社会、治理维度评价中均名列前茅，形成了领先示范。其他企业同样具有正向的 ESG 管理意识，已采取积极行动并在各个维度取得了排在行业前列的绩效水平，有助于带动行业全面优化环境社会影响，营造践行可持续发展理念的行业氛围（见表 1）。

表 1　信息传输、软件和信息技术服务业上市公司 ESG 评价前五名

排名	股票简称	综合评价	经济维度评价	环境维度评价	社会维度评价	治理维度评价
1	中国联通	AA	CC	A	AAA	A
2	国电南瑞	AA	CCC	AAA	AA	A
3	广联达	A	BB	A	BB	BBB
4	中国电信	A	CC	BBB	AA	A
5	远光软件	A	B	AA	A	B

（二）研究发现2：信息传输、软件和信息技术服务业上市公司短期压力较大，远期发展坡长雪厚

中国上市公司 ESG 评价的经济维度主要考察企业经营方面的经济绩效，包括盈利能力、成长能力、偿债能力及投资价值。在 2021 年的经济维度评级结果中，信息传输、软件和信息技术服务业企业表现整体一般，评价结果为 B 级。其中，评级最高的 AA 级有 1 家，其余为：A 级 3 家、BBB 级 1 家、BB 级 4 家、B 级 8 家、C~CCC 级 11 家（见图3）。进入"十四五"以来，我国数字化转型逐步加快，以 5G、大数据、云计算为代表的新世代技术为数字化、智能化发展提供了坚实的技术基础，相关产业保持快速增长。软件行业属于资本和技术密集型行业，企业发展有赖于持续较大规模的研发投入。从研究结果可以看出，技术更新加速带来的研发投入上升对信息传输、软件和信息技术服务业上市公司短期经济表现产生了一定压力。

上市公司的盈利能力主要通过净利润同比增长率和净资产收益率（ROE）等指标来衡量。信息传输、软件和信息技术服务业上市公司的盈利能力平均得分为 46.40 分（见图4），评价结果为：AAA 级 2 家、B~BBB 级 14 家、C~CCC 级 12 家。2021 年，受益于全球缺芯潮叠加的芯片涨价潮，样本企业中晶丰明源和晶晨股份实现较大增长，盈利能力获评 AAA 级。信息服务业近年来市场规模不断扩大，但目前我国软件企业普遍缺乏核心技术，产品同质化严重，相关企业数量不断增加，行业内部竞争日趋激烈。同

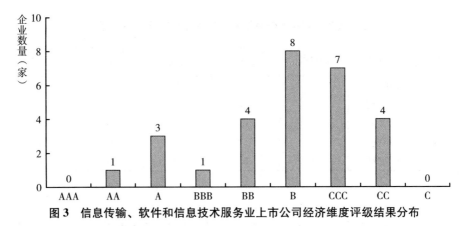

图3　信息传输、软件和信息技术服务业上市公司经济维度评级结果分布

时信息传输、软件和信息技术服务业企业面临较大的技术更替风险，随着新一代信息技术涌现，相关企业研发经费投入呈持续上升趋势，行业整体盈利能力相对较弱。

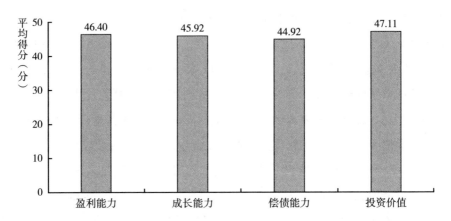

图4　信息传输、软件和信息技术服务业上市公司经济维度
二级指标平均得分分布

　　上市公司的成长能力主要通过营业收入同比增长率和分红金额同比增长率等指标来衡量。信息传输、软件和信息技术服务业上市公司的成长能力平均得分为45.92分，评价结果为：AA～AAA级3家，B～BBB级11家，C～CCC级14家。2021年，我国软件业务收入保持较快增长，同比增长 17.7%。[①] 但是我国信息传输、软件和信息技术服务业企业发展时间尚短，且基本集中于应用型软件服务领域，企业总体规模较小；同时相关企业主要所处的应用层面软件开发的技术实现难度相对较低，尚未形成技术壁垒，仍需要长期持续的研发投入和规模扩张，造成了"增收不增利"的局面。

上市公司的偿债能力主要通过速动比率、流动比率等指标来衡量。信息传输、软件和信息技术服务业上市公司的偿债能力平均得分为 44.92 分，评价结果为：A~AAA 级 5 家，B~BBB 级 6 家，CC~CCC 级 17 家。信息传输、软件和信息技术服务业属于典型的轻资产行业，可抵押资产较少，融资弹性较弱，样本企业负债以短期借款和经营性负债为主。同时因软件产品开发周期和结算周期相对较长，行业内企业的应收款项和存货等占款相对较多，且随着业务规模的扩大而不断上升，加之回款主要集中在第四季度，存在显著的季节性波动，导致行业内企业普遍存在一定的营运资金周转压力。

上市公司的投资价值主要通过市盈率（TTM）和市净率（MRQ）等指标来衡量。信息传输、软件和信息技术服务业上市公司的投资价值平均得分为 47.11 分，评价结果为：A~AAA 级 5 家，B~BBB 级 10 家，CC~CCC 级 13 家。2021 年 11 月，工信部印发《"十四五"软件和信息技术服务业发展规划》，为推动软件产业做大做强提供政策支撑。随着经济转型、产业升级进程的不断深入，传统产业的信息化需求仍将会不断增加，加之中美贸易摩擦引发的自主可控软硬件的国产替代需求，未来市场空间仍十分广阔。但目前国内企业普遍偏弱且缺乏核心竞争力，短期内投资者仍处于观望状态。

总体而言，2021 年，信息传输、软件和信息技术服务业经济稳步增长、前景可观。数字经济以及信息化发展进入快车道，产业数字化转型步伐加快，拉动行业需求不断增长，驱动了相关行业快速发展。但再融资能力弱、研发投入大、营业周期长等特点对处于快速增长期的信息服务企业发展仍将产生较大压力，相关上市公司需进一步打破增长"天花板"。

---

① 工业和信息化部：《2021 年软件和信息技术服务业统计公报》。

（三）研究发现3：信息传输、软件和信息技术服务业上市公司环保意识不足，有待把握绿色机遇

中国上市公司 ESG 评价的环境维度主要考察企业环境管理、绿色创新、资源能源利用、应对气候变化等信息披露情况。2021 年信息传输、软件和信息技术服务业上市公司的环境维度评价结果为 CCC 级，处于 ESG 评价四个维度中的落后位置。其中，A~AAA 级 5 家，B~BBB 级 6 家，C~CCC 级 17 家（见图5）。信息传输、软件和信息技术服务业相较其他行业对自然环境的影响较小，属于低能耗、低污染企业。基于较小的环境影响特性，有关部门对于该行业企业的环境监管力度较小，企业进一步优化环境绩效的着力点较少，与业务关联性不强。研究发现，相关上市公司整体环保意识不足，环境维度的信息披露水平落后于其他行业。

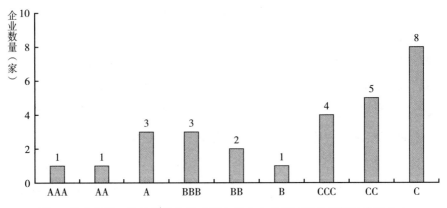

图 5　信息传输、软件和信息技术服务业上市公司环境维度评级结果分布

环境管理指标主要考察上市公司在将环保理念融入公司运营、公司环境影响管理体系建设等方面的信息披露情况，信息传输、软件和信息技术服务业上市公司的环境管理平均得分为 48.27 分（见图6），评价结果为：AAA 级 10 家，B~BB 级 7 家，C 级 11 家，两极分化明显。研究发现，大部分上市公司均有进行环境管理相关动作，包括进行环境管理体系认证、制定公司环保政策、制定环境风险防范机制等，但鲜有企业制定完备的环境管理方

案，各个公司环境管理水平参差不齐，管理体系完整度存在较大差异；仅有小部分样本企业将环境保护理念融入企业使命或价值观中。可见相关企业未将环保视作影响发展的重要因素，多为零散的碎片式行动，缺乏整体环境影响评估和系统性统筹管理。

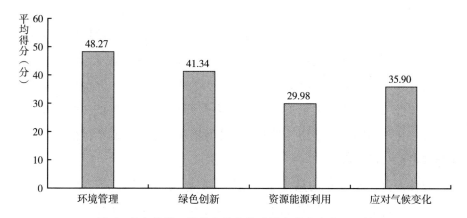

**图 6 信息传输、软件和信息技术服务业上市公司环境
维度二级指标平均得分分布**

绿色创新指标主要考察上市公司在推进零碳解决方案、投入环境保护方面的资金资源等信息披露情况，信息传输、软件和信息技术服务业上市公司的绿色创新平均得分为 41.34 分。《中华人民共和国国民经济和社会发展第十四个五年规划和 2035 年远景目标纲要》明确提出，进一步将数字经济等要素作为实现碳中和目标的关键支柱，深化生产制造过程的数字化应用，赋能绿色制造。研究结果显示，已有部分信息传输、软件和信息技术服务业把握绿色创新机遇，开发绿色低碳相关信息产品和服务，赋能各行各业提质增效，优化环境。

应对气候变化指标主要考察上市公司在识别气候变化风险、应对气候变化等方面的信息披露情况，信息传输、软件和信息技术服务业上市公司的应对气候变化平均得分为 35.90 分。立足于服务业的本质，信息传输、软件和信息技术服务业上市公司的碳排放主要集中于范围二、范围三，相关企业往往忽略自身应对气候变化的关键作用。样本企业中，不到半数的企业将应对

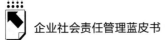

气候变化融入发展战略，仅有 25% 的企业开展关于气候变化风险的识别和管理，且过程较为简单粗糙；相关企业应对气候变化危机的意识和行动均有待加强。

资源能源利用指标主要考察上市公司在能源消耗数据、制定节能减排目标等方面的信息披露情况，信息传输、软件和信息技术服务业上市公司的资源能源利用平均得分为 29.98 分，为环境维度下最低得分。信息技术行业的能源消耗主要来自电力消耗，随着其他行业对数字化服务需求的增加，信息技术行业在电力方面的能源消耗也有较为明显的增长趋势。大部分样本企业仅披露零散节能措施，未提出明确的能源使用目标及节能路径；同时或受限于统计口径不清晰、数据统计难度大，能源消耗量数据披露率极低，造成该指标普遍低分的情况。

总体而言，2021 年信息传输、软件和信息技术服务业环境绩效水平较低。尽管该行业企业并无较大的环境污染影响，但其在电力能源的消耗、水资源的使用、人员的办公与差旅等方面的环境影响同样具有优化潜力。在算力需求的高速增长下，相关企业需意识到自身绿色运营的重要性；同时把握绿色发展机遇，发挥业务优势赋能上下游产业减少环境影响。

（四）研究发现4：信息传输、软件和信息技术服务业上市公司社会风险重重，ESG 有效预先控制

中国上市公司 ESG 评价的社会维度主要考察企业在员工权益与发展、供应链管理、客户权益保护、社区发展方面的信息披露情况。2021 年，信息传输、软件和信息技术服务业社会维度的评价结果为 B 级，其中，评价最优的 1 家为 AAA 级，其余为 A~AA 级 5 家、B~BBB 级 10 家、C~CCC 级 12 家（见图 7）。我国信息传输、软件和信息技术服务业起步较迟、发展步伐较快，面对数字经济而来的信息安全风险、人才稀缺风险、网络环境风险等多重新兴挑战，尚未形成成熟的应对体系。相关企业务必握好信息技术"双刃剑"，兼顾快速发展与社会和谐。

客户权益保护指标主要考察上市公司在产品质量管理、客户服务措施等

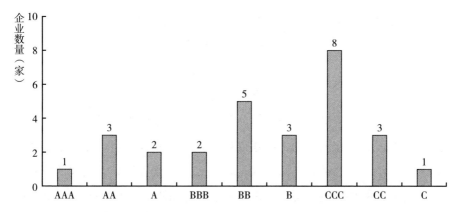

图7 信息传输、软件和信息技术服务业上市公司社会维度评级结果分布

方面的表现。信息传输、软件和信息技术服务业上市公司的客户权益保护平均得分 56. 29 分（见图 8），可以看出该行业企业高度重视客户权益保护，大力优化服务体验。随着大数据技术的迅速发展和数据应用场景的不断拓展，数据的重要性日益凸显，信息安全与隐私保护成为信息业最关键、最具有风险的客户服务议题。2021 年 9 月，我国颁布了《中华人民共和国数据安全法》。日渐完善的隐私和数据保护监管制度使相关企业已充分认识到数据管理的重要性，样本企业中仅有 1 家上市公司未对客户数据安全相关制度

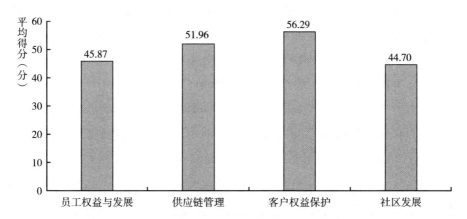

图8 信息传输、软件和信息技术服务业上市公司社会维度
二级指标平均得分分布

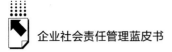

和举措进行披露，绝大部分企业均通过建立数据管理体系、定期进行数据安全评估、加强信息安全培训等手段确保数据合规。

供应链管理指标主要考察上市公司在供应商识别与评估、供应链社会与环境社会风险管理、客户服务等方面的表现，信息传输、软件和信息技术服务业上市公司的供应链管理平均得分 51.96 分。基于信息传输媒介，该行业产品应用和服务产业链条上下游指向性不强，与硬件制造、运行紧密相关，涉及领域广泛，产业链条之间相互交织；故供应链管理具有很大的覆盖面，推动该行业开展供应链管理具有带动多个产业高质量发展的意义。同时基于产品生命周期较长的特点，供应链风险始终是该行业关注的重点话题，样本企业中仅有 2 家企业未披露供应商识别与评估机制。如何进一步在供应链优化中纳入环境社会因素，仅有小部分企业展开初步探索。

员工权益与发展指标主要考察上市公司在员工公平招聘、职业健康安全管理、员工关爱、员工培训投入等方面的表现，信息传输、软件和信息技术服务业上市公司的员工权益与发展平均得分 45.87 分。信息技术具有知识密集型产业的特点，我国信息技术行业人才市场总体供不应求。研究显示，样本企业普遍重视员工福利及关爱体系搭建，以吸引优质人才；但对职业健康安全管理较为忽视。由于该行业工作内容复杂、工作岗位随着市场需求不断变化，企业无法对知识劳动进行完全标准化的管理。在技术快速更迭的发展压力下，企业为了激励劳动者更高效地发挥自主性，往往采取"优胜劣汰"的策略制造并不断激化内部竞争，使员工处于持续提高劳动效率的状态，造成了职业健康管理与员工压力不平衡的风险。

社区发展指标主要考察上市公司在社区参与、社会公益活动等方面的表现，信息传输、软件和信息技术服务业上市公司的社区发展平均得分为 44.70 分，其中，A~AAA 级 6 家，B~BBB 级 8 家，C~CCC 级 14 家，行业整体实践水平落后。以中国联通、中国电信为代表的通信业企业作为社区基础性服务商，始终重视社区沟通，关注社区发展需求，在该指标下取得了 AAA 级。其余技术服务企业或出于敏感性考虑，业务方面协助社区建设的信息披露较少，以披露慈善捐助、公益志愿等活动为主。作为数字信息社会的参与者，营造友好健康的网络环境同样是信息业上市公司的重要社会议题，样本企业中仅有 8 家企业制定相关政策、进行相关科普宣传，网络环境治理仍需更多企业参与。

总体而言，信息传输、软件和信息技术服务业上市公司社会维度面临多重挑战，数据安全、劳工争议等新生议题随着产业发展成熟而日渐完善。作为年轻的新时代服务业，相关企业在壮大自身实力的同时需同步推进社会责任履责实践，立足信息的便捷流动性，发挥数字技术的提质增效工具作用，积极承担服务国计民生及各利益相关方的责任，实现社会层面的信息价值最大化。

（五）研究发现5：信息传输、软件和信息技术服务业上市公司治理水平较高，有望形成行业优势

中国上市公司 ESG 评价的公司治理维度主要考察企业在管治层面的组织治理、合规风险管理、ESG 管理、信息披露。2021 年治理维度评级结果为 B 级，其中，评级最高的有 3 家企业为 A 级，其余分别为：BBB 级 5 家，BB 级 3 家，B 级 5 家，CCC 级 7 家，CC 级 5 家（见图9）。信息传输、软件和信息技术服务业上市公司是现代新兴产业，多数企业成立于相对完备成熟的上市公司监管之下，具备扎实的公司治理基础。优势企业有望将公司治理与信息技术相融合，打造新时代企业治理模型。

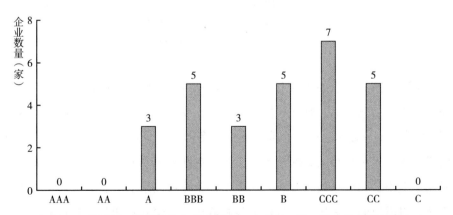

图9 信息传输、软件和信息技术服务业上市公司治理维度评级结果分布

治理维度二级指标中的组织治理指标主要考察上市公司在董事会多元化、董事会 ESG 管理、股东关系管理、小股东利益保护、反贪污等方面的表现。信息传输、软件和信息技术服务业上市公司的组织治理平均得分56.92 分（见图10）。董事会多元化对于新兴业态的发展、成熟至关重要，多元化的视角有助于上市公司迅速把握变化的市场动向，多元化的专业背景有助于信息技术与传统产业接轨，多元化的年龄和性别有助于企业与不同客户群体对话。80%的样本企业已发布支持董事会多元化声明，为快速发展的信息业应对多元化的风险和机遇提供支持。同时，将 ESG 因素纳入考量的董事会能更好地应对复杂的社会环境风险，但信息传输、软件和信息技术服务业上市公司董事会对 ESG 议题的讨论程度仍具有较大深化空间。

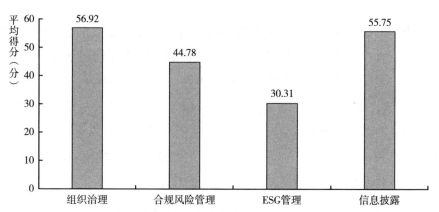

**图10　信息传输、软件和信息技术服务业上市公司治理维度
二级指标平均得分分布**

信息披露指标主要考察上市公司在信息披露渠道、利益相关方参与等方面的表现，信息传输、软件和信息技术服务业上市公司的信息披露平均得分55.75 分。研究显示，样本企业均建立了多样化信息披露渠道，与客户、投资者、政府等利益相关方保持沟通，及时更新公司动向。在该行业企业均较好满足上市公司信息披露要求的前提下，企业可以采取更加积极主动的沟通策略，以解决问题为导向，与社会各利益相关方建立更加紧密的联系，挖掘更多的市场机遇，创造更多的双向价值。

合规风险管理指标主要考察上市公司在制定风险防控计划、风险评估、风险监测预警、内控合规等方面的表现。信息传输、软件和信息技术服务业上市公司的合规风险管理平均得分 44.78 分,其中,A～AAA 级 7 家,B～BBB 级 6 家,C～CCC 级 15 家。在按照法律法规和规范性文件要求完善公司治理结构的基础上,超过半数的信息传输、软件和信息技术服务业上市公司已进一步强化合规管理体系和风险防控体系建设。获评 AAA 级的中国联通和国网南瑞较其他样本企业已进行了相对全面的风险类型识别,并制定了相应的风险控制计划与工作流程,有效强化了企业应对风险的韧性。

ESG 管理指标主要考察上市公司在 ESG 相关能力提升培训、ESG 治理架构、ESG 或 CSR 专员设置、ESG 或 CSR 绩效管理等方面的表现。信息传输、软件和信息技术服务业上市公司的 ESG 管理平均得分 30.31 分,其中获评 C 级的企业 12 家。尽管样本企业中不乏 ESG 管理体系完善且运转良好的绩优企业,但仍有近半数上市公司 ESG 管理信息披露空白或仅有不知虚实的管理架构;仅有 3 家上市公司建立了 ESG 工作的评价机制。相关企业在 ESG 治理方面仍缺乏专业化、系统化的管理意识,ESG 管理未很好地融入企业经营过程,未发挥促进可持续发展作用。

总体而言,信息传输、软件和信息技术服务业上市公司治理维度整体水平较好。积极推动建立现代企业制度,并通过有效的公司治理、信息披露与利益相关方共同创造长期可持续价值。在充分满足合规要求的基础上,部分企业 ESG 管理的意识与方法有待进一步与公司运营融合深化;领先企业可以进一步立足行业优势,形成具有行业特征的治理标杆。

二 信息传输、软件和信息技术服务业上市公司 ESG 评价总结

通过本报告分析,建议信息传输、软件和信息技术服务业上市公司重点关注以下几方面。

一是强化环境管理意识。信息传输、软件和信息技术服务业上市公司作

为非污染型企业，其环保板块往往是社会公众的视野盲区，造成相关企业环境管理意识淡薄。随着产业规模扩大，在海量数据的处理、存储、传输过程中产生的电力消耗仍在快速上升，并引起温室气体排放量增加。建议行业企业全面重视环境层面的影响和信息披露，采取有力的行动强化环境绩效，包括检测自身排放数据、加快绿色算力发展、提高能源管理效率、增加可再生能源利用。同时信息传输、软件和信息技术服务业企业作为价值链上的关键决策者，可充分利用自身的影响力和资源来推动气候友好型产业链，将 ESG 因素融入供应商的筛选标准和管理程序中，有效规避绿色风险。

二是把握绿色创新机遇。数字技术在企业对碳排放数据的精准采集与可视化分析等方面的应用，对加速供给端减排、减少消费端碳排放和实现城市生活场景节能减排等方面的重要性日益凸显。全球推进可持续发展机构研究显示，仅仅通过部署数字化技术就可以每年减少 1~2.1 千兆吨二氧化碳当量（$GtCO_2e$）的排放量[①]。数字化转型已然成为驱动产业优化升级以及实现绿色高质量发展的重要抓手。建议行业企业联动下游产业，立足信息化技术优势，积极发掘节能减排着力点，推动互联网、大数据、人工智能、5G 等新兴技术与各行业加速融合，开发绿色产品助力全产业链绿色发展。

三是重视多重社会风险防范。随着信息化时代的到来，社会公众逐步聚焦劳工健康争议、数据安全与隐私保护争议、知识产权争议等 ESG 社会项风险，但尚未形成统一有力的防控对策。信息传输、软件和信息技术服务业上市公司务必及早开展全面风险识别，完善风险防控体系，增强企业可持续竞争力。如建立合规有序的劳动关系管理体系有利于维护和谐健康的劳动关系，在人才紧缺的环境下提高企业对人才的吸引力，提高员工队伍的稳定性；加强数据安全保护有利于保障客户隐私权益、提高企业的业务可靠度与市场信赖度、提高品牌形象的认可度。

四是深化全面 ESG 治理进程。我国信息传输、软件和信息技术服务业

---

① 全球电子可持续发展倡议组织（GeSI）：《气候行动数字化解决方案：利用 ICT 提高中低收入国家气候行动的信心》。

仍处于飞速发展阶段，新一代信息技术产业规模不断扩大，众多中小型企业在创新浪潮中涌现，ESG 在企业发展壮大的过程中规避潜在风险、引导多维竞争力的重要作用日益凸显。目前，业内龙头企业虽已具备完整 ESG 管理体系、打造 ESG 领先样板，但受限于企业规模和技术类型差异，不具备广泛复制性。相关企业在已满足合法合规要求的基础上可进一步深化 ESG 治理，在可持续发展理念的指引下识别与自身密切相关的环境、社会、治理议题，将 ESG 管理融入企业日常运营，形成具有企业特征的可持续发展竞争力。

三 信息传输、软件和信息技术服务业上市公司 ESG 典型实践案例

案例1：国电南瑞积极应对气候变化 推动全能源价值链绿色发展[①]

国电南瑞科技股份有限公司围绕"双碳"目标，从技术引领、理论贡献、先行实践三个方面积极应对气候变化。技术层面加大"双高""双峰"电力系统技术攻关和装备研制，加快核心器件自主化、电网安全稳定、调度控制、清洁能源消纳等技术突破，支撑电网转型升级；理论层面深化能源的信息物理社会系统（CPSSE）框架研究，提出能源低碳转型发展的研究方法，加大跨领域多学科交叉融合研究，加强源头创新；实践层面拓展电能替代广度和深度，加大节能减排和能效提升技术推广应用，多路径主动推进低碳绿色循环发展，服务能源消费电气化。立足电力能源主业，三管齐下支撑能源低碳转型。

案例2：中国联通深化通信普惠服务 助力特殊群体共享信息环境[②]

中国联合网络通信集团有限公司持续推进助老助残各类优惠政策和服务

---

① 国电南瑞科技股份有限公司《2021 年可持续发展报告》。
② 中国联合网络通信集团有限公司《2021 年社会责任报告》。

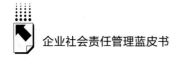

措施落地实施，努力为特殊群体的生活和工作创造良好的信息环境，为特殊群体办实事。开展"暖心"助老服务，营业厅设置老年人爱心通道、推出中国联通App"关怀版"；全国营业厅已组织设立 2100 个智慧助老服务中心，便捷热线已为老人提供超过 1400 万次服务；线下助老活动已举办 4.2万场次，参与人数达 38 万人次，助力老年人跨越数字鸿沟。同时关注残障人士的通信服务需求，打造首款听障人士专属的无障碍通信产品"联通畅听王卡"，实现文字、语音的实时转换，帮助听障人士实现无障碍通话交流；与中国聋人协会携手合作，合计开展 7 场暖心助残手语直播，同步创作35 条助残类通信知识视频，着力于解决残障人士的服务痛点问题。

案例 3：远光软件信息披露完整翔实　充分彰显沟通主动性

远光软件股份有限公司高度重视 ESG 信息披露，《远光软件股份有限公司 2021 年环境、社会及治理（ESG）报告》（以下简称《报告》），经中国企业公众透明度研究中心社会责任报告评级专家委员会评定为 AA 级报告。《报告》详细披露公司识别与筛选的主要利益相关方群体，阐述关键利益相关方参与过程、方法，在报告写作、设计、评价发布等过程引入社会责任、可持续发展领域专家意见。《报告》全面阐述了公司在实质性议题方面的实践情况，不仅披露企业优秀履责实践，还使用定性定量结合的方式披露报告期内企业面对的主要挑战和消极表现并加以回应，《报告》客观平衡性表现卓越，为利益相关方了解公司的履责情况建立了全面真实的渠道。

B.10
交通运输、仓储和邮政业
上市公司 ESG 评价分析

邵晓鸥 吴若菲*

摘　要： 本报告通过对交通运输、仓储和邮政业中国上市公司中 13 家样本企业 2021 年 ESG 信息披露情况作深入分析，发现样本企业 ESG 信息披露整体表现为中等偏下水平，环境维度评价综合得分尤为落后。随着全面建设社会主义现代化国家、建设交通强国进程的深入，监管层面对于交通运输、仓储和邮政业上市公司的环境、社会绩效要求日趋明确，相关上市公司务必重视绿色转型发展、拓展社会影响广度、增强应对风险韧性，形成可持续发展的内生动力。

关键词： 交通运输、仓储和邮政业　ESG　上市公司　可持续发展

交通运输、仓储和邮政业是国民经济中重要的服务性行业，是服务于产品流通过程的特殊且关键的物质生产部门，各国、各地区间的生产活动与经济联系依靠交通运输网络才能得以实现。2021 年，国务院发布《综合运输服务"十四五"发展规划》，提出加快建设便捷顺畅、经济高效、开放共享、绿色智能、安全可靠的现代综合运输服务体系。可见，作为化石燃料消

---

* 邵晓鸥，北京融智企业社会责任研究院院长助理、北京融智企业社会责任研究院可持续发展部部长，中国工业企业社会责任研究智库专家、研究院电力能源行业首席专家，主要从事企业社会责任管理等领域的研究；吴若菲，北京融智企业社会责任研究院副研究员，研究方向为企业 ESG 理论与实践。

费的重点领域及社会的基础建设关键环节，交通运输、仓储和邮政业的发展目标与企业 ESG 议题高度重叠，相关企业需要关注自身的环境、社会、治理水平，实现企业、行业和社会的和谐可持续发展。

按照中国证监会分类标准，本报告主要从上证 180、深证 100、沪深 300、科创 50、明晟中国 A 股国际通指数（MSCI CHINA 200）等 A 股成分股中筛选出共 13 家交通运输、仓储和邮政业上市公司，占本书上市公司样本总量（489 家）的 2.66%。本报告的信息主要来源于万得（Wind）数据库、Choice 数据库、企业年度报告、社会责任报告和官方网站以及权威组织平台公开披露的样本企业财务信息和非财务信息。本报告重点评价分析 13 家交通运输、仓储和邮政业上市公司 ESG 实践水平。

2021 年交通运输、仓储和邮政业上市公司的 ESG 评价指标体系共有经济、社会、环境和治理 4 个评价维度 16 类评价指标 50 项关键评价指标。在此基础上，本报告从交通运输、仓储和邮政业政策趋势、发展现状、发展特点、面临的风险和发展机遇等方面，增加"零碳技术"作为行业侧重指标，设置"碳排放争议""客户投诉风险"等 3 个行业风险议题进行综合评分。ESG 评价结果共分为九级，分别为 AAA、AA、A、BBB、BB、B、CCC、CC、C。本报告通过对 13 家样本企业 ESG 绩效作深入分析，发现样本企业 ESG 信息披露整体表现为中等偏下水平，环境维度评价综合得分尤为落后。随着全面建设社会主义现代化国家、建设交通强国进程的深入，监管层面对于交通运输、仓储和邮政业上市公司的环境、社会绩效要求日趋明确，相关企业务必重视自身 ESG 管理，形成可持续发展的内生动力。

一　交通运输、仓储和邮政业上市公司 ESG 评价研究五大发现

（一）研究发现1：交通运输、仓储和邮政业上市公司 ESG 整体表现欠佳，行业平均仅为 B 级

2021 年 13 家交通运输、仓储和邮政业上市公司中，2 家企业获评 A 级，

占比为 15.38%；6 家被评为 B~BBB 级，占比 46.15%；5 家企业评价结果处于 C~CCC 级，占比为 38.46%（见图 1）。13 家样本企业 ESG 整体处于中等偏下水平，未形成标杆企业引领效应，多数企业集中于中下游，尾部企业数量较多。这反映出部分交通运输、仓储和邮政业上市公司在经济、环境、社会、治理四个维度中的表现均有所欠缺，ESG 相关议题管理意识不足。已开展 ESG 工作的上市公司对于行业重点议题缺乏有效的回应及积极的行动，存在明显的短板，造成行业领先企业集中于 BB~A 级、无法取得突出成绩的局面。

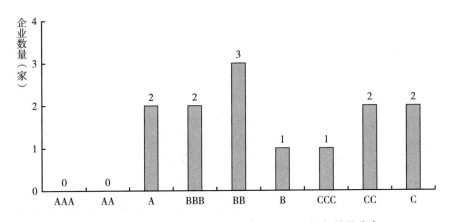

图 1 交通运输、仓储和邮政业上市公司 ESG 评级结果分布

2021 年，交通运输、仓储和邮政业整体 ESG 评价结果显示，该行业环境维度表现仅为 CCC 级，为 ESG 评价四个维度的最低评级（见图 2）。经济维度和社会维度均获评 B 级，稍显落后。治理维度获得 BB 级，略优于其他维度，反映出交通运输、仓储和邮政业上市公司具备良好的公司治理基础，重视强化自身的盈利能力和社会影响力，但是对于自身环境影响的关注度严重不足，亟待加强。

2021 年，交通运输、仓储和邮政业整体 ESG 评价前五名为中远海运控股股份有限公司（以下简称"中远海控"）、顺丰控股股份有限公司（以下简称"顺丰控股"）、中国国际航空股份有限公司（以下简称"中国国航"）、中国东方航空集团有限公司（以下简称"中国东航"）、中国南方

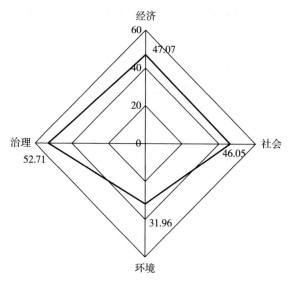

图2 交通运输、仓储和邮政业上市公司各维度平均得分

航空集团有限公司（以下简称"南方航空"）。其中A级上市公司2家，分属水上运输业、邮政业。中远海控、顺丰控股分别已连续发布14年、6年可持续发展报告，具备长期的ESG管理、实践和信息披露基础，已形成相对全面、成熟的ESG风险识别及管理体系，在各个议题均已取得行业前列的绩效水平。第3~5名均属于航空运输业，说明航空运输业上市公司整体ESG信息披露水平较高，但是各维度绩效水平不均衡。航空运输业逐步从疫情低谷中恢复，绿色航空技术尚未成熟，全球航空业对环境造成的压力持续增大，造成环境维度尤为薄弱的情况（见表1）。

表1 交通运输、仓储和邮政业上市公司ESG评价前五名

排名	股票简称	综合评价	经济维度评价	环境维度评价	社会维度评价	治理维度评价
1	中远海控	A	AA	A	BB	A
2	顺丰控股	A	BB	B	BBB	A
3	中国国航	BBB	CCC	CCC	A	A
4	中国东航	BBB	CCC	CCC	BBB	BB
5	南方航空	BB	CCC	CCC	BBB	BB

（二）研究发现2：交通运输、仓储和邮政业上市公司整体经营压力较大，但呈稳中向好态势

中国上市公司 ESG 评价的经济维度主要考察企业经营方面的经济绩效，包括盈利能力、成长能力、偿债能力及投资价值。2021 年该行业整体经济维度评价结果为 B 级，其中，评价最高的 AA 级有 1 家，BB 级 4 家、B 级 3 家、CCC 级 5 家，A 级和 BBB 级存在断层，反映出该行业经济维度整体情况低迷，但较 2020 年呈恢复趋势（见图3）。受全球外贸需求复苏、海运价格走高等因素影响，水上运输业企业盈利能力及成长能力表现优异，中远海控以 AA 级领跑经济维度。物流业景气指数、快递物流指数等指标稳中向好，货运企业经营运行平稳。但在新冠疫情影响下，客运需求持续低迷，公路和水路客运、铁路和民航运输企业仍有较大经营压力。

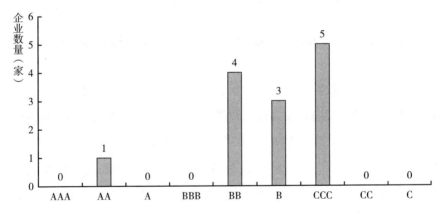

图3　交通运输、仓储和邮政业上市公司经济维度评级结果分布

上市公司的盈利能力主要通过净利润同比增长率和净资产收益率（ROE）等指标来衡量。交通运输、仓储和邮政业上市公司的盈利能力平均得分为 45.09 分，评价结果为：AAA 级 1 家，B~BB 级 6 家，CC~CCC 级 6 家（见图4）。该行业的重要特点是固定资产占比高，行业前期资金投入大，投资回收期较长，利润增长依赖规模效应。2021 年完成营业性货运量较上

一年度增长 12.3%、营业性客运量比上年下降 14.1%[①]，在整体市场需求缩水的情况下，交通运输、仓储和邮政业上市公司盈利能力处于中下水平。但样本企业中中远海控盈利能力表现优异，受益于国际集装箱海运市场运力供需矛盾严重失衡、运价保持高位，港航企业经营效益明显改善，2021 年航运业上市公司净资产收益率行业平均值达到 18.4%[②]。

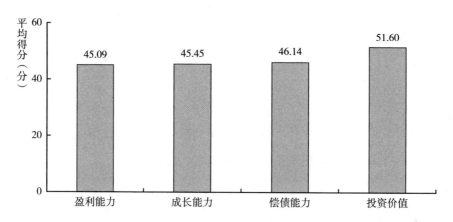

图 4　交通运输、仓储和邮政业上市公司经济维度二级指标平均得分分布

上市公司的成长能力主要通过营业收入同比增长率和分红金额同比增长率等指标来衡量。交通运输、仓储和邮政业上市公司的成长能力平均得分为 45.45 分，评价结果为：AAA 级 1 家，BBB～AA 级断档，B～BB 级 7 家，CC～CCC 级 5 家。疫情引导居民商品消费支出增长，进一步促使相关进口和集运需求增长，国际集装箱航运市场保持高位运行，集运公司的营业收入大幅增长。随着疫情防控进入新阶段，2021 年较上一年度客运量波动恢复，铁路、水路、民航营业性客运量分别增长 18.5%、9.0%、5.5%[③]，但远不及 2019 年客运量水平；货运量明显回升，邮政业相关企业规模稳步扩大，但严格的防疫要求影响公路货车运输过程，降低运力周转率。总体而言，交通

---

① 交通运输部：《2021 年交通运输行业发展统计公报》。
② 中国远洋海运 e 刊：《从 2021 年年报看航运板块资本市场表现》。
③ 交通运输部：《2021 年交通运输行业发展统计公报》。

运输、仓储和邮政业上市公司经济表现回暖，亏损幅度收窄，但仍处于低位。

上市公司的偿债能力主要通过速动比率、流动比率等指标来衡量。交通运输、仓储和邮政业上市公司的偿债能力平均得分为 46.14 分，评价结果最优为获评 AAA 级的大秦铁路股份有限公司（以下简称"大秦铁路"）；C~CCC 级企业 5 家，均属于航空运输业；其余企业处于 B~BBB 级。大秦铁路作为西煤东运重要通道，较为稳定的业绩增长使公司拥有充沛的经营现金流，且资产负债率近年来已降至 20% 以下，偿债压力较小，获得 AAA 级评价。受新冠疫情对航空运输企业经营和偿债能力产生的重大冲击、疫情仍有复发以及国际航线的恢复仍需时间等因素影响，大部分航空运输企业短期债务规模大、现金类资产储备不足，偿债能力表现落后于其他运输业。

上市公司的投资价值主要通过市盈率（TTM）和市净率（MRQ）等指标来衡量。交通运输、仓储和邮政业上市公司的投资价值平均得分为 51.60 分，评价结果为：A~AA 级 2 家，均属于邮政业；B~BB 级 9 家，CCC 级 2 家。随着电商平台多元化、渠道加速下沉、农产品上行、直播电商崛起、生活场景快递化，我国电子商务经济的刚需消费效应、消费分级效应和持续渗透效应愈加明显，快递单量有望持续较快增长。伴随快递业"两进一出"战略的有效落实，快递服务网络日益完善，样本企业中邮政业上市公司均获得较高的投资价值评分。该行业其他上市公司受疫情限制较大，投资市场仍保持观望态度。

整体而言，2021 年交通运输、仓储和邮政业上市公司经济水平处于低位。全球经济下滑导致运输需求增速下滑，疫情反复导致客运量波动、运力周转率下降，交通运输企业盈利水平、负债水平均承受压力。随着疫情逐渐可控、全球贸易秩序恢复，经济社会发展对运输仍有旺盛需求，交通运输、仓储和邮政业呈现缓慢恢复态势。

（三）研究发现3：交通运输、仓储和邮政业上市公司环境绩效相对落后，绩效提升面临技术挑战

中国上市公司 ESG 评价的环境维度主要考察企业环境管理、绿色创新、

资源能源利用、废弃物排放、应对气候变化等信息披露情况。2021 年该行业整体环境维度评价结果为 CCC 级，其中，评价最高的 1 家为 A 级，BB 级1 家，B 级1 家，CCC 级4 家，CC 级3 家，C 级3 家，BBB 级存在断层（见图 5），反映出行业环境维度管理力度不足、信息披露意识匮乏。我国交通行业二氧化碳排放量约占全国总碳排放量的 10%[①]，其中，道路交通二氧化碳排放量在交通全行业中的占比约为 80%，且仍处于快速发展阶段。运输服务向绿色低碳全面转型的步伐不断加快，交通运输、仓储和邮政业的环境议题不断深化、具象化，但研究结果表明相关上市公司尚缺乏行之有效的环境影响管理举措。

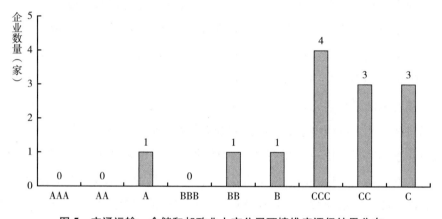

图 5　交通运输、仓储和邮政业上市公司环境维度评级结果分布

环境管理指标主要考察上市公司在将环保理念融入公司运营、公司环境影响管理体系建设等方面的信息披露情况。交通运输、仓储和邮政业上市公司的环境管理平均得分为 47.36 分（见图 6）。该行业环境保护的任务是加强管理，促进行业企事业单位在生产和建设过程中，合理利用各种资源、能源，控制和逐步消除污染，保障人民身体健康，促进该行业的发展。交通运输作为能源消耗和温室气体排放的主要行业之一，以末端管控为依据的环境

---

① 生态环境部宣传教育中心、中国人民大学应用经济学院、滴滴发展研究院：《数字出行助力碳中和——践行绿色交通　引领低碳出行》。

战略目标体系难以支撑企业节能减排和绿色低碳发展的需求。大部分交通运输业企业未将环境保护上升至公司理念或发展战略，未建立环境管理体系、环境风险防范机制。相关上市公司需加快过程管控的步伐，重视环境风险管理以应对趋严的外部监管压力及趋紧的自身发展需要。

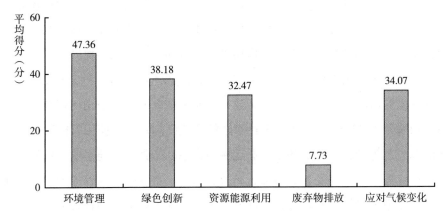

图 6 交通运输、仓储和邮政业上市公司环境维度二级指标平均得分分布

废弃物排放管理指标主要考察上市公司在废弃物分类管理、废弃物排放数据等方面的信息披露情况。交通运输、仓储和邮政业上市公司的废弃物排放管理平均得分为 7.73 分，为该行业环境维度二级指标最低得分。研究显示，环境定量数据是交通运输、仓储和邮政业上市公司环境信息披露的短板。废气为交通运输过程中的主要排放物，故该行业企业容易忽视交通运营过程中产生的固体废弃物，未进行定量数据统计。物流过程所涉及的废弃物体量较大，尽管相关企业已具备管理意识并采取一定措施，但随着快递服务网络迅速扩张而来的包装废弃物大幅增加，如何处理大体量的废弃物仍是严峻挑战。在 13 家样本企业中，仅有中远海控 1 家上市公司进行相对翔实的废弃物排放定量信息披露，造成了该指标领先企业一枝独秀、平均得分极低的情况。

绿色创新指标主要考察上市公司在推进零碳解决方案、投入环境保护方面的资金资源等方面的信息披露情况。交通运输、仓储和邮政业上市公司的绿色创新平均得分为 38.18 分。在"双碳"目标的指引下，《交通运输行业节能低碳技术推广目录（2021年度）》等绿色运输政策陆续出台，《综合运输服务"十四五"发展规划》《绿色交通"十四五"发展规划》明确提出，到2025年底，全国城市公交、出租汽车、物流配送领域新能源汽车占比需分别达到72%、35%和20%。受交通运输工具清洁化技术壁垒限制，该行业清洁技术开发升级、环境影响优化仍需大量资源投入。本次评价重点关注零碳技术创新表现，意在鼓励头部企业积极探索绿色发展之道，探索突破绿色发展障碍的良策，发挥示范作用带动行业环境绩效水平提升。

资源能源利用指标主要考察上市公司在能源消耗数据、制定节能减排目标等方面的信息披露情况。交通运输、仓储和邮政业上市公司的资源能源利用平均得分为32.47分。尽管超过半数的企业已制定能源使用目标、采取清洁能源改造等措施，但是基于交通运输能力不断增强、交通运输规模持续扩大、运输需求随市场复苏而增加、高效交通工具普及度有限等原因，该行业的能源使用量仍呈上升趋势，大部分上市公司未披露能源消耗量或较上年使用量上升情况。由此可见，如何在规模扩张的同时控制资源能源使用量仍是交通运输行业面临的巨大挑战。公路、铁路、水运、民航等多种运输方式在遵循整个交通领域节能减排路径及措施的情况下，需根据自身用能种类、用能结构及用能特征的不同，采取具有较强针对性的节能减排技术，确保节能取得实效。

应对气候变化指标主要考察上市公司在识别气候变化风险、应对气候变化等方面的信息披露情况。交通运输、仓储和邮政业上市公司应对气候变化平均得分为34.07分。在本次评价的样本企业中，不乏已经识别了全球变暖、大气污染、极端气候等气候变化对业务的潜在风险，制定了企业层面的相关风险管理程序，已经取得碳排放逐年降低成效的头部企业；其余企业也或多或少采取了减污降碳、清洁能源利用、绿色转型和绿色技术创新等应对气候变化的政策或措施；尚有30%的上市公司披露应对气候变化的相关行动。我国交通运输、仓储和邮政业处于高速发展阶段，是未来几十年能源消耗和碳排放增加的主要驱动因素，该行业的深度减排还面临减排措施存在不确定性、资金规模需求大、跨机构协调难度高以及碳排放核算研究能力有待提升等挑战，应对气候变化需要全体企业参与。

总体而言，2021 年交通运输、仓储和邮政业上市公司环境绩效相对落后。在"加快形成绿色低碳交通运输方式"[①] 目标的推动下，相关上市公司逐步形成自身环保理念、搭建环境管理体系，投入开发绿色低碳技术，在资源能源使用方面减量增效。但目前大部分企业仍处于起步阶段，尚未取得阶段成果及明显成效。

（四）研究发现4：交通运输、仓储和邮政业上市公司社会责任认知局限，尚需拓展履责广度

中国上市公司 ESG 评价的社会维度主要考察企业在员工权益与发展、供应链管理、社区发展方面的信息披露情况。2021 年该行业整体社会维度的评价结果为 B 级，其中，评价最高的 1 家为 A 级，BBB 级 4 家，BB 级 2 家，CCC 级 1 家，CC 级 4 家，C 级 1 家（见图 7），评价结果呈现 U 形分布，反映出该行业社会维度信息披露水平具有明显的阶梯状特征。研究结果显示，具有明显社会服务属性的交通运输、仓储和邮政业上市公司普遍重视自身社会形象建设，实践水平较为接近。受各公司履责行为覆盖面影响，该维度评价结果出现断层，部分企业的社会影响视野具有一定局限性，存在社区参与局限于慈善公益而忽略区域发展赋能、供应链管理聚焦优化客户服务忽略供应商环境社会风险防控的情况。

社区发展指标主要考察上市公司在社区参与、社会公益活动等方面的表现，交通运输、仓储和邮政业上市公司的社区发展平均得分 51.55 分，是社会维度二级指标中的最高得分（见图 8）。在该指标下，以获得 AAA 级评价的中国国航为代表的航空业上市公司评价结果整体优于其他运输业上市公司。新冠疫情期间，多地运输企业先后在防汛抗洪、抗疫保运中贡献力量，充分发挥基础性服务业的功能，大力保障资源正常流转，畅通民生物资渠道。大部分交通运输业企业以慈善捐助、志愿服务等形式积极参与社区公益

[①] 国务院：《2030 年前碳达峰行动方案》。

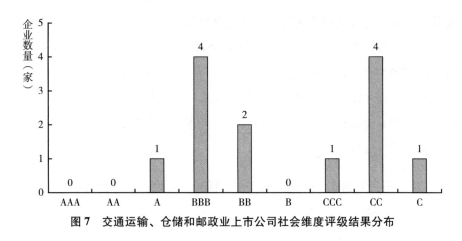

图7　交通运输、仓储和邮政业上市公司社会维度评级结果分布

活动，但对于社区乡村的产业振兴、人才振兴、美育教育、生态振兴、文化振兴、组织振兴等多方面话题关注度不高。交通运输业企业具有灵活快速的资源调配优势及扎实的传播基础、服务社会各类群体的广泛覆盖面，为社区资源整合与传播推广创造了良好的条件，相关企业务必立足自身优势、拓宽服务社区发展的参与面。

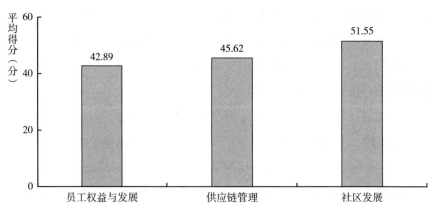

图8　交通运输、仓储和邮政业上市公司社会维度二级指标平均得分分布

　　供应链管理指标主要考察上市公司在供应商识别与评估、供应链社会与环境社会风险管理、客户服务等方面的表现。交通运输、仓储和邮政业上市公司的供应链管理平均得分45.62分。研究显示，面向众多C端客户的交通运输业上市公司较为重视与客户的沟通，健全客户服务管理机制，打造便捷服务平台，畅通多种投诉举报渠道，不断提升业务受理和办理效率。随着轨道交通的大规模建设，对客户服务系统和供应链顺畅运转的要求日益提高，许多企业已着手发展智慧交通、智慧物流、智慧仓储等技术，打造高效稳定的供应链。贸易禁运、劳动力短缺、海运瓶颈等问题是供应链的重大风险隐患，但是仅有不到半数的企业开展简单的供应链社会与环境社会风险管理，交通运输、仓储和邮政业上市公司亟须强化供应链韧性以应对风险冲击。

员工权益与发展指标主要考察上市公司在员工公平招聘、职业健康安全管理、员工关爱、员工培训投入等方面的表现。交通运输、仓储和邮政业上市公司的员工权益与发展平均得分 42.89 分，其中，A~AAA 级 4 家，B~BBB 级 4 家，C~CCC 级 5 家。总体而言，交通运输、仓储和邮政业上市公司对于员工职业健康安全管理、培训与发展方面的信息披露充分程度不足。交通运输业从业人员存在流动性高、工作强度大、学历低、监管难度大等特点，造成了大量用工不规范、人员结构不合理、专业技术人才稀缺等情况。2021 年，交通运输部联合多部门印发《关于加强货车司机权益保障工作的意见》《关于加强交通运输新业态从业人员权益保障工作的意见》，相关从业人员的权益保护受到高度关注。随着交通运输产业结构的升级，交通运输、仓储和邮政业上市公司需及早重视员工发展渠道搭建，将富余的劳动力转化为高质量人才梯队。

总体而言，交通运输、仓储和邮政业上市公司较为重视外部社会影响，在社会公益活动、客户服务方面的工作更为扎实和体系化，对于内部员工的成长培训与关爱则力度不足、相对零散。同时，尽管该行业社会维度各议题平均得分较为均衡，但各项二级指标均存在部分企业议题管理空白的情况，出现多个零分、极低分。可以看出，交通运输、仓储和邮政业上市公司履行社会责任的全面性有待提高，整体履责深度、力度仍有提升空间。

（五）研究发现5：交通运输、仓储和邮政业上市公司治理具备扎实基础，应对风险韧性不足

中国上市公司 ESG 评价的公司治理维度主要考察企业在治理层面的组

织治理、合规风险管理、ESG 管理、信息披露。2021 年该行业整体治理维度评价结果为 BB 级,其中,评价结果最高的 3 家是 A 级,其他为 BB 级 3 家、B 级 4 家、CCC 级 2 家、CC 级 1 家,BBB 级存在断层(见图 9),这反映出行业治理维度多数企业并未在满足合规底线上进一步开展预防性治理。我国交通运输企业肩负着提供公共产品的责任,建立完善的风险防控体系尤为重要。可以看出,大部分交通运输、仓储和邮政业上市公司对于 ESG 管理融入运营、企业风险监测预警体系等支持公司长期平稳发展的议题尚未形成标准化、制度化管理模式。

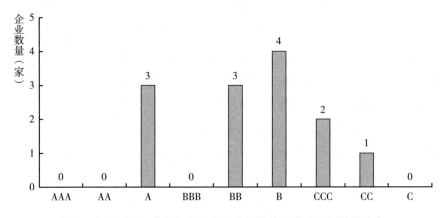

图 9 交通运输、仓储和邮政业上市公司治理维度评级结果分布

治理维度二级指标中的信息披露指标主要考察上市公司在信息披露渠道、利益相关方参与、负面舆情回应等方面的表现。交通运输、仓储和邮政业上市公司的信息披露平均得分 77.31 分,显著优于治理维度下其他二级指标。交通运输、仓储和邮政业企业的服务对象大面积覆盖社会公众,及时、准确、清晰地披露企业经营管理活动状况及其产生的影响等信息对于维护社会人口、资源流动秩序具有重大意义,同时有助于维护企业平稳经营、更好地拟合不同服务对象的需求。研究显示,样本企业均建立了多个信息披露渠道,定期组织与利益相关方互动的公开活动,充分夯实企业可持续发展的社会基础,塑造可靠、可信赖的责任企业品牌。

组织治理指标主要考察上市公司在董事会多元化、董事会 ESG 管理、股东关系管理、小股东利益保护、反贪污等方面的表现。交通运输、仓储和邮政业上市公司的组织治理平均得分 50.43 分。2021 年是国企改革三年行动制定落实的全面铺开阶段，也是国资国企全面深化改革攻坚克难的关键之年。交通运输、仓储和邮政业作为国民经济发展的支柱产业，已层层推进国企改革、建构现代企业管理体系，兼并重组、混合所有制改革、多元化经营等措施都为该行业国有企业增添活力，支持企业良好运作、健康发展。

ESG 管理指标主要考察上市公司在 ESG 相关能力提升培训、ESG 治理架构、ESG 或 CSR 专员设置、ESG 或 CSR 绩效管理等方面的表现。交通运输、仓储和邮政业上市公司的 ESG 管理平均得分 44.48 分。样本企业中已有部分企业制定了从董事会指导到执行部门落实的 ESG 治理架构，为企业在经营中考虑环境和社会影响提供了有效保障；但余下企业尚未整合 ESG 议题，未开展全面环境、社会、风险影响管理。交通运输、仓储和邮政业的 ESG 议题与社会发展福祉息息相关，包括环境维度的节能减排降碳、社会维度的劳工权益保障和社区影响、治理维度的合规稳健运作等，系统性强化企业 ESG 管理是构建和谐企业、和谐社会的必然要求。

合规风险管理指标主要考察上市公司在制定风险防控计划、风险评估、风险监测预警、内控合规等方面的表现。交通运输、仓储和邮政业上市公司的合规风险管理平均得分 38.63 分。交通运输、仓储和邮政业上市公司在风险应对方面较为薄弱，仅有少数公司初步建立了有效的经济、社会、环境、治理风险防控体系，绝大部分企业未进行全面的风险识别和日常监控。公共产品供给领域具有利益相关方众多、产业脉络纵横延伸、企业内生结构相对复杂等特征，科学、系统、前瞻的合规风险管理意识有助于引导交通运输、仓储和邮政业上市公司高质量发展。

总体而言，交通运输、仓储和邮政业上市公司基于社会公共服务属性，重视建立畅通、多元的信息披露渠道，与投资人、客户等利益相关方保持良好的沟通。交通运输、仓储和邮政业作为我国关键基础设施领域的重中之重和关系国计民生的重要领域，如何在多重、异构、复杂的环境下形成有序治理体系，促成可持续竞争力，尚需相关企业深思并加以实践。

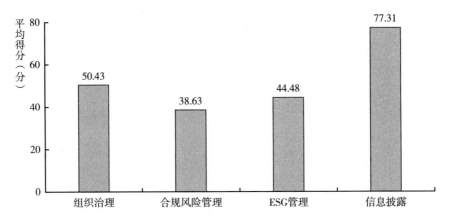

图10 交通运输、仓储和邮政业上市公司治理维度二级指标平均得分分布

二 交通运输、仓储和邮政业上市公司 ESG 评价总结

通过本报告分析，建议交通运输、仓储和邮政业上市公司重点关注以下几方面。

一是重视企业环境影响的量化数据采集，制定合理的绿色发展目标并采取有效的管理措施。国务院印发的《2030 年前碳达峰行动方案》提出，加快形成绿色低碳运输方式。交通运输、仓储和邮政业上市公司需要尽快清晰自身的环境治理目标，加快向绿色低碳发展转型。一方面，采取科学合理的手段对自身环境影响进行度量，填补资源能源利用、废弃物排放等关键数据的空白。另一方面，中近期内交通运输市场需求保持增长态势，提高运营与基础设施效率等常规技术领域优化所产生的减排潜力相对有限，务必开展清洁技术创新升级，加快新能源、清洁能源、可再生能源交通工具的研发及推广应用，借助数字化、智能化手段提质增效，推动交通运输、仓储和邮政业节能降碳。

二是立足行业社会服务属性，拓展企业履行社会责任的深度与广度，全面梳理社会维度议题与利益相关方。交通运输在产业之间、区域之间、城乡之间起到纽带作用，具有规模大、组织庞杂、相关方众多的特点，对于吸纳就业、维护社会平稳运行起到重要作用。2021 年 11 月，交通运输部等 16 部门联合发布《关于加强货车司机权益保障工作的意见》，交通运输、仓储和邮政业劳工权益保障与发展日益受到社会各界重视。建议相关企业侧重相对落后的劳工议题，优化用工结构，提供完善的劳动保障，维护从业人员合法权益。同时充分发挥行业的社会影响优势，进行多元化的社会履责实践，实现利益相关方的认可与共赢。

三是强化企业风险防控能力，对中长期影响企业发展的因素采取系统、科学的管理手段。在自然灾害、公共卫生事件发生时，交通运输、仓储和邮政业"物流生命运输线"的地位至关重要，保障企业平稳向好既是自身发展的需要，更是社会对交通基础性服务的要求。在做好科学防控生产经营风险的首要任务之后，务必扎实推进反腐败、小股东权益保护等传统企业治理工作，同时关注企业治理新兴话题，进一步满足市场环境快速更新对企业韧性提出的挑战。例如，制定整体的 ESG 战略和发展目标，采用系统的方法持续迭代和完善，围绕企业价值链的各环节进行优化和改进。进行企业风险类型识别，确定风险偏好，制定评估方法、风险分析与应对等全面的风险评估流程。与时俱进的企业治理水平可以帮助企业获得可持续价值和长远发展，促进交通运输、仓储和邮政业上市公司高质量发展。

四是服务构建新发展格局，把握发展机遇，积极响应交通强国战略。目前，我国交通网络基本建成，市场整体增速放缓，叠加疫情对企业运营能力提出严峻考核，交通运输、仓储和邮政业上市公司需要在传统固有服务模式上寻找拟合社会利益相关方需求的新增长点。在深化推进供给侧结构性改革的大背景下，我国产业逐渐向公路、机场及港口等物流设施资源型产业延伸，以强化原有资源配置效率、释放协同效应空间、提升综合服务能力。未来交通基础设施将进入改扩建集中期，交通、物流智能化变革也是大势所趋，交通运输作为社会流通体系的基础将在双循环新发展格局中扮演更为重要的角色。相关企业务必强化核心竞争力，为交通运输、仓储和邮政业发展注入新活力。

三　交通运输、仓储和邮政业上市公司 ESG 典型实践案例

案例1：中远海控推动岸电设施改造实现节能降耗①

2021 年，中远海运控股股份有限公司（以下简称"中远海控"）通过技术节能、管理节能、科技创新等多种措施，在降低能源消耗、减少二氧化碳排放等方面均取得显著成效。对船舶燃油管控、船舶与舰队操纵以及船运业务进行优化，对船舶受电和港口岸电设施进行升级改造，港口岸电较传统的船用燃油可减少 97% 的 NO_X、96% 的 SO_X 与 96% 的颗粒物排放量。根据美国加州空气资源管理委员会（CARB）数据，在中远海控集运船队 2021 年已靠泊长滩、洛杉矶、奥克兰港船舶累计 162 艘次中，使用岸电合规比例超过 92%，船队靠港后辅机燃料使用总功率下降超过 96%。2021 年，中远海控集装箱运输业务温室气体排放密度下降 47%。

案例2：中国国航"航空+帮扶"模式助力乡村振兴②

2021 年，中国国际航空股份有限公司（以下简称"中国国航"）系统总结在脱贫攻坚期间的工作经验，创新构建"航空+帮扶"模式，助力广西昭平县、内蒙古苏尼特右旗巩固拓展脱贫成果、接续推进乡村振兴。自主研发航空餐食，在国航部分航线、休息室提供，并在部分航线配备昭平有机茶，助力提升苏尼特右旗"熊猫羊"和昭平茶的知名度。开展精准扶贫专题展，设计制作"扶贫图鉴"，汇聚接续乡村振兴力量。全年投入无偿帮扶

---

① 中国远洋海运集团有限公司《2021 可持续发展报告》。
② 中国国际航空股份有限公司《2021 年度社会责任报告》。

资金 4077.3 万元，开展帮扶项目 21 个，组织员工购买帮扶地区农牧产品 5407 万元，帮助销售农牧产品 1088 万元；引进帮扶资金 67.7 万元。

案例 3：顺丰控股将风险管理体系纳入 ESG 相关议题①

顺丰控股股份有限公司（以下简称"顺丰控股"）积极探索企业的可持续发展之路，制定完善的内控与风险管理体系，由董事会风险管理委员会作为最高风险管理机构，负责企业运营及发展过程中存在的 ESG 风险的识别、预防和管控。同时借助大数据持续提升风控模型的精准性与敏捷性，进一步完善风控智能化系统。2021 年，顺丰控股开展风控周例会 65 场，共生成 141 条决议，其中 12 场会议、33 条决议涉及 ESG 相关议题，覆盖人员安全、生产安全等 ESG 议题，有效保障了企业行稳致远（见图 11）。

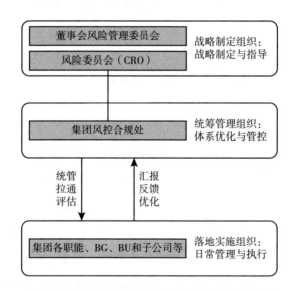

图 11　顺丰控股股份有限公司风险管理组织架构

---

① 顺丰控股股份有限公司《顺丰控股 2021 年可持续发展报告》。

B.11
采矿业上市公司 ESG 评价分析

邵晓鸥　高慧莹*

摘　要： 本报告重点评价分析了采矿业上市公司的 ESG 实践水平。研究
发现，采矿业上市公司 ESG 信息披露整体表现为中等水平。经
济维度没有表现为 A 级及以上的企业，2 家企业的盈利能力指标
出现负增长，整体表现呈现向好势态。样本企业在环境维度的平
均水平为 B 级，在社会维度信息披露水平较为成熟，在治理维
度出现从 C~BBB~AAA 级的明显断层。总体来看，采矿业上市
公司需要进一步提升各评价维度的信息披露水平。

关键词： 采矿业　ESG　上市公司　绿色矿山

矿产资源是经济社会发展的重要物质基础，矿产资源勘查开发事关国计
民生和国家安全①。矿产资源勘查开发为经济建设提供了大量的能源和原材
料，提供了重要的财政收入来源，推动了区域经济发展，促进了以矿产资源
开发为支柱产业的矿业城市（镇）的兴起与发展，解决了大量社会劳动力
就业，为国民经济和社会发展作出了重要贡献。当前，国际形势风云骤变，
俄乌冲突引发的全球产业链供应链剧烈动荡警示我们，提高能源矿产资源自
给能力是确保国家能源资源安全的压舱石。

---

* 邵晓鸥，北京融智企业社会责任研究院院长助理、北京融智企业社会责任研究院可持续发
展部部长，中国工业企业社会责任研究智库专家、研究院电力能源行业首席专家，主要从
事企业社会责任管理等领域的研究；高慧莹，北京融智企业社会责任研究院副研究员，研
究方向为 ESG 市场调研。

① 2022 年 10 月，习近平总书记给山东省地矿局第六地质大队全体地质工作者的回信。

按照中国证监会分类标准，本报告主要从上证 180、深证 100、沪深 300、科创 50、明晟中国 A 股国际通指数（MSCI CHINA 200）等 A 股成分股中筛选出共 11 家采矿业上市公司，占本书上市公司样本总量（489 家）的 2.25%。本报告的信息主要来源于万得（Wind）数据库、Choice 数据库、企业年度报告、社会责任报告和官方网站以及权威组织平台公开披露的样本企业财务信息和非财务信息。本报告重点评价分析 11 家采矿业上市公司 ESG 实践水平。

2021 年采矿业上市公司的 ESG 评价指标体系共有经济、社会、环境和治理 4 个评价维度 17 类评价指标 51 项关键评价指标。在此基础上，本报告从行业政策趋势、发展现状、发展特点、面临的风险和发展机遇等方面，增加行业侧重指标和行业风险议题进行综合评分。ESG 评级结果共分为九级，分别为 AAA、AA、A、BBB、BB、B、CCC、CC、C。本报告通过对 11 家样本企业 2021 年 ESG 绩效作深入分析，发现样本企业 ESG 整体表现欠佳，仅 1 家企业评级为 A 级。从评价体系的各个维度来看，社会维度和治理维度的平均水平处于 BB 级，经济维度和环境维度的平均水平处于 B 级，均需要进一步提升各个维度的评价 ESG 表现水平。

一 采矿业上市公司 ESG 评价研究五大发现

（一）研究发现1：整体水平表现中等，具有大幅提升空间

2021 年 11 家采矿业上市公司中，1 家企业评级为 A 级，占比为 9.09%，占据评价体系的上游水平；6 家被评为 B~BBB 级，占比 54.55%，位于评价体系的中游水平；4 家被评为 C~CCC 级，占比 36.36%，处于评价体系的下游水平（见图 1），行业整体的 ESG 表现并不突出。其中，评级为 A 的上市公司为中国神华能源股份有限公司（以下简称"中国神华"），其环境维度、社会维度和治理维度的得分均表现突出。

在本报告考察的经济维度、环境维度、社会维度和治理维度这 4 个维度

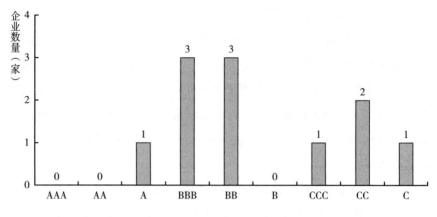

图1　采矿业上市公司 ESG 评级结果分布

中，社会维度平均得分最高，为 56.55 分；其次为治理维度，为 55.32 分；经济维度得分为 49.90 分；环境维度平均得分最低，为 47.95 分（见图2）。在经济维度，采矿业上市公司的平均市盈率是 4.85，存在投资价值被低估的情况，提振投资者对企业的信心对采矿业上市公司的可持续运营十分必要。在环境维度，由于开采、选冶、加工等生产过程的特殊性，采矿业带来的环境问题较为突出，主要包括水土流失、矿坑造成的地面沉降、生物多样性的破坏以及废水对地下水的污染等，采矿业上市公司完善环境管理，加强生态保护势在必行。在社会维度，由于矿产资源分布的地域特征，采矿业上市公司在开采和选冶等环节还需处理好与矿产属地的社区关系，为采矿活动的正常进行提供稳定的外部环境。在治理维度，建立 ESG 管理架构、完善组织治理和合规风险管理、推行 ESG 管理实践是做好上述工作的有利抓手。采矿业上市公司应积极支持联合国可持续发展目标，遵循国际准则和倡议，将 ESG 理念融入企业建设、生产、运营的全过程，进一步提升信息披露水平，助力采矿业向绿色低碳转型，化解地缘政治风险，助推项目所在地经济社会和民生发展，实现企业成长与地区发展的共赢。

报告期内，在采矿业 ESG 评价结果前五名的企业中，仅 1 家企业获得 A 级评价，是中国神华。3 家企业获得 BBB 级评价，1 家获得 BB 级评价（见表1）。前五名企业在经济维度的评价结果分布在 B～BBB 级，面临较大

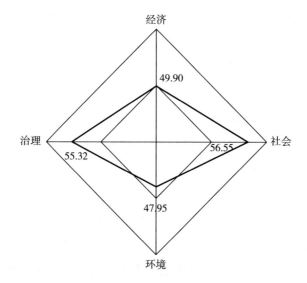

图 2　采矿业上市公司各维度平均得分

的经营压力。当前，国际形势风云骤变，俄乌冲突引发的全球产业链供应链剧烈动荡，全球冲突和贸易紧张局势对采矿业上市公司的经营发展造成挑战。中国神华在环境维度、社会维度和治理维度均获得 A 级及以上评价，紫金矿业集团股份有限公司（以下简称"紫金矿业"）在环境维度获得 AAA 级评价，兖矿能源集团股份有限公司（以下简称"兖矿能源"）在社会维度和治理维度均获得 A 级评价，中国中煤能源集团有限公司（以下简称"中煤能源"）在治理维度获得 AA 级评价。中金黄金股份有限公司（以下简称"中金黄金"）在四个维度均未获得 B 级及以上评价，其治理

表 1　采矿业上市公司 ESG 评价前五名

排名	股票简称	综合评价	经济维度评价	环境维度评价	社会维度评价	治理维度评价
1	中国神华	A	BB	A	AAA	A
2	紫金矿业	BBB	BBB	AAA	B	BB
3	兖矿能源	BBB	BB	B	A	A
4	中煤能源	BBB	BB	BB	BBB	AA
5	中金黄金	BB	B	B	BBB	CCC

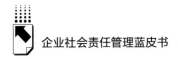

维度的评价结果为 CCC 级，总体评价为 BB 级。由此可见，采矿业上市公司的经营发展挑战是普遍存在的，ESG 管理体系不甚完善是治理维度评价结果处于下游水平的关键因素。

报告期内，采矿业 ESG 评价结果前三名的企业分别是中国神华、紫金矿业和兖矿能源。中国神华自 2008 年起，连续 15 年发布企业社会责任报告，积极向利益相关方披露企业在经营、环境、社会及公司治理等责任领域的实践和绩效。紫金矿业设立了安全生产委员会（以下简称"安委会"），由总裁任安委会主任，将公司环境工作上升至战略性工作，并参照国际通行做法，不断完善内部环境管理体系，强化制度建设，制定并严格执行体系内各项管理制度，建立了从项目建设前的尽调环节到项目关闭后的矿山全生命周期环境管理体系。兖矿能源重视董事会成员队伍多元化建设，对董事人选从性别、年龄、文化及教育背景、专业经验、技能及服务年限等多方面进行考量，促进董事会在观点、经验、角度方面的多样与平衡，建设高水平专家智库，提升公司应对复杂环境的能力，实现公司的均衡与可持续发展。

（二）研究发现2：经营业绩稳步提升，聚焦产业创新升级

中国上市公司 ESG 评价的经济维度主要考察企业经营方面的经济绩效，包括盈利能力、成长能力、偿债能力及投资价值。2021 年采矿业上市公司的经济维度的平均水平为 B 级，其中，评级最高的 BBB 级有 3 家，分别是紫金矿业、陕西煤业股份有限公司（以下简称"陕西煤业"）和洛阳栾川钼业集团股份有限公司（以下简称"洛阳钼业"），BB 级 4 家、B 级 2 家，CCC 级 1 家、CC 级 1 家（见图 3），行业经济维度整体表现一般。聚焦关键指标可以发现，采矿业的净利润同比增长率行业均值为 70.99%，净资产收益率行业均值为 12.85%，采矿业经营业绩处于正常提升的轨道。

上市公司的盈利能力主要通过净利润同比增长率和净资产收益率（ROE）等指标来衡量。采矿业上市公司的盈利能力平均得分为 50.02 分，在盈利能力指标下，3 家企业评级结果为 A～AA 级，5 家企业评级结果为

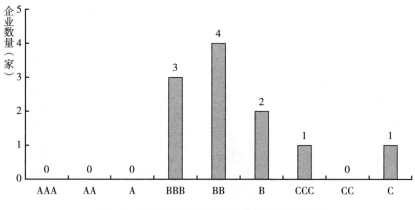

图 3 采矿业上市公司经济维度评级结果分布

B~BBB 级，3 家企业评级结果为 C~CCC 级。当前，采矿业面对固定资产投资大幅收缩、全球冲突和贸易紧张局势等内外部压力，70%以上的企业盈利能力处于中等偏下水平，2 家企业出现净利润负增长的情况。

上市公司的成长能力主要通过营业收入同比增长率和分红金额同比增长率等指标来衡量。采矿业上市公司的成长能力平均得分为 50.60 分（见图 4），3 家企业评级结果为 A~AA 级，4 家企业评级结果为 BB~BBB 级，4 家企业评级结果为 C~CCC 级。当前，经济快速增长与部分矿产资源大量消耗之间存在矛盾，东部地区地质找矿难度增大，探明储量增幅减小。部分矿山开采进入中晚期，储量和产量逐年降低。[①] 行业内企业之间的成长能力差异较大，6 家企业的分红金额同比增长率超过 100%，实现分红金额翻倍增长。相比之下，2 家企业营业收入较上年减少，1 家企业同比增长率小于 1%，与上年基本持平。

上市公司的偿债能力主要通过速动比率、流动比率等指标来衡量。从平均得分来看，采矿业上市公司的偿债能力得分为 47.30 分，在经济维度 4 个二级指标中得分最低。2 家企业表现为 AA~AAA 级，4 家企业的评级结果为 B~BB 级，5 家企业的评级结果为 C~CCC 级，80%以上的企业偿债能力

---

① 中国的矿产资源政策，中国政府网。

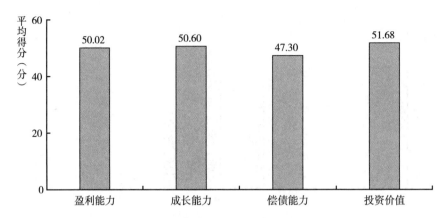

图4　采矿业上市公司经济维度二级指标平均得分分布

位于中等及偏下水平。疫情期间回款慢、停工停产等因素导致采矿业企业短期偿债能力较弱，但综合分析偿债能力下的各项指标，企业用以作为保障偿债能力的流动资产和速动资产情况仍在合理范围内。

上市公司的投资价值主要通过市盈率（TTM）和市净率（MRQ）等指标来衡量。采矿业上市公司的投资价值平均得分为51.68分，2家企业表现为A~AA级，6家企业的评级结果为B~BBB级，3家企业的评级结果为C~CCC级，仅18%的企业的投资价值指标表现良好，处于上等水平。由于各方监管不断加强，投资者越来越多地根据ESG指标做出投资决策，对上市公司的表现有了新的期待和要求，这就需要上市公司不断提高ESG管理能力和信息披露水平，实现自身可持续发展，吸引更多国内外投资者的关注。

（三）研究发现3：环境管理面临挑战，体现采矿业特性

中国上市公司ESG评价的环境维度主要考察企业在环境层面的环境管理、资源能源利用、废弃物排放、生态环境保护和应对气候变化等方面的信息披露情况。2021年采矿业环境维度评级结果为B级。其中，评级最高的1家为AAA级，是紫金矿业，其他结果为：A级1家，BB级2家，B级3

家，CCC级3家，CC级1家（见图5）。在碳达峰、碳中和背景下，由于采矿业伴随的资源高消耗和环境高污染问题，其受影响更大，环境管理面临新的挑战和更严格的要求，在此维度得到中等以下评价的企业，其环境管理工作显然已经不能满足新阶段的要求。

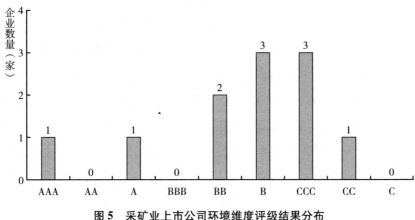

图5　采矿业上市公司环境维度评级结果分布

在环境维度的二级指标中，环境管理平均水平为BB级，资源能源利用平均水平为B级，废弃物排放平均水平为CCC级，生态环境保护平均水平为BB级，应对气候变化平均水平为BB级。环境管理、生态环境保护和应对气候变化这三方面的信息披露水平属于中等水平。矿石开采、选冶、加工过程会产生大量废弃物，包括尾矿、废石和危险废物，我国政府高度重视在开发利用矿产资源过程中的环境保护和污染防治，实行矿产资源开发与环境保护治理同步发展。已公布实施的法律法规对矿山环境保护、污染防治、土地复垦等方面都作了明确规定。《中华人民共和国国民经济和社会发展第十四个五年规划和2035年远景目标纲要》明确提出，在"十四五"期间，要加强矿山生态修复，提高矿产资源开发保护水平，发展绿色矿业，建设绿色矿山。

环境管理指标主要考察上市公司在环保理念、环境管理体系、环保技术或环保产品和环保投入等方面的信息披露情况。采矿业上市公司环境管理指

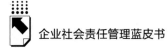

标的平均得分为 53. 59 分，最高得分为 86. 23 分，最低得分为 18. 71 分（见图 6）。研究发现，样本企业在环保技术或环保产品开发和环保投入等方面的信息披露水平差距较大。为实现企业的可持续发展，采矿业上市公司要彻底摒弃粗放发展方式、淘汰落后产能，以环保技术创新赋能企业可持续发展，加快采矿业绿色低碳转型，实现经济绿色复苏发展。

资源能源利用指标主要考察上市公司在综合能源消耗量、水资源消耗量密度、能源使用效益目标制定和资源利用效率等方面的信息披露情况。采矿业上市公司资源能源利用指标的平均得分为 45. 29 分，最高得分为 100. 00 分，最低得分为 0. 00 分。研究发现，得分较低的上市公司在综合能源消耗量和水资源消耗量密度等方面的信息披露水平较差，与表现优异的公司存在较大差距。合理披露综合能源消耗量和水资源消耗量密度等信息是上市公司科学制定能源使用效益目标的基础工作，从而进一步提升企业的资源利用效率，而能源结构转型是实现"碳达峰""碳中和"目标的最重要路径。可再生能源正逐步成为推进"碳中和"进程的主力军，因此，采矿业上市公司需要积极推进新材料开发，通过加快开发铜、锂等低碳产业重要原材料，持续降低矿产碳足迹；充分利用现有矿山、冶炼企业闲置用地、厂房屋顶、周边河流，推进光伏、水电等可再生能源项目开发，赋能全球碳减排产业，为全球低碳产业提供清洁的材料并助力其蓬勃发展。

废弃物排放指标主要考察上市公司有害废弃物和无害废弃物密度降低等方面的信息披露情况。采矿业上市公司废弃物排放指标的平均得分为 37. 80 分，最高得分为 100. 00 分，最低得分为 0. 00 分，其中，5 家样本企业在此指标得分为 0. 00 分，行业整体表现较差。采矿业上市公司在矿石开采、选冶、加工过程中会产生大量废弃物，包括尾矿、废石和危险废物，需要其对废弃物进行合理存放、处置和回收利用，最大限度地减少对环境的影响，降低企业运营风险。采矿业上市公司应积极进行技术创新与工艺改进，有效减少固体废弃物的产生，实现源头减量、中间控制、末端治理、回收利用的良性闭环管理。

生态环境保护指标主要考察上市公司在生物多样性保护、尾矿处理和复垦等方面的信息披露情况。其中，本报告从采矿业政策趋势、发展现状、发展特点等方面，筛选出生物多样性保护和尾矿处理两个采矿业侧重指标。

第一，在本报告的 11 家样本企业中，8 家企业在不同程度上开展了生物多样性保护实践，如开展生态监测、实施生物多样性补偿项目、生态修复等。其他 3 家企业未实施任何形式的生物多样性保护措施。2022 年 7 月，我国首部关于矿区的生物多样性标准——《生物多样性矿区标准》正式实施，该标准旨在系统推动区域内生物多样性的恢复，充分发挥生物多样性的生态价值，促进人与自然和谐共生。采矿业开采伴随着资源的高消耗和环境的高污染，地表的毁损会破坏植被和野生动物的生存环境，如果管理不当，勘探、开采、冶炼活动都可能对生态环境带来负面影响。因此，采矿业上市公司在其生产运营的矿区应采取负责任的生物多样性管理方法，尽力确保不损害脆弱的生态系统、栖息地和濒危物种，推动矿区生物多样性保护工作更好开展。

第二，在本报告的 11 家样本企业中，仅 4 家企业采取措施对尾矿进行无害化处理，我国经济规模巨大，对矿产资源的需求迫切，相应的尾矿产量也较大，尾矿堆存引起的安全及环保问题已成为困扰企业和社会的紧迫难题。国家发展和改革委员会等部门联合印发的《关于"十四五"大宗固体废弃物综合利用的指导意见》提出，到 2025 年煤矸石、尾矿（共伴生矿）等大宗固废的综合利用能力显著提升，新增大宗固废综合利用率达到 60%。采矿业上市公司应负责任地处理产生的废弃物，通过对废弃物合理存放、处置和回收利用，减少对环境的影响。

应对气候变化指标主要考察上市公司在将应对气候变化融入战略、应对气候变化风险管理、应对气候变化政策及措施和温室气体排放密度下降情况等方面的信息披露情况。应对气候变化指标的平均得分为 53.01 分，最高得分为 94.16 分，最低得分为 25.47 分，样本企业之间两极分化严重。研究发现，样本企业在温室气体排放密度下降情况的披露情况较差，且仍有企业尚未披露其应对气候变化风险管理情况。采矿业上市公司可能面临的气候变化风险涉及企业经营发展的多个方面，如极端天气造成的环境、安全事故以及对正常生产运营的影响，碳税对企业可能造成的额外成本等，而全面识别气候变化风险，制定应对管理办法，也会为上市公司在市场、声誉、投融资等领域带来更广阔的机遇。

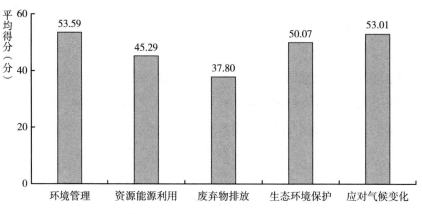

图6 采矿业上市公司环境维度二级指标平均得分分布

（四）研究发现4：社会责任践行良好，彰显企业担当作为

中国上市公司 ESG 评价的社会维度主要考察企业在社会层面的员工权益与发展、供应链管理、客户权益保护、社区发展等方面的信息披露情况。2021 年采矿业上市公司社会维度评级结果为 BB 级。其中，评级最高的 1 家为 AAA 级，为中国神华。行业内各企业之间差距较大，评价结果分布在 8 个级别（见图7）。采矿业要保持长期向好发展态势，除了要确保企业经营状况，还要关注并回应利益相关方的诉求与期待。由于生产矿区分布广泛，采矿业上市公司应高度重视人权、劳工、产品责任、创新、供应链、社区等行业风险议题，负责任地披露相关信息，塑造采矿业上市公司的责任形象。

员工权益与发展指标主要考察上市公司在员工公平招聘、职业健康安全管理、员工培训投入、员工关爱等方面的表现。采矿业上市公司在员工权益与发展指标的平均得分是 55.74 分（见图8），最高得分为 99.71 分，最低得分为 17.38 分（见图8）。研究发现，90% 以上的上市公司遵守公平招聘

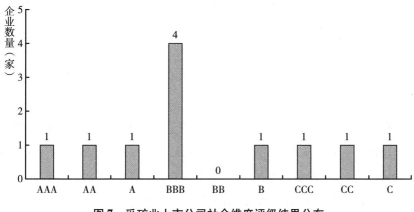

图7 采矿业上市公司社会维度评级结果分布

原则，基本建立了职业健康安全管理体系，在本指标获得 AAA 级评价的两家企业的职业健康安全管理体系已经十分完备，但在员工培训投入和员工关爱方面的信息披露情况不够完善。人力资源是企业的第一资源，企业应高度重视人才培养和员工发展，与员工建立和谐、稳定的劳动关系，为企业发展提供完备的人才队伍支持。

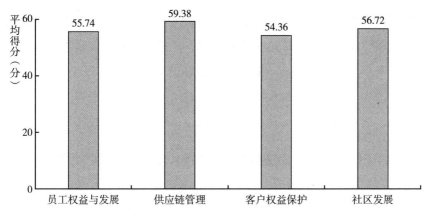

图8 采矿业上市公司社会维度二级指标平均得分分布

供应链管理指标主要考察上市公司在供应商识别与评估、供应链社会与环境社会风险管理等方面的表现。供应链管理指标的平均得分是 59.38 分，最高得分为100.00分，最低得分为0.00分。超过54%的上市公司获得AA级及以上评价，但仍有将近一半的企业供应链管理不够完善，处于中等偏下水平。矿产资源的开采和交易可以带来收入，采矿业上市公司应提高供应链管理水平，健全管理体系，推动供应商以符合商业道德的方式负责任地开展业务，推动社会经济发展，带动社区繁荣。

客户权益保护指标主要考察上市公司在产品质量管理、客户服务措施等方面的表现。客户权益保护指标的平均得分为54.36分，最高得分为98.97分，最低得分为0.00分。超过45%的上市公司获得AAA级评价，在产品质量管理和客户服务措施方面披露情况优秀，但超过50%的上市公司尚未形成完备的产品质量管理办法，客户服务措施不到位，从而获得较低评价。作为矿产品的提供商，上市公司需要完善产品和服务质量管理体系，不断巩固和提升管理效能，严格执行各项工作要求和规范，加强全过程质量管控，努力为社会提供安全优质的煤炭、电力、热力、煤化工等产品和服务。

社区发展指标主要考察上市公司在社区参与、社会公益活动等方面的表现。社区发展指标的平均得分为56.72分，最高得分为97.74分，最低得分为0.03分。研究发现，上市公司通过环境保护、专项资金、志愿协助、应急救援等多种形式，支持社区基础设施、就业、经济发展，促进地企和谐。采矿业上市公司的矿产开采业务遍布全球，为有效化解地缘政治风险，企业需要积极构建与业务所在地政府、社区的和谐关系，与之保持及时、坦诚、主动的沟通和交流，尊重和保护人权，尊重当地的文化、宗教、风俗习惯和商务礼仪，避免侵犯社区和居民的合法权益，建立良好的睦邻关系。

（五）研究发现5：治理体系建设欠缺，成为评级关键因素

中国上市公司ESG评价的公司治理维度主要考察企业在治理层面的组织治理、合规风险管理、ESG管理和信息披露等方面的表现。2021年采矿业上市公司治理维度评级结果为BB级。其中，评级最高的2家为AA级，分别是中国石油化工集团有限公司（以下简称"中国石化"）和中国中煤能源股份有限公司（以下简称"中煤能源"），其他的为：A级2家，BB

级3家，B级1家，CCC级2家，C级1家（见图9）。在11家企业中，尚未建立完善的ESG治理架构是企业在治理维度评价结果不理想的主要原因。

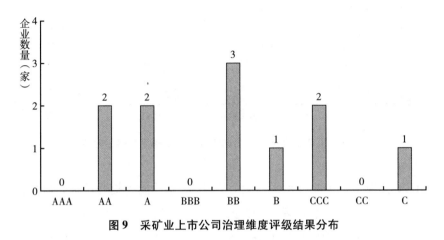

图9　采矿业上市公司治理维度评级结果分布

组织治理指标主要考察上市公司在董事会多元化、董事会ESG管理、股东关系管理、小股东利益保护、反贪污等方面的表现。采矿业上市公司组织治理指标的平均得分为64.35分（见图10），较本维度下的其他指标表现较好，但仍有企业表现为C级。研究发现，采矿业上市公司均披露了董事会多元化信息，但多元化程度不高。4家上市公司未披露董事会ESG管理情况。采矿业上市公司应不断提高董事会多元化程度，保障董事会决策的科学性；通过透明分红政策等规定，维护中小投资者合法权益，营造良好的投资环境。

合规风险管理指标主要考察上市公司在制定风险防控计划、风险评估、风险监测预警、内控合规等方面的表现。采矿业上市公司合规风险管理指标的平均得分为50.06分，4家上市公司获得A~AAA级评价，位于上游水平，5家上市公司获得C~CCC级评价，位于下游水平，评价结果两极化较为严重。研究发现，上市公司在不同程度上进行风险评估并制定风险防控计划，但对于风险预警监测情况的披露水平不高。

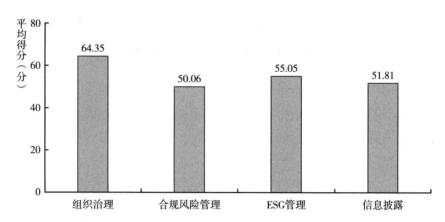

图 10　采矿业上市公司治理维度二级指标平均得分分布

　　ESG 管理指标主要考察上市公司在 ESG 相关能力提升培训、ESG 治理架构、ESG 或 CSR 专员设置、ESG 或 CSR 绩效管理等方面的表现。采矿业上市公司 ESG 管理指标平均得分为 55.05 分，5 家上市公司获得 AAA 级评价，4 家上市公司获得 C 级评价，其得分为 0.00 分，两极分化严重。研究发现，部分上市公司建立了 ESG 治理体系，开展 ESG 专项培训，提升履职能力，不断完善 ESG 指标库，提升管理效能，推动 ESG 治理体系规范化、标准化。尚未进行 ESG 管理信息披露的上市公司，亟须提升披露水平，建立健全 ESG 治理架构，从组织机构、管理目标、工作流程、监督考核等方面保障 ESG 管理体系实施。

　　信息披露指标主要考察上市公司在信息披露渠道、利益相关方参与等方面的表现。采矿业上市公司信息披露指标的平均得分为 51.81 分，仅 1 家上市公司获得 AAA 级评价，其余企业的信息披露水平位于中游或偏下水平。研究发现，采矿业上市公司均开放了不同程度的信息披露渠道，开展了面向不同受众的利益相关方沟通活动，但大都存在信息披露渠道单一、利益相关方沟通活动覆盖受众有限、活动频次低等问题，这也是其未获得较高评价的原因。采矿业上市公司面临多个利益相关方，需要建立健全信息披露管理制度，主动接受各方监督，保持畅通的沟通渠道以倾听社会各界的批评和意见，有针对性地提升公司 ESG 评价水平，有效回应各方需求。

二 采矿业上市公司 ESG 评价总结

通过本报告分析，建议采矿业上市公司重点关注以下几方面。

一是有序推进管理体系和各项制度的建设。当前，世界经济温和复苏但增速放缓，地缘政治复杂多变，我国持续推进可持续发展政策和"双碳"目标落地，国内资本市场对 ESG 的关注程度日益提升，ESG 投资已成为全球资产管理公司的新增长前沿。基于此，采矿业上市公司应顺势而为，聚焦产业高质量发展和资本市场良性发展，以建立健全管理制度和完善管理体系为工作主线，着力发展主营业务，强化改革创新、绿色转型和风险防范，全面提升 ESG 管理能力，获得资本市场支持，从而加快做优做强的步伐，提升上市公司在资本市场的竞争力。

二是深化提高理论创新和技术创新的水平。新中国成立 70 多年来，地质工作者基本摸清了我国矿产资源情况，在目前的国际形势下，保障国家能源资源安全首先要加大国内找矿力度。要取得找矿新突破，必须依靠扎实的地质找矿理论和技术创新。矿产行业应立足新发展阶段、贯彻新发展理念、构建新发展格局，聚焦"存量提效、增量转型"的发展思路，以国家重大专项需求、传统产业绿色低碳转型、产业技术水平提升为重点，开展关键核心技术攻坚战。针对国内资源禀赋不佳而后端产业发展迅速、需求量大的矿种，应把工作重点放在低品位矿回收和综合利用的技术创新上，促进科学研究、技术开发与公司发展相结合，促进科技成果产业化、市场化，构建以技术为先导的全球竞争力，推动公司可持续发展战略的实施。

三是统筹协调生态保护和能源保障的关系。党的十八大以来，绿色矿山建设从倡议探索到试点示范再到上下联动推进，成为推动矿业领域生态文明建设的重要平台和生动实践。自然资源部在 2018 年发布了有色金属、煤炭等 9 个行业绿色矿山建设标准规范，15 个省份陆续因地制宜研制发布了地方标准，绿色矿山标准基本确立。《中华人民共和国国民经济和社会发展第十四个五年规划和 2035 年远景目标纲要》明确提出，在"十四五"期间，要加强矿山生态修复，提高矿产资源开发保护水平，发展绿色矿业，建设绿色矿山。当前，生态环保硬性约束趋严，倒逼采矿业上市公司高度重视绿色矿山建设，在促进资源节约、高效利用、生态修复治理、环保工艺开发等方面发挥行业优势，实现生态环境保护与能源资源保障的动态平衡。

四是坚持履行服务社会和共赢发展的承诺。企业的发展离不开运营所在地政府、社区、民众的长期支持和帮助，因此，应高度重视运营所在地经济社会发展，积极主动承担社会责任，在保障自身经营发展的同时，通过环境保护、专项资金、志愿协助、应急救援等多种形式，支持社区基础设施、就业、经济发展，促进地企和谐。矿产资源的开采和交易可以为矿区所在地带来收入，推动社会经济发展，带动社区繁荣，并且能够促进社区、供应链上的企业或合作方以及个人之间形成互利关系，采矿业上市公司应不断增强供应链管理，打造与利益相关方共赢生态圈，主动承担社会责任，与所在地社区共同发展，构建互利共赢的地企关系。

五是持续提高治理水平和信息披露的质量。中国证监会近期出台多项政策鼓励和推进 ESG 基金投资的发展。2022 年 4 月，中国证监会发布《关于加快推进公募基金行业高质量发展的意见》，提出要引导行业总结 ESG 投资规律，大力发展绿色金融，积极践行责任投资理念，改善投资活动环境绩效，服务绿色经济发展。因此，面对近年来我国矿产勘查投入持续下滑，采矿业固定资产投资大幅收缩，关键矿产与材料产业供应链面临巨大风险的现实情况，采矿业应该积极加入 ESG 信息披露的队伍中来，以 ESG 管理为抓手，健全信息披露管理制度，逐步提升信息披露质量和公司治理水平，有效化解地缘政治风险，实现采矿业和公司自身的可持续发展。

三　采矿业上市公司 ESG 典型实践案例

案例 1：紫金矿业推进矿山生态修复　实现绿色发展[①]

紫金矿业集团股份有限公司（以下简称"紫金矿业"）全力推进绿色

---

① 紫金矿业集团股份有限公司《2021 年环境、社会及管治报告》。

矿山、花园式矿山建设，努力探索一条矿山生产建设与生态环保相容兼顾、有机融合、相互促进的绿色矿业发展之路。公司制定了《绿化工作导则》，为子公司绿化设计、复垦与水土保持工作的开展提供合规和技术参照，在所有运营点开展生态修复工作，确保绿化覆盖率达到可绿化面积的100%。同时制定了《环保生态检查管理规定》和《环保生态考核管理制度》，定期对矿区生态补偿、生态恢复等成效进行核查，并对各子公司环保生态年度目标绩效实行责任制考评。目前，紫金矿业拥有国家级绿色矿山13座、省级绿色矿山3座、绿色工厂7个、矿山公园1个。2021年，公司共投入生态恢复资金约3.35亿元，恢复植被面积约776万平方米，种植树木约115万株，尽可能实现了应恢复尽恢复（见图11）。

图11　2017~2021年紫金矿业矿山修复数据

案例 2：中煤能源持续开展帮扶工作　助力乡村振兴①

中国中煤能源股份有限公司（以下简称"中煤能源"）贯彻落实党中央关于巩固拓展脱贫攻坚成果同乡村振兴有效衔接的文件精神，严格落实"四个不摘"要求，努力克服新冠疫情不利影响，坚持力度不减、干劲不松、标准不降，用心用情用力做好定点帮扶工作。

中煤能源投资建设河北省平乡县中煤聚烯烃改性实验基地项目，依托中

---

① 中国中煤能源股份有限公司《2021环境、社会及管治报告》。

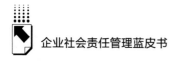

煤能源煤制聚烯烃产品技术、性能、营销优势，以定制化产销方式为主，为平乡县及周边市场提供高附加值新材料产品，带动当地塑料产业升级，助力当地童车产业高质量发展。2021 年 7 月，该项目首次生产玻纤增强聚丙烯50 吨并试销进入当地工厂，标志着该项目全面投产，为平乡县巩固脱贫成效、推进乡村振兴、促进经济发展作出积极贡献。

案例 3：中国神华构建 ESG 管理体系　提升治理水平①

中国神华能源股份有限公司（以下简称"中国神华"）制定《环境、社会与公司治理管理办法（试行）》，从组织机构、管理目标、工作流程、监督考核等方面保障 ESG 管理体系实施。按照公司《"十四五"ESG 治理专项规划》和《中国神华 2021 年 ESG 工作要点》，各 ESG 工作组以 ESG 信息化建设为抓手，系统思考、整体谋划 ESG 发展战略，开展 ESG 专项行动，推动 ESG 治理体系规范化、标准化和信息化。

公司建立了 ESG 目标管理机制，覆盖碳排放、污染物排放、能源消耗、水资源管理等主要 ESG 绩效指标，并由董事会定期检查目标进展情况。公司将安全生产、节能环保、合规经营等 ESG 指标纳入管理层和子分公司年度绩效考核体系中，推动公司 ESG 目标达成（见图 12）。

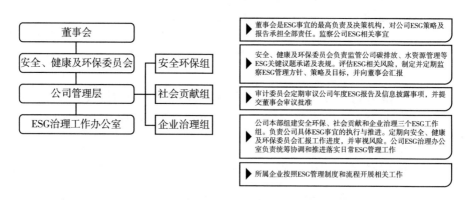

图 12　中国神华能源股份有限公司 ESG 治理体系

---

① 中国神华能源股份有限公司《2021 年环境、社会责任和公司治理报告》。

B.12
建筑业上市公司 ESG 评价分析

邵晓鸥 高慧莹*

摘 要: 本报告重点评价分析了建筑业上市公司的 ESG 实践水平。研究
发现，建筑业上市公司在经济维度、环境维度和社会维度的平均
水平均为 BB 级，在治理维度的平均水平为 B 级，行业整体的
ESG 信息披露表现不佳。建筑业上市公司虽然已经建立了风险管
理制度，但对风险的识别与监测并不完全，仍需进一步强化风险
管理能力，并以此为切入点，全面评估企业 ESG 管理能力，不
断推进 ESG 管理机制建设，持续提高 ESG 管理专业化能力。

关键词: 建筑业 ESG 上市公司 绿色建造

"十三五"期间，我国建筑业改革发展成效显著，全国建筑业增加值年
均增长 5.1%，占国内生产总值比重保持在 6.9%以上。[①]"十四五"时期是
新发展阶段的开局起步期，是实施城市更新行动、推进新型城镇化建设的机
遇期，也是加快建筑业转型发展的关键期。建筑业作为国民经济支柱产业的
作用不断增强，为促进经济增长、缓解社会就业压力、推进新型城镇化建
设、保障和改善人民生活、决胜全面建成小康社会作出重要贡献。在取得成
绩的同时，建筑业依然存在发展质量和效益不高的问题，集中表现为发展方

---

* 邵晓鸥，北京融智企业社会责任研究院院长助理、北京融智企业社会责任研究院可持续发
展部部长，中国工业企业社会责任研究智库专家、研究院电力能源行业首席专家，主要从
事企业社会责任管理等领域的研究；高慧莹，北京融智企业社会责任研究院副研究员，研
究方向为 ESG 市场调研。
① 数据来源：住房和城乡建设部《"十四五"建筑业发展规划》。

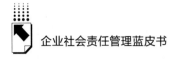

式粗放、劳动生产率低、高耗能高排放、市场秩序不规范、建筑品质总体不高、工程质量安全事故时有发生等。建筑业上市公司的 ESG 表现越来越受到投资者的关注。

按照中国证监会分类标准，本报告主要从上证 180、深证 100、沪深 300、科创 50、明晟中国 A 股国际通指数（MSCI CHINA 200）等 A 股成分股中筛选出共 9 家建筑业上市公司，占本书上市公司样本总量（489 家）的 1.84%。本报告的信息主要来源于万得（Wind）数据库、Choice 数据库、企业年度报告、社会责任报告和官方网站以及权威组织平台公开披露的样本企业财务信息和非财务信息。本报告重点评价分析 9 家建筑业上市公司 ESG 实践水平。

2021 年建筑业上市公司的 ESG 评价指标体系共有经济、社会、环境和治理 4 个评价维度 18 类评价指标 51 项关键评价指标。在此基础上，本报告从行业政策趋势、发展现状、发展特点、面临的风险和发展机遇等方面，增加行业侧重指标和行业风险议题进行综合评分。ESG 评级结果共分为九级，分别为 AAA、AA、A、BBB、BB、B、CCC、CC、C。本报告通过对 2021 年中国上市公司建筑业 9 家样本企业 ESG 绩效作深入分析，发现建筑业上市公司在经济维度、环境维度和社会维度的表现处于评价体系的中间水平，而治理维度处于偏下的位置。加强风险管理成为提升各维度评价等级的重要因素。

一 建筑业上市公司 ESG 评价研究五大发现

（一）研究发现1：行业整体表现不佳，风险防范至关重要

2021 年 9 家建筑业上市公司中，没有企业获得 A 级及以上评级，5 家被评为 B~BBB 级，占比 55.56%，4 家被评为 C~CCC 级，占比 44.44%（见图 1）。整体 ESG 表现不佳，行业平均水平处于评价体系的中下游。在本次评价中获得 BBB 级的 2 家企业分别为中国冶金科工股份有限公司（以

下简称"中国中冶") 和中国能源建设股份有限公司（以下简称"中国能建"），成为建筑业上市公司 ESG 评价结果表现最好的 2 家企业。

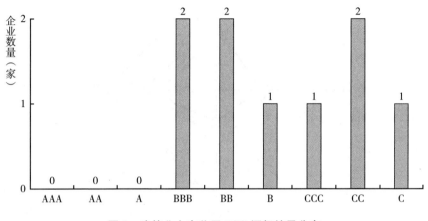

图1　建筑业上市公司 ESG 评级结果分布

在本报告考察的经济维度、环境维度、社会维度和治理维度这 4 个维度中，社会维度平均得分最高，为 53.58 分；其次为经济维度，为 51.66 分，治理维度平均得分为 48.01 分；环境维度平均得分最低，为 45.54 分（见图2）。在经济维度，各类业主高负债、高杠杆使建筑业上市公司经营风险不断攀升，偿债能力成最大风险。在环境维度，党中央、国务院对"双碳"工作作出了全面部署，这将对建筑业上市公司的转型升级产生广泛、深远甚至是"革命性"的影响。在社会维度，员工权益与发展和供应链管理作为 ESG 评价的重要议题，建筑业上市公司在这两个指标的信息披露程度较低，仍需进一步加强社会维度的风险因素识别，提高上市公司的抗风险能力，同时也有利于提高投资者对企业的信心。在治理维度，ESG 管理与信息披露表现突出，但组织治理和合规风险管理建设尚不完善，建筑业上市公司需要重视董事会 ESG 管理与公司 ESG 管理制度的建设，加强风险监测与防控，着力提升 ESG 管理水平。

在建筑业上市公司的 ESG 评价前五名中，综合评价结果为 BBB 级、BB级的企业各 2 家，1 家企业评级结果为 B 级（见表1）。前五名的上市公司

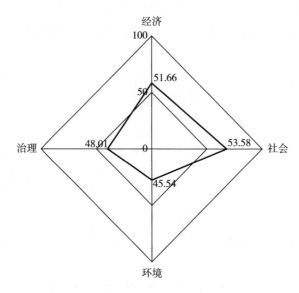

图2　建筑业上市公司各维度平均得分

在经济维度处于中游及下游水平，主要考虑外部冲击带来的不稳定因素造成的经营风险。前三名企业在环境维度表现为 A ~ AA 级，是前五名在各维度获得的最高水平评级，说明已有企业在环境维度作出了良好的责任实践。在社会维度和治理维度，前五名上市公司的表现均在 BB ~ BBB 级的水平，处于评价体系的中等水平。总体来看，经济维度和环境维度的表现是成为前五名企业评级结果的关键因素。

表1　建筑业上市公司 ESG 评价前五名

排名	股票简称	综合评价	经济维度评价	环境维度评价	社会维度评价	治理维度评价
1	中国中冶	BBB	BB	AA	BB	BB
2	中国能建	BBB	BBB	A	BBB	BBB
3	中国中铁	BB	CCC	AA	BB	BB
4	中国交建	BB	CCC	BB	BBB	BB
5	中国建筑	B	BB	CC	BBB	BBB

（二）研究发现2：不利因素持续存在，企业实现平稳过渡

中国上市公司 ESG 评价的经济维度主要考察企业经营方面的经济绩效，包括盈利能力、成长能力、偿债能力及投资价值。2021 年，建筑业上市公司经济维度的平均水平为 BB 级。其中，1 家上市公司在经济维度获得 A 级评价（见图3），为建筑业上市公司在经济维度的最高评级，是中国化学工程股份有限公司（以下简称"中国化学"），其他上市公司获得 CCC~BBB 级评价，处于中等及偏下水平。受新冠疫情冲击、宏观经济降低杠杆等诸多因素影响，经济面临需求收缩、供给冲击、预期转弱三重压力，建筑业同样面临严峻挑战。国家在宏观经济调控中坚持稳字当头，一方面，受到地产行业政策收紧影响，建筑业上市公司经营活动受到相应冲击；另一方面，固定资产投资逐步趋稳，行业发展平稳过渡。

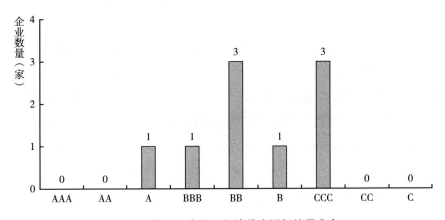

图3 建筑业上市公司经济维度评级结果分布

上市公司的盈利能力主要通过净利润同比增长率和净资产收益率（ROE）等指标来衡量。建筑业上市公司盈利能力指标的平均得分为 55.87 分（见图4），最高得分为 68.98 分，最低得分为 0.41 分。获得最低得分的企业是苏州金螳螂建筑装饰股份有限公司（以下简称"金螳螂"），其重要客户发生票据违约事件，导致公司出现严重亏损，住宅类

项目合同产值同比下降 57%。[①] 2021 年，中国新型城镇化建设快速推进，绿色建筑、绿色建造为建筑业转型赋能，除金螳螂以外的 8 家上市公司均实现了净利润和净资产收益率的正向增长，增速相对稳定。

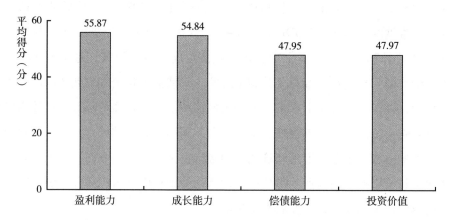

图 4　建筑业上市公司经济维度二级指标平均得分分布

上市公司的成长能力主要通过营业收入同比增长率和分红金额同比增长率等指标来衡量。建筑业上市公司成长能力指标的平均得分为 54.84 分，最高得分为 75.32 分，最低得分为 0.65 分。与盈利能力指标一样，金螳螂由于经营过程中出现风险问题在成长能力指标获得最低得分。将近 90% 的上市公司实现营业收入和分红金额正向增长。通过对比近 3 年的财务指标发现，受新冠疫情冲击、宏观经济降低杠杆等影响，建筑业上市公司营业收入增速放缓，成长能力水平未有大幅提高。

上市公司的偿债能力主要通过速动比率、流动比率等指标来衡量。建筑业上市公司偿债能力指标的平均得分为 47.95 分，最高得分为 94.97 分，最低得分为 19.85 分。金螳螂在偿债能力指标得分最高，这虽然表明其偿债能力较强，抗风险能力较好，但也存在企业流动资金利用不充分、获利能力不强的可能性，这也是导致其净利润出现负增长的因素之一。当前，

① 数据来源：苏州金螳螂建筑装饰股份有限公司 2021 年年度报告。

国家出台多项房地产调控政策，各大房地产商目前普遍采用的大节点付款方式对建筑业上市公司造成更大的资金压力，行业整体偿债能力将继续承压。

上市公司的投资价值主要通过市盈率（TTM）和市净率（MRQ）等指标来衡量。建筑业上市公司投资价值指标的平均得分为 47.97 分，最高得分为 94.46 分，最低得分为 15.34 分。2 家企业在投资价值指标获得 AAA 级评价，分别是中国化学和中国能源建设股份有限公司（简称"中国能建"）。当前，国内建筑市场将从中速增长期进入中低速发展期，在整体宏观经济环境下行压力加大的背景下，建筑业的市盈率与市净率均接近历史低点，而拥有融资和技术优势的企业有望维持市场占有率的持续扩张。因此，建筑业上市公司应注重附加资产价值提升，争取实现价值重估。

（三）研究发现3：环境管理约束趋严，低碳转型势在必行

中国上市公司 ESG 评价的环境维度主要考察企业在环境管理、绿色创新、资源能源利用、废弃物排放、生态环境保护、应对气候变化等方面的信息披露水平。2021 年，建筑业上市公司环境维度的平均水平为 BB 级。其中，2 家上市公司获得 AA 级评价（见图 5），分别为中国中冶和中国中铁股份有限公司（简称"中国中铁"）。党中央、国务院先后出台了《中共中央国务院关于完整准确全面贯彻新发展理念　做好碳达峰碳中和工作的意见》和《关于推动城乡建设绿色发展的意见》，明确提出要推广绿色低碳建材和绿色建造方式，加快推进新型建筑工业化，大力发展装配式建筑，重点推动钢结构装配式住宅建设，推动形成完整产业链，推动智能建造和建筑工业化协同发展。而针对建筑业当前存在的发展方式粗放、劳动生产率低、高耗能高排放等问题，各项文件的出台和工作部署对建筑业来说既是挑战，也是新的机遇。

上市公司的环境管理主要通过环保理念和环境管理体系等指标来衡量。建筑业上市公司环境管理指标的平均得分为 51.25 分（见图 6），最高得分为 100.00 分，最低得分为 0.00 分。研究发现，仅 2 家上市公司建立了完备

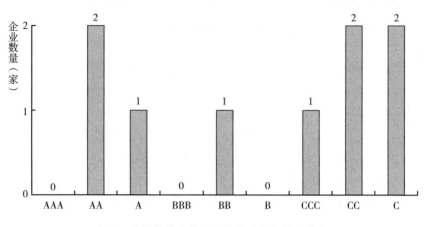

图5　建筑业上市公司环境维度评级结果分布

的环境管理体系,大部分上市公司没有披露环境管理的顶层设计和制度建设等内容,整体表现不佳。从规划设计开始,到施工、运行和后期的装修入户,乃至最终拆迁的生命周期内,除规划设计外,建筑其他阶段都伴随着资源利用、能源输入以及废水、废气、废物的排放。因此,建筑业上市公司贯彻可持续发展理念,建立并持续完善环境管理体系十分迫切。

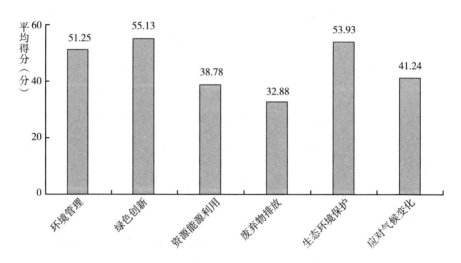

图6　建筑业上市公司环境维度二级指标平均得分分布

上市公司的绿色创新主要通过环保技术或环保产品、绿色技术和环保投入等指标来衡量。建筑业上市公司绿色创新指标的平均得分为 55.13 分，最高得分为 88.98 分，最低得分为 0.00 分。研究发现，已有 4 家上市公司在本指标获得 A~AA 级评价，表现较好。尽管绿色创新作为环境维度表现最好的指标，但仍有企业未在绿色创新方面披露任何有效信息，若想赶超榜首企业，还需以绿色技术创新为抓手，助力企业实现绿色转型升级。

本报告从建筑业政策趋势、发展现状、发展特点等方面，筛选出绿色技术为建筑业的行业侧重指标。上市公司均在绿色技术方面表现不佳，有大幅提升空间。建筑业上市公司亟须开展生态环境保护技术研发，推动在建筑设计、施工、运营中应用绿色技术，全力推进生态环保项目建设，实现高质量发展。

上市公司的资源能源利用主要通过综合能源消耗量、单位产值能耗或能源消耗密度、水资源消耗量密度和能源使用效益目标制定等指标来衡量。建筑业上市公司资源能源利用指标的平均得分为 38.78 分，最高得分为 75.00 分，最低得分为 0.00 分。研究发现，建筑业上市公司在资源能源利用方面的表现较差，仅 1 家上市公司获得 A 级评价，其余企业获得中等及偏下水平评价。为改善现有评价结果，建筑业上市公司应响应国家"建设资源节约型社会"号召，围绕"四节一环保"（节能、节地、节水、节材和环境保护），将资源节约与能源利用理念融入项目规划、设计、建设、运营、维护全生命周期，持续优化能源消费结构，努力形成资源节约型、环境友好型产业结构和生产方式。

上市公司的废弃物排放主要通过有害废弃物密度降低情况和无害废弃物密度降低情况等指标来衡量。建筑业上市公司废弃物排放指标的平均得分为 32.88 分，最高得分为 100.00 分，最低得分为 0.00 分。研究发现，废弃物排放是环境维度表现最差的指标，除 3 家上市公司获得 AAA 级评价，其余企业均处于 C~CCC 级的水平。而建筑业本就具有高耗能高排放的特点，住房和城乡建设部印发的《"十四五"建筑业发展规划》提出，到 2025 年，新建建筑施工现场建筑垃圾排放量控制在每万平方米 300 吨以下，建筑废弃

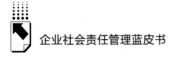

物处理和再利用的市场机制初步形成，建设一批绿色建造示范工程。因此，建筑业上市公司做好废弃物排放势在必行。

上市公司的生态环境保护主要通过危废物资处置和生物多样性保护等指标来衡量。建筑业上市公司生态环境保护指标的平均得分为53.93分，最高得分为100.00分，最低得分为0.00分。研究发现，建筑业上市公司在本指标的表现均不突出，存在未进行有效披露的企业。建筑业在施工建设、运营乃至拆除过程中对土地和环境的影响是客观存在的，建筑业上市公司应在生产过程中对在建工程项目、作业场所进行环境因素识别和评估，建立生态环保监控监测体系，并加强对项目部生态环保工作的过程管控，降低施工生产对生物种群造成的影响，规避环境风险。

上市公司的应对气候变化主要通过将应对气候变化融入战略、应对气候变化风险管理、应对气候变化政策及措施和温室气体排放密度下降情况等指标来衡量。建筑业上市公司应对气候变化指标的平均得分为41.24分，最高得分为93.67分，最低得分为0.10分。研究发现，有1家上市公司在本指标获得AAA级最高评价，55.56%的企业处于下游水平。气候变化对建筑业产生的影响主要有极端天气导致的在建工程延期、设备损害、人员与财产损失，造成项目延期，间接影响项目履约。同时，国家及地方政府相继出台碳减排政策，市场更加偏好低碳环保的产品等变化同样对企业的经营发展产生影响。因此，建筑业上市公司需要意识到气候变化对企业造成的潜在风险，并积极采取措施进行规避。

（四）研究发现4：重要议题披露欠缺，制度建设有待加强

中国上市公司ESG评价的社会维度主要考察企业在社会层面的员工权益与发展、供应链管理、客户权益保护、社区发展等方面的信息披露情况。2021年，建筑业上市公司在社会维度的平均水平为BB级。其中，44.44%的上市公司获得BBB级评价，没有企业获得A级及以上评价，行业整体表现一般（见图7）。建筑业是劳动密集型行业，在职工健康安全、工程质量、社区关系等方面的社会风险尤为突出。建筑业上市公司应高度重视员工权益

保障，制定供应链风险与合规管理办法，建设有序可控的供应链管理体系，建立健全质量管理体系，实现工程质量水平的持续提高，推动企业实现可持续发展。

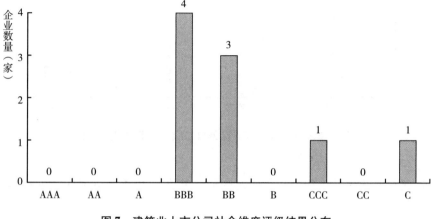

图7　建筑业上市公司社会维度评级结果分布

上市公司的员工权益与发展主要通过员工公平招聘、职业健康安全管理、员工培训投入和员工关爱等指标来衡量。建筑业上市公司员工权益与发展指标的平均得分为 43.68 分（见图8），最高得分为 88.43 分，最低得分为 12.37 分。研究发现，仅 1 家上市公司获得 AA 级评价，其余企业均处于中等及偏下水平。员工是企业发展的基石，工程建设中安全风险高，伤亡事故时有发生，建立健全职业健康安全管理制度至关重要，建筑业上市公司应高度重视员工的权益保障，建立多元化的人才培养机制，为企业发展提供和谐、稳定的人才队伍。

上市公司的供应链管理主要通过供应商识别与评估和供应链社会与环境社会风险管理等指标来衡量。建筑业上市公司供应链管理指标的平均得分为 39.21 分，最高得分为 53.11 分，最低得分为 3.11 分。研究发现，供应链管理是社会维度表现最差的指标，9 家上市公司均处于中等偏下水平，且有 2 家上市公司获得 0 分。建筑业上市公司在分包履约、采购、安全、质量、用工、环境等各个方面涉及多方供应商，需要不断优化和完善供应

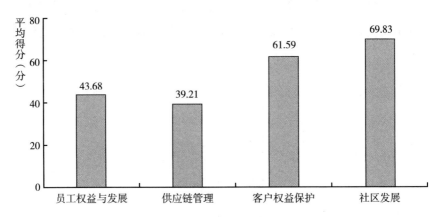

图 8　建筑业上市公司社会维度二级指标平均得分分布

商管理制度和体系，积极与供应商沟通，共同推动建设负责任、可持续的供应链。

上市公司的客户权益保护主要通过产品质量管理、产品创新和客户服务措施等指标来衡量。建筑业上市公司客户权益保护指标的平均得分为 61.59 分，最高得分为 93.55 分，最低得分为 0.00 分。研究发现，55.56% 的上市公司获得 A～AAA 级评价，仅 22.22% 的上市公司获得 C～CC 级评价，在社会维度表现较好。工程质量安全始终是建筑业实现可持续发展的生命线，客户是企业生存和发展的基础，建筑业上市公司应以数字化赋能为支撑，健全工程质量安全管理机制，防范化解重大质量安全风险，高质量地完成项目交付。

上市公司的社区发展主要通过社区参与和社会公益活动等指标来衡量。建筑业上市公司社区发展指标的平均得分为 69.83 分，最高得分为 89.48 分，最低得分为 0.00 分。研究发现，66.67% 的上市公司获得 AA 级评价，在社会维度表现最好。建筑业上市公司的项目工地遍布全国各地乃至海外，投身和谐社区建设、赢得项目驻地社区的认可与支持对企业顺利推进项目十分必要，可通过工程帮扶、促进带动就业等举措，助力乡村振兴，助力实现共同富裕。

（五）研究发现5：风险管理体系薄弱，治理水平亟须提高

中国上市公司 ESG 评价的公司治理维度主要考察企业在治理层面的组织治理、合规风险管理、ESG 管理和信息披露等方面的表现。2021 年，建筑业上市公司在治理维度的平均水平为 B 级，行业整体表现欠佳。其中，2 家上市公司获得 BBB 级评价（见图 9）。ESG 管理与信息披露指标表现较好，9 家上市公司中有获得 A 级评价的企业，而组织治理和合规风险管理方面表现一般。建筑业上市公司需要继续加强制度建设和合规风险管理体系建设，完善 ESG 管理办法，不断提升治理能力，持续提高治理水平。

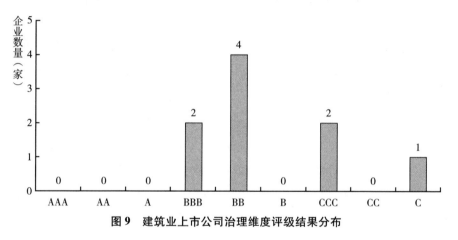

图 9　建筑业上市公司治理维度评级结果分布

上市公司的组织治理主要通过董事会多元化、董事会 ESG 管理、股东关系管理、小股东利益保护和反贪污等指标来衡量。建筑业上市公司组织治理指标的平均得分为 39.59 分（见图 10），最高得分为 68.49 分，最低得分为 3.40 分。研究发现，没有企业获得 A 级及以上评价，行业整体表现不佳。建筑业上市公司在董事会多元化和董事会 ESG 管理等方面的信息披露水平较低，企业在组织治理方面的突出表现是其治理维度获得较好评价的前提条件，多元化的董事会结构与合理化的 ESG 管理制度有助于企业进行科学决策，推动优化股东关系管理，加强小股东利益保护等，从而全面提高组织治理水平。

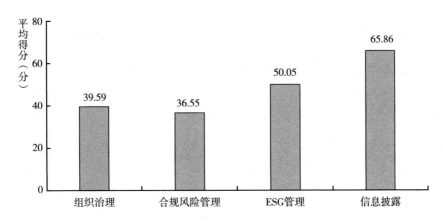

图 10　建筑业上市公司治理维度二级指标平均得分分布

　　上市公司的合规风险管理主要通过制定风险防控计划、风险评估、风险监测预警和内控合规等指标来衡量。建筑业上市公司合规风险管理指标的平均得分为 36.55 分，最高得分为 76.10 分，最低得分为 1.93 分。研究发现，仅 1 家上市公司获得 A 级评价，行业整体处于中等及偏下水平，在治理维度表现最差。建筑业上市公司在风险评估、风险监测预警等方面的披露水平较低，而建筑业面对气候变化、污染物排放、供应链质量安全和腐败争议等各项风险事项，需要对重大风险和专项风险进行动态监测，有针对性地制定风险防控计划和合规管理办法，有效提高上市公司规范运作水平，保护上市公司和全体股东的合法权益。

　　上市公司的 ESG 管理主要通过 ESG 相关能力提升培训、ESG 治理架构、ESG 或 CSR 专员设置和 ESG 或 CSR 绩效管理等指标来衡量。建筑业上市公司 ESG 管理指标的平均得分为 50.05 分，最高得分为 75.03 分，最低得分 25.09 分。研究发现，77.78% 的上市公司已经在不同程度上建立了 ESG 治理架构，但在其他方面的表现仍不理想，仅 22.22% 的企业进行有效披露，且披露水平并不高。建筑业上市公司需要持续完善 ESG 管理办法，夯实 ESG 管理的制度基础，主动建立与资本市场的 ESG 信息反馈机制，全面提升 ESG 管理能力和水平。

　　上市公司的信息披露主要通过信息披露渠道和利益相关方参与等指标来

衡量。建筑业上市公司信息披露指标的平均得分为 65.86 分，最高得分为 70.80 分，最低得分为 26.33 分。研究发现，信息披露是治理维度表现最好的指标，8 家上市公司获得 A 级评价，仅 1 家上市公司获得 CC 级评价。建筑业上市公司在规划设计、建设、运营乃至拆除等过程，分包履约、采购、安全、质量、用工、环境等方面均面临诸多利益相关方，如政府、股东、客户、社区等。因此，建筑业上市公司应提升利益相关方获取 ESG 信息的便捷性，及时回应利益相关方关切，不断强化 ESG 信息披露。

二　建筑业上市公司 ESG 评价总结

通过本报告分析，建议建筑业上市公司重点关注以下几方面。

一是研判行业潜在风险，化解外部冲击的影响。迈入"十四五"时期，国内建筑市场将从中速增长期进入中低速发展期，在整体宏观经济环境下行压力加大的背景下，建筑业上市公司应从追求高速增长转向追求高质量发展，从"量"的扩张转向"质"的提升，走出一条内涵集约式发展新路。同时需要加强对行业潜在风险的前瞻性研究和预判，深刻认识外部环境的复杂变化，准确把握建筑业改革发展面临的新问题新挑战，化挑战为机遇，有效防范经营风险、环境风险、安全生产风险等，保障企业实现可持续发展。

二是持续优化产业布局，提供长远发展的活力。随着国家积极实施"一带一路"建设、京津冀协同发展、长江经济带发展、雄安新区和粤港澳大湾区建设，以及继续深入推进新型城镇化、乡村振兴战略、棚户区改造，加强中西部交通设施的改进，乡村建设、综合管廊、海绵城市、绿色环保、污染治理等新兴市场有望快速增长，基建市场整体处于平稳健康的发展趋势。因此，建筑业上市公司应紧扣市场需求，深化市场调研并积极布局，以工业化、绿色化和智能化赋能企业转型升级，为企业注入发展新动能。

三是加快企业绿色转型，改变粗放发展的方式。"十四五"时期是新发展阶段的开局起步期，是实施城市更新行动、推进新型城镇化建设的机遇期，也是加快建筑业转型发展的关键期。为解决发展方式粗放、劳动生产率低、高耗能高排放等问题，建筑业上市公司应向精细化发展模式转变，全力推进低碳转型，以践行国家"双碳"战略为导向，发挥传统技术集成和新技术创新的驱动作用，坚持绿色生产，发展绿色建造，减少材料和能源消耗，降低建造过程碳排放量，积极主动应对全球气候变化，实现更高质量、更有效率、更可持续的发展。

四是积极践行社会责任，共享合作共赢的成果。建筑业具有比较明显的区域性产业特征，建筑业上市公司需要秉承项目和社区共同可持续发展的理念，关注社会各界不同群体需要，密切关注项目所在地的民生发展与社会进步，全力帮助当地社区开展扶危济困、促进就业、乡村振兴、生态保护等方面的责任实践。在项目建设、运营过程中，还要关注供应链上下游、客户等重要利益相关方的期待与诉求，打造负责任的供应链，提供高质量的交付成果，构建互利共赢的生态圈，实现企业与各利益相关方的共同发展。

五是健全风险管理体系，建立科学治理的机制。目前，中国的 ESG 投资开始步入快速发展阶段，市场关注度明显提升。建筑业上市公司亟须识别、评估及管理对其业务产生重要影响的环境和社会风险等，以及供应链每个环节的环境和社会风险，补充并完善公司全面风险管理体系，降低环境和社会风险，有效规避经营风险，把可持续发展理念持续融入公司治理，提高 ESG 综合管理绩效，提升资本市场投资者对建筑业上市公司的信心，打造企业可持续发展竞争力。

三　建筑业上市公司 ESG 典型实践案例

案例 1：中国中铁推广清洁能源技术　强化环保治理[①]

中国中铁在深圳地铁 6 号线设计中，充分利用日照条件充足、太阳能

---

① 中国中铁股份有限公司《2021 年度环境、社会与管治报告暨社会责任报告》。

资源丰富的特点，在 12 个高架站钢结构屋面上均安装了光伏发电板，每年平均发电量约 234 万千瓦时，25 年设计寿命期内预计可发电 5856 万千瓦时，相当于替代了 2.34 万吨标准煤，减排二氧化碳 22.59 万吨，实现纯经济收益约 5047 万元。该线成为国内首次分布式光伏发电规模化应用的地铁线。

案例 2：中国中冶开展工程帮扶项目　助力乡村振兴[①]

中国中冶深入落实习近平总书记"七一"讲话精神，扎实开展以工程建设助力乡村振兴系列活动。下属子企业中国二十冶自 2016 年以来，在广西巴马瑶族自治县承建了建筑、市政、旧城改造、移民搬迁、交通旅游、医疗卫生、教育培训和民生改善工程等共计 51.25 亿元的重大民生工程，拉动当地就业近 5000 人，支出劳务工资 4.55 亿元，促进人均年增收近 2000 元，实现当地施工产值 1.46 亿元，税收落地 6547 万元等，助力巴马乡村振兴惠及人民群众。

案例 3：中国能建优化 ESG 管理机制　持续提升管理水平[②]

中国能建高度重视 ESG 管治工作，制定并实施了《社会责任管理办法》，在社会责任工作委员会领导下，联合各部门社会责任联络员，就公司营运及 ESG 绩效进行讨论，分析公司 ESG 实质性议题，并对实质性议题的相关绩效及影响进行评估，构建了"计划—执行—检查—行动"的 PDCA 社会责任管理长效机制。同时，公司还制定了成熟的 ESG 绩效报送流程，并且结合内外部环境逐年有针对性地优化 ESG 信息披露质量，持续提升 ESG 管理专业化能力（见图 11）。

---

① 《中国中冶 2021 年度社会责任报告暨 ESG（环境、社会与管治）报告》。
② 《中国能源建设股份有限公司社会责任（ESG）报告（2021 年）》。

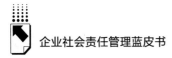
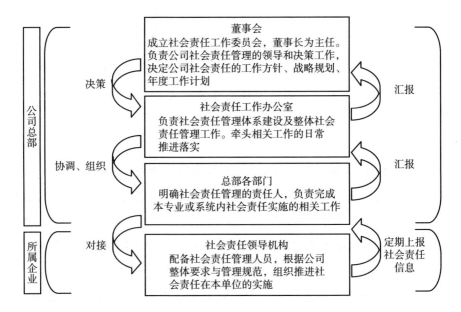

图 11 中国能建 ESG 管理组织体系

B.13
房地产业上市公司 ESG 评价分析

邵晓鸥 罗琴秀*

摘 要： 本报告主要通过经济、社会、环境、治理四个维度，对房地产业
9家上市公司 ESG 信息披露情况与实践水平进行了系统分析。研
究发现，房地产业 ESG 绩效整体表现欠佳，1/3 的企业 ESG 评
级分布在 C~CCC 级，社会维度评价综合得分较高，环境维度评
价表现最差，经济维度综合得分有待提升。建议房地产业上市公
司重点关注提升环境信息披露水平；严控产品质量，推动企业与
利益相关方和谐共赢；明确公司内部 ESG 权责，提升信息披露
质量和透明度；提升短期偿债能力，用好绿色金融工具，加快探
索建筑领域可持续发展新路径。

关键词： ESG 房地产业 中国上市公司

房地产业作为国民经济的支柱产业，具有产业链长、关联度大的特点，
直接或间接地引导和影响很多相关产业的发展。受到政策环境和宏观经济的
影响，2021年，房地产业整体发展较为困难，市场跌宕起伏。一方面，土
地市场快速冷却，全年土地购置费出现历史首次负增长；另一方面，住房金
融环境趋紧，企业融资端近乎面临全口径收紧局面。因而，房地产业可持续

---

* 邵晓鸥，北京融智企业社会责任研究院院长助理、北京融智企业社会责任研究院可持续发展
部部长，中国工业企业社会责任研究智库专家、研究院电力能源行业首席专家，主要从事企
业社会责任管理等领域的研究；罗琴秀，北京融智企业社会责任研究院副研究员，研究方向
为企业 ESG 理论与实践。

发展能力值得重点关注。按照中国证监会分类标准，本报告主要从上证180、深证100、沪深300、科创50、明晟中国A股国际通指数（MSCI CHINA 200）等A股成分股中筛选出共9家房地产业上市公司，占本书上市公司样本总量（489家）的1.84%。本报告的信息主要来源于万得（Wind）数据库、Choice数据库、企业年度报告、社会责任报告和官方网站以及权威组织平台公开披露的样本企业财务信息和非财务信息。本报告重点评价分析9家房地产业上市公司ESG实践水平。

2021年房地产业上市公司的ESG评价指标体系共有经济、社会、环境和治理4个评价维度17类评价指标49项关键评价指标。在此基础上，本报告从行业政策趋势、发展现状、发展特点、面临的风险和发展机遇等方面，增加绿色技术、绿色金融工具等行业侧重指标，以及产品责任、管理、腐败等行业风险议题进行综合评分。ESG评级结果共分为九级，分别为AAA、AA、A、BBB、BB、B、CCC、CC、C。本报告通过对2021年中国上市公司房地产业9家样本企业ESG绩效作深入分析，发现样本企业ESG信息披露整体表现欠佳，其中社会维度评价综合得分较高，环境维度评价综合得分最低，经济维度表现有待优化。

一 房地产业上市公司 ESG 评价研究五大发现

（一）研究发现1：房地产业上市公司 ESG 评级整体表现欠佳，仅1家企业被评为 AA 级

2021年9家房地产业上市公司中，1家企业评级为AA级，占比为11.11%；5家被评为B~BBB级，占比55.56%；3家企业评级为C~CCC级，占比为33.33%（见图1）。9家房地产业上市公司ESG整体表现欠佳，其中，评级为AA的上市公司为万科企业股份有限公司（以下简称"万科A"），其公司治理及社会维度的评级得分均居前列。

从房地产业上市公司四大维度平均得分来看，社会维度平均得分最高，

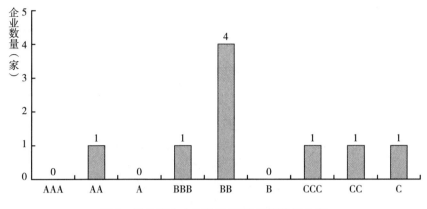

图 1 房地产业上市公司 ESG 评级结果分布

为 58.80 分；其次为治理维度，平均得分 55.72 分；经济维度平均得分 50.61 分；环境维度表现最差，平均得分仅 26.11 分（见图 2）。整体而言，2021 年房地产业上市公司 ESG 评价表现一般，在经济维度，行业整体资产增速放缓，利润空间受到压缩，短期偿债能力仍是影响行业可持续发展的隐患；在环境维度，房地产业日益重视企业自身经营活动给环境带来的影响，但绿色建筑建设力度仍然不足，资源能源综合利用率较低，在四大维度中表现最差，绿色环保技术应用仍需加强；在社会维度，企业增强对客户权益的保障，公益主题与社会热点结合紧密，但对供应链的 ESG 风险管控不足，职业健康安全管理体系不够完善；在治理维度，企业组织治理能力和 ESG 管理能力持续提升，但在董事会多元化、风险点识别、风险监测预警等细节披露不甚完备。

在房地产业上市公司 ESG 评价前五名中，综合评价结果为 AA 级、BBB 级的企业各 1 家，3 家企业评级结果为 BB 级（见表 1）。其中，前三家企业在经济维度和环境维度的评价均处于中等偏下水平，万科 A 在经济维度的评价结果为 BB 级，保利发展控股集团股份有限公司（以下简称"保利发展"）在环境维度的评价结果为 CCC 级；在社会维度和治理维度的评价处于中等偏上水平，显著优于另外两大维度的表现。可见，综合评价结果排名靠前的企业经营压力也较大，在绿色环保技术应用和绿色建筑建设方面仍有较大提升空间。

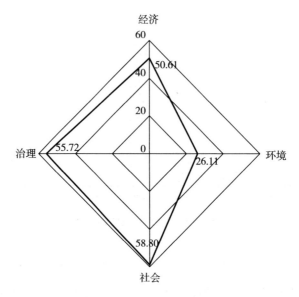

图2 房地产业上市公司各维度平均得分

表1 房地产业上市公司 ESG 评价前五名

排名	股票简称	综合评价	经济维度评价	环境维度评价	社会维度评价	治理维度评价
1	万科 A	AA	BB	BBB	AA	AA
2	保利发展	BBB	B	CCC	AA	BBB
3	金地集团	BB	B	B	BB	A
4	新城控股	BB	BBB	C	BBB	BBB
5	招商蛇口	BB	C	B	A	CCC

（二）研究发现2：房地产业上市公司利润空间受到持续压缩，短期偿债能力制约稳健经营

中国上市公司 ESG 评价的经济维度主要考察企业在经营方面的经济绩效，包括盈利能力、成长能力、偿债能力及投资价值。2021 年的经济维度评级结果中，1 家企业评级为 A 级，为绿地控股集团股份有限公司（简称"绿地控股"）；7 家被评为 B ~ BBB 级，占比 77.78%；1 家企业被评为 C

级，占比为 11. 11%（见图 3）。随着行业规模逐步见顶，房地产业整体经济维度表现一般，绝大多数企业处于 B~BBB 级，资产整体增速放缓，资本市场对行业前景预期偏向悲观。

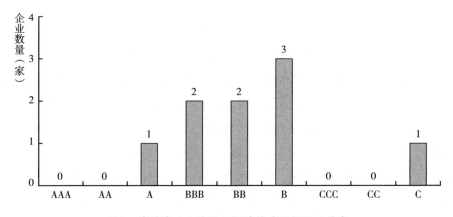

图 3　房地产业上市公司经济维度评级结果分布

上市公司的盈利能力主要通过净利润同比增长率和净资产收益率（ROE）等指标来衡量。房地产业上市公司的盈利能力平均得分为 54. 29 分（见图 4），8 家企业评级结果为 BB~BBB 级，行业整体表现一般。据统计，2021 年房地产企业总资产虽维持一定增长，但同比增速明显下降，行业整体利润增速和盈利表现不佳，企业盈利水平探底至历史较低水平。目前，房地产业进入低增长、低利润时代，房地产企业合作开发常态化，利润进一步被分摊，ROE 指标下行压力加剧，短期内盈利能力仍将继续承压。

上市公司的成长能力主要通过营业收入同比增长率和分红金额同比增长率等指标来衡量。从平均得分来看，房地产业上市公司的成长能力平均得分为 53. 56 分，评级结果为 A 级、C 级的企业各有 1 家，其余企业评级结果处于 BB~BBB 级，行业整体表现欠佳。2021 年行业规模增速明显放缓，房企销售去化压力较大，部分样本企业营业收入仅勉强维持同比正增长，分红呈大幅降低趋势，企业成长能力表现不佳。

上市公司的偿债能力主要通过速动比率、流动比率等指标来衡量。从平均得分来看，房地产业上市公司的偿债能力平均得分为48.50分，3家企业评级结果处于C~CC级，行业整体偿债能力欠佳。2021年，随着以"房住不炒"为准则推出的集中供地、"三道红线"等政策的不断升级，行业降杠杆加速，整体资金周转率降速，部分百强规模房地产企业出现债务违约问题，企业偿债能力引发关注。尽管部分样本房地产业上市公司通过加快回款、放缓投资、出售项目等方式回笼资金，积极发行合适的绿色金融产品以获得一定量的成本相对较低的绿色融资，但企业现金流压力仍然较大，短期偿债能力承压，仍需加快向稳健经营和可持续长期发展的方向转型步伐。

　　上市公司的投资价值主要通过市盈率（TTM）和市净率（MRQ）等指标来衡量。房地产业上市公司的投资价值平均得分为46.07分，评级结果为AAA级和C级的企业各1家，行业整体表现欠佳。样本房地产业上市公司的市盈率和市净率指标显著高于资本市场平均水平，公司估值水平持续走低。可见，在行业宏观调控趋紧、企业盈利能力降低、部分企业出现流动性问题等因素影响下，投资者对房地产业前景预期偏悲观，投资意向受到负向冲击。

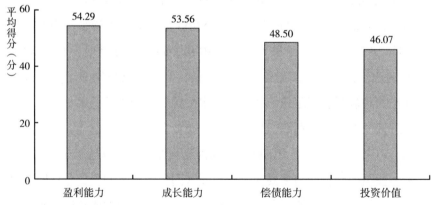

图4　房地产业上市公司经济维度二级指标平均得分分布

　　整体而言，2021年房地产业在经济维度的表现欠佳，行业整体资产增速放缓，企业盈利能力水平探底至历史较低水平，利润空间在政策调控和市场下行等因素的影响下被进一步压缩；企业分红大幅降低，现金流压力仍然较大，短期偿债能力承压；行业在资本市场表现并不理想。

（三）研究发现3：房地产业上市公司环境信息披露水平较低，绿色环保节能技术应用不足

中国上市公司 ESG 评价的环境维度主要考察企业在环境管理、资源能源利用、废弃物排放、应对气候变化、生态环境保护等方面的信息披露情况。其中，结合房地产业行业特性，将绿色技术作为房地产业侧重指标。2021 年的环境维度评级结果为 CC 级，为 ESG 评价 4 个维度的最低评级。其中，评级最高的 1 家为万科 A 的 BBB 级，B 级 2 家，CCC 级 1 家，C 级 5 家，没有 A 级及以上的企业，环境信息披露水平整体较低（见图5）。

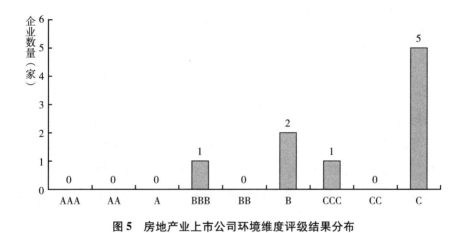

图5　房地产业上市公司环境维度评级结果分布

环境管理指标主要考察上市公司在环保理念、环境管理体系、环保技术与环保产品、环保投入等方面的信息披露情况。房地产业上市公司的环境管理平均得分 51.99 分（见图6），最大值与最小值分别为 99.93 分和 0.01 分。从样本企业环境管理指标信息披露情况来看，大部分企业环境管理体系尚不完善，环保投入偏低，绿色环保理念尚未深植于企业，绿色技术应用不足。目前，我国正在积极推动国内绿色建筑认证的标准与国际接轨，且住房和城乡建设部于 2022 年 3 月发布《"十四五"建筑节能与绿色建筑发展规划》，推动绿色建筑的普及化、优化绿建技术是房地产企业肩

负的重要责任。绿色建筑作为房地产行业绿色环保化转型的重要抓手，房地产企业亟须进一步加强环境管理，加强绿色技术运用，推进绿色建筑高质量发展。

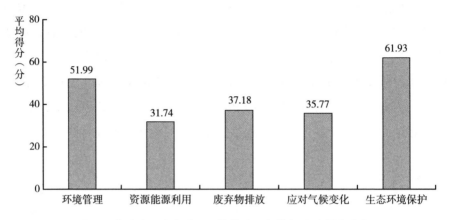

图6 房地产业上市公司环境维度二级指标平均得分分布

资源能源利用指标主要考察上市公司在综合能源、水资源消耗总量及密度等方面的信息披露情况。房地产业上市公司的资源能源利用平均得分31.74分，显著低于其他指标，最大值与最小值分别为100.00分和0.20分，两极分化严重；综合能源总量、单位能耗密度和水资源消耗量密度等信息披露不足，大部分企业尚未制定能源使用效益目标，能源精细化管理工作进展缓慢。房地产业亟须进一步提升资源能源综合利用率，加大绿色采购力度。可以通过筛选合格的环保建材来降低能源消耗，以新能源设施替代原有设施的方式节约用能成本，以能源管理平台等智能管理方式监测公司能源使用情况，综合利用各种水资源，因地制宜制定节水措施。

废弃物排放指标主要考察上市公司的有害废弃物和无害废弃物排放密度降低情况。房地产业上市公司的废弃物排放平均得分37.18分，最大值与最小值分别为100.00分和0分，整体表现不佳，部分企业排放设施建设不足，缺乏对废弃物排放信息的统计和披露。一般来说，房地产企业在处理废弃物时，委托有资质的第三方对危险废物进行处理；对于一般废弃物进行分类收集、分仓存放、分别外运。房地产企业仍需加大废弃物排放管理力度，合理处置项目运营过程中产生的废弃物，提升废弃物处置和利用能力，实现资源高效利用与回收。

应对气候变化指标主要考察上市公司在识别和应对气候变化风险，以及减少温室气体排放方面的表现。房地产业上市公司的应对气候变化平均得分35.77 分，显著低于生态环境保护指标；仅 1 家企业评级结果为 AAA 级。房地产业中的建筑建造因产业链长、全生命周期能耗及温室气体排放量大，是影响国家实现"双碳"目标的重要及关键环节。房地产企业尚需加快产业结构调整步伐，通过优化能源结构、控制非能源活动等方式减少温室气体排放。

生态环境保护指标主要考察上市公司在生物多样性保护方面的信息披露情况。房地产业上市公司的生态环境保护平均得分 61.93 分，1 家企业评级结果为 AAA 级，6 家企业的评级结果为 A 级，部分企业已建立生态环境保护框架，行业整体表现良好。房地产项目在开发过程中，可能会对生态环境造成破坏和污染，影响当地自然生态和珍稀野生动植物物种的生存环境。因而，房地产企业仍需强化项目选址与环保评估，加大绿色建设和生态修复力度，减少对项目所在地原有环境的改变和破坏，促进环境可持续和房地产开发的和谐发展。

整体而言，房地产业日益重视企业自身经营活动给环境带来的影响，积极推广和应用绿色技术，绿色建筑建设取得一定成效，但行业能源精细化管理工作整体进展缓慢，综合能源使用效率偏低，废弃物排放信息统计和披露不足，在减少温室气体排放和应对气候变化方面的自发性研究及投入较少。房地产业仍需加大绿色建筑建设力度，广泛应用节能环保技术，促进行业与环境可持续发展。

（四）研究发现4：房地产业上市公司愈发重视客户权益保护，供应链 ESG 风险管控需加强

中国上市公司 ESG 评价的社会维度主要考察企业在员工权益与发展、

供应链管理、客户权益保护、社区发展等方面的信息披露情况，并根据房地产业特征，以客户投诉风险、客户健康和安全争议、负责任营销争议等指标来衡量上市公司在社会维度的风险。房地产业上市公司社会维度评级结果分布情况显示，获评 AA 级企业有 2 家，为保利发展和万科 A，1 家企业评级结果为 A 级；B~BBB 级、C~CCC 级公司各有 3 家，占比分别为 33.33%，行业在社会维度整体表现较好（见图 7）。

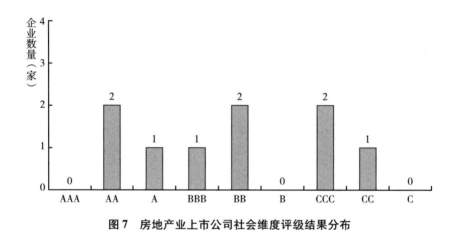

图7　房地产业上市公司社会维度评级结果分布

员工权益与发展指标主要考察上市公司在员工公平招聘、职业健康安全管理、员工关爱、员工培训投入等方面的表现。房地产业上市公司的员工权益与发展平均得分 59.81 分（见图 8），评级结果为 AAA 级、AA 级、A 级的企业各有 1 家，行业整体表现一般。部分企业充分保障员工基本权益，持续完善员工培训和晋升机制，而部分企业在职业健康安全管理方面的信息披露不足，职业健康安全管理体系不够完善，员工关爱活动多元化不够，仍需帮助各类型员工提升岗位能力，加强人才队伍建设。

供应链管理指标主要考察上市公司在供应商识别与评估、供应链社会与环境社会风险管理等方面的表现。房地产业上市公司的供应链管理平均得分 53.41 分，评级结果为 AAA 级、C 级的企业各有 2 家，行业在供应链管理方面两极分化严重。其中，半数以上房地产企业已建立供应链风险识别机制，

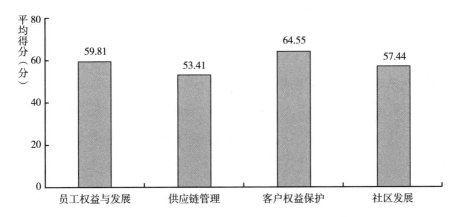

图8 房地产业上市公司社会维度二级指标平均得分分布

但部分房地产企业对供应商的管理尚且停留在其质量管理体系认证、廉洁协议签署等方面，对供应链的 ESG 风险管控不足，不能有效识别在环境、社会层面的隐患，仍需加强供应商全生命周期管理。

客户权益保护指标主要考察上市公司在产品质量管理、客户服务措施等方面的表现。房地产业上市公司的客户权益保护平均得分 64.55 分，5 家企业评级结果为 AAA 级，行业整体表现较好。2021 年以来，房地产企业频发风险事件，产品质量成为客户重要关注点。大部分房地产企业建立了完善的投诉处理机制，积极、及时地发现和处理产品服务中的问题，并将客户满意度纳入企业考核机制，打造智能产品，提升客户居住体验。但部分企业未能及时有效回应客户诉求，对企业品牌和服务带来一定的负面影响。

社区发展指标主要考察上市公司在社区参与、社会公益活动等方面的表现。房地产业上市公司的社区发展平均得分 57.44 分，3 家企业评级结果为 AAA 级，CC 级和 C 级企业各 1 家，行业整体表现一般。部分房地产企业通过成立基金会、举办公益活动等形式积极投身社会公益事业，在防控疫情、灾区援助、乡村振兴和植树造林等方面积极作为。但受行业政策及其他外部因素的影响，部分房地产企业在 2021 年面临资金流动性问题，经营压力增大，在社区发展方面投入减少。

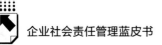

整体而言，房地产业上市公司在社会维度表现一般，AA 级企业有 2 家，A 级企业有 1 家。2021 年，房地产业上市公司愈发重视产品服务，不断完善客户投诉处理机制，积极提升客户满意度，保障客户基本权益；员工培训体系更加完整，但职业健康安全管理不足，仍需进一步加强员工权益保障，开展员工关爱和帮扶；积极投身社会公益事业，公益主题与社会热点结合紧密，社区参与活动多元高频；对供应链的 ESG 风险管控不足，未能有效识别供应商在社会与环境层面的风险，仍需加大供应链 ESG 管理力度。

（五）研究发现5：房地产业上市公司 ESG 管理能力显著提升，负面舆情回应需增强及时性

中国上市公司 ESG 评价的治理维度主要考察企业在组织治理、合规风险管理、ESG 管理、信息披露等方面的情况，并根据房地产业特性，以管理层薪酬争议、腐败争议衡量在治理维度的风险。房地产业上市公司在治理维度评级结果为 AA 级和 A 级的企业各 1 家，分别为万科 A 和金地（集团）股份有限公司（简称"金地集团"）；B ~ BBB 级公司共 4 家，占比44.44%；C ~ CCC 级公司共 3 家（见图 9）。仅 2 家房地产业上市公司治理维度评分分布在 A ~ AAA 级，表明房地产企业整体表现一般，ESG 管理重视程度显著提升，但信息披露质量有待进一步提高。

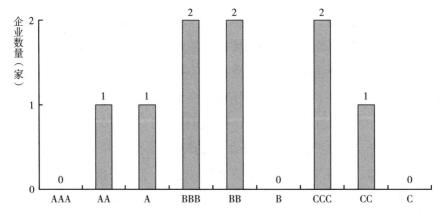

图 9　房地产业上市公司治理维度评级结果分布

组织治理指标主要考察上市公司在董事会多元化、董事会 ESG 管理、股东关系管理、小股东利益保护、反贪污等方面的表现。房地产业上市公司的组织治理平均得分 57.04 分（见图 10），有 1 家企业评级结果为 AAA 级，4 家企业评级结果为 BBB 级，行业整体表现一般。其中，3 家企业披露了董事会参与 ESG 管理的相关信息，不断提高董事会可持续发展工作的参与度，有序推动企业 ESG 管理工作开展。但绝大部分房地产企业在董事会多元化信息方面披露不足，仍可持续完善企业董事会多元化政策，进一步提升董事会决策的科学性，同时也应加强对小股东权益的保护，提升企业回报投资者的能力。

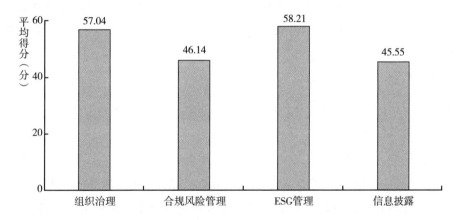

图 10　房地产业上市公司治理维度二级指标平均得分分布

合规风险管理指标主要考察上市公司在制定风险防控计划、风险评估、风险监测预警、内控合规等方面的表现。房地产业上市公司的合规风险管理平均得分 46.14 分，3 家企业的评级结果为 A 级，CCC 级、C 级企业各 2 家，房地产业上市公司整体表现一般，大部分企业已建立完善的合规管理体系，有效保证了企业的合规运行。但在风险预控管理方面，房地产企业相关信息披露不足，部分企业风险管理机制不够完善，尚未形成以风险为导向的内部控制体系，尤其是在风险评估及风险监测预警方面的举措不多，仍需加大合规风险管理力度。

ESG 管理指标主要考察上市公司在 ESG 相关能力提升培训、ESG 治理架构、ESG 或 CSR 专员设置、ESG 或 CSR 绩效管理等方面的表现。房地产业上市公司的 ESG 管理平均得分 58.21 分,评级结果为 AAA 级和 CC 级的企业各 3 家,整体呈现两极分化,ESG 管理表现一般。部分房地产企业建立了自上而下的可持续发展治理架构,在管理层开展了 ESG 相关能力提升培训,将 ESG 工作推广至公司各个层级。ESG 管理架构的建立有利于房地产企业推进 ESG 工作真正融入经营管理,提升企业 ESG 风险防控能力,助力企业高质量和可持续发展。

信息披露指标主要考察上市公司在信息披露渠道、利益相关方参与、负面舆情回应等方面的表现。房地产业上市公司的信息披露平均得分 45.55 分,5 家企业评级结果为 BB 级,3 家企业评级结果为 CCC 级,行业整体信息披露表现欠佳。绝大部分企业积极主动与利益相关方沟通,畅通各类沟通渠道,但部分房地产企业尚未建立多元化的信息披露渠道。负面舆情回应不及时现象在房地产业普遍存在,仅 1 家企业披露了其负面舆情回应情况,但回应的时效性偏低。

整体而言,房地产业上市公司在治理维度表现一般,仅 1 家企业治理维度评级结果为 AA 级。随着监管部门愈发重视 ESG 管理,房地产企业也被要求披露更多有价值的 ESG 相关信息,大多数企业建立了 ESG 治理框架,董事会可持续发展工作的参与度不断提高,组织治理能力和 ESG 管理能力持续提升,但企业在董事会多元化、风险点识别、风险监测预警等细节披露方面不甚完备,对负面舆论信息回应的主动性和及时性不足,房地产企业今后应在这些方面予以重点关注。

二 房地产业上市公司 ESG 评价总结

通过本报告分析,建议房地产业上市公司重点关注以下几方面。

一是提升环境信息披露水平,加大绿色建筑技术研发投入。2022 年 3 月,住房和城乡建设部印发《"十四五"建筑节能与绿色建筑发展规划》明确，到 2025 年，城镇新建建筑全面建成绿色建筑，建筑能源利用效率稳步提升，建筑用能结构逐步优化，建筑能耗和碳排放增长势头得到有效控制，基本形成绿色、低碳、循环的建设发展方式。房地产业亟须顺应时代发展趋势，与时俱进，积极践行绿色发展理念，加大绿色建筑技术认证投入，推动绿色建筑标准提升，深耕绿色运营，实现绿色办公。具体来说，房地产企业可在装配式建筑方面开展研究，推动建筑资源节约；选取健康、安全、环保建筑材料，打造宜居舒适的居住环境；在项目设计中纳入环境因素，实现建筑与原有生态的融合；在地产物业管理中，加快向智慧运营、环境友好、能源节约方面转变。此外，房地产企业还可以采用智能技术解决方案参与综合城市更新，推广应用房地产企业已有的绿色节能策略和 loT、IBMS 等智能化技术，推动绿色建筑理念深度融入旧改项目。

二是严控产品质量，推动企业与利益相关方和谐共赢。房地产业是国民经济中的重要行业，与民生息息相关，产品质量关乎千家万户的切身利益，房地产企业理应加大客户权益保护力度，严控楼房建设质量，提升客户服务水平。在推动行业高质量发展的关键时期，建议房地产企业在履行社会责任方面要顺应时代要求和行业需要，未来可在稳地产保交房、新型城镇化建设、老旧小区改造等方面积极作为，推动行业可持续发展。目前，房地产企业对供应链 ESG 风险管控方面较为薄弱，对供应商 ESG 风险综合考虑不足，建议企业完善供应商社会与环境风险的识别与考核评估机制，减少在环境、社会层面的隐患，建立供应商全生命周期管理体系，构建行业可持续发展环境。

三是明确公司内部 ESG 权责，提升信息披露质量和透明度。尽管目前 ESG 管理理念已逐渐深入房地产业上市公司中，但 ESG 权责仍不够明晰，尚需进一步完善 ESG 管理框架，明确公司内部 ESG 权责，设置 ESG 专员，推动 ESG 工作在各层级落地执行，加强 ESG 信息管理与统筹，持续提升 ESG 信息透明度。在信息披露方面，建议企业要畅通与投资者沟通的渠道，注重负面舆情回应的时效性和有效性，及时披露影响利益相关方的相关信息。在治理能力方面，建议企业持续推进管理扁平化，转变粗放的高杠杆模式，实现精细化管理与运营，助力企业降本增效。在合规风险管理方面，建议企业完善风险预控管理机制，搭建以风险为导向的内部控制体系，加强风险识别与监测预警，提升企业风险防控水平。

四是提升短期偿债能力，探索可持续发展新路径。受行业政策和宏观经济影响，房地产企业盈利能力下降，部分企业出现流动性问题。因而，建议房地产企业在短期内要控制好企业规模，调整发展速度，收紧资本开支，紧盯融资窗口期，保证现金流安全，尤其要重点关注非限制性现金情况；加速销售回款，提升企业自身造血能力；加快探索建筑领域可持续发展新路径，将可持续发展理念植入企业融资，推动以绿色债券、绿色贷款等多元化方式获取绿色融资，用好绿色金融工具，提升企业融资能力，缓解企业偿债压力。

三　房地产业上市公司 ESG 典型实践案例

案例 1　万科推动低碳设计　试点近零能耗建筑[①]

由万科企业股份有限公司承建的嘉兴南湖渔里社区是浙江省第二批未来社区试点创建项目，该项目集办公、商业、居住、休闲娱乐及服务配套等功能于一体，致力于打造成生活便利、交通便捷、数智赋能、绿色低碳的近零能耗试点示范，总建筑面积5310平方米。该项目的社区幼儿园作为近零能耗建筑试点，设计利用光伏太阳能发电以及全回收技术满足项目供暖供冷、照明、生活热水和电梯能耗需求，最终该项目设计实现建筑本体节能率39%、建筑综合节能率103%，获得零能耗建筑认证和 LEED 金级预认证。该项目通过伞状结构的"汇水风亭"设计形成微型水景，实现最大化雨水回收利用，并致力于让小朋友从小培养"绿色"意识，鼓励和提倡在日常生活中崇尚节俭、节约，促进人与自然的和谐发展。

---

① 《万科企业股份有限公司2021年可持续发展报告》。

案例2　保利发展健全供方劳资管理体系　打造负责任供应链[①]

保利发展控股集团股份有限公司完善供应商评估工作，鼓励下属企业开展OHSAS 18001职业健康安全管理体系、ISO 14001环境管理体系认证工作，在维护供应商劳资等权益的同时，推动下属企业将商业道德、质量安全等标准纳入供应商考核体系。2021年，集团旗下的富利公司建立了集劳务分包、专业分包、咨询服务、材料和设备管理等于一体的供应商管理体系，关注供应商履约和基本权益。富利公司坚持排查潜在劳资风险，持续跟踪在册劳资风险项目，有效应对岁末年初劳资维稳问题。此外，富利公司完善劳资管理体系，上线劳资管理系统（"筑福网"），保护54200名工人薪酬权益。

案例3　金地集团完善风险管理流程　促进企业治理能力提升[②]

金地（集团）股份有限公司遵循科学的风险管理流程，从风险识别、预警、管控到最终管理能力提升，形成闭环流程及各层级响应要求，在不同的管理条线均设有相关管理办法。

在风险识别方面，公司全体员工须在第一时间报告集团内发生的所有特大重大事件；通过区域不定期检核，主动发现项目可能存在的潜在风险；总部各职能部门不定期对项目抽样，对区域进行巡检抽检，识别风险和问题。

在风险评估方面，公司制定的各制度中对不同的风险情况进行风险等级划分，以集团运营部制定的"非操盘项目投后管理程序"为例，将非操盘合作项目可能出现的各类重大风险划分为重大风险Ⅲ级、Ⅱ级和Ⅰ级事件。此外，各区域为进一步细化管理，自行制定区域内的风险管理制度，并对区域内的经营风险进行等级划分以及后续的风险应对。

在风险监督及跟踪改造方面，要求各城市公司对巡检以及联合审计中发现的内控差距，在规定时间提供整改方案并及时完成整改，审计监察部每季

---

① 保利发展控股集团股份有限公司《2021年度社会责任报告》。
② 《金地（集团）股份有限公司2021年可持续发展报告》。

度跟进整改情况；对联合审计和巡检中发现触及集团"红线"的违规行为，根据《岗位职责追究制度》进行追责，发挥风险警示作用；审计监察部通过审计发现问题，进一步剖析原因，提出优化管理流程和管理制度的建议，完善风险管理体系。

B.14
科学研究和技术服务业上市公司
ESG 评价分析

邵晓鸥　罗琴秀[*]

摘　要： 本报告主要通过经济、社会、环境、治理四个维度，对科学研究和技术服务业 7 家上市公司 ESG 信息披露情况与实践水平进行了系统分析。研究发现，科学研究和技术服务业 ESG 绩效整体表现处于中等水平，行业均值处于 BB 级，社会维度评价综合得分较高，环境维度信息披露质量偏低，经济维度综合表现有待提升。

关键词： ESG　科学研究和技术服务业　中国上市公司

科学研究和技术服务业是为科技创新全链条提供市场化服务的新兴产业，科技服务业是指运用现代科技知识、现代技术和分析研究方法，以及经验、信息等要素向社会提供智力服务的新兴产业，主要包括科学研究、专业技术服务、技术推广、科技信息交流、科技培训、技术咨询、技术孵化、技术市场、知识产权服务、科技评估和科技鉴证等活动，具有高人力资源含量、高知识含量、高附加值和低碳的特点。2021 年中国科学研究和技术服务业市场规模达到了 2.2 万亿元，占 GDP 比重在 2.2% 左右，同比增长大约 2.2%。[①]

---

[*]　邵晓鸥，北京融智企业社会责任研究院院长助理、北京融智企业社会责任研究院可持续发展部部长、中国工业企业社会责任研究智库专家、研究院电力能源行业首席专家，主要从事企业社会责任管理等领域的研究；罗琴秀，北京融智企业社会责任研究院副研究员，研究方向为企业 ESG 理论与实践。

[①]　中研普华产业研究院：《2022—2027 年中国科技服务全景调研咨询报告》。

可见，科学研究和技术服务业的可持续发展能力将对我国科技创新步伐形成重要影响。

按照中国证监会分类标准，本报告主要从上证 180、深证 100、沪深300、科创 50、明晟中国 A 股国际通指数（MSCI CHINA 200）等 A 股成分股中筛选出共 7 家科学研究和技术服务业上市公司，占本书上市公司样本总量（489 家）的 1.43%。本报告的信息主要来源于万得（Wind）数据库、Choice 数据库、企业年度报告、社会责任报告和官方网站以及权威组织平台公开披露的样本企业财务信息和非财务信息。本报告重点评价分析 7 家科学研究和技术服务业上市公司 ESG 实践水平。

2021 年科学研究和技术服务业上市公司的 ESG 评价指标体系共有经济、社会、环境和治理 4 个评价维度 14 类评价指标 40 项关键评价指标。在此基础上，本报告从行业政策趋势、发展现状、发展特点、面临的风险和发展机遇等方面，增加产品质量管理这一行业侧重指标，以及产品责任、创新等行业风险议题进行综合评分。ESG 评级结果共分为九级，分别为 AAA、AA、A、BBB、BB、B、CCC、CC、C。本报告通过对 7 家样本企业 2021 年 ESG绩效作深入分析，发现样本企业 ESG 整体表现处于中等水平，行业均值处于 BB 级，其中，社会维度评价综合得分较高，环境维度信息披露质量偏低，经济维度综合表现有待提升。

一 科学研究和技术服务业上市公司 ESG 评价研究五大发现

（一）研究发现1：科学研究和技术服务业上市公司 ESG 整体表现处于中等水平，行业均值处于 BB 级

2021 年 7 家科学研究和技术服务业上市公司中，2 家企业评级为 A 级，分别为康龙化成（北京）新药技术股份有限公司（以下简称"康龙化成"）、无锡药明康德新药开发股份有限公司（以下简称"药明康德"）；

3 家企业被评为 B~BBB 级，占比 42.86%；2 家企业评级为 C~CCC 级，占比为 28.57%（见图 1）。7 家科学研究和技术服务业上市公司 ESG 整体表现处于中等水平，行业均值为 BB 级，各家表现存在较大差异。

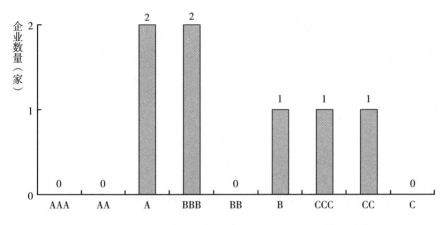

图 1　科学研究和技术服务业上市公司 ESG 评级结果分布

科学研究和技术服务业在经济、环境、社会、治理四大维度的平均得分分别为 49.98 分、42.61 分、57.14 分、45.81 分（见图 2），其中，社会维度表现较好，环境维度表现最差。整体而言，2021 年科学研究和技术服务业上市公司 ESG 评价表现不算理想，在经济维度，大多数样本企业盈利能力表现良好，但短期偿债能力和投资价值维度的表现欠佳；在环境维度，行业信息披露程度偏低，绝大多数企业尚未将应对气候变化融入企业发展战略，缺少在应对气候变化方面的风险管理信息；在社会维度，样本企业在助力员工成长与发展方面表现良好，但在供应链的 ESG 风险管控方面存在不足，产品质量管理仍需加强；在治理维度，企业信息披露质量良好，但 ESG 管理方面短板明显，ESG 相关工作的落地执行有待增强。

在科学研究和技术服务业上市公司 ESG 评价前五名中，2 家企业综合评价结果为 A 级，2 家评级结果为 BBB 级，1 家评级结果为 B 级（见表 1）。从前三家企业的结果来看，在经济维度均处于 B~BBB 级，排名第三的南方电网电力科技股份有限公司（简称"南网科技"）的评级结果最高，为

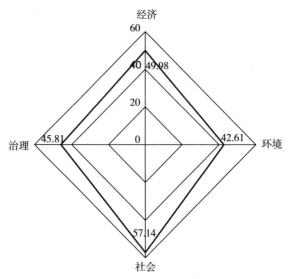

图 2 科学研究和技术服务业上市公司各维度平均得分

BBB 级；环境维度的差异明显，康龙化成的评级结果远优于另外两家；在社会维度表现最佳，整体处于中等偏上水平；在治理维度表现各异，评级结果最高的是药明康德，为 A 级（见表 1）。可见，综合评价结果排名靠前的企业的经营表现一般，但在环境维度的表现显著优于其他企业。

表 1 科学研究和技术服务业上市公司 ESG 评价前五名

排名	股票简称	综合评价	经济维度评价	环境维度评价	社会维度评价	治理维度评价
1	康龙化成	A	BB	AAA	A	BB
2	药明康德	A	B	BB	BBB	A
3	南网科技	BBB	BBB	BBB	AA	B
4	泰格医药	BBB	BB	CC	BB	BBB
5	华大基因	B	CC	C	AAA	CCC

（二）研究发现2：科学研究和技术服务业上市公司经济维度整体表现欠佳，行业未来成长空间较大

2021 年 7 家科学研究和技术服务业上市公司中，1 家企业在经济维度的

评级为 A 级，占比为 14.29%；4 家被评为 B~BBB 级，占比 57.14%；2 家企业评级为 C~CCC 级，占比为 28.57%（见图 3）。7 家科学研究和技术服务业企业在经济维度整体表现欠佳，其中，评级为 A 的上市公司为美迪西生物医药有限公司（简称"美迪西"），其在盈利能力、成长能力、投资价值方面均被评为 AAA 级。

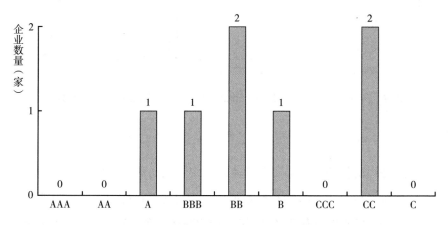

图 3　科学研究和技术服务业上市公司经济维度评级结果分布

上市公司的盈利能力主要通过净利润同比增长率和净资产收益率（ROE）等指标来衡量。科学研究和技术服务业上市公司的盈利能力平均得分为 51.25 分（见图 4），1 家企业评级结果为 AAA 级，行业整体表现良好。统计结果显示，科学研究和技术服务业大多数样本上市公司净利润增长幅度处于 20%~70%，其中美迪西的净利润增长幅度达 112.12%，行业整体盈利能力较好。

上市公司的成长能力主要通过营业收入同比增长率和分红金额同比增长率等指标来衡量。从平均得分来看，科学研究和技术服务业上市公司的成长能力平均得分为 51.44 分，1 家企业评级结果为 AAA 级，1 家企业评级为 A 级，行业整体成长能力表现良好。统计结果显示，绝大多数样本企业的营业收入相比上年同期呈正增长，平均增幅达 36.63%，给企业盈利带来正面影响；股东的分红金额同比增长率平均增幅达 49.90%，行业整体成长能力

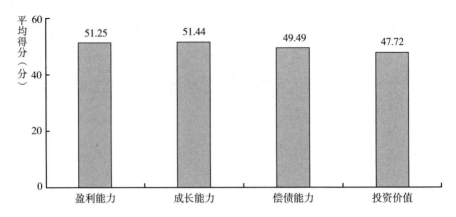

图4 科学研究和技术服务业上市公司经济维度二级指标平均得分分布

较强。

上市公司的偿债能力主要通过速动比率、流动比率等指标来衡量。从平均得分来看,科学研究和技术服务业上市公司的偿债能力平均得分为49.49分,3家企业评级结果为C~CCC级,行业整体表现一般。统计结果显示,7家科学研究和技术服务业上市公司的平均速动比率为2.67,平均流动比率为2.89,表明企业流动资产在短期债务到期以前可以变为现金用于偿还负债的能力一般。

上市公司的投资价值主要通过市盈率(TTM)和市净率(MRQ)等指标来衡量。科学研究和技术服务业上市公司的投资价值平均得分为47.72分,4家企业评级结果为C~CCC级,行业整体表现欠佳。统计结果显示,7家科学研究和技术服务业上市公司的平均市盈率为80.03,平均市净率为60.86,整体投资价值表现并不理想。

整体而言,科学研究和技术服务业在经济维度的表现欠佳,仅1家企业评级结果为A级,有2家企业评级结果为CC级。大多数样本企业净利润增长幅度处于20%~70%,整体盈利能力表现较好;股东的分红金额同比增长率平均增幅达49.90%,行业整体成长能力较强;但短期偿债能力和投资价值维度的表现欠佳,有待进一步改善。

（三）研究发现3：科学研究和技术服务业上市公司环境信息披露程度偏低，亟须积极应对气候变化

科学研究和技术服务业上市公司 ESG 评价的环境维度主要考察企业在环境管理和应对气候变化方面的信息披露情况。2021 年的环境维度评级结果为 B 级，为 ESG 评价 4 个维度的最低评级。其中，评级最高的 1 家为 AAA 级，是康龙化成，BBB 级和 BB 级企业各 1 家；CC 级和 C 级企业各 2 家（见图 5），环境信息披露水平整体较低。

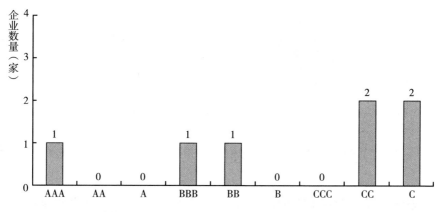

图 5 科学研究和技术服务业上市公司环境维度评级结果分布

环境管理指标主要考察上市公司在环保理念、环境管理体系、能源使用效益目标制定等方面的信息披露情况。科学研究和技术服务业上市公司的环境管理平均得分 42.78 分（见图 6），评级结果为 AAA 级企业仅 1 家，环境管理相关信息披露度较低，仅少数企业建立了完善的环境管理体系，披露了其能源使用效益目标，但在绿色环保理念方面相关信息较少。这主要是由于目前缺少对科学研究和技术服务业的具有系统性的、权威性的 ESG 指引，企业在环境信息披露方面缺乏适用的参照标准。

应对气候变化指标主要考察上市公司在识别和应对气候变化风险，以及减少温室气体排放方面的表现。科学研究和技术服务业上市公司的应对气候变化平均得分 42.44 分，仅 1 家企业评级结果为 AAA 级，行业整体信息披

露程度偏低，绝大多数企业尚未将应对气候变化融入企业发展战略，缺少在应对气候变化方面的风险管理信息。从科学研究和技术服务业的企业活动来看，与高碳行业相比，科学研究和技术服务业属于低污染、低能耗的绿色行业领域，温室气体排放量相较更小，因而导致企业对相关信息的披露重视程度不足。

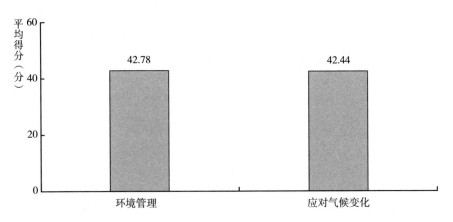

图6 科学研究和技术服务业上市公司环境维度二级指标平均得分分布

整体而言，科学研究和技术服务业在环境维度的信息披露程度偏低，部分企业积极践行绿色发展理念，制定了能源使用效益目标，但绝大多数企业尚未将应对气候变化融入企业发展战略，缺少在应对气候变化方面的风险管理信息。尽管相较高碳行业，科学研究和技术服务业的业务活动引起的污染更小、能耗更少，但随着我国"双碳"目标的提出，科学研究和技术服务业理应在应对气候变化方面积极作为，助力"双碳"目标实现。

（四）研究发现4：科学研究和技术服务业上市公司社会维度表现中等偏上，产品质量管理仍需加强

科学研究和技术服务业上市公司ESG评价的社会维度主要考察企业在员工权益与发展、供应链管理、客户权益保护、社区发展等方面的信息披露情况，并根据科学研究和技术服务业特征，设置产品质量为行业侧重指标，同时以负责任研发争议、知识产权争议等指标来衡量在社会维度的风险。科学研究和技术服务业上市公司社会维度评级得分分布情况显示，获评 AAA级企业仅 1 家，为深圳华大基因股份有限公司（简称"华大基因"）；A～AA 级企业共 2 家；BB～BBB 级公司共 2 家；C 级公司 2 家（见图 7），行业在社会维度整体处于中等偏上水平。

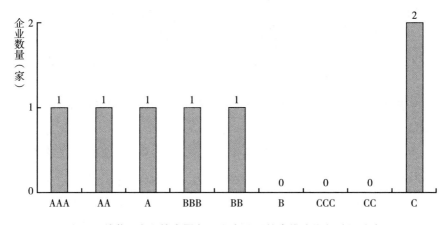

图 7　科学研究和技术服务业上市公司社会维度评级结果分布

员工权益与发展指标主要考察上市公司在员工公平招聘、职业健康安全管理、员工关爱、员工培训投入等方面的表现。科学研究和技术服务业上市公司的员工权益与发展平均得分 56.88 分（见图 8），3 家企业评级结果为AAA 级，3 家企业评级结果处于 C～CC 级，行业两极分化现象较为明显，整体表现一般。大部分企业始终坚持平等雇用，高度重视员工职业健康安全，不断完善培训培养机制，助力员工成长与发展；但在员工关爱方面，部分企业相关信息披露不足，缺乏对困难员工的帮扶和关爱，组织的日常员工文体活动较少，仍需在未来加强对员工的关爱。

供应链管理指标主要考察上市公司在供应商识别与评估、供应链社会与环境社会风险管理等方面的表现。科学研究和技术服务业上市公司的供应链管理平均得分 55.83 分，2 家企业评级结果为 AAA 级，1 家企业评级结果为C 级，行业在供应链管理方面差异明显。其中，过半数的企业已建立完善的

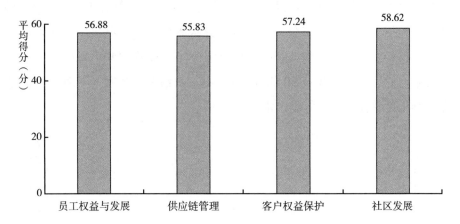

图8 科学研究和技术服务业上市公司社会维度二级指标平均得分分布

供应链风险识别机制，审核供应商质量管理体系认证、廉洁协议签署等信息，但在供应链社会与环境社会风险管理方面短板显著，绝大部分企业尚未开展对供应链的 ESG 风险管控工作，亟须加大对供应商的 ESG 管理力度，有效识别供应商在环境、社会层面的隐患，促进行业供应链可持续发展。

客户权益保护指标主要考察上市公司在产品质量管理、客户服务措施等方面的表现。科学研究和技术服务业上市公司的客户权益保护平均得分 57.24 分，3 家企业评级结果为 AAA 级，2 家企业评级结果为 C 级，行业在客户权益保护方面两极分化明显，整体表现一般。科学研究和技术服务业作为服务国家创新驱动、转型升级战略的关键行业，企业产品质量将直接或间接地影响其服务科技创新的成效。部分样本企业已建立完善的产品质量管理体系，优化客户服务机制，提升客户服务水平，但部分企业尚未充分披露相关信息。建议行业未来对客户权益保护予以重点关注，严控产品质量，在助力中国经济转型升级、提高我国综合国力等方面作出更多积极贡献。

社区发展指标主要考察上市公司在社区参与、社会公益活动等方面的表现。科学研究和技术服务业上市公司的社区发展平均得分 58.62 分，评级结果为：AAA 级、B 级的企业各 3 家。行业整体表现较好。其中，绝大部分企业积极投身社会公益事业，在疫情防控、乡村振兴等方面积极作为，组织员工参与各类志愿服务活动，彰显企业服务社会责任担当。但行业在推动社区发展方面表现欠佳，不足半数的企业披露了对所在社区的文化、教育、经济促进情况。

整体而言，科学研究和技术服务业在社会维度表现较好，1家企业评级为AAA级，在四大维度中得分最高。2021年，样本企业充分保障员工基本权益，助力员工成长与发展，但在员工关爱方面的信息披露不足；在供应链社会与环境风险管理方面存在短板，绝大部分企业尚未开展对供应链的ESG风险管控工作；积极投身社会公益事业，但在促进所在社区的文化、教育、经济发展方面表现欠佳。此外，行业在未来需加强产品质量管理，严控产品质量，提升服务科技创新成效。

（五）研究发现5：科学研究和技术服务业上市公司整体信息披露质量较好，ESG管理方面存在短板

科学研究和技术服务业上市公司ESG评价的治理维度主要考察企业在组织治理、合规风险管理、ESG管理、信息披露等方面的情况。科学研究和技术服务业上市公司在治理维度评级结果为A级的公司有1家，为药明康德；B~BBB级、C~CCC级公司各3家（见图9）。科学研究和技术服务业在治理维度差异显著，信息披露质量较好，但在ESG管理方面整体表现欠佳，合规风险管理有待加强。

组织治理指标主要考察上市公司在董事会多元化、董事会ESG管理、股东关系管理、小股东利益保护、反贪污等方面的表现。科学研究和技术服务业上市公司的组织治理平均得分49.65分（见图10），仅1家企业评级结果为AA级，为杭州泰格医药科技股份有限公司（简称"泰格医药"），行业整体表现一般。绝大部分企业充分披露了对小股东利益保护的信息，3家企业披露了董事会参与ESG管理的相关信息，大部分企业较为注重股东关系管理和反贪污工作，组织治理能力得以有效保障；但在董事会多元化方面，大部分企业尚未披露企业董事会多元政策信息，在未来信息披露上需予以关注。

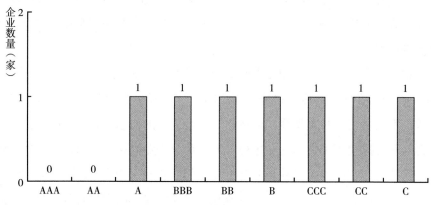

图9 科学研究和技术服务业上市公司治理维度评级结果分布

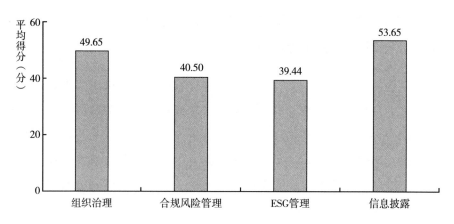

图10 科学研究和技术服务业上市公司治理维度二级指标平均得分分布

合规风险管理指标主要考察上市公司在制定风险防控计划、风险评估、风险监测预警、内控合规等方面的表现。科学研究和技术服务业上市公司的合规风险管理平均得分40.50分，5家企业评级结果处于C~CCC级，行业整体表现不佳，大部分企业已建立健全内控合规制度，并开展相关合规培训，但在风险防控方面整体信息披露不足。仅有部分企业制定了风险防控制度并进行风险识别，大部分企业尚未建立风险监测预警系统，整体风险管理水平较低，仍需健全风险防控体系，完善风险识别流程，加强风险监测预警。

ESG 管理指标主要考察上市公司在 ESG 相关能力提升培训、ESG 治理架构、ESG 或 CSR 专员设置、ESG 或 CSR 绩效管理等方面的表现。科学研究和技术服务业上市公司的 ESG 管理平均得分 39.44 分，2 家企业评级结果为 AAA 级，4 家企业评级结果为 CCC 级，行业两极分化现象明显，ESG 管理整体表现欠佳。部分企业制定了 ESG 管理相关的治理架构，推动 ESG 工作在企业内部落地执行，但大部分企业在 ESG 能力提升培训与绩效管理方面的信息披露不足，尚未明确内部 ESG 职能职责，仍需强化企业 ESG 管理，设置 ESG 或 CSR 专员并明确岗位职责，推动企业可持续发展。

信息披露指标主要考察上市公司在信息披露渠道、利益相关方参与等方面的表现。科学研究和技术服务业上市公司的信息披露平均得分 53.65 分，3 家企业评级结果为 AA 级，行业整体信息披露质量较好。绝大部分企业已建立畅通、多元的信息披露渠道，便于利益相关者获取相关信息，且积极主动与利益相关方展开沟通，部分企业会在一定周期内组织重大公开活动与利益相关方进行互动交流，向各利益相关方有效传递企业相关信息。

整体而言，科学研究和技术服务业在治理维度表现欠佳，仅 1 家企业治理维度评级结果为 A 级。科学研究和技术服务业整体信息披露质量较好，绝大部分企业已建立畅通、多元的信息披露渠道；企业组织治理架构完善，注重股东关系管理、小股东利益保护和反贪污工作，但董事会多元化政策信息较少；大部分企业尚未建立风险监测预警系统，整体风险管理水平较低；ESG 管理方面短板明显，绝大部分企业在 ESG 能力提升培训与绩效管理方面的信息披露不足，ESG 相关工作的落地执行有待增强。

二 科学研究和技术服务业上市公司 ESG 评价总结

通过本报告分析，建议科学研究和技术服务业上市公司重点关注以下几方面。

一是提升对环境议题的关注度，积极应对全球气候变化。尽管与高碳行业相比，科学研究和技术服务业的企业活动属于低污染、低能耗的绿色行业领域，但科学研究和技术服务业作为服务国家创新驱动、转型升级战略的关键行业，在绿色低碳科技创新方面大有作为的空间。在为行业和社会提供科技服务时，建议在加强企业自身环境管理的同时融入绿色低碳发展理念，促进全社会降低碳排放，助力构建低碳经济体系。

二是加强 ESG 管理能力建设，全面提升组织治理水平。良好的企业治理是公司可持续发展的制度保障，是企业核心竞争力的重要体现。目前国内对于 ESG 的相关监管要求尚不完善，科学研究和技术服务业上市公司 ESG 管理理念仍处于发展初期，企业自身 ESG 管理动力不足。建议上市公司加强 ESG 管理，通过建立完善的 ESG 治理架构和管理体系，明确公司内部各层级 ESG 工作职责，加强 ESG 能力提升培训，保证 ESG 相关工作落地执行，推动企业治理标准的提升，助力企业透明有效运营，保障股东和其他利益相关方的权益。

三是加大对社会议题的重视度，助力我国综合国力提升。科学研究和技术服务业具有高人力资源含量、高知识含量、高附加值和低碳的特点，集聚了我国大量的高技能人才，对于促进我国高精尖人才就业创业具有重要意义。建议进一步完善员工权益与发展机制，加大人才培养力度，为员工构建健康安全的就业环境，在保障社会就业方面作出积极贡献。更为重要的是，企业产品质量对我国科技创新的质效形成重要影响，建议企业加强产品质量管理，助力中国经济转型升级，提高我国综合国力。

四是紧抓政策利好和时代机遇，提升企业投资价值。在外部环境的冲击下，科学研究和技术服务业的利润受到影响，部分企业短期偿债能力偏弱，投资价值不尽理想。2021 年，《中华人民共和国国民经济和社会发展第十四个五年规划和 2035 年远景目标纲要》《中华人民共和国科学技术进步法》《计量发展规划（2021—2035 年）》等政策文件相继出台，对科学研究和技术服务业带来多重利好，为行业未来发展提供诸多机遇。建议企业紧抓各项政策利好，与时俱进，提升产品研发能力和本地化服务能力，推动自主创新，打破国外垄断，提升科技创新服务效能，加快实现科学技术化、技术产品化、产品产业化、产业资本化，吸引更多资本流入。

三 科学研究和技术服务业上市公司ESG典型实践案例

案例1 康龙绍兴实施智慧能源管理 助力低碳发展①

为落实《联合国2030年可持续发展议程》，康龙化成（北京）新药技术股份有限公司将应对气候变化置于可持续发展的重要位置，从集团层面整体加强气候变化风险管理，在实际行动层面，在各运营地因地制宜开展节能减排，减少温室气体排放，并完善碳排放信息披露，将气候变化与集团未来紧密相连，为应对气候变化全力以赴。

智慧能源管理对于推动能源的清洁化和低碳化有重要作用。康龙绍兴积极推进能源管理2.0项目，对能源（水、电、蒸汽、天然气）实施三级管理。通过能源管理2.0系统，每月对消耗的能源数据进行统计、分析，及时向政府相关部门上传能源消耗数据。通过对数据的分析，发现潜在的机会，采取有针对性措施，助力节能减排。

案例2 华大基因以基因科技赋能乡村振兴②

为助力乡村振兴，真正造福群众，报告期内，深圳华大基因股份有限公司以公共卫生服务的形式前往广东省韶关市新丰县遥田镇推广癌症筛查项目，让项目真正落地到基层，帮助当地群众尽早发现癌前病变，高效助力癌症早诊早筛。

公司为遥田镇人民免费提供全人群、全方位的基因检测，在出生缺陷防控、肿瘤防控领域为遥田镇人民健康保驾护航。该服务依托"网格化筛查

---

① 康龙化成（北京）新药技术股份有限公司《2021年环境、社会及管治（ESG）报告》。
② 《深圳华大基因股份有限公司2021年社会责任报告》。

点+村民居家自取样"模式，配合基层政府、卫生院、基层医疗驻点的大规模排查动员，短时间内便完成了大人群的取样送样、实验室交付、报告发放等工作。

"网格化筛查点+村民居家自取样"模式、互联网辅助下的精准管理以及对患者实行闭环管理是华大基因通过科技赋能乡村振兴的特色。便捷精准优质的检测，不仅让当地群众感到方便、安全，也让政府工作的开展更高效。

案例3　药明康德搭建 ESG 治理架构　推动企业可持续发展①

可持续发展是无锡药明康德新药开发股份有限公司业务发展重要的组成部分，公司在决策过程中已将可持续发展态势作为重要参考依据，以确保实现我们的 ESG 目标和承诺。2019 年 12 月，公司成立了环境、社会和管治委员会（以下简称"ESG 委员会"），负责监督和管理我们在 ESG 方面的战略、政策和表现，并向董事会汇报以确保 ESG 事务与公司战略的一致性。ESG 委员会下设 ESG 办公室，负责实施和落实公司在 ESG 方面的具体行动，协调由相关部门组建的 ESG 工作小组，共同执行 ESG 相关的具体措施。

公司制定了《环境、社会和管治委员会议事规则》，明确了药明康德 ESG 委员会的成员组成、议事规则、责任和权限、授权等内容，为 ESG 活动的开展和举措的实施及落实提供制度指引。为进一步提升公司的 ESG 绩效，公司定期组织 ESG 委员会会议，识别与评估 ESG 优先事项，监督并检讨工作进展。2021 年，公司组织了 4 次 ESG 委员会会议，对气候风险识别和能源使用、碳排放、废弃物、水资源的环境目标等工作进行了讨论与商定。同时，公司组织了覆盖全体员工的 ESG 培训，以增强员工对本公司 ESG 战略及相关工作的理解。

---

① 无锡药明康德新药开发股份有限公司《2021 年环境、社会及管治报告》。

投资报告

Investment Reports

B.15

中国上市公司 ESG 投资研究

邵晓鸥 杨莉莉*

摘 要： 近年来，环境、社会和公司治理（ESG）投资理念日益引发国内各方面关注。当前，一些发达国家 ESG 投资发展已较为成熟，但我国仍处于起步阶段。本报告从政策角度对欧洲、美国、日本等发达经济体以及国内的 ESG 投资相关政策法规进行分析，梳理我国 ESG 投资相关政策、发展特点，为我国制定 ESG 投资策略和企业开展 ESG 投资实践提供参考。

关键词： ESG 投资 ESG 投资政策 上市公司

---

* 邵晓鸥，北京融智企业社会责任研究院院长助理、北京融智企业社会责任研究院可持续发展部部长，中国工业企业社会责任研究智库专家、研究院电力能源行业首席专家，主要从事企业社会责任管理等领域的研究；杨莉莉，北京融智企业社会责任研究院研究员，研究方向为企业 ESG 管理咨询、ESG 信息披露。

一 海外主流 ESG 投资政策与策略研究

（一）海外主流 ESG 投资政策

1. 欧洲

欧洲作为 ESG 理念的积极响应者和 ESG 投资的先驱，其可持续投资的相关政策法规与监管条例很多是围绕 ESG 层面展开的。政策层面，为促进欧洲碳中和并提升 ESG 投资规模，欧盟委员会在 2019 年 12 月提出了欧洲绿色协议，旨在到 2050 年使欧洲成为第一个气候中和大陆。2020 年 1 月，欧盟委员会进一步提出欧洲绿色交易投资计划，该计划将在后续的十年间动员至少 1 万亿欧元的可持续投资资金。2019 年 1 月，欧盟委员会整合了《气候相关财务披露条例》（Task Force on Climate-related Financial Disclosures，TCFD），发布企业披露气候相关指引。2020 年 4 月，欧盟委员会正式通过《欧盟分类法规》（EU Taxonomy，EUT），引入一种以经济活动为重点的可持续性评估新方法，评估农业、制造业、电力、交通、建筑和通信部门的经济活动，在扩大 ESG 投资和实施欧洲绿色协议方面发挥重要作用。2021 年 3 月，欧盟的《可持续金融披露条例》（Sustainable Finance Disclosure Regulation，SFDR）生效。SFDR 适用于金融市场参与者，旨在通过标准化可持续性披露，进一步对资管机构的 ESG 投资作出规范化的要求，规范资管机构 ESG 投资信息披露的同时减少资管机构的"漂绿"行为。2022 年底，欧洲议会①（European Parliament）通过了《公司可持续发展报告指令》（Corporate Sustainability Reporting Directive，CSRD），CSRD 的实施不仅标志着欧盟为其进一步引领全球 ESG 监管奠定了坚实的法律和技术基础，更象征着欧盟和全球 ESG 信息披露迈入一个新的时代。

---

① 欧洲议会是欧盟三大机构（其余为欧洲理事会、欧盟委员会）之一，是欧盟的参与立法、监督、预算和咨询机构。

行业层面，多项自愿性倡议促进资管机构实施 ESG 投资，助力碳中和。近些年，欧洲资管行业推广了一系列自愿性举措或倡议，这些自愿性举措有效推动了 ESG 投资的规范化进程，如推广自愿性的可持续基金标签，作为向终端投资者展示基金 ESG 资质的一种手段。截至 2021 年 12 月 31 日，可持续金融标签资产管理规模为 13300 亿欧元。同时，以联合国召集的净零资产所有者联盟（Net Zero Asset Owner Alliance，NZAOA）为例，其中 71 个机构投资者团体中有 52 个总部在欧洲。可见欧洲资管机构受政策和行业自驱的影响，积极关注并响应 ESG 投资理念。

市场层面，ESG 基金产品规模高速增长。从公募基金资管规模来看，根据晨星报告，截至 2021 年 12 月 31 日，全球可持续基金达到 2.74 万亿美元，其中在欧洲发行的可持续基金达到 2.23 万亿美元，占全球可持续基金的 81.39%。ESG 基金优秀的表现和低成本持续驱动欧洲 ESG 发展。根据 ESMA 报告，欧盟 2020 年 ESG 基金表现要好于非 ESG 基金，这一点在权益类基金中尤为显著。并且除 ETF 基金之外，ESG 基金管理费用要低于非 ESG 基金，促使基金经理布局 ESG 产品。从发行的可持续基金数量来看，欧洲可持续基金无论是总数还是新发行数量，都远多于美国发行的可持续基金。2021 年欧洲可持续基金共有 4461 只，较上年增长 40%。

2. 美国

美国的上市公司 ESG 信息披露相关政策法规大多都强制要求 ESG 披露。作为全世界可持续投资规模最大的经济体，美国的可持续投资市场形成了较为完整的产业链。与欧洲市场 ESG "政策法规先行" 引导的特点有所不同，美国首先表现为资本市场对 ESG 的追捧，其后政策法规相伴而行。2010 年美国证券交易委员会（SEC）发布《委员会关于气候变化相关信息披露的指导意见》，开启美国上市公司对气候变化等环境信息披露的新时代。2015 年，在联合国提出可持续发展目标（SDGs）后，美国首次颁发了基于完整 ESG 考量的规定——《解释公告 IB2015-01》。此后，美国加速 ESG 政策法规的制定和出台，ESG 政策法规的发展步入快车道。美国 ESG 法律文件的规约主体日趋多元，从上市公司出发，进一步延伸到证券交易委员会等监管机构。2019 年，纳斯达克证券交易所发布《ESG 报告指南 2.0》，就环境、社会和公司治理事项提出了披露要求，对各项指标包括的内容、计量方式、披露方式等进行了详细的说明。2020 年初美国金融服务委员会通过《2019ESG 信息披露简化法案》，要求证券交易委员会制定更细致的 ESG 规则，帮助规范资本市场的可持续发展秩序。与此同时，信息披露的可持续性受到重视。2022 年 3 月，美国证券交易委员会发布拟议规则，首次要求披露气候相关风险和温室气体排放信息。此外，美国企业的 ESG 信息披露也来自企业的自主行为和关联企业的要求。

与欧盟 ESG 相关政策法规的强制力方面相比，美国对于信息披露的要求不存在"不遵守就解释"的空间。除《解释公告 IB2015-01》、《解释公告 IB2016-01》和《ESG 报告指南》没有强制要求 ESG 披露外，其余上述政策法规均强制要求 ESG 披露。

3. 日本

在日本，ESG 相关政策法规的制定起步相对较晚，ESG 政策法规以自愿参与和遵守为主，没有强制 ESG 信息披露的。2015 年，日本金融厅联合东京证券交易所颁布《日本公司治理守则》，将可持续发展议题和 ESG 要素考量纳入董事会责任范畴，规定董事会应主动处理这些事项并为此积极采取行动；并在 2018 年发布修订版，鼓励更多公司自愿披露 ESG 信息，明确非财务信息应包括 ESG 要素，更加注重董事会在建立可持续发展的文化中的引领作用，要求董事会承诺并确保所披露的非财务信息有价值。在具体的 ESG 议题上，日本最主要的气候政策是"自愿减排交易体系"和"日本环境自主行动计划"。这些项目完全依赖企业自愿参与，无法对企业施加足够的约束力，同时也存在缺乏一致性、透明度低等问题。

（二）ESG 投资策略多样化发展

目前，ESG 投资策略主要分为七类。

①负面筛选：基于 ESG 标准，将特定行业或公司从投资组合中剔除；②正面筛选：选取行业内 ESG 绩效优秀的公司；③标准化筛选：按照相关

国际组织（联合国、国际劳工组织等）的最低标准对投资标的进行审核；④ESG 整合：将环境、社会和治理因素系统地纳入分析，与传统财务数据分析结合；⑤可持续发展主题投资：投资于与可持续发展主题相关的资产，如清洁能源；⑥影响力/社区投资：定向解决某些环境和社会问题，包括社区投资和向具有明确社会或环境用途的企业提供资金；⑦股东参与：基于 ESG 的准则行使股东权利，从管理层影响公司行为。

其中最主流的 ESG 投资策略是整合策略和负面筛选策略，整合策略在美国市场较为通用（占 ESG 投资规模的 64%），即将 ESG 理念融入传统投资框架，实现更好的风险收益平衡。在 ESG 投资策略中，负面筛选策略是使用最普遍的策略之一。在政策驱动和 ESG 市场优势背景下，欧洲资管机构陆续建立了专业的 ESG 团队，综合多个数据库识别 ESG 风险，评估企业 ESG 表现，确定 ESG 投资策略，并构建 ESG 投资组合。在交易前和交易后，资管机构也设置了专门的 ESG 风控手段和预警机制。

二　中国上市公司 ESG 投资政策与发展特点

（一）中国 ESG 投资政策

国内 ESG 投资相比欧美国家起步较晚，以绿色金融、普惠金融为核心，出台系列政策引导金融机构开发绿色债券、绿色基金、绿色贷款等契合 ESG 投资理念的相关金融产品，促进绿色投资。2015 年 9 月，中共中央国务院印发《生态文明体制改革总体方案》，提出要建立上市公司环保信息强制性披露机制，积极推动绿色金融发展。2016 年 8 月，中国人民银行等七部门联合发布了《关于构建绿色金融体系的指导意见》，指出构建绿色金融体系的重要意义，推动证券市场支持绿色投资。2017 年 6 月以来，国务院先后在全国六省（区）九地设立绿色金融改革创新试验区，探索"自下而上"地方绿色金融发展路径。2018 年 11 月，基金业协会发布《绿色投资指引（试行）》，为基金开展绿色投资活动进行全面指导和规范。2019 年 12 月，

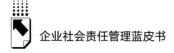
中国银保监会发布《关于推动银行业和保险业高质量发展的指导意见》，指出银行业金融机构须将环境、社会、治理要求纳入授信全流程，强化环境、社会和治理信息披露。随着碳达峰、碳中和目标的提出，中国政府对于绿色金融和责任投资的引导和推动越来越明晰和坚定。2021 年 5 月，中国证监会发布了《公开发行证券的公司信息披露内容与格式准则第 2 号——年度报告的内容与格式（2021 年修订）》（证监会公告〔2021〕15 号），新增"环境和社会责任"章节，鼓励企业主动披露积极履行社会责任的工作情况。2021 年 11 月，工业和信息化部、中国人民银行、中国银保监会、中国证监会联合发布《关于加强产融合作推动工业绿色发展的指导意见》，提出完善工业绿色发展信息共享机制，推进高耗能、高污染企业和相关上市公司强制披露环境信息，支持信用评级机构将环境、社会和治理因素纳入企业信用评级。2022 年 4 月，中国证监会发布《上市公司投资者关系管理工作指引》，指引明确上市公司投资者关系（IR）管理工作的主要职责，落实新发展理念的要求，在沟通内容中增加上市公司的环境、社会和治理信息，这是中国证监会首次在投资关系指引中引入 ESG 信息。

（二）中国 ESG 投资发展特点

近几年，中国上市公司在 ESG 投资关注度方面有了明显进展，越来越多的金融机构甚至企业主体关注并发行关于可持续发展和 ESG 的投资产品。一方面，中国 ESG 资管市场过去两年高速增长，ESG 基金规模快速发展。截至 2021 年底，中国泛 ESG 基金规模已达 3801 亿元人民币，同比增长 48%，而基金总数也达到 190 只。另一方面，中国的 ESG 投资开始步入快速发展阶段，市场关注度明显提升。根据晨星 Sustainalytics 的数据，亚太（除日本）地区可持续基金规模 2021 年已增长至 630 亿美元，比 2020 年的 370 亿美元增长 70%，中国仍然是主导市场，占 2021 年上述区域可持续资产的 77%。其中，中国 2021 年推出的大部分基金新产品都聚焦与气候相关的主题，其中包括清洁能源，而"双碳"目标在其中产生了一定推动作用。同时，在"双碳"政策的推动下，越来越多的 A 股上市公司和投资机构开始主动披露 ESG 报告，部分上市公司还专门设立董事会 ESG 委员会。截至 2022 年 7 月 25 日，已有 108 家中国内地机构签署 PRI，践行责任投资原则。尽管涨势强劲，但中国 ESG 资管市场在全球占比依然很小，且较成熟市场仍有较大差距。中国 ESG 资管市场正处于高速发展前夜，未来潜力巨大。

研究可知，中国 ESG 投资基本呈现以下特点：一是中国的 ESG 投资处于初期发展阶段，ESG 投资体系以政府引导为主，尚未形成成熟的披露、评价和投资体系；二是缺乏强制性 ESG 政策和法律法规，以指引和指导性标准为主；三是 ESG 投资以国家战略落实为关键，较为关注生态环境保护；四是 ESG 投资聚焦绿色金融专项领域，覆盖范围较小；五是监管机构越来越关注 ESG 投资，加快对 ESG 投资相关的监管和政策制定；六是社会公众对可持续发展和环境保护的关注加深，越来越多的投资者和金融机构开始关注中国上市公司的 ESG 表现，其中包括按照 ESG 标准筛选股票、投资 ESG 基金、参与 ESG 指数产品等。

总的来说，中国上市公司的 ESG 表现越来越受到资本市场关注，并逐渐成为投资者的重要考量因素。投资者对公司 ESG 表现的关注更加严格，优秀的 ESG 表现可能会成为投资者选择投资的重要因素，因为它可能会带来更高的风险收益比。

三　ESG 投资启示与建议

（一）ESG 投资启示

一是 ESG 投资理念是重要的风控措施，有助于企业防范 ESG 风险，提升融资吸引力。据 UNPRI（联合国责任投资原则组织）数据，机构投资者在投资决策中融入 ESG 评估可以提高投资组合的风险控制能力，使投资者发现潜在风险，避免带有"黑天鹅"因素的投资标的。ESG 投资倡导在投资过程中考虑环境、社会和企业治理三大因素。

二是参照海外 ESG 投资的先进发展经验，多项实证研究表明，ESG 投

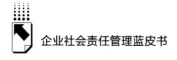

资可为投资者和企业带来正面影响。例如，在环境方面，需要评估企业活动对气候变化的影响、企业对自然资源的保护情况、能源是否得到合理有效利用以及企业对废弃物的处理方式等内容。在社会方面，需要评估企业对于公司自身员工管理、给予员工的薪酬福利以及上下游合作伙伴如供应商及服务商的关系，产品健康与安全等可能对社会造成的各种外部性影响。在公司治理方面，则需要评估公司董事会结构、股权结构、管理层薪酬及商业道德等各方面问题。ESG 投资旨在产生长期的财务回报，同时对社会作出积极贡献。

三是 ESG 投资决策将参考企业 ESG 绩效表现，ESG 评级在一定程度上影响投资决策。随着全球对 ESG 问题日益关注，中国上市公司的 ESG 表现将影响企业在国内外投资者眼中的 ESG 信用评级，优秀的 ESG 管理可以帮助企业获得更高的信用评级，吸引更多的投资者关注，进而提高企业的融资能力。

（二）ESG 投资策略建议

综上所述，建议从以下几个方面重点加强对 ESG 投资问题的关注，以确保未来中国 ESG 投资在可持续发展中的竞争力。

1. 加强政府政策支持

一是强化政策法规监督。政府及监管机构可以通过制定标准和法规、提供税收优惠以鼓励机构投资者将更多资金分配给可持续投资，出台相关政策鼓励更多投资者关注影响力投资，既关注财务的回报，也产生积极的社会、环境影响的影响力投资，以此促进可持续发展。将 ESG 作为投资决策过程的核心部分，而不仅仅是作为一个单独的因素，以确保考虑投资的长期可持续性，在促进 ESG 投资方面发挥关键作用。二是加强标准化、规范化引导。中国 ESG 投资尚未形成成熟的标准化、规范化的 ESG 标准，政府、行业协会和其他组织应共同制定和实施标准和法规，以帮助确保以负责任的方式进行 ESG 投资。

2. 规范 ESG 绩效评价

一是鼓励资管机构建立自有 ESG 评价模型。提高 ESG 数据的专业度，同时结合基本面分析进行 ESG 投资整合。二是改进数据和透明度。投资者需要有关公司 ESG 绩效的准确可靠数据，以便作出明智的投资决策。政府、监管机构和企业应努力提高 ESG 数据的可用性和质量。

3. 提升企业 ESG 管理能力

一是提升企业管理者 ESG 理念和意识。对于中国上市公司来说，强化 ESG 管理是长期可持续发展的重要保证。其中包括环境管理、社会责任、公司治理等方面的提升，这些都有助于降低企业的经营风险，同时也有助于改善企业的品牌形象和声誉。企业管理层需要了解 ESG 投资的优势以及不考虑 ESG 因素的相关风险。企业及 ESG 专业机构可制定科学的培训体系，设定针对性、高质量的 ESG 投资相关课程内容，提升企业管理层及全员对 ESG 投资、可持续投资的重要性认知。二是注重 ESG 专业人员能力建设。为支持中国 ESG 投资的发展，需要增加受过培训并具备 ESG 分析和投资资格的专业人员数量；同时需要增加对金融分析师、投资组合经理和其他投资专业人士的培训，此外，还包含对企业 ESG 专业管理人才的培养和培训。

4. 鼓励企业披露和互动

一是引导企业积极进行 ESG 信息披露。投资者需要公司提供有关其 ESG 绩效的信息，以便作出明智的投资决策。政府及监管机构应鼓励公司披露其 ESG 绩效，并就 ESG 相关问题与投资者进行交流。二是鼓励投资者积极与企业交流。投资者可以就 ESG 相关问题与公司进行沟通交流，并鼓励企业采取更可持续的做法，以促进公司可持续发展。

5. 促进利益相关方互动合作

一是加强政企合作。中国 ESG 投资需要政府、企业、投资者和其他利益相关者参与合作，为 ESG 投资创造一个有利的环境。企业还可与非政府组织、政府机构和行业协会等其他利益相关者合作，以促进可持续投资和可持续发展。二是开展国际合作。中国正成为全球经济中越来越重要的参与者，因此，中国企业与其他国家企业合作促进可持续投资非常重要，包括分

享最佳实践、合作研究以及参与促进 ESG 投资的国际倡议。

6. 鼓励 ESG 产品开发和创新

一是注重 ESG 投资产品开发。中国对 ESG 投资产品的需求不断增长，但缺乏本土 ESG 产品，资产管理人应重点开发适合中国市场的 ESG 基金和其他可持续投资产品。二是鼓励 ESG 创新和试验。ESG 投资仍然是一个相对较新的领域，存在创新和试验的机会。例如，区块链和机器学习等新技术可用于改进 ESG 数据收集和分析，并提高 ESG 投资过程的透明度。此外，绿色债券和社会影响力债券等新的投资工具可用于为可持续项目和倡议调动资金。鼓励 ESG 投资领域的创新和试验有助于进一步发展市场并使其更加有效。

B.16
不同股票价格指数
上市公司的 ESG 评价比较

王海龙　王桦　李虹媛*

摘　要： 本报告研究了上证 50 指数、深证 100 指数和 MSCI CHINA 200 A
股上市公司的 ESG 表现。由于成分股样本特征不同，不同指数
下上市公司 ESG 表现存在一定差异，其中，上证 50 上市公司
ESG 平均得分最高，深证 100 上市公司得分次之，MSCI CHINA
200 上市公司平均得分最低。

关键词： 上证 50　深证 100　MSCI　ESG

一　不同股票价格指数上市公司 ESG 评价总体比较

（一）样本选择

目前，国内市场的股票价格指数以上海证券交易所（以下简称"上交
所"）编制的上证指数系列、深圳证券交易所（以下简称"深交所"）编
制的深证指数系列和中证指数公司编制的中证指数系列为代表。上交所建立
了以上证综指、上证 50 指数、上证 180 指数、上证 380 指数，以及上证国

---

* 王海龙，北京融智企业社会责任研究院常务副院长，主要从事企业社会责任管理、品牌管
理、企业文化、企业公益、党建管理等领域研究；王桦，管理学博士，北京石油化工学院副
教授，主要从事企业风险管理和企业社会责任管理等领域的研究；李虹媛，北京融智企业社
会责任研究院研究员，研究方向为 ESG 投资。

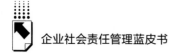

债、企业债和上证基金指数为核心的上证指数体系。深交所编制的深证指数系列主要包括成分股指数、深证 100 指数、中小板指数等。中证系列指数目前包括沪深 300 指数、中证 100 指数、中证流通指数等。

MSCI（Morgan Stanley Capital International）是美国著名指数编制公司明晟的简称。MSCI 指数受到全球投资组合经理的广泛采用。据 MSCI 估计，在北美洲及亚洲，超过 90% 的机构性国际股本资产是以 MSCI 指数为基准的。截至 2021 年 12 月 31 日，共有 521 只 A 股被纳入 MSCI 指数体系。

出于对样本的多样性、代表性以及评价分析的可行性考虑，本报告从众多指数中选取了上证 50 指数、深证 100 指数以及 MSCI CHINA 200 进行比较分析。

（二）结果比较

上证 50、深证 100 和 MSCI CHINA 200 在经济、环境、社会和治理维度的对比结果如表 1 所示。在三个指数中，上证 50 上市公司的 ESG 综合评价为 BBB 级，较深证 100 上市公司和 MSCI 200 只 A 股成分股高 1 级；深证 100 上市公司和 MSCI 200 只 A 股成分股的 ESG 综合评价等级均为 BB 级。

2020~2021 年，上交所和深交所持续推进 ESG 指引编制，ESG 信息披露力度逐渐加大。2020 年 9 月 4 日，深交所发布《深圳证券交易所上市公司信息披露工作考核办法（2020 年修订）》（以下简称《考核办法》），并于发布之日起实施，新修订《考核办法》增加了"履行社会责任的披露情况"，首次提及了 ESG 披露，并将其加入考核。ESG 信息披露作为 ESG 管理的成果，上交所和深交所上市公司为提高 ESG 信息披露质量，在 2020 年和 2021 年逐渐重视公司 ESG 管理，ESG 综合评价等级得以提升。

表 1　不同指数上市公司 ESG 综合评价等级

指数	经济	环境	社会	治理	综合等级
上证 50	B	BB	BBB	BB	BBB
深证 100	B	B	BB	BB	BB
MSCI CHINA 200	B	B	BB	B	BB

二　上证50上市公司 ESG 评价

（一）经济维度四大能力分析

上证 50 上市公司经济维度的评价包括公司盈利能力、成长能力、偿债能力与投资价值 4 个二级指标，其描述性统计结果如表 2 所示。在 4 项能力中，盈利能力的平均值最高，为 54.45 分；偿债能力的平均值最低，为 39.28 分。从最大值来看，盈利能力、成长能力、偿债能力和投资价值 4 项均有表现近满分的公司，分别为中远海控、中远海控、中国神华和招商银行。4 项能力的最小值分别为 6.32 分、3.63 分、9.16 分和 18.65 分，标准差分别为 18.40 分、18.94 分、23.33 分和 21.87 分，说明上证 50 上市公司经济维度 4 项能力差异较大。

表 2　上证 50 上市公司经济维度的描述性统计

单位：分

二级指标	平均值	标准差	最小值	中位数	最大值
盈利能力	54.45	18.40	6.32	53.42	99.90
成长能力	49.56	18.94	3.63	46.29	99.87
偿债能力	39.28	23.33	9.16	30.18	98.51
投资价值	47.51	21.87	18.65	41.44	98.10

（二）研究发现1：上证50超过30%的公司评级为 A~AAA 级，整体 ESG 评级处于 BBB 级

2021 年，上证 50 上市公司 ESG 综合评价等级为 BBB 级，优于深证 100 上市公司和 MSCI CHINA 200 的 ESG 表现，主要原因在于：一方面，上证 50 指数选取的是上海证券市场规模大、流动性好的最具代表性的 50 只股票，因此上证 50 上市公司 ESG 综合评价等级反映的是上海证券市场最具市

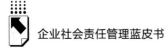

场影响力的一批龙头企业的整体状况，样本企业公司责任意识与履责能力在上市公司中都处于领先地位；另一方面，从产权性质来看，上证50上市公司中，国有企业占比超过50%，其中70%以上为中央企业，中央企业因其特殊的产权性质和重要的政治经济地位而受到广泛的社会关注，随着社会公众参与公共事务的意识增强，公众对于中央企业ESG方面实践高度关注，2016年，国务院国有资产监督管理委员会《关于国有企业更好履行社会责任的指导意见》进一步明确了中央企业需开展社会责任实践、建立健全社会责任报告制度，因此，中央企业相较于其他类型的公司而言ESG综合表现要更好。

从等级分布来看，50家样本企业在C~AAA级9个等级中均有分布。其中，有17家公司ESG评价等级为A~AAA级，占比34.00%；27家公司ESG评价等级为B~BBB级，占比54.00%；6家公司ESG评价等级为C~CCC级，占比12.00%（见图1）。统计表明，上证50上市公司ESG整体表现较好（见表3）。

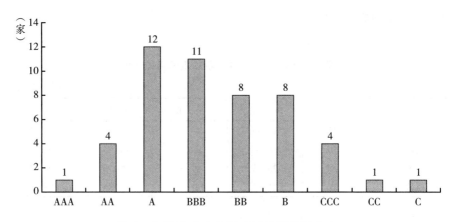

图1　上证50上市公司ESG评级结果分布

表3　2021年上证50上市公司ESG综合表现前五名

所属行业	股票简称	ESG综合评价等级
租赁和商务服务业	中国中免	AAA
信息业	中国联通	AA
金融业	工商银行	AA
金融业	招商银行	AA
金融业	中信建投	AA

（三）研究发现2：上证50上市公司重视环境管理，废弃物排放信息披露不足

上证 50 上市公司环境维度评级为 BB 级，在环境维度表现最优的 5 家上市公司环境维度评价等级均为 AAA 级（见表4）。2008 年，上交所发布了《上海证券交易所上市公司环境信息披露指引》，对上市公司涉及环保事件的披露进行了明确规定，上证 50 上市公司严格遵守环境信息披露指引相关规定，按照相关法律法规进行排放和废弃物管理，环境维度总体表现较好。

表4　2021 年上证 50 上市公司环境维度表现前五名

所属行业	股票简称	环境维度评价等级
制造业（其他）	复星医药	AAA
租赁和商务服务业	中国中免	AAA
制造业（其他）	海尔智家	AAA
采矿业	紫金矿业	AAA
制造业（其他）	通威股份	AAA

上证 50 上市公司环境维度二级指标得分中，环境管理指标平均得分最高，为 64.37 分；绿色创新指标平均得分次之，为 63.92 分，上证 50 上市公司有能力在环保技术创新、研发环保产品等方面投入一定资金；第三是应对气候变化指标，平均得分 63.26 分，越来越多的公司开始关注气候变化给企业带来的机遇和风险，制定了风险识别程序和应对措施；第四和第五分别是生态环境保护和资源能源利用指标，平均得分分别为 56.12 分和 54.93 分；最后为废弃物排放指标，平均得分为 49.77 分（见图2），上证 50 上市公司涵盖多个行业，不同行业废弃物排放情况不同，尤其是高耗能高污染行业，废弃物排放种类多、数量大，废弃物排放数据难以统计，且缺乏往年数据对比，导致上证 50 上市公司废弃物排放指标表现不佳。

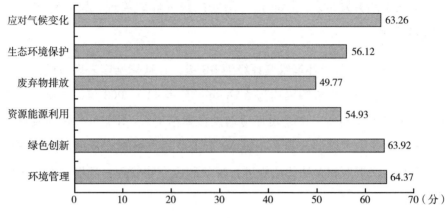

图 2　上证 50 上市公司环境维度二级指标平均得分

（四）研究发现3：上证50上市公司供应链管理表现优秀，客户权益保护仍需提升

上证 50 上市公司社会维度评级为 BBB 级，优于其在经济、环境与治理维度的评级表现。在社会维度的 4 项二级指标中，上证 50 上市公司在供应链管理指标上表现最佳。上证 50 上市公司践行责任采购，为供应商提供相关培训，对供应链社会与环境社会风险进行检视，打造责任供应链。

表 5　2021 年上证 50 上市公司社会维度表现前五名

所属行业	股票简称	社会维度评级
信息传输、软件和信息技术服务业	中国联通	AAA
采矿业	中国神华	AAA
制造业（其他）	上汽集团	AAA
制造业（其他）	复星医药	AAA
房地产业	保利发展	AA

上证 50 上市公司社会维度二级指标得分中，供应链管理指标平均得分最高，为 76.58 分；社区发展指标平均得分次之，为 66.39 分，上证 50 上

市公司充分运用自身社会影响力，组织员工参与公益活动；其后是员工权益与发展指标，平均得分为 60.68 分；最后为客户权益保护指标，平均得分为 59.24 分（见图 3）。由此观之，上证 50 上市公司注重供应链管理，但在产品质量管理、提高客户服务质量方面仍需努力。

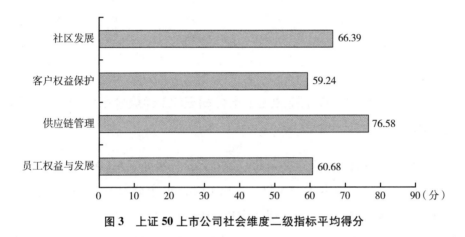

图 3　上证 50 上市公司社会维度二级指标平均得分

三　深证100上市公司 ESG 评价

（一）经济维度四大能力分析

深证 100 上市公司经济维度 4 项二级指标描述性统计结果如表 6 所示。4 项能力中，投资价值的平均值最高，为 50.84 分；偿债能力的平均值最低，为 43.81 分。从最大值来看，盈利能力、成长能力、偿债能力和投资价值 4 项能力中均有表现近满分的公司，分别为东方财富、东方财富、爱美客和宁波银行。4 项能力的最小值分别为 0.40 分、0.66 分、4.80 分和 12.02 分，标准差分别为 15.66 分、15.19 分、20.20 分和 24.37 分，表明深证 100 上市公司经济维度 4 项能力既有表现近满分的公司，也有表现近零分的公司，不同公司之间 4 项能力差距较大。

表6 深证100上市公司经济维度的描述性统计

单位：分

二级指标	平均值	标准差	最小值	中位数	最大值
盈利能力	50.79	15.66	0.40	50.79	98.39
成长能力	46.87	15.19	0.66	44.94	98.78
偿债能力	43.81	20.20	4.80	37.45	99.99
投资价值	50.84	24.37	12.02	45.57	99.94

（二）研究发现1：深证100上市公司ESG评级分布均匀，无公司达到AAA级

2021年，深证100上市公司ESG综合评价等级处于BB级。在100家上市公司中，19家公司为A～AA级，占比19%；50家公司为B～BBB级，占比50%；31家公司为C～CCC级，占比31%。深证100上市公司在CC～A级中评级分布较为平均，分布在AA～AAA级和C级的公司数量较少，表明深证100上市公司ESG表现突出和较差的公司较少（见图4）。

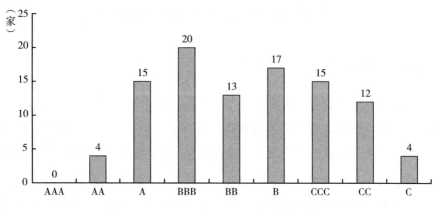

图4 深证100上市公司ESG评级结果分布

深证100上市公司ESG评价等级低于上证50上市公司，一方面是因为深交所发布的上市公司社会责任指引仅具备ESG信息披露的架构和雏形，

另一方面是因为深证 100 指数较上证 50 指数样本量更大，其中民营企业占比更多，其对 ESG 的重视程度较国有企业和中央企业而言较低。2021 年，深交所开始探索建立符合国情和具有中国特色的 ESG 评价体系，开发 ESG 相关指数，多视角、多维度反映企业 ESG 实践，推动提升上市公司 ESG 治理水平。

表 7　2021 年深证 100 上市公司 ESG 综合表现前五名

所属行业	股票简称	ESG 综合评价等级
制造业（其他）	金龙鱼	AA
制造业（其他）	双汇发展	AA
制造业（其他）	新希望	AA
房地产业	万科 A	AA
信息传输、软件和信息技术服务业	广联达	A

（三）研究发现2：深证100上市公司社会和治理维度评级达 BB 级，环境维度评级最低

深证 100 上市公司 ESG 评价各维度结果如表 8 所示。深证 100 上市公司总体 ESG 评价等级为 BB 级，其中，社会和治理维度 ESG 评级为 BB 级，环境维度 ESG 评级为 B 级（见表 8）。

表 8　2021 年深证 100 上市公司 ESG 评价各维度等级

项目	环境	社会	治理	综合等级
评级	B	BB	BB	BB

深证 100 上市公司各维度平均得分如图 5 所示，社会维度最高，为 55.40 分，环境维度最低，为 46.62 分。深证 100 上市公司在社区发展和客户权益保护方面投入一定资源，普遍重视职业健康安全管理，积极参与公益事业，助力教育事业发展，因此在社会维度表现较好。

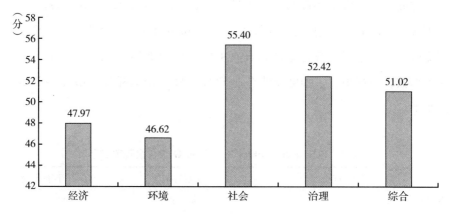

图5 深证100上市公司各维度平均得分

深证100上市公司环境维度二级指标得分如图6所示，各项二级指标间得分相差较大。其中绿色创新平均得分最高，为63.51分，深证100上市公司中制造业企业占比73%，为降低对环境产生的影响，深证100上市公司增加了绿色研发投入，在该指标表现较好。废弃物排放指标平均得分最低，为31.87分，深证100上市公司总体而言缺乏对自身废弃物排放的统计与报送机制，不能及时准确地披露其有害与无害废弃物的排放情况。

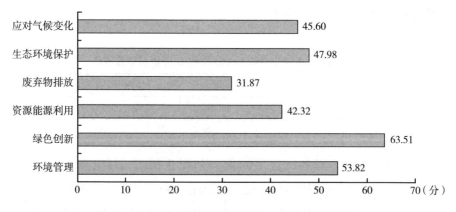

图6 深证100上市公司环境维度二级指标平均得分

（四）研究发现3：深证100上市公司信息披露表现良好，缺乏 ESG 管理

深证 100 上市公司治理维度评级为 BB 级，涵盖对组织治理、合规风险管理、ESG 管理和信息披露 4 项二级指标的考察。其中，深证 100 上市公司在信息披露指标表现最佳。深交所持续完善上市公司 ESG 信息披露相关要求，经过多年规范引导，截至 2021 年底，深交所 2570 家上市公司中，2021 年全年共发布 477 份 ESG 报告，占上市公司总量的比重为 18.56%。

表9 2021 年深证 100 上市公司社会维度表现前五名

所属行业	股票简称	社会维度评级
制造业（其他）	宁德时代	AAA
制造业（其他）	阳光电源	AA
制造业（其他）	汇川技术	AA
电力、热力、燃气及水生产和供应业	中国广核	AA
制造业（其他）	新希望	AA

深证 100 上市公司社会维度二级指标得分中，信息披露指标平均得分最高，为 70.65 分；组织治理指标平均得分次之，为 56.02 分；再次为合规风险管理指标，平均得分为 50.89 分；最后为 ESG 管理指标，平均得分为 33.33 分（见图 7）。ESG 管理作为深证 100 上市公司的弱项，亟须将ESG

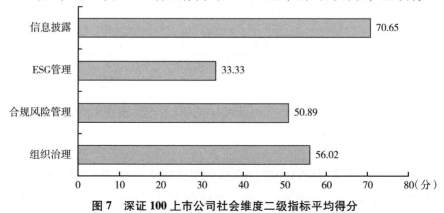

图7 深证 100 上市公司社会维度二级指标平均得分

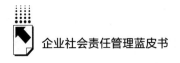

融入企业发展战略，针对高层领导开展 ESG 理念培训，构建 ESG 治理架构，促进提升现代 ESG 治理水平。

四 MSCI CHINA 200成分股 ESG 评价

（一）经济维度四大能力分析

MSCI CHINA 200 经济维度 4 项二级指标描述性统计结果如表 10 所示。4 项能力中，盈利能力的平均值最高，为 50.86 分；偿债能力的平均值最低，为 43.37 分。从最大值来看，盈利能力、成长能力、偿债能力和投资价值 4 项能力中均有表现近满分的公司，分别为中远海控、中远海控、澜起科技和宁波银行。4 项能力的最小值分别为 0.40 分、0.66 分、9.16 分和 7.88 分，标准差分别为 16.94 分、17.24 分、21.72 分和 21.73 分，表明 MSCI CHINA 200 经济维度四项能力差距较大，有表现极好的公司，也有表现近零分的公司。

表 10 MSCI CHINA 200 经济维度的描述性统计

单位：分

二级指标	平均值	标准差	最小值	中位数	最大值
盈利能力	50.86	16.94	0.40	50.10	99.90
成长能力	48.03	17.24	0.66	45.04	99.87
偿债能力	43.37	21.72	9.16	35.31	99.99
投资价值	47.40	21.73	7.88	43.27	99.94

（二）研究发现1：MSCI CHINA 200 ESG 表现处于 BB 级，环境和治理成为短板

2021 年，MSCI CHINA 200 ESG 综合评价等级为 BB 级，和深证 100 指数上市公司 ESG 综合评价等级一致。2018 年 6 月，我国 A 股市场正式纳入

MSCI 新兴市场指数和 MSCI 全球指数，A 股上市公司也就此开启了接受"MSCI ESG 评级"的道路。最初 A 股 86% 的成分股在 MSCI 的 ESG 评级普遍较低，但随着 ESG 理念在中国的普及，不论是在政策层面还是在资本市场实践层面，都迎来一种前所未有的热度。更多的 A 股上市公司进入全球投资者的视野，这是机遇也是挑战，意味着 A 股上市公司需要跟全球的同业进行比较和竞争，在推动资本市场国家化趋势的同时，A 股上市公司的 ESG 短板也开始显现。2021 年，MSCI CHINA 200 环境和治理维度评级为 B 级（见表 11）。

表 11　MSCI CHINA 200 ESG 评价各维度等级

项目	环境	社会	治理	综合等级
评级	B	BB	B	BB

从等级分布来看，200 家样本企业在 C ~ AAA 级 9 个等级中均有分布。其中，36 家公司 ESG 评价等级为 A ~ AAA 级，占比 18.00%；103 家公司 ESG 评价等级为 B ~ BBB 级，占比 51.50%；61 家公司 ESG 评价等级为 C ~ CCC 级，占比 30.50%（见图 8）。

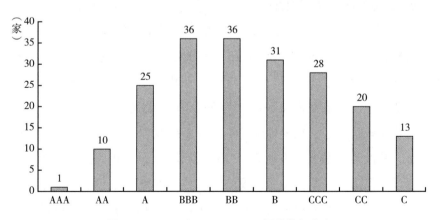

图 8　MSCI CHINA 200 ESG 评价等级分布

MSCI CHINA 200 涉及金融业、制造业、房地产业等十五大行业，与总样本涵盖行业一致。MSCI CHINA 200 ESG 综合评价前五名涵盖租赁和商务服务业，金融业，制造业（其他）和信息传输、软件和信息技术服务业四个行业（见表 12）。

表 12 2021 年 MSCI CHINA 200 ESG 综合表现前五名

所属行业	股票简称	ESG 综合评价等级
租赁和商务服务业	中国中免	AAA
金融业	建设银行	AA
制造业（其他）	金龙鱼	AA
信息传输、软件和信息技术服务业	中国联通	AA
信息传输、软件和信息技术服务业	国电南瑞	AA

（三）研究发现2：MSCI CHINA 200重视绿色创新，基本构建环境管理体系

MSCI CHINA 200 环境维度评价结果如图 9 所示，48 家公司环境维度评级分布在 A~AAA 级，占比 24.00%；71 家公司分布在 B~BBB 级，占比 35.50%；环境维度评级分布在 C~CCC 级的公司最多，为 81 家，占比 40.50%。

MSCI CHINA 200 环境维度 6 项二级指标得分如图 10 所示。其中，绿色创新指标平均得分最高，为 59.73 分；其次为环境管理指标，平均得分为 52.36 分；最末为废弃物排放指标，平均得分为 37.94 分。在 MSCI CHINA 200 中，制造业占比最高，为 54.50%，制造业公司积极探索综合利用回收及减排工艺，减少排放，实施节能技改项目，开发节能降碳技术和设备；其次为金融业，占比 20.00%，金融业公司积极响应国家政策导向，通过多渠道、多品种的绿色投融资工具，支持绿色产业和绿色项目发展，在绿色创新方面表现突出。此外，MSCI CHINA 200 大部分将绿色环保理念融入企业使命或价值观，取得环境管理体系认证，在环境管理方面表现较好。

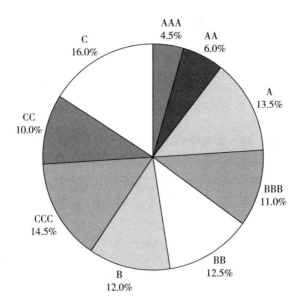

图 9　MSCI CHINA 200 环境维度评价结果分布

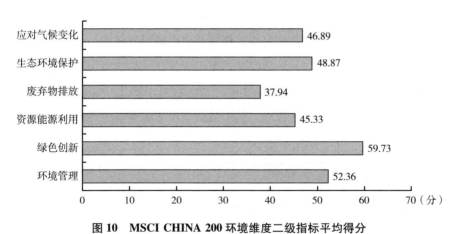

图 10　MSCI CHINA 200 环境维度二级指标平均得分

（四）研究发现3：MSCI CHINA 200社会维度表现最佳，在社区
发展方面贡献突出

MSCI CHINA 200 社会维度评级为 BB 级，优于其在经济、环境与治理
维度的评级表现。在社会维度的 4 项二级指标中，MSCI CHINA 200 在社区

发展指标表现最佳，MSCI CHINA 200 深入社区进行参与沟通，促进当地社区文化、教育等事业发展，带动当地经济增长，在社区发展方面贡献突出。2021 年，MSCI CHINA 200 在社会维度表现最佳的前五名社会维度评级均为 AAA 级（见表13）。

表13　2021 年 MSCI CHINA 200 社会维度表现前五名

所属行业	股票简称	社会维度评级
制造业（其他）	宁德时代	AAA
制造业（其他）	比亚迪	AAA
制造业（其他）	金龙鱼	AAA
制造业（其他）	亿纬锂能	AAA
制造业（其他）	阳光电源	AAA

MSCI 200 只成分股社会维度二级指标得分中，社区发展指标平均得分最高，为 57.58 分；供应链管理指标平均得分次之，为 53.29 分，MSCI CHINA 200 大部分建立了供应商准入机制和供应链管理体系，打造责任供应链；其后是客户权益保护，平均得分为 53.13 分；最后为员工权益与发展指标，平均得分为 50.37 分（见图11）。由此观之，MSCI CHINA 200 注重社区发展，但在职业健康安全管理、员工培训、员工关爱等方面仍需努力。

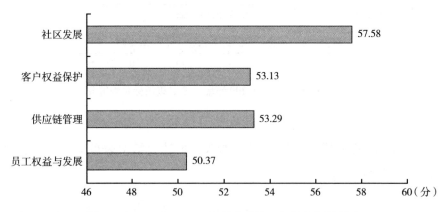

图11　MSCI CHINA 200 社会维度二级指标平均得分

附录一　中国上市公司 ESG 典型案例

付先凤　吴婧慈　罗琴秀*

摘　要： 本报告根据样本企业 2021 年或 2022 年 ESG 报告、可持续发展报告、社会责任报告披露的内容，通过环境、社会、治理三个方面，展现中国上市公司在 ESG 三大维度的履责实践，全面展现中国上市公司关于 ESG 的思考和行动，该部分汇集来自不同行业的优秀实践案例数十篇，充分展示了各行业代表性上市公司在 ESG 管理、实践、信息披露等多个领域的经验与做法，为 ESG 管理创新提供参考思路，助力企业提高 ESG 管理水平。

关键词： ESG 典型案例　ESG 信息披露　ESG 实践

一　环境（E）维度

1.【广汽集团】打造零碳工厂，实现节能减排

广州汽车集团股份有限公司（以下简称"广汽集团"）立足广汽智联新能源汽车产业园，努力打造零碳汽车产业园区，带动产业链、供应链上下

---

* 付先凤，北京融智企业社会责任研究院常务副院长、融智学院院长，主要从事企业社会责任管理、内控与风险管理等领域的研究；吴婧慈，北京融智企业社会责任研究院研究员，研究方向为企业 ESG 战略研究；罗琴秀，北京融智企业社会责任研究院副研究员，研究方向为企业 ESG 理论与实践。

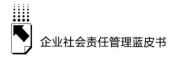

游加快绿色转型，以助力碳达峰、碳中和目标的实现。

广汽集团基于广汽埃安积极推进广汽首个零碳工厂的打造，与中广核电力销售有限公司签订清洁用能战略合作框架协议，以先进的高效单晶硅组件建设面积8.9万平方米、总容量达17.1兆瓦、年发电量约1800万千瓦时的光伏子系统。利用两个500千瓦时/1000千瓦功率型储能站和一个300千瓦时/100千瓦梯次利用储能站组成总容量达1300千瓦时的储能子系统，形成智能微电网系统。在产品研发方面，广汽埃安采用铝合金平台，推进轻量化技术，通过低滚阻轮胎、主动格栅等先进技术大幅度降低整车电耗，促进产品节能增效。同时，建立动力电池回收利用体系，创新技术应用，在生产制造领域进行多重优化。

截至2021年12月，光伏系统发电累计约4870.88万千瓦时，折合节约标准煤5986.31吨，减排二氧化碳15178.48吨。AION S车型获得中国汽车技术研究中心有限公司颁发的2021年低碳车型。自动化冲压生产线效率提升约8%，能耗节约5%；自动化焊装车间能耗较同行普遍水平降低20%，其中绿色涂装工厂循环风比例达到80%，大大降低空调能耗；智能生产的电池PACK能量回馈最佳效率高达92%。

2.【通威股份】"渔光一体"，助力产业低碳发展

通威股份有限公司（以下简称"通威股份"）是以农业、新能源双主业为核心的大型民营科技型上市公司。为践行"双碳"目标，推动公司高质量可持续发展，通威股份在董事会下设能源管理委员会，统筹管理规划可持续发展、能源、电力三大板块。

通威股份将光伏发电与现代渔业有机融合，形成"上可发电、下可养鱼"的"渔光一体"项目，创新三产融合，打造集新渔业、新能源、新农村于一体的"三新"现代产业园区，实现了渔业和光伏高效协同发展。"渔光一体"项目的落地能优化当地能源结构，对推动二氧化碳减排和绿色低碳发展、助力实现"碳达峰、碳中和"目标具有重要意义。

通威股份"渔光一体"商业模式通过农业部渔业局、科教司、农业部

全国水产技术推广总站等权威机构验收，认为通威股份"渔光一体"系列研究成果属于国际先进水平，被列入四川省科学技术成果。通威旗下永祥新材料以处理工业固废、碳减排为目标，实施各项节能降耗技改项目，荣获工信部公布的"2021 年国家级绿色制造示范单位"。

3.【中国电力】"换电重卡"创新，引领新能源交通领域发展

中国电力国际发展有限公司（以下简称"中国电力"）是国家电力投资集团公司常规能源业务的核心子公司，为进一步实现从传统发电企业转型为绿色低碳能源供应商，2021 年发布新的战略，提出"低碳赋能美好生活"的宗旨使命，并成立上海启源芯动力科技有限公司，正式开启绿电交通替代的新模式。

中国电力聚焦矿山、钢厂、港口、电厂、城市五大场景，在"重载、高频、高污染"的交通细分领域积极推进"电能替代"，联合生态圈伙伴研发推广多款换电重卡及工程机械产品，凭借其强环保性、高经济性和优异性能领跑市场，用"换电"形式解决了充电式新能源车的充电时间长、行驶里程短的焦虑，创造性地解决了港口、矿山、工厂、园区、建筑、市政、环卫等场景对燃油重卡、燃油专用车辆的替代需求，以创新引领综合智慧能源与新能源交通发展新趋势。

截至 2021 年底，中国电力绿电交通市场占有率位居行业前列，在全国多个省市配套投建充换电站近 70 座，累计交付量已超 5700 台，行驶里程破 5000 万公里。按照每辆车每天 300 公里行驶里程估算，5700 台换电重卡每年预计可减少 149625 吨碳排放量，相当于种植了 830.77 万棵树，环保优势凸显。

4.【涪陵电力】全面"油改电"，助力企业清洁生产

重庆涪陵电力实业股份有限公司（以下简称"涪陵电力"）不断探索电能替代在新领域的拓展，关注能源高效利用，基于自身资源、能力优势努力拓展电网节能业务，助力更多企业走上低碳、高效的发展之路。

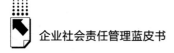

涪陵页岩气田地处长江经济带上游重要的生态保护区，是国家干线川气东送管道三大气源之一，为华中、华东 70 多个大中型城市源源不断地提供清洁能源。但在涪陵页岩气田开发之初，大多采用柴油机发电为钻井系统提供动力。为降低开采能耗和排放，将绿色低碳理念融入石油工程施工，涪陵电力积极配合支持涪陵页岩气公司开展"油改电"低碳页岩气钻井模式探索工作，在涪陵页岩气田推广网电钻机，建设页岩气专用输电线路工程，强化节能监测以降低电驱设备能耗。

涪陵电力用清洁、可靠的电能，让涪陵页岩气开发走上了清洁环保之路。"油改电"之前，一口 5000 米深的气井需消耗柴油 200 多吨。2021 年，涪陵页岩气田实现 100% 开采"油改电"。

5.【明星电力】打造智慧化水务平台，保障人民用水安全

四川明星电力股份有限公司（以下简称"明星电力"）主营电力、自来水生产与供应，是最具综合实力和竞争力的同类地方上市电力企业。2021年，获评四川省企联、四川省企协"四川服务业企业 100 强企业"。

作为城市基础要素保障单位，明星电力旗下全资子公司遂宁市明星自来水有限公司承担着遂宁城区 90% 以上的供水任务，为进一步保障城市居民用水安全需求，全面保障城市二次供水用户水量、水压、水质安全，遂宁市明星自来水有限公司建立城市二次供水技术规范，推行设计—建设—运营一体化模式，统一流程管理，对工艺设计、机电设备、电气控制进行标准化管理。同时结合数字技术打造智慧化水务平台，实现了监控、管理、服务等业务的数字化、信息化、可视化与联动化，能快速排除用水故障，在提质增效的同时保障了用户用水稳定、安全。

截至 2022 年 5 月底，明星电力借助二次供水管理平台与技术规范，先后与金科、优筑、绿地、邦泰等房地产企业合作，共建设二次供水设施设备改造项目 27 个，创造经济效益 2276 万余元。同时，有效解决城市水质二次污染、水压不稳、水量不足等问题，实现水质 100% 达标，直接惠益用水居民 1 万余户。

6.【上海电力】聚力"三新"，引领区域智慧绿色升级

上海电力股份有限公司（以下简称"上海电力"）是一家集清洁能源、新能源、智慧能源科技研发与应用、现代能源供应和服务于一体的现代能源企业，是上海主要的综合能源供应商和服务商之一和最大的热能供应商。

上海电力积极推进氢能、储能、绿色交通等新兴业态发展。氢能方面，成立了上海电力全资的"国电投长江氢能科技有限公司"，专业开展氢能产业的投资、建设以及科研等工作；开发长兴岛氢能生态低碳岛项目；在四川、湖北等地建设绿氢基地，形成在长江流域可复制推广的绿氢基地建设模式。储能方面，积极推进增量配电网、微电网和分布式光储充换场景布局；制定上海世博源商业体等场景的低碳园区方案。绿电交通方面，自主开发电动自行车充电业务后台系统，投资和建设集中充电点；搭建城市绿色出行智慧平台，辅助政府对公共水陆交通进行监督管理，重点开展重卡换电、两轮电动车换电、氢燃料电池航运领域应用等项目。

2021 年，上海电力与临港新片区管委会、临港集团签订"氢能产业发展战略合作协议"，打通临港片区氢能"制、储、加、用"产业链各环节。成立松江、浦东、金山、崇明、嘉定等 10 个上海区域分公司，共对接大客户 58 个，签订大客户合作协议 41 个，锁定一批新能源、综合智慧能源以及"三新"产业的项目开发机会。

7.【远光软件】数字助力碳排放管理优化

作为深耕能源电力行业管理信息化 30 多年的科技公司，远光软件股份有限公司（以下简称"远光软件"）以"碳达峰、碳中和"为长远目标导向，积极跟踪"双碳"领域的新需求，以信息化、数字化的工具支撑企业碳减排，助力"双碳"目标达成。

作为碳交易产业联盟首届理事单位，远光软件持续在碳配额、CCER（国家核证自愿减排量）、碳排放监测、碳交易、碳金融等领域开展长期、深入的研究。为提升发电企业碳资产信息化管理能力，远光软件深入分析发

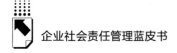

电企业业务发展需求和外部环境变化，投入精锐研发力量，打造了发电企业碳资产管理平台，形成覆盖配额管理、CCER 项目管理、排放计算、交易履约管理等全业务流程的统一管理的信息化系统，为发电集团及下属碳资产公司、二级单位（区域公司）、三级单位（电厂）提供统一的碳排放全过程管理和技术支撑，有效提升发电企业碳资产管理水平和效益。

截至 2021 年底，远光碳资产管理平台已为华能集团总部、碳资产公司、20 多个区域、100 余家火电厂、900 余家新能源公司提供碳排放管理全过程的技术支撑；支撑了国家电投集团公司总部、碳资产公司、10 多家二级单位、100 多家控排企业及 1000 余家新能源企业的使用需求，实现碳排放管理应用业务功能全组织覆盖。

远光碳资产管理平台获评中国电力企业联合会"2021 年电力行业两化融合优秀解决方案"、中国软件行业协会"2021 年度优秀软件产品"等多项荣誉。

8.【长飞光纤】推进绿色产品设计，争当"双碳时代"先行者

为争当"双碳时代"绿色发展的先行者，长飞光纤光缆股份有限公司（以下简称"长飞光纤"）坚持"节能低碳、科学管理、绿色可持续发展"的宗旨，设定温室气体排放目标"力争在 2028 年实现万元产值温室气体排放量在 2021 年的基础上降低 50%，并争取在 2055 年前实现碳中和"。

长飞光纤秉持绿色产品设计理念，在原材料和产品源头设计上注重减少环境污染、降低能源消耗、促进产品循环利用，在光纤本身具有的绿色低碳属性的基础上，力求更加环保。同时，基于 ISO 14067：2018 温室气体产品碳足迹量化要求和指南，对光纤光缆产品开展碳足迹核查工作，评估产品全生命周期对环境造成的影响，寻求产品设计层面的绿色改进方案，在包装材料采购、运输、减量、回收及重复利用等方面采取多种措施，促使包装产品从原材料选取、产品设计和制造，直至最终废弃处理的全生命周期中对环境造成的负面影响最小化，实现较高的资源利用效率，不断提升光纤光缆产品的生态友好性。

2021 年，长飞光纤共计减少了 2083 个纸箱使用；完成报废光纤盘具置换共计 5124 个，报废光纤保护罩置换约 1.2 万个，光纤盘回收共计 9155 个。公司百余种产品和原材料均通过欧盟 RoHS2.0 测试，两款室外光缆产品凭借优越的环境属性、资源属性和产品属性，作为绿色产品被列入工信部第五批绿色制造名单。

长飞光纤荣获 2021 年 EcoVadis 可持续评级金牌，长飞光纤旗下的子公司"长飞光纤潜江有限公司"与"长飞光纤光缆兰州有限公司"均于 2021 年被认定为"国家级绿色工厂"。

9.【中国巨石】聚焦"双碳"，构建玻纤绿色制造体系

在净零投资盛行、"能耗双控""双碳"加速落地的背景下，中国巨石股份有限公司（以下简称"中国巨石"）一直重视绿色低碳发展，构建更加健全的"资源高效、能源低碳、过程清洁、废物循环"的玻纤绿色制造体系。

中国巨石聚焦"双碳"，不断深化低碳管理举措，完善绿色发展体系，制定发布《绿色低碳发展报告》《碳排放管理办法》，重点从原料、生产线流程、产品应用三方面发力，走出高质量发展之路。制定多项环保管理制度和技术标准，组建环境管理三级管理架构，设立专/兼职环保管理员；编制整理环保管理合规性自查攻略，组织环保风险点的识别和评估工作，加大环保审查力度。

不断创新完善绿色生产技术，采用纯氧燃烧技术、高熔化率窑炉等先进的绿色生产工艺及技术装备，通过智能化监管，将所有数据实时管控，有效实现玻璃纤维高效、低耗、环保生产，统筹低碳减排技术路径，打造玻纤绿色工厂。

2021 年，中国巨石在污水、COD、氨氮排放总量上优于排放标准，废丝回用技术能够实现回用率 100%，化工桶处置率 102.99%，吨纱工业垃圾产生量同比下降 36.58%，处置率达 100.6%，吨纱污泥产生量处置率达 104.1%。公司所有生产线能源资源管理均优于行业规范要求，产值能耗同

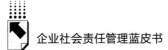

比下降 18%，水资源管理实现重复用水率 97.5%，每吨产品二氧化碳排放比行业低 35%。

2021 年，公司获得"国家工业产品绿色设计示范企业""中国碳公司行业标兵""浙江省节水型标杆企业""浙江省无废工厂"等荣誉称号。

10.【广联达】建设"生态+智慧"广阳岛，树立绿色发展样板标杆

广联达科技股份有限公司（以下简称"广联达"）作为数字建筑平台服务商，专注于建筑信息化行业 20 余年，以数字化使能者的角色定位累计为行业 34 万家企业提供专业化服务，积极践行绿色低碳理念，以科技赋能建筑行业数字化转型发展，打造低碳示范。

重庆广阳岛是长江上游最大的江心绿岛，智慧广阳岛（一期）建设项目是广阳岛生态文明建设重点工程之一。广联达秉承生态与智慧融合共生、绿色发展的新理念，通过智慧的生态化、生态的智慧化，创新智慧生态"双基因融合、双螺旋发展"理论，打造"智慧生态一体化解决方案"。一是通过智慧广阳岛系统建设，实现生态智治、绿色发展、智慧体验、韧性安全的广阳岛；二是创新智慧生态理论，探索和验证了智慧生态治理新模式；三是通过 EIM 数字孪生平台建设，技术上有效支撑多源数据融合管理，也是 CIM 在生态领域的典型应用；四是提升广阳岛自然生态、人文生态和产业生态应用智慧化水平，加快智创生态城片区建设信息化和智慧化进程，为广阳岛片区高质量发展赋能，引领建筑产品向绿色、智慧、宜居方向发展。

11.【建设银行】"碳金融"合作，探索"银企互促低碳转型"新模式

中国建设银行股份有限公司（以下简称"建设银行"）是一家中国领先的大型商业银行，2005 年 10 月在香港联合交易所挂牌上市，2007 年 9 月在上海证券交易所挂牌上市。按一级资本排序，在全球银行中位列第二。自"双碳"目标提出后，建设银行一直积极落实国家重大决策部署，将绿色金融纳入全行战略，全力保障绿色金融发展与国家经济社会绿色低碳转型的适

配、同步。

建设银行加大与中国海洋石油集团的"碳金融"合作，探索"银企互促低碳转型"新模式。通过创新"碳惠贷"业务模式，以 4 万吨碳排放配额为质押，为嘉明电力公司提供低成本融资支持，用于企业节能技改升级。嘉明电力公司通过注销节约的 5000 吨碳配额，支持建设银行绿色金融改革创新试验区花都分行实现碳中和，由广州碳交易所为花都分行颁发了碳中和证书。花都分行成为国内首家通过绿色信贷支持实现自身运营"碳中和"的分行，嘉明电力公司成为国内首家承诺自愿减排并注销碳配额的电力企业。该项目有助于推动企业由被动式降碳转变为主动式降碳，实现了金融机构与绿色企业的协同低碳发展。

12.【重庆银行】秉承服务绿色发展之初心，推进绿色银行建设

重庆银行股份有限公司（以下简称"重庆银行"）成立于 1996 年，是西部和长江上游地区成立最早的地方性国有股份制商业银行。2013 年 11 月 6 日在港交所成功挂牌上市，成为全国城市商业银行中首家在港交所主板成功上市的内地城市商业银行。2021 年 2 月 5 日，成功登陆上交所主板，成为西部首家"A+H"上市城市商业银行。重庆银行始终秉承服务绿色发展的初心，不断提升绿色金融特色服务能力，为重点产业和重点领域绿色化改造提供有力的金融支持，为筑牢长江上游重要生态屏障提供金融助力。

重庆银行在主动采纳赤道原则后，继续主动开展欧盟可持续分类标准研究，并在全国率先落地欧盟可持续分类标准，对标国际一流推进绿色业务发展；着力行业标准化研究，制定的《绿色信贷业务流程标准》以及《绿色债券信息披露规范》已通过中国人民银行总行认证并公开发布，逐步健全绿色金融标准体系；上线全市首个绿色金融管理系统，运用大数据、人工智能等金融科技手段夯实绿色金融基础设施建设，实现了对绿色金融业务的智能识别、环境效益的自动测算、环境风险的多维监测、集团绿色金融业务的统筹管理，为重庆创建绿色金融改革创新试验区及气候投融资试验区中的数字化建设作出了有益尝试。

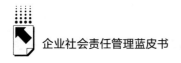
13.【国网天津】"碳乡"融合，共促乡村振兴与低碳发展，打造零碳示范村

国网天津市电力公司（以下简称"国网天津公司"）是国家电网有限公司的子公司，负责天津电网规划、建设和运营，深入贯彻"四个革命、一个合作"能源安全新战略和"双碳"目标要求，致力于为天津经济社会发展提供清洁低碳、安全高效的电力能源供应。

国网天津公司基于乡村振兴战略和农村能源绿色化、清洁化、便利化的发展趋势，发挥电力公司技术、资金、品牌优势，在小辛码头村推进全电厨房改造、全电民宿及电采暖项目，利用村委会和居民屋顶发展分布式光伏项目，推进智慧农业大棚示范项目，推动绿色农业建设。并构建以新能源为主体的新型电力系统，打造清洁低碳安全高效的能源体系，提升新能源消纳测算能力，至2025年逐步将村内配电网改造成适应高比例分布式光伏和电力电子设备接入的高弹性乡村级配电网。

目前，村内88户用户完成安装非介入式负荷监测终端，实现用户平均节能10%以上；同时，已完成8台60千瓦V2G充电桩、14.85千瓦光伏车棚与1套62.5千瓦储能装置的建设，年充电量可达1.68万千瓦时，实现了"光伏+储能+V2G"充电桩建设模式。

14.【国网天津】"三位一体"，助力工业园区绿色转型，实现产业低碳发展

国网天津公司发挥电力企业技术、资金、品牌等优势，在九园工业园构建以新能源为主体的新型电力系统，打造清洁低碳安全高效的能源体系，实施电网网架优化、配电自动化改造等提升项目，对园区内10千伏配电网进行改造提升，为实现"双碳"目标提供了强劲电力动能。并协调引入光伏、风电、生物质能发电开发公司为在园相关企业开发分布式光伏等可再生能源项目，协调引入投资机构、金融机构、培训机构、媒体宣传机构加入合作，为企业、员工、管委会提供节能降碳相关服务。同时，完成新能源云碳中和

支撑服务平台项目的碳账户、碳监测、碳报告等模块开发工作以及能源大数据中心的数据收集与需求分析工作。

九园工业园自 2018 年起再无企业使用液化天然气，电力消费量则逐年大幅度上升，2014~2021 年由 1.06 万千瓦时逐步攀升到 3.60 万千瓦时，企业年可实现电能替代 208 千瓦，相当于减排二氧化碳 31.2 吨。同时，园区内首个"全电工厂"诞生，全电厨房项目顺利竣工，并将进一步扩大分布式光伏发电和储能项目建设范围。

15.【朗科科技】深入车规级存储产品研发，服务新能源汽车发展

深圳市朗科科技股份有限公司（以下简称"朗科科技"）设立于 1999 年，是闪存盘的发明者、全球存储应用领域产品与解决方案提供商。作为国内较早涉足存储领域的企业，朗科科技在 1999 年成功研发出全球第一款 USB 闪存盘，在 20 余年的发展历程中，朗科科技一直深耕存储领域并进行多元化布局，持续为用户提供更好的移动存储及无线数据解决方案和服务。

随着汽车电动智能化的发展，车载数据存储安全显得更为重要。2022 年 12 月，朗科科技与中科院深圳先进院合作，拟推进朗科科技新能源车规级存储项目。计划以车规级存储器为切入点，将朗科科技现有的技术专利和研发人员资源进行整合，打造车规级存储器产品，助推自主车规存储器在智能座舱及域控制器等领域的上车应用，完善我国车规存储器产业生态建设，不断整合整车与存储行业资源，通过开展自主汽车芯片的测试技术攻关、平台搭建、生态融合、评价认证、实车验证等创新工作，以自身优势赋能汽车行业，为智能网联车的发展提供坚实支持，助力新能源汽车、自动驾驶功能、汽车的通信网联功能等技术的发展，帮助汽车领域更绿色、更低碳。

二 社会（S）维度

1.【广汽集团】助力乡村振兴，携手共同富裕

广州汽车集团股份有限公司（以下简称"广汽集团"）在产业帮扶、

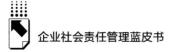

教育帮扶、消费帮扶、就业帮扶方面持续发力，补齐民生短板，发展惠民工程，激发内生动力，构建起广汽特色"大帮扶"格局，携手共同富裕。

精准帮扶，主动派出 33 名帮扶干部，承担 4 省区（广东、贵州、新疆、陕西）、3 市（区）（梅州、毕节、喀什）的产业帮扶，结对帮扶梅州平远兴宁、清远连州连南、广州市内、贵州毕节等四地共 2 个乡镇 24 个贫困村；消费帮扶，举办专项农产品认购活动，将帮扶区农产品列入消费帮扶销售清单，进驻产业扶贫直供超市和政府采购平台，建设消费扶贫专柜，打通乡村农产品外销通道；教育帮扶，深度推进东西部扶贫乡村振兴，与贵州省毕节职业技术学院、黔东南州台江县中等职业学校合办开班，形成校企合作精准扶贫"广汽班"模式；产业帮扶，积极引进国内外知名企业入驻当地产业园，以智能制造和工业化生产赋能当地产业发展，助推粤东、西北地区振兴发展。

2021 年，广汽集团累计投入扶贫公益资金超过 1 亿元，精品"广汽班"累计招收 154 名学生，发放奖学金 38.8 万元；成功引入企业进驻粤东梅州 14 家，带动就业人口 1084 人。截至 2021 年底，消费帮扶累计采购对口帮扶地区农产品超过 5200 万元，建成消费扶贫专柜 33 个，共帮助 1259 户贫困户 5676 位贫困人口实现脱贫。

2.【瑞茂通股份】搭建产业互联网平台，优化供应链管理服务

瑞茂通供应链管理股份有限公司（以下简称"瑞茂通股份"）是最早探索产业互联网的供应链全球化大宗供应链企业之一。凭借深耕供应链管理行业 20 余年的经验沉淀，依托新兴技术手段，力求冲破传统供应链管理行业持续"效率低、成本高"的发展瓶颈，实现供应链管理服务各环节的降本增效和绿色发展。

瑞茂通股份创新搭建大宗商品供应链产业互联网平台——易煤网，并依托自身在资源、渠道、技术、风险管理等方面优势不断优化产业互联网平台，规模化对接物流方、检测机构、储运港等第三方机构，向平台参与各方提供交易、风控、金融、物流、仓储、检测、资讯等全方位、多元化的平台服务。采取多种方法手段来降低煤炭在装卸、运输、掺配等过程中可能对环

境产生的负面影响，严格客户准入制度，坚持与符合经营规范、环保标准的上下游企业开展业务往来。

瑞茂通股份以国家战略为指导，积极响应共建"一带一路"倡议，搭建全球化大宗商品供应链网络，为保障能源安全、构建大宗商品行业的国内国际双循环新发展格局作出贡献。2021年，瑞茂通股份入选首批"全国供应链创新与应用示范企业"，国家发改委价格监测中心授予易煤网煤炭"全国价格监测定点单位"。

3.【微盟集团】关注员工健康，促进安全生产

上海微盟企业发展有限公司（以下简称"微盟集团"）是中国企业云端商业及营销解决方案提供商，于2013年在香港主板上市，企业现有员工7000人。微盟集团视员工为公司最宝贵的财富，将员工健康发展融入企业整体发展规划，促进企业安全生产。

微盟集团通过制度和文化建设来不断强化员工的健康管理体系，压实健康主体责任，通过党群、人力、行政资源全方位发力，先后颁发了"员工健康管理规定""禁烟令""健康运动管理办法"等特色管理制度，将传统的职业健康管理向包含身体健康和心理健康在内的全面健康管理转变，并严格监督落实，各项制度执行情况良好。

微盟集团通过为员工提供医疗服务及专业讲座，满足员工健康需求。一方面，与专业医疗机构合作设置医务室，开展免费诊疗活动，邀请五位全科医生定期驻场为员工进行一对一的线下报告解读；另一方面，通过开展心理健康、健康科普、职业损伤预防及调理等讲座，助力员工健康发展。

2021年，微盟集团共开展职业健康专题培训8期，员工参与度达95%以上。全员年度体检参加人数7964人，体检专项经费398万元，总计员工到检率远高于历年到检率的平均水平。公司成立9年，未发生重大职业病危害事故和重大食品安全事故，未发生甲、乙类传染病暴发流行事件，未发生水或生态环境污染事故，并被上海市宝山区推荐参与全市"企业健康促进优秀案例"评比。

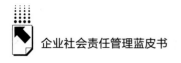

4.【微盟集团】知识分享公益平台，助企数字化升级转型

上海微盟企业发展有限公司是中国领先的企业云端商业及营销解决方案提供商。为帮助中小企业培养数字化人才，微盟集团创新打造专业知识分享公益平台——微盟学堂，针对不同发展阶段的企业数字化经营管理需求，持续输出课程。

微盟集团助力高端护肤品牌林清轩开启销售业绩提升路径，通过微盟学堂提供的营销方案，在微信号直播小程序中开启以"春日新肌遇"为主题的直播，实现了观看人次超过31万、销售额破200万元的佳绩；协助上海热风时尚企业发展有限公司，通过使用微盟小程序商城搭建、门店运营、导购培训、会员管理，以及数据看板、企业微信等工具的赋能，对潜在客群进行动态分析和社交互动，微盟学堂为其提供社群运营方案，最终取得销售额同比增长200%的优异成绩。

为助力零售商户战疫情，微盟学堂发起"直播战疫"系列公开课，通过聚焦商品、发力社群、技术运营专业指导，为近5000家零售商持续提供线上优质课程，为15000余家零售商同步在社群运营方案，以公域引流+私域沉淀的双螺旋直播电商模式，截至2022年6月，已取得UV 3.1万、PV4.1的业内领先成绩。微盟学堂目前已上线400余节课程，注册用户5.3万余人。

5.【巴山牧业】"五方联动"养殖帮扶，保护地方种猪促农户发展

巴中市巴山牧业股份有限公司（以下简称"巴山牧业"）是专业从事青峪猪保种及全产业链开发的民营股份制企业，是农业产业化国家和省级重点龙头企业。

青峪猪是我国优良的地方猪种，具有雪花肉多、肉味香浓、口感细腻、营养丰富等优点，是生产高档猪肉的理想猪种。为了保护青峪猪遗传资源，巴山牧业投资上亿元建设青峪猪原种场、保种备份场、种质资源场，并组织专家团队联合开展青峪猪保种技术攻关且获得成功。巴山牧业创新开展了

"五方联动"青峪猪养殖帮扶模式，采取"帮助农户养、指导大户带、联合企业帮"等措施，带领广大青峪猪养殖农户实现增收致富的同时，使青峪猪遗传资源得到了有效保护。

2021 年，巴山牧业养殖帮扶带动 800 多户农户 2900 多名农业人口通过养殖青峪猪实现增收致富，被中共中央、国务院表彰为全国脱贫攻坚先进集体。

6.【乐山电力】协同助力新模式，打造乡村治理示范

乐山电力股份有限公司（以下简称"乐山电力"）将现代企业先进理念融入精准扶贫，围绕"以党建引领观念转变，以基础设施建设助推产业发展，以产业发展引领群众致富"的扶贫工作思路，自 2015 年对四川省乐山市峨边彝族自治县星星村进行定点驻村帮扶，助力山区实现乡村振兴。

乐山电力坚持因地制宜，结合峨边彝族自治县星星村的产业特色和资源优势，以基础设施建设助推当地产业发展，以产业发展引领群众致富，通过完善村内道路和饮水设施，改造村内电网，推动蔬菜瓜果种植业发展，创办农特食品加工厂，积极发展农村电商，成功开拓出"农户+合作社+食品加工厂+电商平台+乡村旅游"发展模式，实现村内产业融合发展，促进村集体经济持续增收。

星星村被四川省评为"乡村旅游示范村""省级四好村""四川省第二批乡村治理示范村"。乐山电力的帮扶成效得到人民网、央广网、四川省人民政府网等 30 余家媒体、网站广泛宣传报道。获评四川省证券期货业协会、四川省上市公司协会"扶贫先进单位"，四川省扶贫基金授予的"社会扶贫突出贡献奖"，乐山市"脱贫攻坚先进单位"等多项荣誉。

7.【西昌电力】强化电网投入，助力乡村振兴

随着社会经济的发展、城镇化率的不断提升，四川省凉山彝族自治州西昌市西北部安宁河畔月华片区的电网布局、供电可靠性已跟不上发展需要，花卉基地、砂石厂、农业生产用电需求得不到满足，产业发展严重受阻。

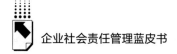

为保障当地农村居民用电质量，满足产业用电需求，推动农业发展，四川西昌电力股份有限公司（以下简称"西昌电力"）投资 850 余万元自有资金为月华片区新建两条 10 千伏线路和花卉基地专供线路，形成了 2 条线路主供农村灌溉和生活用电、1 条线路主供花卉产业基地用电的供电路径。

线路的建成让月华片区的供电质量、供电可靠性都得到了质的飞跃，保障了西昌市月华乡片区的高质量用电需求，随着该片区用电问题得到有力解决，直接新增就业岗位 2100 余个，间接增加就业岗位 1200 余个；未来随着花卉基地的不断扩建，大棚种植、新型农业用工需求等增加，预计新增就业岗位 4000 余个，村民从外出打工转为就地从业。

8.【文山电力】电亮坝美，电力助力旅游产业发展

云南省文山壮族苗族自治州广南县坝美景区电网建设年代久远且建设标准较低，存在中压网架结构薄弱、重过载、低电压、故障频繁、低压线路私拉乱接、安全隐患突出等问题，严重影响坝美景区旅游体验及旅游产业发展。

为提高坝美世外桃源景区的供电可靠性，满足景区新增负荷接入需求，助力景区旅游发展，云南文山电力股份有限公司（以下简称"文山电力"）以提升电网网架水平、提升设备智能化水平、提升互动服务水平"三个提升"为主线，与云南电网有限责任公司通力合作，投资 3000 余万元，综合施策开展电网改造和智能化提升工作。

文山电力对 35 千伏阿科变电站进行增容和综合自动化改造，提高供电电源的稳定性；新建 1 条 10 千伏线路对景区供电，与景区原有的供电线路 10 千伏革乍线形成联络，实现中压线路故障自动切除与复电，提升供电可靠性；对景区内架空线路绝缘化改造，拆除景区内电力杆塔，确保景区供电线路整洁；建设坝美景区全覆盖的配电自动化系统，不断提升供电服务能力和水平。

35 千伏阿科变增容工程等项目的投产，有效解决变电站和线路的重过载问题，35 千伏容载比从 1.06 上升至 2.3，满足了坝美景区生活、电瓶车

（船）充电、净化水、照明、路灯等新增用电负荷的接入需求。配电自动化覆盖率、中压可转供率从 0 提升至 100%，实现了运维智能化、台区智能预警、故障判研、智能分析及智能巡检，缩短排障时间，提高了供电可靠率，同时解决线房关系造成的安全隐患，提升景区美观程度。

9.【盈康生命】医疗援藏，共享盈康

盈康生命科技股份有限公司（以下简称"盈康生命"）是国内领先的肿瘤治疗康复综合解决方案服务商，为响应国家"健康中国 2030"和"千县工程"总体号召，公司以捐赠设备加提供服务的形式，提高优质医疗资源的可及性，助力"大病不出县"的国家战略落地。

为支持西藏地区公共卫生事业发展，提升林芝市人民医院医疗水平，更好地服务于林芝市人民群众的身心健康事业，盈康生命旗下全资子公司玛西普向林芝市人民政府捐赠一套价值约 1800 万元"头部多源伽玛射束立体定向放射治疗系统"（伽玛刀），用于当地肿瘤患者尤其是脑部肿瘤患者的治疗，助力医院肿瘤治疗学科建设及服务体系打造。玛西普与中国青年创业就业基金会合作，在林芝人民医院挂牌"盈康一生青年基层公共卫生教研实践基地"，助力培育青年医护的专业服务能力。盈康生命旗下四川友谊医院与林芝市人民医院进行合作签约，持续助力和支持当地医学及公共卫生领域人才培养和水平提升。

此次伽玛刀捐赠，标志着西藏地区伽玛刀设备配置实现从"0 到 1"的突破，极大地方便了当地肿瘤患者尤其是脑部肿瘤患者的治疗，辐射带动西藏地区肿瘤防治实现新的飞跃。盈康生命通过设备加服务的方式，助力"小病不出乡、中病不出县、大病不出藏"。

10.【海尔生物】共创阳光疫苗生态，输出中国智慧方案

青岛海尔生物医疗股份有限公司（以下简称"海尔生物"）成立于 2005 年，是基于物联网转型的生命科学与医疗创新数字化场景方案服务商。

为解决不发达地区因基础设施薄弱而导致的疫苗存储难题，海尔生物与

联合国儿童基金会、世界卫生组织、全球疫苗联盟共创了全冷链、全天候、全过程、全生命周期的疫苗安全方案，创新研发太阳能直接驱动制冷系统，其"蓄冷蓄热组合式恒温设备及控制方法"等专利技术，打破国外 20 年技术垄断，开辟出一条新的技术路线，构建了从生产、运输、清关、配送到安装、维修等全流程完善的全球疫苗生态体系。

海尔生物太阳能疫苗解决方案已进入包含共建"一带一路"国家和地区在内的 78 个国家和地区，相关技术每年服务全球适龄儿童 4500 万，促进了低收入国家免疫接种率从 2015 年的 30% 上升至 57%，690 万儿童避免死于疫苗可预防的疾病。

11.【南网科技】"丝路 InOS"操作系统　推动电网能源用户侧数字化转型

南方电网电力科技股份有限公司（以下简称"南网科技"）是南方电网下属广东电网有限责任公司的第一家股份制公司。作为科研院所向市场化企业转型的代表，南网科技致力于应用清洁能源技术和新一代信息技术，通过提供"技术服务+智能设备"的综合解决方案，保障电力能源系统的安全运行和效率提升，促进电力能源系统的清洁化和智能化发展。

南网科技聚焦新一代信息技术和物联网技术，研发行业首个统一的电力物联网操作系统"丝路 InOS"，实现了我国电力系统数字化、智能化技术的基础软件和关键装备的突破，实现了 100% 自主知识产权，可以支撑以新能源为主体的新型电力系统建设需求，并将成为我国电力设备领域的基础核心技术，对我国电力设备安全自主可控具备重要战略意义。截至目前，基于项目研发成果，在 8 个试点供电局成立新一代智能量测体系试点项目。"丝路 InOS"操作系统及应用装备为低压电网提供了低成本的数字化解决方案，可支撑点多面广的配用电网实现"可观、可测、可控"，支撑配用电网故障响应时间降低 97%，运维抢修效率提升 50% 以上，有效提升获得电力水平。

12.【建设银行】推进产教融合，助力金融普惠

中国建设银行股份有限公司（以下简称"建设银行"）是一家中国领先的大型商业银行，2005 年 10 月在香港联合交易所挂牌上市，2007 年 9 月在上海证券交易所挂牌上市。按一级资本排序，在全球银行中位列第二。建设银行秉承"以市场为导向、以客户为中心"的经营理念，致力于成为最具价值创造力的国际一流银行集团，努力实现客户、股东、员工和社会等利益相关体的价值最大化。

建设银行利用组织与资源优势，推进产教融合，通过"金智惠民"工程向下扎根，围绕社会热点和公众关心的痛点难点问题，把专业普惠知识送到田间地头、工厂车间、教室课堂。截至 2021 年末，"金智惠民"工程累计开展培训 5.2 万期，惠及 450 万人次；打造金智惠政、惠创、惠农、惠农、惠学五大精品系列，为社会不同群体提供金融知识培训，助力金融普惠、国民素养提升和国家战略落地；连续三年组织万名学子暑期下乡实践活动，引领广大学子用所学回馈社会，活动涉及境内外高校 1200余所，服务农户和群众 60 余万次；推进"新金融人才产教融合联盟"各项工作，打造品牌项目，共建产教融合实训基地、教研中心，联合开展课题研究，促进教育链、人才链与产业链、创新链、资金链有机衔接，赋能社会、共赢共生，截至 2021 年末，联盟成员单位 75 家，境外观察员单位6 家。

13.【邮储银行】服务乡村振兴，助力共同富裕

中国邮政储蓄银行（以下简称"邮储银行"）是国有控股大型商业银行，拥有优良的资产质量和显著的成长潜力，是中国领先的大型零售银行。定位于服务"三农"、城乡居民和中小企业，依托"自营+代理"的独特模式和资源禀赋，致力于为中国经济转型中最具活力的客户群体提供服务，加速向数据驱动、渠道协同、批零联动、运营高效的新零售银行转型。

2021 年，邮储银行认真学习研究国家"十四五"规划，结合自身实际，

印发了《中国邮政储蓄银行关于"十四五"时期服务乡村振兴的落实意见》，明确"12345"工作框架，提出服务乡村振兴"十大核心项目"，在"十四五"期间将围绕"三农"工作大局，以推进三农金融数字化转型为主线，提升线上线下有机融合的服务能力，打造服务乡村振兴数字生态银行，积极做普惠金融的引领者和践行者，持续推进三农金融业务由服务"小农户"向服务"大三农"全产业链金融转变，全力支持全面推进乡村振兴，助力实现共同富裕。截至 2021 年末，涉农贷款余额 1.61 万亿元，较上年末增加 1984.45 亿元，增长 13.90%；小额贷款余额 9153.54 亿元，较上年末增加 1691.02 亿元，增长 22.66%。

14.【重庆银行】支持科技创新小微企业，推动经济社会发展

重庆银行股份有限公司（以下简称"重庆银行"）成立于 1996 年，是西部和长江上游地区成立最早的地方性国有股份制商业银行。2013 年 11 月 6 日在港交所成功挂牌上市，成为全国城商行中首家在港交所主板成功上市的内地城商行。2021 年 2 月 5 日，成功登陆上交所主板，成为西部首家"A+H"上市城商行。

2021 年，重庆银行坚守服务地方、服务社区、服务实体经济本源，坚持创新驱动发展战略，提升金融服务供给质量、效率、效益，推动小微企业金融服务增量扩面、提质增效、结构优化。在制度建设上，2021 年与重庆市经济信息委签订战略合作协议，以专属产品"专精特新信用贷"支持"专精特新"中小企业融资。在政策支持上，对符合条件的科技创新型企业实行名单制管理，通过建立专项考核激励、倾斜经济资本系数、优惠内部资金转移定价、设立专项风险损失准备等机制，激发分支机构和从业人员开展科技创新型企业金融服务积极性。在组织建设上，专门设立 1 家科技支行和 4 家科技特色支行，专注为符合条件的科技创新型企业提供信贷、上市融资辅导等综合金融服务，通过打造专营团队、建立适应科技创新型企业特征的授信政策等措施，增强科技创新型企业金融服务能力。

三 治理（G）维度

1.【天齐锂业】搭建可持续发展模型，助力战略目标实现

天齐锂业股份有限公司（以下简称"天齐锂业"）是集上游锂资源储备与开发和中游锂化工产品加工于一体的锂材供应商，是全球第四大及亚洲第二大锂化物生产商。公司董事会下设 ESG 与可持续发展委员会，负责制定相关战略，并由 ESG 与可持续发展部落实 ESG 战略、执行相关工作。

依托完善的 ESG 治理架构，天齐锂业对公司可持续发展进程进行进一步梳理，设立了 2030 年可持续发展战略目标：到 2030 年，成为全球新能源行业可持续发展的引领者，助力企业与经济、社会、环境持续协调发展。天齐锂业可持续发展战略模型以风险防控为基础保障，以价值创造为内生驱动力，以责任品牌为外在影响力，将诚信合规视为基本运营准则，对风险、健康与安全、环境及社区融入等 ESG 重点议题建立内部规章制度，并定期设立定性、定量考核目标，重点融入 RHSEC（风险、健康与安全、环境及社区）的战略管理体系，践行"共创锂想"的责任理念。并依据可持续发展模型，可持续发展战略进一步明确 ESG 实质性议题及可持续发展战略举措，为长期阶段性战略目标的实现提供策略基础。

2021 年，天齐锂业 MSCI ESG 评级由 B 级升至 BB 级，获得"中国企业社会责任 300 强""CSR CHINA TOP 100 年度最佳责任企业品牌"等 8 项社会责任类荣誉奖项。

2.【通威股份】完善 ESG 管治架构，促进公司可持续发展

通威股份有限公司是以农业、新能源双主业为核心的大型民营科技型上市公司。通威股份 ESG 管治架构采用"能源管理委员会—能源管理执行工作组—可持续发展组"三级管治体系，搭建了由董事会全面主导决策、能源管理委员会统筹协调管理、能源管理执行工作组具体落实执行的三级管理

架构。持续提升公司 ESG 管理能力，在风险识别、节能降耗、气候变化、人权管理、可持续发展等重点领域开展各项履责实践。

2021 年 5 月，通威股份旗下永祥股份成为四川省内首个加入科学碳目标倡议（SBTi）的企业。2022 年 8 月，通威股份在 2022 国际绿色零碳节暨 ESG 领袖峰会上荣膺"2022 碳中和杰出践行奖"和"2022 杰出绿色传播奖"两项殊荣。

3.【涪陵电力】加强投资者关系管理，营造良好投资者关系

重庆涪陵电力实业股份有限公司是由重庆川东电力集团有限责任公司与涪陵投资集团、涪陵区有色金属公司、成都太安铝厂和涪陵变压器厂等 5 家股东发起设立的一家国有控股的上市公司。

涪陵电力公司深知发展离不开股东的信任与支持，积极畅通来电咨询、网站咨询、"上市公司投资者关系互动平台"、"上证 e 互动"等多种渠道，与投资者进行良好的互动交流，以增加投资者对公司的了解，营造良好的投资者关系。

2021 年，涪陵电力公司通过对外公开电话，接听投资者来电咨询，耐心解答投资者的提问，并通过上海证券交易所"e 互动"平台、公司对外公开邮箱回复投资者留言，借助"e 互动"平台召开 2020 年度业绩说明会，以网上在线交流的形式与投资者进行互动交流。参与由重庆证监局协同重庆上市公司协会举办的 2021 年重庆辖区上市公司网上集体接待日活动，与投资者进行互动交流，回复率均为 100%，有效维护了公司良好的投资者关系管理形象。

4.【文山电力】国企开放日，服务零距离

云南文山电力股份有限公司是南方电网公司旗下的上市公司。南方电网对文山电力实施重大资产重组，于 2022 年 9 月更名为南方电网储能股份有限公司。目前，南方储能公司业务范围覆盖广东、广西、云南、贵州、海南五省区。

2021 年 7 月 12~16 日，文山电力以"传承红色基因　点亮美好生活　赋能智慧未来"为主题，组织 2021 年国企开放日活动：文山分公司邀请用电客户代表走进营配指挥中心参观，进社区开展客户满意度调查，收集客户诉求；马关供电局组织党员、青年志愿者到网格区为社区用电户排疑解惑、交流谈心，传递企业温情；西畴分公司邀约员工家属进班组，近距离了解员工工作环境、工作性质，感受员工工作的艰辛与危险；砚山分公司邀请用电群众、客户代表等走进变电站、营业厅，观摩变电站巡视、输电线路巡视、用电客户服务等相关业务流程；广南供电局组织供电所党员和员工到坝美景区开展上门服务，为用户解决用电问题，提升景区用户用电满意度。

文山电力在国企开放日活动期间走访政府、大客户等利益相关方并发放社会责任报告共 500 余份，宣传折页 300 余份。活动的开展，拉近了文山电力与利益相关方的距离，为未来优化企业服务提供了有力支撑。

5.【中国电力】构建"三线模型"，强化风险管控

中国电力国际发展有限公司为中国唯一同时拥有火电、水电、核电及可再生能源资源的综合能源集团——国家电投常规能源业务的核心子公司。

中国电力董事局在构建"审慎、进取、负责"的风险文化方面发挥主导作用，以确保本集团的高质量和可持续发展。风险管理委员会获董事局授权，负责监察本集团整体风险管理架构，并就本集团的风险相关事宜向董事局提供意见。风险管理委员会亦负责审批本集团风险管理政策和评估本集团风险监控的成效。

中国电力风险管理委员会通过定期研究，明确与本集团经营相关的全面风险指标体系，根据反虚假财务报告委员会的发起人组织委员会（The Committee of Sponsoring Organizations of the Treadway Commission）的风险管理框架标准（包括其持续更新的标准）及最新的 ISO31000 风险管理指引（内部监控及风险管理），本集团紧跟国际内部稽查协会（"内部稽查协会"）于 2020 年 7 月发布和更新的"三线模型"，修订及更新公司的风险管理体系框架。

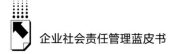
中国电力更新后的"三线模型"的一个重要特征是将重点从价值保护及降低风险转向价值创造及对实现战略目标的贡献。这一观点表明，风险管理将扮演及发挥更积极的作用，抓住及利用新的机会，以实现本集团潜在的未来增长和业务决策。更新后的风险管理体系将更好地促进本集团实现其战略发展目标。

6.【兔宝宝】开展 ESG 培训，奠定 ESG 管理基石

德华兔宝宝装饰新材股份有限公司（以下简称"兔宝宝"）创建于1992 年，是中国具有较大影响力的室内装饰材料综合服务商。目前，公司已形成从生产、采购到销售各类板材、地板、衣柜、橱柜、木皮、木门等多元化产品的完整产业链，产品销售网络遍布中国。

兔宝宝深耕绿色制造，2018 年获得"国家级"绿色工厂和首批"国家绿色产品认证"，2020 年入选"绿色供应链管理企业"，是引领行业绿色发展的先锋企业。为进一步提升公司可持续发展能力，加强环境、社会和公司治理方面信息披露，满足投资者等利益相关方对公司非财务信息的需求，兔宝宝邀请 ESG 专家进行 ESG 培训。培训聚焦 ESG 建设，针对 ESG 概念、ESG 发展趋势、家居建材行业 ESG 现状等方面进行系统性解读，结合具体案例从监管、商业环境、上市公司外部与内部因素角度出发，讲解了 ESG报告编制的关键点以及 ESG 信息披露中存在的问题，强化了公司中高层领导 ESG 意识，为公司编制高质量的 ESG 报告提供指导。

通过 ESG 培训，兔宝宝明确了 ESG 管理目标，从治理水平提高到信息披露强化再到评级改进提升，形成了 ESG 管理路径，确定了健全 ESG 管治体系、发布 ESG 报告等阶段目标。目前，兔宝宝已完成 ESG 指标体系搭建，涵盖环境、社会、治理三个维度共计 400 余项指标。下一步，兔宝宝将发布首份 ESG 报告，对公司在环境、社会和管治方面的管理成效进行系统性梳理，满足利益相关方对公司 ESG 信息的期望，为下一年度提升 ESG 治理水平奠定基石。

7.【中国巨石】夯实治理体系建设，走实精治之路

中国巨石股份有限公司是世界玻纤行业的领军企业，以玻璃纤维及制品的生产与销售为主营业务。公司成立于 1998 年，总部位于浙江桐乡，拥有桐乡、九江、成都、埃及苏伊士和美国南卡等五大生产基地。

2021 年，中国巨石公司确立"一核二链三高四化"的"十四五"发展战略规划；建立由股东大会、董事会及专门委员会、监事会及高级管理人员构成的治理结构，有序推进各项工作，明确权责关系。公司将 ESG 管理纳入公司战略和整体的规划，建立整体 ESG 治理架构：引入董事会参与机制，成立"中国巨石社会责任工作推进领导小组"作为最高领导机构，明确董事会为最高决策机构，统筹公司 ESG 与社会责任工作。公司不断完善 ESG 治理制度，对标对表，提升 ESG 管理专业化水平。

针对风险管控，公司制定了覆盖经营管理全过程的"内部控制手册""违规投资经营责任追究"等管理制度；进一步强化风险管理导向，制定具体的业务风险管控和问题改进措施，完善信用管理机制。

2021 年，公司获得国务院国资委授予的"央企 ESG·先锋 50 指数"、中国社会责任百人论坛授予的"中国百强科技企业 ESG 指数"等多项 ESG 荣誉奖项。

8.【海尔生物】数字化流程管控，优化 ESG 风险管理

青岛海尔生物医疗股份有限公司是基于物联网转型的生命科学与医疗创新数字化场景方案服务商，于 2019 年在科创板上市。公司重视 ESG 治理，董事会下设战略与 ESG 委员会，已连续两年自愿披露 ESG 社会责任报告，强化公司的可持续发展战略。

由于部分山区和牧区地理位置偏僻、交通不便，接种网络难以全覆盖，疫苗接种的安全性、便利性及可及性仍需提升。除此以外，在面对自然灾害、重大传染病等突发疫情时，规范安全的应急接种环境格外重要。疫苗产品具有很特殊的社会影响，需要精准识别潜在 ESG 风险，以免引发不必要

的社会或环境舆情事件。

为解决这一问题，海尔生物通过物联网、云计算和 5G 技术的创新应用加强流程管控，提出"固定+移动"数字化疫苗解决方案。在保障免疫服务安全性方面，海尔生物研发打造全球首个疫苗安全接种一站式移动平台，实现预防接种全流程安全、规范、高效，改变传统疫苗接种模式，通过打造智慧城市疫苗管理大脑，实现精准取苗零差错、问题疫苗秒冻结、追溯接种全过程。在提升免疫服务可及性方面，海尔生物全球首创海乐苗预防接种车，实现数字化预防接种管理，确保疫苗接种全流程信息闭环，保障接种安全。

截至 2022 年上半年，智慧疫苗移动接种方案已累计为 29 个省级行政区 47 个地市的 600 余万人次提供方便快捷的移动疫苗接种服务，为百姓带来便利高效的接种体验的同时也将企业自身 ESG 风险转化为发展新机遇。

9.【中集集团】强化 ESG 管理，护航可持续发展

中国国际海运集装箱（集团）股份有限公司（以下简称"中集集团"）积极响应联合国可持续发展目标 SDGs 和国家新发展理念的要求，坚持将可持续发展的原则和理念贯彻在企业战略和经营管理中，围绕"深化责任管理、应对气候变化、助力全球物流、彰显企业关怀"的 ESG 工作主线推进可持续发展。

2021 年，中集集团完善 ESG 治理，实现分层履职尽责：优化构建以董事会为 ESG 事宜最高负责及决策者的 ESG 管治架构；董事会与下属的战略委员会例行听取公司 ESG 工作报告，集团和下属上市公司都按 ESG 工作运行机制各司其职；有效识别并管控可持续发展中的实质性议题，通过实施集团策略主题落实 ESG 改善。

提升数据完整性和质量，做好例行分析报告，以数据驱动改善：优化 ESG 报告分层管理的指标体系，落实数据责任，建立问责机制；通过信息系统完整收集 A、B 类共 80 个二级指标，识别可持续发展风险和机会，形成季度 ESG 管理报告和年度管理报告。

确立"重点议题研究推动机制"，助力运营实质性改善。先后对节能、

双碳、共同富裕、光伏、限电等重点课题展开政策分析与现状研究，逐步推动落地。

2021 年报告严格按照港交所新规指引首次披露了"董事会声明"，首次完整披露了 ESG A 类环境指标和 B 类社会类指标。连续四年开展利益相关方调研，2021 年参与问卷达到 19385 份，涵盖 10 类利益相关方。

2021 年，中集 ESG 外部评级保持处于业内领先，连续三年入选恒生 A 股可持续发展指数，在 Wind ESG 评级获评"机械行业第一名"。集团全年获中国可持续发展工商理事会"中国企业可持续发展百佳企业"等外部 13 个社会责任方面奖项。

附录二　中国上市公司 ESG 综合评价

表1　2021~2022年中国上市公司 ESG 评价综合评级

ESG 评级	股票代码	企业简称	行业属性
AAA	601888	中国中免	租赁和商务服务业
AA	601939	建设银行	金融业
	300999	金龙鱼	制造业（其他）
	600050	中国联通	信息传输、软件和信息技术服务业
	600406	国电南瑞	信息传输、软件和信息技术服务业
	688185	康希诺	制造业（其他）
	000895	双汇发展	制造业（其他）
	601398	工商银行	金融业
	600036	招商银行	金融业
	688139	海尔生物	制造业（其他）
	601066	中信建投	金融业
	000876	新希望	制造业（其他）
	600500	中化国际	制造业（"两高"）
	000002	万科 A	房地产业
A	603605	珀莱雅	制造业（"两高"）
	601919	中远海控	交通运输、仓储和邮政业
	600196	复星医药	制造业（其他）
	002410	广联达	信息传输、软件和信息技术服务业
	600438	通威股份	制造业（其他）
	601318	中国平安	金融业
	300750	宁德时代	制造业（其他）
	600906	财达证券	金融业
	002352	顺丰控股	交通运输、仓储和邮政业
	600436	片仔癀	制造业（其他）
	601728	中国电信	信息传输、软件和信息技术服务业

342

ESG 评级	股票代码	企业简称	行业属性
A	600887	伊利股份	制造业（其他）
	000513	丽珠集团	制造业（其他）
	601688	华泰证券	金融业
	600699	均胜电子	制造业（其他）
	002063	远光软件	信息传输、软件和信息技术服务业
	002821	凯莱英	制造业（其他）
	601658	邮储银行	金融业
	300014	亿纬锂能	制造业（其他）
	300760	迈瑞医疗	制造业（其他）
	300759	康龙化成	科学研究和技术服务业
	000039	中集集团	制造业（"两高"）
	000333	美的集团	制造业（其他）
	601238	广汽集团	制造业（其他）
	300274	阳光电源	制造业（其他）
	600000	浦发银行	金融业
	002714	牧原股份	农、林、牧、渔业
	000338	潍柴动力	制造业（其他）
	300124	汇川技术	制造业（其他）
	688303	大全能源	制造业（其他）
	600958	东方证券	金融业
	688390	固德威	制造业（其他）
	601236	红塔证券	金融业
	300601	康泰生物	制造业（其他）
	601933	永辉超市	批发和零售业
	600150	中国船舶	制造业（其他）
	603259	药明康德	科学研究和技术服务业
	688016	心脉医疗	制造业（其他）
	300888	稳健医疗	制造业（"两高"）
	600655	豫园股份	批发和零售业
	601088	中国神华	采矿业
	003816	中国广核	电力、热力、燃气及水生产和供应业
	600276	恒瑞医药	制造业（其他）
	002311	海大集团	制造业（其他）

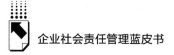
续表

ESG 评级	股票代码	企业简称	行业属性
BBB	600837	海通证券	金融业
	601628	中国人寿	金融业
	002594	比亚迪	制造业（其他）
	601211	国泰君安	金融业
	601111	中国国航	交通运输、仓储和邮政业
	002371	北方华创	制造业（其他）
	000538	云南白药	制造业（其他）
	000661	长春高新	制造业（其他）
	601607	上海医药	批发和零售业
	600048	保利发展	房地产业
	002624	完美世界	信息传输、软件和信息技术服务业
	300896	爱美客	制造业（其他）
	002555	三七互娱	信息传输、软件和信息技术服务业
	002032	苏泊尔	制造业（"两高"）
	601966	玲珑轮胎	制造业（"两高"）
	603501	韦尔股份	制造业（其他）
	600600	青岛啤酒	制造业（其他）
	002493	荣盛石化	制造业（其他）
	600104	上汽集团	制造业（其他）
	002736	国信证券	金融业
	600346	恒力石化	制造业（其他）
	603338	浙江鼎力	制造业（其他）
	601995	中金公司	金融业
	600019	宝钢股份	制造业（"两高"）
	603882	金域医学	卫生和社会工作
	300033	同花顺	金融业
	000166	申万宏源	金融业
	601899	紫金矿业	采矿业
	600900	长江电力	电力、热力、燃气及水生产和供应业
	600660	福耀玻璃	制造业（"两高"）
	600143	金发科技	制造业（"两高"）
	601108	财通证券	金融业
	601618	中国中冶	建筑业
	600115	中国东航	交通运输、仓储和邮政业

续表

ESG 评级	股票代码	企业简称	行业属性
BBB	600027	华电国际	电力、热力、燃气及水生产和供应业
	300979	华利集团	制造业（"两高"）
	600188	兖矿能源	采矿业
	603899	晨光股份	制造业（其他）
	002202	金风科技	制造业（其他）
	002812	恩捷股份	制造业（"两高"）
	600131	国网信通	信息传输、软件和信息技术服务业
	300142	沃森生物	制造业（其他）
	600886	国投电力	电力、热力、燃气及水生产和供应业
	601988	中国银行	金融业
	600315	上海家化	制造业（"两高"）
	600061	国投资本	金融业
	688981	中芯国际	制造业（其他）
	600690	海尔智家	制造业（其他）
	002304	洋河股份	制造业（其他）
	601868	中国能建	建筑业
	002773	康弘药业	制造业（其他）
	603737	三棵树	制造业（"两高"）
	688248	南网科技	科学研究和技术服务业
	600021	上海电力	电力、热力、燃气及水生产和供应业
	601898	中煤能源	采矿业
	603345	安井食品	制造业（其他）
	601568	北元集团	制造业（"两高"）
	600177	雅戈尔	制造业（"两高"）
	002230	科大讯飞	信息传输、软件和信息技术服务业
	002129	中环股份	制造业（其他）
	002601	龙佰集团	制造业（"两高"）
	300347	泰格医药	科学研究和技术服务业
	600452	涪陵电力	电力、热力、燃气及水生产和供应业
	601328	交通银行	金融业
	600995	文山电力	电力、热力、燃气及水生产和供应业
	601633	长城汽车	制造业（其他）

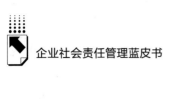

续表

ESG 评级	股票代码	企业简称	行业属性
BB	300122	智飞生物	制造业（其他）
	000898	鞍钢股份	制造业（"两高"）
	688777	中控技术	信息传输、软件和信息技术服务业
	688536	思瑞浦	信息传输、软件和信息技术服务业
	688396	华润微	制造业（其他）
	600362	江西铜业	制造业（"两高"）
	688599	天合光能	制造业（其他）
	688009	中国通号	制造业（其他）
	601963	重庆银行	金融业
	600483	福能股份	电力、热力、燃气及水生产和供应业
	601601	中国太保	金融业
	601600	中国铝业	制造业（"两高"）
	601012	隆基绿能	制造业（"两高"）
	600383	金地集团	房地产业
	000778	新兴铸管	制造业（"两高"）
	600029	南方航空	交通运输、仓储和邮政业
	601009	南京银行	金融业
	603806	福斯特	制造业（"两高"）
	601377	兴业证券	金融业
	601555	东吴证券	金融业
	601992	金隅集团	制造业（"两高"）
	600011	华能国际	电力、热力、燃气及水生产和供应业
	688036	传音控股	制造业（其他）
	002064	华峰化学	制造业（其他）
	600745	闻泰科技	制造业（其他）
	600521	华海药业	制造业（其他）
	600030	中信证券	金融业
	000800	一汽解放	制造业（其他）
	600489	中金黄金	采矿业
	688363	华熙生物	制造业（其他）
	601456	国联证券	金融业
	601390	中国中铁	建筑业
	000027	深圳能源	电力、热力、燃气及水生产和供应业
	600089	特变电工	制造业（其他）

ESG 评级	股票代码	企业简称	行业属性
BB	600101	明星电力	电力、热力、燃气及水生产和供应业
	601155	新城控股	房地产业
	601818	光大银行	金融业
	603288	海天味业	制造业（其他）
	600779	水井坊	制造业（其他）
	300316	晶盛机电	制造业（其他）
	002024	ST 易购	批发和零售业
	600332	白云山	制造业（其他）
	300003	乐普医疗	制造业（其他）
	600688	上海石化	制造业（"两高"）
	001979	招商蛇口	房地产业
	002001	新和成	制造业（其他）
	002415	海康威视	制造业（其他）
	002563	森马服饰	制造业（"两高"）
	002179	中航光电	制造业（其他）
	601766	中国中车	制造业（其他）
	601985	中国核电	电力、热力、燃气及水生产和供应业
	600160	巨化股份	制造业（"两高"）
	601336	新华保险	金融业
	300677	英科医疗	制造业（"两高"）
	000932	华菱钢铁	制造业（"两高"）
	600398	海澜之家	制造业（"两高"）
	000069	华侨城 A	房地产业
	600018	上港集团	交通运输、仓储和邮政业
	601166	兴业银行	金融业
	600028	中国石化	采矿业
	000725	京东方 A	制造业（其他）
	688366	昊海生科	制造业（其他）
	300450	先导智能	制造业（其他）
	600167	联美控股	电力、热力、燃气及水生产和供应业
	601808	中海油服	采矿业
	601800	中国交建	建筑业
	688065	凯赛生物	制造业（其他）
	601615	明阳智能	制造业（其他）

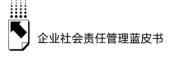

续表

ESG 评级	股票代码	企业简称	行业属性
BB	600522	中天科技	制造业（其他）
	601916	浙商银行	金融业
	002475	立讯精密	制造业（其他）
	601877	正泰电器	制造业（其他）
	000089	深圳机场	交通运输、仓储和邮政业
	300015	爱尔眼科	卫生和社会工作
	688180	君实生物	制造业（其他）
	600477	杭萧钢构	制造业（"两高"）
	601989	中国重工	制造业（其他）
	002157	正邦科技	制造业（其他）
	603392	万泰生物	制造业（其他）
	300059	东方财富	金融业
	688012	中微公司	制造业（其他）
	601788	光大证券	金融业
	300498	温氏股份	农、林、牧、渔业
	603195	公牛集团	制造业（其他）
B	601881	中国银河	金融业
	600760	中航沈飞	制造业（其他）
	002602	世纪华通	信息传输、软件和信息技术服务业
	000001	平安银行	金融业
	600085	同仁堂	制造业（其他）
	000063	中兴通讯	制造业（其他）
	002709	天赐材料	制造业（"两高"）
	600808	马钢股份	制造业（"两高"）
	300676	华大基因	科学研究和技术服务业
	600918	中泰证券	金融业
	688819	天能股份	制造业（其他）
	601005	重庆钢铁	制造业（"两高"）
	002791	坚朗五金	制造业（"两高"）
	600863	内蒙华电	电力、热力、燃气及水生产和供应业
	600176	中国巨石	制造业（"两高"）
	600022	山东钢铁	制造业（"两高"）
	600273	嘉化能源	制造业（"两高"）
	601233	桐昆股份	制造业（其他）

续表

ESG 评级	股票代码	企业简称	行业属性
B	603799	华友钴业	制造业("两高")
	600795	国电电力	电力、热力、燃气及水生产和供应业
	688521	芯原股份	信息传输、软件和信息技术服务业
	603650	彤程新材	制造业("两高")
	300957	贝泰妮	制造业("两高")
	688690	纳微科技	制造业("两高")
	002916	深南电路	制造业(其他)
	600585	海螺水泥	制造业("两高")
	600517	国网英大	金融业
	600282	南钢股份	制造业("两高")
	000617	中油资本	金融业
	002841	视源股份	制造业(其他)
	601668	中国建筑	建筑业
	002241	歌尔股份	制造业(其他)
	603833	欧派家居	制造业(其他)
	688126	沪硅产业	制造业(其他)
	600015	华夏银行	金融业
	601865	福莱特	制造业("两高")
	600183	生益科技	制造业(其他)
	600893	航发动力	制造业(其他)
	600919	江苏银行	金融业
	688063	派能科技	制造业(其他)
	601319	中国人保	金融业
	000825	太钢不锈	制造业("两高")
	300595	欧普康视	制造业(其他)
	603,983	丸美股份	制造业("两高")
	600588	用友网络	信息传输、软件和信息技术服务业
	000708	中信特钢	制造业("两高")
	002120	韵达股份	交通运输、仓储和邮政业
	000703	恒逸石化	制造业(其他)
	002236	大华股份	制造业(其他)
	002600	领益智造	制造业(其他)
	688111	金山办公	信息传输、软件和信息技术服务业
	688005	容百科技	制造业(其他)

续表

ESG 评级	股票代码	企业简称	行业属性
B	601991	大唐发电	电力、热力、燃气及水生产和供应业
	600570	恒生电子	信息传输、软件和信息技术服务业
	600989	宝丰能源	制造业（"两高"）
	600161	天坛生物	制造业（其他）
	300433	蓝思科技	制造业（其他）
	601998	中信银行	金融业
	600079	人福医药	制造业（其他）
	300413	芒果超媒	文化、体育和娱乐业
	000977	浪潮信息	制造业（其他）
	688686	奥普特	制造业（其他）
	600016	民生银行	金融业
	600309	万华化学	制造业（"两高"）
	000858	五粮液	制造业（其他）
	600038	中直股份	制造业（其他）
	600519	贵州茅台	制造业（其他）
	000100	TCL 科技	制造业（其他）
	600031	三一重工	制造业（其他）
	603087	甘李药业	制造业（其他）
CCC	002938	鹏鼎控股	制造业（其他）
	603885	吉祥航空	交通运输、仓储和邮政业
	688116	天奈科技	制造业（"两高"）
	600862	中航高科	制造业（其他）
	603986	兆易创新	制造业（其他）
	601231	环旭电子	制造业（其他）
	002372	伟星新材	制造业（"两高"）
	002027	分众传媒	租赁和商务服务业
	002007	华兰生物	制造业（其他）
	688208	道通科技	制造业（其他）
	002142	宁波银行	金融业
	603233	大参林	批发和零售业
	600741	华域汽车	制造业（其他）
	000878	云南铜业	制造业（"两高"）
	601138	工业富联	制造业（其他）
	601778	晶科科技	电力、热力、燃气及水生产和供应业

续表

ESG 评级	股票代码	企业简称	行业属性
CCC	689009	九号公司	制造业（其他）
	000625	长安汽车	制造业（其他）
	601698	中国卫通	信息传输、软件和信息技术服务业
	688276	百克生物	制造业（其他）
	601878	浙商证券	金融业
	601169	北京银行	金融业
	601669	中国电建	建筑业
	600926	杭州银行	金融业
	600116	三峡水利	电力、热力、燃气及水生产和供应业
	002271	东方雨虹	制造业（"两高"）
	000066	中国长城	制造业（其他）
	688561	奇安信	信息传输、软件和信息技术服务业
	600547	山东黄金	采矿业
	000768	中航西飞	制造业（其他）
	688083	中望软件	信息传输、软件和信息技术服务业
	601636	旗滨集团	制造业（"两高"）
	603658	安图生物	制造业（其他）
	600644	乐山电力	电力、热力、燃气及水生产和供应业
	300037	新宙邦	制造业（"两高"）
	000877	天山股份	制造业（"两高"）
	600096	云天化	制造业（"两高"）
	688202	美迪西	科学研究和技术服务业
	600025	华能水电	电力、热力、燃气及水生产和供应业
	600845	宝信软件	信息传输、软件和信息技术服务业
	688368	晶丰明源	信息传输、软件和信息技术服务业
	688023	安恒信息	信息传输、软件和信息技术服务业
	000786	北新建材	制造业（"两高"）
	000301	东方盛虹	制造业（其他）
	601229	上海银行	金融业
	688122	西部超导	制造业（"两高"）
	600884	杉杉股份	制造业（其他）
	601288	农业银行	金融业
	600340	华夏幸福	房地产业
	002075	沙钢股份	制造业（"两高"）

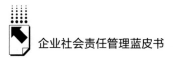

续表

ESG 评级	股票代码	企业简称	行业属性
CCC	002414	高德红外	制造业（其他）
	600010	包钢股份	制造业（"两高"）
	600109	国金证券	金融业
	601799	星宇股份	制造业（其他）
	600075	新疆天业	制造业（"两高"）
	002460	赣锋锂业	制造业（"两高"）
	600236	桂冠电力	电力、热力、燃气及水生产和供应业
	600219	南山铝业	制造业（"两高"）
	600801	华新水泥	制造业（"两高"）
	605499	东鹏饮料	制造业（其他）
	688008	澜起科技	制造业（其他）
	000157	中联重科	制造业（其他）
	688289	圣湘生物	制造业（其他）
	000651	格力电器	制造业（其他）
	600999	招商证券	金融业
	000963	华东医药	批发和零售业
	688088	虹软科技	信息传输、软件和信息技术服务业
	600782	新钢股份	制造业（"两高"）
	600674	川投能源	电力、热力、燃气及水生产和供应业
	600763	通策医疗	卫生和社会工作
	600141	兴发集团	制造业（"两高"）
	000425	徐工机械	制造业（其他）
	002466	天齐锂业	制造业（"两高"）
	601838	成都银行	金融业
CC	000553	安道麦 A	制造业（"两高"）
	688538	和辉光电	制造业（其他）
	600905	三峡能源	电力、热力、燃气及水生产和供应业
	000776	广发证券	金融业
	002050	三花智控	制造业（其他）
	688029	南微医学	制造业（其他）
	300454	深信服	信息传输、软件和信息技术服务业
	600298	安琪酵母	制造业（其他）
	600848	上海临港	房地产业
	002607	中公教育	教育业

续表

ESG 评级	股票代码	企业简称	行业属性
CC	603877	太平鸟	制造业（"两高"）
	600460	士兰微	制造业（其他）
	603659	璞泰来	制造业（其他）
	600505	西昌电力	电力、热力、燃气及水生产和供应业
	000938	紫光股份	制造业（其他）
	603379	三美股份	制造业（"两高"）
	601162	天风证券	金融业
	000807	云铝股份	制造业（"两高"）
	688099	晶晨股份	信息传输、软件和信息技术服务业
	600549	厦门钨业	制造业（"两高"）
	600023	浙能电力	电力、热力、燃气及水生产和供应业
	601225	陕西煤业	采矿业
	601857	中国石油	采矿业
	601117	中国化学	建筑业
	000783	长江证券	金融业
	603019	中科曙光	制造业（其他）
	300529	健帆生物	制造业（其他）
	688608	恒玄科技	制造业（其他）
	600009	上海机场	交通运输、仓储和邮政业
	601186	中国铁建	建筑业
	600459	贵研铂业	制造业（"两高"）
	300408	三环集团	制造业（其他）
	600872	中炬高新	制造业（其他）
	000012	南玻 A	制造业（"两高"）
	600882	妙可蓝多	制造业（其他）
	000568	泸州老窖	制造业（其他）
	002049	紫光国微	制造业（其他）
	600352	浙江龙盛	制造业（"两高"）
	601216	君正集团	制造业（"两高"）
	688169	石头科技	制造业（其他）
	603517	绝味食品	制造业（其他）
	300558	贝达药业	制造业（其他）
	600307	酒钢宏兴	制造业（"两高"）
	000690	宝新能源	电力、热力、燃气及水生产和供应业

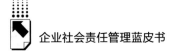

续表

ESG 评级	股票代码	企业简称	行业属性
	605376	博迁新材	制造业（"两高"）
	002008	大族激光	制造业（其他）
	601901	方正证券	金融业
	002252	上海莱士	制造业（其他）
	601816	京沪高铁	交通运输、仓储和邮政业
	600210	紫江企业	制造业（"两高"）
	688696	极米科技	制造业（其他）
	002459	晶澳科技	制造业（其他）
	600802	福建水泥	制造业（"两高"）
	300782	卓胜微	制造业（其他）
	688006	杭可科技	制造业（其他）
	601990	南京证券	金融业
CC	600516	方大炭素	制造业（"两高"）
	601003	柳钢股份	制造业（"两高"）
	600111	北方稀土	制造业（"两高"）
	601360	三六零	信息传输、软件和信息技术服务业
	003035	南网能源	科学研究和技术服务业
	002044	美年健康	卫生和社会工作
	002739	万达电影	文化、体育和娱乐业
	600584	长电科技	制造业（其他）
	603026	石大胜华	制造业（"两高"）
	600295	鄂尔多斯	制造业（"两高"）
	000959	首钢股份	制造业（"两高"）
	600642	申能股份	电力、热力、燃气及水生产和供应业
	688002	睿创微纳	制造业（其他）
	601006	大秦铁路	交通运输、仓储和邮政业
	601021	春秋航空	交通运输、仓储和邮政业
	601016	节能风电	电力、热力、燃气及水生产和供应业
	000860	顺鑫农业	制造业（其他）
C	603993	洛阳钼业	采矿业
	000600	建投能源	电力、热力、燃气及水生产和供应业
	000060	中金岭南	制造业（"两高"）
	600703	三安光电	制造业（其他）
	000960	锡业股份	制造业（"两高"）

续表

ESG 评级	股票代码	企业简称	行业属性
C	600606	绿地控股	房地产业
	002465	海格通信	制造业(其他)
	688188	柏楚电子	信息传输、软件和信息技术服务业
	601702	华峰铝业	制造业("两高")
	688388	嘉元科技	制造业(其他)
	300144	宋城演艺	文化、体育和娱乐业
	600507	方大特钢	制造业("两高")
	002078	太阳纸业	制造业("两高")
	002019	亿帆医药	制造业(其他)
	603939	益丰药房	批发和零售业
	600598	北大荒	农、林、牧、渔业
	688256	寒武纪	信息传输、软件和信息技术服务业
	002511	中顺洁柔	制造业("两高")
	600126	杭钢股份	制造业("两高")
	601100	恒立液压	制造业(其他)
	000630	铜陵有色	制造业("两高")
	000883	湖北能源	电力、热力、燃气及水生产和供应业
	603369	今世缘	制造业(其他)
	603185	上机数控	制造业(其他)
	600809	山西汾酒	制造业(其他)
	601696	中银证券	金融业
	603290	斯达半导	制造业(其他)
	300919	中伟股份	制造业(其他)
	000830	鲁西化工	制造业("两高")
	000990	诚志股份	制造业("两高")
	603486	科沃斯	制造业(其他)
	000717	韶钢松山	制造业("两高")
	600277	亿利洁能	制造业("两高")
	000930	中粮科技	制造业("两高")
	600206	有研新材	制造业("两高")
	603681	永冠新材	制造业("两高")
	000887	中鼎股份	制造业("两高")
	605117	德业股份	制造业(其他)
	300628	亿联网络	制造业(其他)

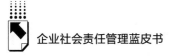

续表

ESG 评级	股票代码	企业简称	行业属性
C	600623	华谊集团	制造业("两高")
	600132	重庆啤酒	制造业(其他)
	000709	河钢股份	制造业("两高")
	600409	三友化工	制造业("两高")
	601689	拓普集团	制造业(其他)
	603077	和邦生物	制造业("两高")
	688161	威高骨科	制造业(其他)
	603256	宏和科技	制造业("两高")
	300866	安克创新	制造业(其他)
	002568	百润股份	制造业(其他)
	002080	中材科技	制造业("两高")
	000596	古井贡酒	制造业(其他)
	000401	冀东水泥	制造业("两高")
	000629	钒钛股份	制造业("两高")
	600881	亚泰集团	制造业("两高")
	603260	合盛硅业	制造业("两高")
	000792	盐湖股份	制造业("两高")
	603160	汇顶科技	制造业(其他)
	600426	华鲁恒升	制造业("两高")
	600529	山东药玻	制造业("两高")
	600486	扬农化工	制造业("两高")
	600392	盛和资源	制造业("两高")
	603589	口子窖	制造业(其他)
	600328	中盐化工	制造业("两高")
	002081	金螳螂	建筑业

附录三 中国上市公司 ESG 具体评价

一 2021~2022年制造业（"两高"）上市公司 ESG 评价

表1 制造业（"两高"）上市公司 ESG 各维度评价

排名	股票简称	企业简称	综合评价	环境维度评价	社会维度评价	治理维度评价
1	600500	中化国际	AA	A	AAA	BBB
2	603605	珀莱雅	A	A	AA	A
3	000039	中集集团	A	AAA	A	AAA
4	300888	稳健医疗	A	A	AA	BB
5	002032	苏泊尔	BBB	BBB	AA	BBB
6	601966	玲珑轮胎	BBB	AAA	BBB	BBB
7	600019	宝钢股份	BBB	AA	BBB	B
8	600660	福耀玻璃	BBB	BBB	AA	BB
9	600143	金发科技	BBB	AAA	BBB	B
10	300979	华利集团	BBB	AA	A	BB
11	002812	恩捷股份	BBB	A	AA	BBB
12	600315	上海家化	BBB	B	A	BBB
13	603737	三棵树	BBB	B	A	BB
14	601568	北元集团	BBB	AA	B	B
15	600177	雅戈尔	BBB	BBB	AA	A
16	002601	龙佰集团	BBB	B	AAA	BB
17	000898	鞍钢股份	BB	A	BBB	BBB
18	600362	江西铜业	BB	BBB	A	BBB
19	601600	中国铝业	BB	BBB	BB	BB
20	601012	隆基绿能	BB	BBB	AA	BB

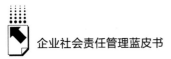
排名	股票简称	企业简称	综合评价	环境维度评价	社会维度评价	治理维度评价
21	000778	新兴铸管	BB	AA	BBB	BB
22	603806	福斯特	BB	A	AA	BB
23	601992	金隅集团	BB	BBB	BB	BB
24	600688	上海石化	BB	BBB	BB	CCC
25	002563	森马服饰	BB	AA	A	BB
26	600160	巨化股份	BB	BBB	A	B
27	300677	英科医疗	BB	A	A	BBB
28	000932	华菱钢铁	BB	BBB	B	B
29	600398	海澜之家	BB	AA	BB	BB
30	600477	杭萧钢构	BB	BBB	A	AA
31	002709	天赐材料	B	BB	A	CCC
32	600808	马钢股份	B	BB	A	B
33	601005	重庆钢铁	B	CCC	B	BB
34	002791	坚朗五金	B	B	BB	B
35	600176	中国巨石	B	B	B	B
36	600022	山东钢铁	B	CCC	BB	B
37	600273	嘉化能源	B	BB	BBB	B
38	603799	华友钴业	B	CCC	A	CCC
39	603650	彤程新材	B	BBB	AAA	CCC
40	300957	贝泰妮	B	BBB	CC	BB
41	688690	纳微科技	B	BBB	A	CCC
42	600585	海螺水泥	B	BB	B	B
43	600282	南钢股份	B	BB	CCC	CCC
44	601865	福莱特	B	BB	BB	BBB
45	000825	太钢不锈	B	B	BBB	CCC
46	603,983	丸美股份	B	B	AAA	CCC
47	000708	中信特钢	B	C	BBB	B
48	600989	宝丰能源	B	BB	CCC	B
49	600309	万华化学	B	B	B	CC
50	688116	天奈科技	CCC	CCC	AA	B
51	002372	伟星新材	CCC	CCC	BBB	B
52	000878	云南铜业	CCC	CCC	B	CCC
53	002271	东方雨虹	CCC	CCC	CCC	CC

排名	股票简称	企业简称	综合评价	环境维度评价	社会维度评价	治理维度评价
54	601636	旗滨集团	CCC	CC	CCC	CC
55	300037	新宙邦	CCC	CC	CCC	B
56	000877	天山股份	CCC	CC	B	CCC
57	600096	云天化	CCC	B	BB	B
58	000786	北新建材	CCC	CC	CCC	CCC
59	688122	西部超导	CCC	C	BBB	CC
60	002075	沙钢股份	CCC	CC	CCC	CCC
61	600010	包钢股份	CCC	B	CC	C
62	600075	新疆天业	CCC	CCC	C	B
63	002460	赣锋锂业	CCC	CC	B	B
64	600219	南山铝业	CCC	CCC	B	B
65	600801	华新水泥	CCC	B	CCC	CC
66	600782	新钢股份	CCC	C	BB	CC
67	600141	兴发集团	CCC	CC	BB	CC
68	002466	天齐锂业	CCC	C	B	CCC
69	000553	安道麦 A	CC	B	CC	CCC
70	603877	太平鸟	CC	CCC	CCC	BB
71	603379	三美股份	CC	CCC	CCC	CC
72	000807	云铝股份	CC	C	CCC	CC
73	600549	厦门钨业	CC	CCC	CC	CCC
74	600459	贵研铂业	CC	C	CC	CCC
75	000012	南玻 A	CC	C	CC	C
76	600352	浙江龙盛	CC	CC	B	CCC
77	601216	君正集团	CC	BB	C	CCC
78	600307	酒钢宏兴	CC	C	B	C
79	605376	博迁新材	CC	CCC	CC	B
80	600210	紫江企业	CC	CCC	CC	B
81	600802	福建水泥	CC	CC	CCC	C
82	600516	方大炭素	CC	CCC	C	CC
83	601003	柳钢股份	CC	CC	B	C
84	600111	北方稀土	CC	C	B	CC
85	603026	石大胜华	CC	CC	CCC	CC
86	600295	鄂尔多斯	CC	CC	CC	CC

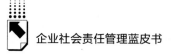

续表

排名	股票简称	企业简称	综合评价	环境维度评价	社会维度评价	治理维度评价
87	000959	首钢股份	CC	C	C	C
88	000060	中金岭南	C	C	CC	CC
89	000960	锡业股份	C	CCC	CCC	CC
90	601702	华峰铝业	C	C	C	CC
91	600507	方大特钢	C	C	C	C
92	002078	太阳纸业	C	CC	B	CC
93	002511	中顺洁柔	C	C	B	C
94	600126	杭钢股份	C	C	CCC	C
95	000630	铜陵有色	C	C	CCC	CCC
96	000830	鲁西化工	C	CCC	C	CC
97	000990	诚志股份	C	CCC	C	CC
98	000717	韶钢松山	C	CC	B	CC
99	600277	亿利洁能	C	CC	CC	CC
100	000930	中粮科技	C	CCC	CC	CC
101	600206	有研新材	C	C	C	C
102	603681	永冠新材	C	C	CC	CCC
103	000887	中鼎股份	C	CC	C	CCC
104	600623	华谊集团	C	C	CC	CCC
105	000709	河钢股份	C	C	CCC	CC
106	600409	三友化工	C	C	C	C
107	603077	和邦生物	C	CCC	C	C
108	603256	宏和科技	C	C	CC	C
109	002080	中材科技	C	CC	CC	C
110	000401	冀东水泥	C	CC	CC	C
111	000629	钒钛股份	C	C	C	CC
112	600881	亚泰集团	C	CC	C	C
113	603260	合盛硅业	C	C	C	C
114	000792	盐湖股份	C	C	CCC	CC
115	600426	华鲁恒升	C	C	C	C
116	600529	山东药玻	C	C	CC	C
117	600486	扬农化工	C	C	C	C
118	600392	盛和资源	C	C	C	C
119	600328	中盐化工	C	C	C	C

二 2021~2022年制造业（其他）上市公司 ESG 评价

表2 制造业（其他）上市公司 ESG 各维度评价

排名	股票简称	企业简称	综合评价	环境维度评价	社会维度评价	治理维度评价
1	300999	金龙鱼	AA	AA	AAA	AA
2	688185	康希诺	AA	AA	AA	BBB
3	000895	双汇发展	AA	AA	AA	AA
4	688139	海尔生物	AA	AA	AAA	BBB
5	000876	新希望	AA	BBB	AAA	AA
6	600196	复星医药	A	AAA	AAA	AA
7	600438	通威股份	A	AAA	A	A
8	300750	宁德时代	A	AA	AAA	AAA
9	600436	片仔癀	A	A	AA	BBB
10	600887	伊利股份	A	A	A	BBB
11	513	丽珠集团	A	AA	AA	BBB
12	600699	均胜电子	A	AA	AA	BBB
13	002821	凯莱英	A	A	AA	BB
14	300014	亿纬锂能	A	BBB	AAA	A
15	300760	迈瑞医疗	A	BB	AAA	A
16	000333	美的集团	A	A	AAA	A
17	601238	广汽集团	A	A	A	BBB
18	300274	阳光电源	A	A	AAA	AA
19	000338	潍柴动力	A	A	AA	BBB
20	300124	汇川技术	A	AA	A	AA
21	688303	大全能源	A	AA	AAA	AA
22	688390	固德威	A	A	AAA	BB
23	300601	康泰生物	A	A	A	BB
24	600150	中国船舶	A	A	AAA	BBB
25	688016	心脉医疗	A	BBB	AA	BBB
26	600276	恒瑞医药	A	BB	AA	A
27	002311	海大集团	A	BBB	A	AA

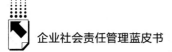

排名	股票简称	企业简称	综合评价	环境维度评价	社会维度评价	治理维度评价
28	002594	比亚迪	BBB	BB	AAA	BBB
29	002371	北方华创	BBB	BB	A	A
30	000538	云南白药	BBB	A	A	BBB
31	000661	长春高新	BBB	AA	A	B
32	300896	爱美客	BBB	BB	A	A
33	603501	韦尔股份	BBB	BBB	B	A
34	600600	青岛啤酒	BBB	A	BBB	CCC
35	002493	荣盛石化	BBB	BBB	BBB	AA
36	600104	上汽集团	BBB	BBB	AAA	B
37	600346	恒力石化	BBB	BBB	AA	BB
38	603338	浙江鼎力	BBB	BBB	AAA	A
39	603899	晨光股份	BBB	BBB	A	BBB
40	002202	金风科技	BBB	A	A	BBB
41	300142	沃森生物	BBB	BB	BBB	BBB
42	688981	中芯国际	BBB	B	BB	BBB
43	600690	海尔智家	BBB	AAA	AA	BBB
44	002304	洋河股份	BBB	BBB	AA	CC
45	2773	康弘药业	BBB	BBB	AA	BBB
46	603345	安井食品	BBB	A	BBB	AA
47	002129	中环股份	BBB	BBB	A	A
48	601633	长城汽车	BBB	A	BB	BB
49	300122	智飞生物	BB	B	A	B
50	688396	华润微	BB	BB	A	CCC
51	688599	天合光能	BB	A	B	AA
52	688009	中国通号	BB	AA	BBB	BBB
53	688036	传音控股	BB	BBB	CCC	B
54	002064	华峰化学	BB	BBB	BB	B
55	600745	闻泰科技	BB	BB	BB	B
56	600521	华海药业	BB	CC	AAA	B
57	000800	一汽解放	BB	BB	A	BBB
58	688363	华熙生物	BB	CCC	BBB	BB

续表

排名	股票简称	企业简称	综合评价	环境维度评价	社会维度评价	治理维度评价
59	600089	特变电工	BB	BBB	AA	BB
60	603288	海天味业	BB	A	CCC	CC
61	600779	水井坊	BB	B	A	CCC
62	300316	晶盛机电	BB	B	AA	BBB
63	600332	白云山	BB	BB	BBB	A
64	300003	乐普医疗	BB	CC	AAA	A
65	002001	新和成	BB	AA	BB	BB
66	002415	海康威视	BB	CC	A	CCC
67	002179	中航光电	BB	BB	CCC	B
68	601766	中国中车	BB	AAA	B	B
69	000725	京东方 A	BB	B	BBB	BB
70	688366	昊海生科	BB	AA	CCC	BBB
71	300450	先导智能	BB	CCC	A	BBB
72	688065	凯赛生物	BB	BBB	BBB	BB
73	601615	明阳智能	BB	B	BBB	BB
74	600522	中天科技	BB	BB	BBB	BB
75	002475	立讯精密	BB	B	BB	B
76	601877	正泰电器	BB	CCC	B	BBB
77	688180	君实生物	BB	B	BBB	A
78	601989	中国重工	BB	AAA	CCC	B
79	002157	正邦科技	BB	B	BB	BBB
80	603392	万泰生物	BB	B	BB	CCC
81	688012	中微公司	BB	CCC	AA	A
82	603195	公牛集团	BB	B	AA	BB
83	600760	中航沈飞	B	BB	BBB	CCC
84	600085	同仁堂	B	BB	BBB	B
85	000063	中兴通讯	B	BB	BB	B
86	688819	天能股份	B	B	BBB	BBB
87	601233	桐昆股份	B	BB	A	B
88	002916	深南电路	B	B	C	BB
89	002841	视源股份	B	CCC	CC	BB

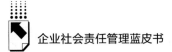
续表

排名	股票简称	企业简称	综合评价	环境维度评价	社会维度评价	治理维度评价
90	002241	歌尔股份	B	CCC	B	B
91	603833	欧派家居	B	B	B	B
92	688126	沪硅产业	B	BB	BB	CCC
93	600183	生益科技	B	BB	CCC	C
94	600893	航发动力	B	BB	BB	B
95	688063	派能科技	B	BB	BBB	BB
96	300595	欧普康视	B	CC	AA	B
97	000703	恒逸石化	B	B	CCC	B
98	002236	大华股份	B	C	BB	B
99	002600	领益智造	B	BB	CC	B
100	688005	容百科技	B	BBB	A	B
101	600161	天坛生物	B	B	BBB	CCC
102	300433	蓝思科技	B	CCC	C	B
103	600079	人福医药	B	A	BBB	CCC
104	000977	浪潮信息	B	C	B	CCC
105	688686	奥普特	B	C	B	A
106	000858	五粮液	B	CCC	CCC	CCC
107	600038	中直股份	B	AA	CCC	CCC
108	600519	贵州茅台	B	BB	BB	B
109	000100	TCL科技	B	BB	CC	CCC
110	600031	三一重工	B	CC	AA	B
111	603087	甘李药业	B	CCC	CCC	B
112	002938	鹏鼎控股	CCC	C	BB	C
113	600862	中航高科	CCC	BBB	CC	B
114	603986	兆易创新	CCC	CCC	B	CCC
115	601231	环旭电子	CCC	C	BB	CC
116	002007	华兰生物	CCC	CC	C	BB
117	688208	道通科技	CCC	C	B	C
118	600741	华域汽车	CCC	B	B	B
119	601138	工业富联	CCC	CCC	CCC	CC
120	689009	九号公司	CCC	CC	CC	CC

续表

排名	股票简称	企业简称	综合评价	环境维度评价	社会维度评价	治理维度评价
121	000625	长安汽车	CCC	BB	CCC	CCC
122	688276	百克生物	CCC	A	CCC	CCC
123	000066	中国长城	CCC	CC	CC	B
124	000768	中航西飞	CCC	BB	CC	B
125	603658	安图生物	CCC	CCC	BB	B
126	000301	东方盛虹	CCC	B	CCC	BB
127	600884	杉杉股份	CCC	CC	AA	CCC
128	002414	高德红外	CCC	C	CC	B
129	601799	星宇股份	CCC	CCC	CC	B
130	605499	东鹏饮料	CCC	C	CCC	BB
131	688008	澜起科技	CCC	C	CCC	CC
132	000157	中联重科	CCC	CC	BBB	BBB
133	688289	圣湘生物	CCC	CCC	B	CCC
134	000651	格力电器	CCC	CCC	BBB	CCC
135	000425	徐工机械	CCC	CC	B	CCC
136	688538	和辉光电	CC	CCC	CCC	CC
137	002050	三花智控	CC	CCC	CCC	CCC
138	688029	南微医学	CC	C	A	BBB
139	600298	安琪酵母	CC	B	CC	CC
140	600460	士兰微	CC	C	CC	CC
141	603659	璞泰来	CC	CCC	BB	B
142	000938	紫光股份	CC	C	C	CC
143	603019	中科曙光	CC	C	CC	C
144	300529	健帆生物	CC	C	CC	B
145	688608	恒玄科技	CC	C	CCC	B
146	300408	三环集团	CC	CC	CCC	CC
147	600872	中炬高新	CC	B	BB	C
148	600882	妙可蓝多	CC	B	C	CC
149	000568	泸州老窖	CC	CCC	C	C
150	002049	紫光国微	CC	C	C	CCC
151	688169	石头科技	CC	C	B	B

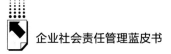

续表

排名	股票简称	企业简称	综合评价	环境维度评价	社会维度评价	治理维度评价
152	603517	绝味食品	CC	C	B	B
153	300558	贝达药业	CC	CCC	C	B
154	002008	大族激光	CC	C	CC	B
155	002252	上海莱士	CC	B	CC	CC
156	688696	极米科技	CC	C	C	C
157	002459	晶澳科技	CC	B	B	BB
158	300782	卓胜微	CC	C	CCC	C
159	688006	杭可科技	CC	C	CC	B
160	600584	长电科技	CC	CCC	C	CC
161	688002	睿创微纳	CC	C	CCC	CC
162	000860	顺鑫农业	C	CCC	CCC	CCC
163	600703	三安光电	C	C	CC	CC
164	002465	海格通信	C	C	C	CCC
165	688388	嘉元科技	C	C	CC	C
166	2019	亿帆医药	C	C	CC	CCC
167	601100	恒立液压	C	CC	C	CCC
168	603369	今世缘	C	C	CC	C
169	603185	上机数控	C	C	C	B
170	600809	山西汾酒	C	C	CCC	C
171	603290	斯达半导	C	C	C	C
172	300919	中伟股份	C	C	C	B
173	603486	科沃斯	C	C	C	BB
174	605117	德业股份	C	CC	C	CCC
175	300628	亿联网络	C	C	C	CC
176	600132	重庆啤酒	C	C	C	C
177	601689	拓普集团	C	CCC	C	CC
178	688161	威高骨科	C	C	C	CCC
179	300866	安克创新	C	C	C	C
180	002568	百润股份	C	C	C	C
181	000596	古井贡酒	C	C	C	C
182	603160	汇顶科技	C	C	C	CC
183	603589	口子窖	C	C	C	C

三 2021～2022年金融业上市公司 ESG 评价

表3 国有大型商业银行及股份制银行业上市公司 ESG 各维度评价

排名	股票简称	企业简称	综合评价	环境维度评价	社会维度评价	治理维度评价
1	601939	建设银行	AA	AA	AAA	A
2	601398	工商银行	AA	A	A	A
3	600036	招商银行	AA	B	A	A
4	601658	邮储银行	A	A	BB	BBB
5	600000	浦发银行	A	A	AA	BBB
6	601988	中国银行	BBB	B	BBB	BBB
7	601328	交通银行	BBB	BBB	BB	BB
8	601818	光大银行	BB	BBB	BB	BB
9	601166	兴业银行	BB	CC	BB	B
10	000001	平安银行	B	CCC	BB	B
11	600015	华夏银行	B	CC	B	BB
12	601998	中信银行	B	B	CC	CCC
13	600016	民生银行	B	B	CC	CC
14	601288	农业银行	CCC	B	C	CC

表4 城市商业银行上市公司 ESG 各维度评价

排名	股票简称	企业简称	综合评价	环境维度评价	社会维度评价	治理维度评价
1	601963	重庆银行	BB	A	A	CCC
2	601009	南京银行	BB	CCC	B	CCC
3	601916	浙商银行	BB	B	CCC	B
4	600919	江苏银行	B	CCC	CC	B
5	002142	宁波银行	CCC	CC	CC	CCC
6	601169	北京银行	CCC	C	CC	CC
7	600926	杭州银行	CCC	C	CCC	C
8	601229	上海银行	CCC	B	C	CC
9	601838	成都银行	CCC	C	C	CC

表5 证券业金融机构上市公司 ESG 各维度评价

排名	股票简称	企业简称	综合评价	环境维度评价	社会维度评价	治理维度评价
1	601066	中信建投	AA	BBB	AA	BBB
2	600906	财达证券	A	BBB	AA	A
3	601688	华泰证券	A	A	BBB	BBB
4	600958	东方证券	A	A	BBB	B
5	601236	红塔证券	A	BBB	A	A
6	600837	海通证券	BBB	BB	AA	BBB
7	601211	国泰君安	BBB	BB	A	BB
8	002736	国信证券	BBB	A	BBB	BB
9	601995	中金公司	BBB	BB	A	BB
10	300033	同花顺	BBB	A	B	BB
11	000166	申万宏源	BBB	BBB	BBB	BBB
12	601108	财通证券	BBB	B	BBB	BBB
13	600061	国投资本	BBB	BB	A	BBB
14	601377	兴业证券	BB	BBB	B	BB
15	601555	东吴证券	BB	A	BB	BB
16	600030	中信证券	BB	A	CCC	BB
17	601456	国联证券	BB	B	BBB	B
18	300059	东方财富	BB	AA	CC	CCC
19	601788	光大证券	BB	CC	CCC	B
20	601881	中国银河	B	CCC	CCC	CCC
21	600918	中泰证券	B	CCC	CCC	CCC
22	600517	国网英大	B	BBB	B	B
23	000617	中油资本	B	CCC	BB	CCC
24	601878	浙商证券	CCC	C	CC	CCC
25	600109	国金证券	CCC	CCC	B	CC
26	600999	招商证券	CCC	C	CC	B
27	000776	广发证券	CC	ESG	CC	CC
28	601162	天风证券	CC	CC	B	C
29	000783	长江证券	CC	CC	CC	CC
30	601901	方正证券	CC	C	C	CC
31	601990	南京证券	CC	CC	C	CCC
32	601696	中银证券	C	CC	C	C

表6 保险业金融机构上市公司 ESG 各维度评价

排名	股票简称	企业简称	综合评价	环境维度评价	社会维度评价	治理维度评价
1	601318	中国平安	A	AA	BBB	A
2	601628	中国人寿	BBB	BBB	B	B
3	601601	中国太保	BB	BB	BBB	CCC
4	601336	新华保险	BB	B	BBB	B
5	601319	中国人保	B	CCC	BB	CCC

四 2021～2022年电力、热力、燃气及水生产和供应业上市公司 ESG 评价

表7 电力、热力、燃气及水生产和供应业上市公司 ESG 各维度评价

排名	股票简称	企业简称	综合评价	环境维度评价	社会维度评价	治理维度评价
1	003816	中国广核	A	B	BBB	AA
2	600900	长江电力	BBB	BBB	BB	B
3	600027	华电国际	BBB	BB	AA	BBB
4	600886	国投电力	BBB	B	B	BB
5	600021	上海电力	BBB	BB	BB	B
6	600452	涪陵电力	BBB	CCC	AA	B
7	600995	文山电力	BBB	CCC	AA	B
8	600483	福能股份	BB	B	AA	BB
9	600011	华能国际	BB	B	BBB	BBB
10	000027	深圳能源	BB	B	AA	B
11	600101	明星电力	BB	B	A	BB
12	601985	中国核电	BB	BBB	BB	BB
13	600167	联美控股	BB	BB	BB	B
14	600863	内蒙华电	B	B	BBB	BB
15	600795	国电电力	B	B	BBB	B
16	601991	大唐发电	B	CCC	B	BBB
17	601778	晶科科技	CCC	CC	C	CC

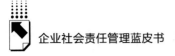

续表

排名	股票简称	企业简称	综合评价	环境维度评价	社会维度评价	治理维度评价
18	600116	三峡水利	CCC	CCC	CC	CC
19	600644	乐山电力	CCC	CC	B	CCC
20	600025	华能水电	CCC	CCC	CCC	CCC
21	600236	桂冠电力	CCC	B	CC	CCC
22	600674	川投能源	CCC	CC	CCC	CCC
23	600905	三峡能源	CC	B	C	C
24	600505	西昌电力	CC	CC	B	CCC
25	600023	浙能电力	CC	CCC	CC	CC
26	000690	宝新能源	CC	CC	CC	C
27	600642	申能股份	CC	C	CC	C
28	601016	节能风电	C	C	C	C
29	000600	建投能源	C	CC	C	CC
30	000883	湖北能源	C	C	CC	C

五 2021~2022年信息传输、软件和信息技术服务业上市公司ESG评价

表8 信息传输、软件和信息技术服务业上市公司ESG各维度评价

排名	股票简称	企业简称	综合评价	环境维度评价	社会维度评价	治理维度评价
1	600050	中国联通	AA	A	AAA	A
2	600406	国电南瑞	AA	AAA	AA	A
3	002410	广联达	A	A	BB	BBB
4	601728	中国电信	A	BBB	AA	A
5	002063	远光软件	A	AA	A	B
6	002624	完美世界	BBB	CC	AA	BBB
7	002555	三七互娱	BBB	BBB	B	BBB
8	600131	国网信通	BBB	A	BBB	BBB
9	002230	科大讯飞	BBB	CCC	A	BB

续表

排名	股票简称	企业简称	综合评价	环境维度评价	社会维度评价	治理维度评价
10	688777	中控技术	BB	BBB	BB	BB
11	688536	思瑞浦	BB	CCC	CCC	BBB
12	002602	世纪华通	B	BB	CCC	B
13	688521	芯原股份	B	C	BB	CCC
14	600588	用友网络	B	BB	BB	CCC
15	688111	金山办公	B	CC	CC	BB
16	600570	恒生电子	B	CCC	BBB	B
17	601698	中国卫通	CCC	CCC	CCC	B
18	688561	奇安信	CCC	CC	CCC	CCC
19	688083	中望软件	CCC	C	CCC	CCC
20	600845	宝信软件	CCC	B	B	CC
21	688368	晶丰明源	CCC	C	BB	CC
22	688023	安恒信息	CCC	CC	CCC	B
23	688088	虹软科技	CCC	C	CCC	CCC
24	300454	深信服	CC	C	CCC	CCC
25	688099	晶晨股份	CC	C	B	CCC
26	601360	三六零	CC	CC	CC	CC
27	688188	柏楚电子	C	C	C	CC
28	688256	寒武纪	C	C	CC	CC

六 2021~2022年交通运输、仓储和邮政业 上市公司 ESG 评价

表9 交通运输、仓储和邮政业上市公司 ESG 各维度评价

排名	股票简称	企业简称	综合评价	环境维度评价	社会维度评价	治理维度评价
1	601919	中远海控	A	A	BB	A
2	002352	顺丰控股	A	B	BBB	A
3	601111	中国国航	BBB	CCC	A	A

排名	股票简称	企业简称	综合评价	环境维度评价	社会维度评价	治理维度评价
4	600115	中国东航	BBB	CCC	BBB	BB
5	600029	南方航空	BB	CCC	BBB	BB
6	600018	上港集团	BB	CCC	BB	B
7	000089	深圳机场	BB	BB	BBB	B
8	002120	韵达股份	B	CC	CCC	B
9	603885	吉祥航空	CCC	CC	CCC	CCC
10	600009	上海机场	CC	CC	CC	B
11	601816	京沪高铁	CC	C	C	BB
12	601006	大秦铁路	C	C	CC	CC
13	601021	春秋航空	C	C	CC	CCC

七 2021~2022年采矿业上市公司ESG评价

表10 采矿业上市公司ESG各维度评价

排名	股票简称	企业简称	综合评价	环境维度评价	社会维度评价	治理维度评价
1	601088	中国神华	A	A	AAA	A
2	601899	紫金矿业	BBB	AAA	B	BB
3	600188	兖矿能源	BBB	B	A	A
4	601898	中煤能源	BBB	BB	BBB	AA
5	600489	中金黄金	BB	B	BBB	CCC
6	600028	中国石化	BB	CCC	BBB	AA
7	601808	中海油服	BB	B	AA	BB
8	600547	山东黄金	CCC	CCC	CCC	B
9	601225	陕西煤业	CC	CC	CC	C
10	601857	中国石油	CC	BB	BBB	CCC
11	603993	洛阳钼业	C	CCC	C	BB

八 2021~2022年建筑业上市公司 ESG 评价

表 11 建筑业上市公司 ESG 各维度评价

排名	股票简称	企业简称	综合评价	环境维度评价	社会维度评价	治理维度评价
1	601618	中国中冶	BBB	CCC	BB	BB
2	601868	中国能建	BBB	A	BBB	BBB
3	601390	中国中铁	BB	AA	BB	CCC
4	601800	中国交建	BB	BB	BBB	BB
5	601668	中国建筑	B	CC	BBB	BBB
6	601669	中国电建	CCC	C	BB	BB
7	601117	中国化学	CC	CC	CCC	CCC
8	601186	中国铁建	CC	C	BB	CCC
9	002081	金螳螂	C	B	BB	B

九 2021~2022年房地产业上市公司 ESG 评价

表 12 房地产业上市公司 ESG 各维度评价

排名	股票简称	企业简称	综合评价	环境维度评价	社会维度评价	治理维度评价
1	000002	万科 A	AA	BBB	AA	AA
2	600048	保利发展	BBB	CCC	AA	BB
3	600383	金地集团	BB	B	BB	A
4	601155	新城控股	BB	C	BBB	BBB
5	001979	招商蛇口	BB	B	A	CCC
6	000069	华侨城 A	BB	C	BB	BB
7	600340	华夏幸福	CCC	C	CCC	B
8	600848	上海临港	CC	C	CCC	CCC
9	600606	绿地控股	C	CC	CC	C

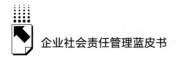

十 2021~2022科学研究和技术服务业 ESG 各维度评价

表 13 科学研究和技术服务业 ESG 各维度评价

排名	股票简称	企业简称	综合评价	环境维度评价	社会维度评价	治理维度评价
1	300759	康龙化成	A	CCC	A	BB
2	603259	药明康德	A	C	BBB	A
3	688202	南网科技	BBB	CC	AA	B
4	300347	泰格医药	BBB	C	BB	BBB
5	300676	华大基因	B	C	AAA	CCC
6	601916	美迪西	CCC	C	C	CC
7	003035	南网能源	CC	C	C	C

十一 2021~2022年批发和零售业 上市公司 ESG 评价

表 14 批发和零售业上市公司 ESG 各维度评价

排名	股票简称	企业简称	综合评价	环境维度评价	社会维度评价	治理维度评价
1	601933	永辉超市	A	A	BBB	BB
2	600655	豫园股份	A	A	AA	A
3	601607	上海医药	BBB	A	BBB	AA
4	002024	ST 易购	BB	A	BBB	BBB
5	603233	大参林	CCC	C	C	CC
6	000963	华东医药	CCC	CCC	B	B
7	603939	益丰药房	C	C	C	C

十二 2021~2022年卫生和社会工作业 上市公司 ESG 评价

表 15 卫生和社会工作业上市公司 ESG 各维度评价

排名	股票简称	企业简称	综合评价	环境维度评价	社会维度评价	治理维度评价
1	603882	金域医学	BBB	B	AAA	A
2	300015	爱尔眼科	BB	BBB	BB	BBB
3	600763	通策医疗	CCC	B	C	BB
4	002044	美年健康	CC	C	C	BB

十三 2021~2022年农、林、牧、渔业 上市公司 ESG 评价

表 16 农、林、牧、渔业上市公司 ESG 各维度评价

排名	股票简称	企业简称	综合评价	环境维度评价	社会维度评价	治理维度评价
1	002714	牧原股份	A	AA	AA	A
2	300498	温氏股份	BB	B	BBB	BBB
3	600598	北大荒	C	CCC	C	CCC

十四 2021~2022年文化、体育和娱乐业 上市公司 ESG 评价

表 17 文化、体育和娱乐业上市公司 ESG 各维度评价

排名	股票简称	企业简称	综合评价	环境维度评价	社会维度评价	治理维度评价
1	300413	芒果超媒	B	AAA	BBB	A
2	002739	万达电影	CC	AA	BB	B
3	300144	宋城演艺	C	BB	CC	BBB

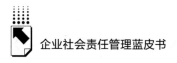
十五　2021～2022年租赁和商务服务业上市公司ESG评价

表18　租赁和商务服务业上市公司ESG各维度评价

排名	股票简称	企业简称	综合评价	环境维度评价	社会维度评价	治理维度评价
1	601888	中国中免	AAA	AAA	A	A
2	002027	分众传媒	CCC	CCC	CCC	B

十六　2021～2022年教育业上市公司ESG评价

表19　教育业上市公司ESG各维度评价

排名	股票简称	企业简称	综合评价	环境维度评价	社会维度评价	治理维度评价
1	002607	中公教育	CC	CC	BB	CCC

后　记

本报告的完成离不开课题组成员的不懈努力及各行业专家的支持与指导，在此向以下专家表示诚挚的感谢。

感谢国务院发展研究中心金融所原所长、三亚经济研究院院长张承惠女士，中国社会科学院大学社会责任研究中心主任、中国社会科学院大学商学院党委书记、研究专家何辉先生，中国标准化研究院资源环境分院院长林翎女士，中国标准化研究院资源环境分院丁晴博士，诺亚财富副总裁章嘉玉女士，北京师范大学 ESG 研究中心林彬主任，重庆大学管理科学与房地产学院叶堃辉院长，西南财经大学金融学院文书洋教授。

他们在各自的行业有着丰富的经验和深刻的见解，他们的专业知识、独到见解和支持使得本报告在 ESG 研究领域取得了丰硕的成果。在此，再次向以上专家表示衷心的感谢，他们的贡献为本报告的专业性和前瞻性提供了坚实的基础。

中国上市公司 ESG 研究正处于探索和发展阶段。虽然团队一直秉持严谨求实的态度进行编写，但难免可能出现疏漏，若发现瑕疵或纰漏恳请各位读者批评指正。下一步，团队将继续密切关注 ESG 领域的最新动态和发展趋势，切实参与打造国内 ESG 生态，有序推进中国上市公司在 ESG 领域不断取得新进展，为走稳绿色发展之路扎下深根，为走好高质量发展之路踔厉奋发，为实现碳达峰碳中和目标砥砺前行。

中国企业管理研究会社会责任与可持续发展专业委员会

北京融智企业社会责任研究院

2023 年 4 月

Abstract

ESG, an acronym for Environmental, Social and Governance, emphasizes that companies should not only focus on financial performance, but also measure corporate value from environmental, social and governance perspectives, so that their performance in fulfilling social responsibility is quantifiable, comparable and sustainably improved. With the practice experience gradually accumulated in the capital market, the investment benefits brought by the ESG concept gradually emerged and investors found it has outstanding value in avoiding investment risks. In May 2022, the State-owned Assets Supervision and Administration Commission of the State Council issued the Work Plan for Improving the Quality of Listed Central State-Owned Enterprises (the "Work Plan"), encouraging more listed central SOEs to disclose their ESG reports and striving to engage all listed central SOEs for such information disclosure by 2023. In this context, this paper conducted ESG evaluation of listed Chinese companies and compiled the "Research Report on ESG of Chinese Listed Companies (2023)".

Building on previous studies, Beijing Rongzhi Corporate Social Responsibility Institute adopted the classification of China Securities Regulatory Commission and selected 489 sample companies in 15 major industries from A-share constituents of SSE 180 Index, SZSE 100 Index, CSI 300 Index, STAR 50 Index, and MSCI CHINA 200 Index, among others, in a bid to reflect the overall ESG performance in China's capital market.

This research report consists as follows parts: general report, technical report, industrial report, investment report. It compares advanced development experience in overseas in terms of policy regulation, information disclosure, and investment market, interprets the latest development of ESG and ESG investments of listed

Chinese companies, and consolidates the theoretical research foundation. By drawing upon international experience on the basis of China's national conditions and the actual situation of listed companies, it has further improved the method for ESG evaluation and research on listed Chinese companies for 2022, makes multi-dimensional, all-round and in-depth analyses on the ESG performance of listed Chinese companies, and puts forward targeted measures for reducing listed companies' risks related to environment, society and governance and enhancing their ESG management.

This report focuses on 489 listed Chinese companies. In 2021 and 2022, the overall ESG score of the listed Chinese companies was relatively low, the attention to climate change risks was insufficient, and the level of social practices was high. Among the 15 major industries, the financial industry outperforms others in the ESG evaluation. Specifically, it focuses on the analysis into the ESG practice of listed Chinese companies in 10 key industries, and displays from various dimensions the outstanding practices of samples, including the manufacturing industry (high-energy-consuming and high-emission manufacturing industries and other manufacturing industries); financial industry; electricity, heat, gas and water production and supply industry; information transmission, software and IT service industry; transportation, storage and postal service industry; mining industry; construction industry; property industry; and sci-tech service industry, and forms five major findings and five trend prospects. From the conclusion, in 2022, the quality of ESG information disclosure by the listed Chinese companies improved constantly, with significant differences among major industries. The regulatory policies have continued to improve, imposing increasingly stringent requirements on ESG information disclosure. In the aspect of enterprise, as the ESG concepts have not been deeply integrated into the corporate operation, these companies should step up efforts in ESG practice. In the section of trends, we hope that it provides a reference for listed companies to improve ESG management and effectiveness of information disclosure, and provides government departments, capital market investors and other participants with research bases and relevant policy recommendations on scientific decision.

At last, this report envisions the future of China's ESG investment. From the

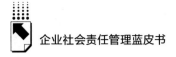

perspective of the effects of ESG on profitability improvement and risk control prevention and control of listed companies, it is intended to guide listed companies to apply the ESG concepts, help realize high-quality and sustainable development, and paly a leading role in serving the new pattern of development and promoting high-quality economic development. Meanwhile, it selects listed companies that are representative in certain industries or exemplary in ESG management practice, stimulates and facilitates more enterprises to join the ESG action, and provides a reference for other companies to integrate characteristics of the Chinese market and improve their ESG management and practice.

Keywords: Chinese Listed Companies; ESG Evaluation; ESG Investment; ESG Practice

Contents

I General Reports

Abstract: This report systematically conducts the ESG evaluation of Chinese listed companies. The analysis into 489 Chinese listed companies shows that the Chinese listed companies overall scored relatively poorly in the ESG evaluation, with merely 11. 86% of them rated A~AAA. These companies show insufficient attention to climate change risks and have a poor ESG management level; Overall, they show a high level of social practices and stress on community development and employee entitlements, albeit in need of improvement in supply chain management and protection of customer rights and interests. Among the 15 industry categories, the financial industry outperforms others in the ESG evaluation, while ESG performance in the manufacturing industry performs poorly.

Keywords: ESG; Listed Chinese Companies; Enterprise Social Responsibility; Sustainable Development

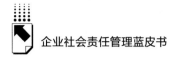
B.2 Five Major Findings and Trends in the ESG Performance

of Listed Chinese Companies in 2022

Xiao'ou SHAO, Jingci WU and Qinxiu LUO / 016

Abstract: Thisreport features a summary of major research findings and trends in the ESG performance of listed Chinese companies in 2021－2022. The study found that in 2022, the quality of ESG information disclosure by the listed Chinese companies has improved constantly, albeit with stark differences among industries. The regulatory policies have continued to improve, imposing increasingly stringent requirements on ESG information disclosure. As the ESG concepts have not been deeply integrated into the corporate operation, these companies should increase efforts in ESG practice. The ESG evaluation has effectively prompted the listed companies to strengthen ESG management and address their weakness exposed in the ESG ratings. Furthermore, the policy of sustainable development has become an important driving force for steady development of the ESG investment market, showing clear-cut policy orientations.

Keywords: Listed Companies; ESG; Information Disclosure; Investment Opportunities

Ⅱ　Technical Reports

B.3 The Development of ESG Progress in China and Abroad

Sujian HUANG, Hua WANG and Ruofei WU / 025

Abstract: This report expounds the basic concepts of ESG and ESG investment from the theoretical perspective, and briefly introduces the development status of ESG and ESG investment in China and overseas from the perspectives of policy regulation, information disclosure and investment market. The development of ESG is more mature abroad, and many countries have released compulsory ESG information disclosure requirements, with regulatory targets covering enterprises, financial products and investment managers. China is gradually establishing a corporate ESG information disclosure system with central SOEs and SOEs as the anchor. Both the domestic and overseas ESG development exhibit such features as more and more clear regulatory requirements, increasing number of practising enterprises, improving rules and guidelines, and expanding investment markets.

Keywords: ESG Concept; ESG Investment; ESG Policy; Information Disclosure

B.4　The Analysis of ESG Rating Methodology in China

　　and Abroad　*Hongjun XIAO, Xiao'ou SHAO and Wanshu FENG* / 055

Abstract: Based on a systematic review of the mainstream evaluation frameworks in China and abroad, the actual situation of listed Chinese companies, as well as the frontier global trends and the latest ESG‑related policies, this report further improves the ESG evaluation framework for listed Chinese companies. After clarifying the subjects and significance of the research, this chapter elaborates the model and index system for ESG evaluation of Chinese listed companies, optimizes the weighting methods for the ESG evaluation index system, and develops the 2022 version of ESG evaluation framework for Chinese listed companies.

Keywords: Listed Companies; ESG Evaluation Model; Index System

Ⅲ　Industry Reports

B.5　ESG Evaluation & Analysis of Listed Companies in

　　Manufacturing Industry (high‑energy‑consuming and

　　high‑emission Sectors)　*Xiao'ou SHAO, Wanshu FENG* / 094

Abstract: This chapter is devoted to a systematic analysis into the ESG information disclosure and practice of 183 listed companies in the manufacturing

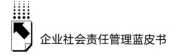
industry (high-energy-consuming and high-emission Sectors) from the four dimensions of economy, society, environment, and governance. The study shows that the overall ESG performance of manufacturing industry (high-energy-consuming and high-emission Sectors) is poor, with high scores in economic and environmental categories, low scores in social category, the governance dimension requiring attention.

Keywords: ESG Evaluation; Manufacturing Industry; High-Energy-Consuming and High-Emission Sectors

B . 6　ESG Evaluation & Analysis of Listed Companies in Manufacturing Industry (Other Sectors)

Xiao'ou SHAO , *Qinxiu LUO* / 115

Abstract: This chapter conducts a systematic analysis into the ESG information disclosure and practice levels of 183 listed companies in the manufacturing industry (other sectors). The study shows that the overall ESG performance of the manufacturing industry (other sectors) is poor, with nearly 40% of them rated C—CCC in ESG evaluation. The overall score in social category is relatively high while the overall scores in economic and environmental categories needs to be improved. The listed companies are recommended to focus on increasing the risk prevention control capabilities, improving information disclosure related to environment, attaching importance to the management of social issues, and reinforcing the top-level design of ESG management, thereby improving their ESG management.

Keywords: ESG Evaluation; Manufacturing Industry; Listed Chinese Companies

Contents ↖↘

Abstract: Based on an in-depth analysis into the 2021 ESG information disclosure of 60 sample listed Chinese companies in the financial industry, it's found that these sample companies overall perform well in terms of ESG practice, attaining progress in integrating ESG into their business. However, their own ESG management still needs to be strengthened. Large state-owned banks and joint-stock banks outperform others in ESG. The urban commercial banks have not been fully aware of their social responsibilities. The listed companies in the insurance sector have incorporated ESG concepts into their risk prevention and control systems. The listed companies engaging in capital market services and other financial sectors are playing a leading role in the field of sustainable investment.

Keywords: Financial Industry; ESG Financial Products; Listed Chinese Companies

Abstract: This report focuses on a systematic analysis into the ESG information disclosure and practice levels of 30 listed companies in the electricity, heat, gas, and water production and supply industry from the four dimensions of economy, society, environment, and governance. The study found that the overall ESG performance of the industry is mediocre, with high scores in economic and social dimensions, low scores in governance, and the lowest scores in environmental dimension.

Keywords: ESG Evaluation; Electric, Heat, Gas and Water Production and Supply industry; Listed Chinese Companies

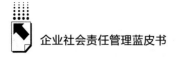

B.9 ESG Evaluation Analysis of Listed Companies in the
Information Transmission, Software and IT
Services Industry   *Xiao'ou SHAO, Ruofei WU* / 181

Abstract: Through an in-depth analysis of the 2021 ESG information disclosure of 28 sample enterprises from listed Chinese companies in the information transmission, software and IT service industry, it's found that the overall performance of these sample companies is mediocre in terms of ESG information disclosure. A with most enterprises not pay attention to their own impact on the environmental impact and seriously, lacking in environmental information disclosure. In the social dimension, they does not carry out in-depth ESG practice centering on the industrial advantages. With regard to governance, they have the potential to develop into a benchmark industry. With the rapid growth of the information transmission, software and information technology services industry, the ESG concepts are playing an increasingly prominent guiding role for relevant companies to create environmental and social values while pursuing economic benefits. The ESG concepts have become a vital compass for developing mature and sustainable industries.

Keywords: Information Transmission; Software and IT Service Industry; ESG; Information Disclosure; Sustainable Development

B.10 ESG Evaluation & Analysis of Listed Companies
in Transportation, Storage and Postal Service Industry
Xiao'ou SHAO, Ruofei WU / 199

Abstract: Based on an in-depth analysis into the 2021 ESG information disclosure of 13 samples from listed Chinese companies in the transportation, storage and postal service industry, it is found that the overall performance of the sample companies is below average, scoring particularly low in the comprehensive environmental evaluation. Driven by the initiatives to build a modern socialist country and the process of building a strong transportation country in-depth, regulators have further clarified the requirements on the environmental and social performance of listed companies in the industry. In this context, these companies must attach importance to the transition towards green development, expand social influence, enhance the resilience against risks, and generate endogenous driving forces for sustainable development.

Keywords: Transportation; Storage and Postal Service Industry; ESG; Listed Chinese Companies; Sustainable Development

B.11 ESG Evaluation & Analysis of Listed Companies in the Mining Industry *Xiao'ou SHAO, Huiying GAO* / 218

Abstract: This report focuses on the evaluation and analysis of the ESG practice of listed companies in the mining industry. The study found that the overall performance of listed companies in the mining industry in terms of ESG information disclosure is at an intermediate level. In the economic dimension, no company is rated at A level or above, two companies receive negative scores in the profitability index, and the sample companies overall show a positive trend for growth. In the environmental dimension, the sample companies are rated at B level on average. In the social dimension, the sample companies perform maturely in the information disclosure. In the dimension of governance, there exist obvious fault lines in the ratings at C—BBB—AAA levels. Overall, listed companies in the mining industry need to further improve their information disclosure in all dimensions.

Keywords: Mining Industry; ESG; Listed Chinese Companies; Green mine

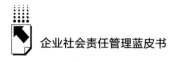

B . 12　ESG Evaluation & Analysis of Listed Companies in the

　　　　Construction Industry　　　　*Xiao'ou SHAO , Huiying GAO* / 237

Abstract: This report is devoted to the evaluation and analysis into the ESG practice of listed companies in the construction industry. The results show that these companies were rated "BB" on average in the economic, environmental and social dimensions, and rated "B" on average in the dimension of governance. The overall industrial performance in terms of ESG information disclosure is poor. Despite the existing risk management system, the listed companies in the construction industry have not been capable of risk identification and monitoring across the board; they need to further improve their risk management capabilities. To this end, they need to comprehensively evaluate their ESG management capabilities, keep improving the ESG management mechanisms, and continue to enhance capabilities for professional ESG management.

Keywords: Construction Industry; ESG; Lised Chinese Companies; Green Construction

B . 13　ESG Evaluation & Analysis of Listed Companies in the

　　　　Property Industry　　　　*Xiao'ou SHAO , Qinxiu LUO* / 255

Abstract: This report features a systematic analysis into the ESG information disclosure and practice of nine listed companies in the property industry from four dimensions, namely economy, society, environment and governance. The study found that the overall property industry is underperforming in the ESG practice. One-third of the companies are assigned C~CCC in the ESG ratings. They obtain high scores in the social dimension and the lowest scores in the environmental dimension. The score in the economic dimension should be improved overall. The listed companies in the property industry are therefore advised to focus on improving the environmental information disclosure, strictly control product quality to achieve harmony and win-win results between the company and stakeholders, and clarify ESG rights and responsibilities within the company for better quality and transparency of information disclosure. In addition, they are recommended to improve short-term solvency and make good use of green financial instruments to accelerate the exploration of new paths for sustainable development in the construction industry.

Keywords: ESG; Property Industry; Listed Chinese Companies

B.14　ESG Evaluation & Analysis of Listed Companies

　　in Scientific Research and Technical Service Industry

Xiao'ou SHAO, Qinxiu LUO / 273

Abstract: This report carries out a systematic analysis of the ESG information disclosure and practice of seven listed companies in the scientific research and technical service industry from four dimensions, namely, economy, society, environment, and governance. The results show that the overall ESG performance of the industry is at an intermediate level, with the BB rating on average. They received high scores in the social dimension and low scores in the environmental information disclosure, in need of improvement in the economic dimension.

Keywords: ESG; Scientific Research and Technical Service Industry; Listed Chinese Companies

Ⅳ　Investment Reports

B.15　Research on the ESG Investment of Listed

　　Chinese Companies　　　　*Xiao'ou SHAO, Lili YANG / 289*

Abstract: The ESG investment concepts have received growing attention in China in recent years. Nowadays, the development of ESG investment has matured in some developed countries, but China is still in its infancy. This chapter analyzed the relevant policies and regulations on ESG investment in China and such developed economies as Europe, the United States, and Japan among others. It is followed by a review of China's policies on ESG investment and a summary of the development characteristics, aiming to provide a reference for China's development of ESG investment strategies and for companies' practice in ESG investment.

Keywords: ESG Investment; ESG Investment Policy; Reference for ESG Investment

B.16   ESG Evaluation of Various Stock Price Indices

Hailong WANG, Hua WANG and Hongyuan LI / 299

Abstract: This report studies the ESG performance of the SSE 50 Index, SZSE 100 Index, and MSCI China 200 Index A-share listed companies. Due to the different characteristics of the constituent stock samples, the performance of listed companies varies from index to index. By the measure of ESG performance, the average score of listed companies in the SSE 50 Index is the highest,, followed by those listed on the SZSE 100 Index, with those on the MSCI China 200 Index at the bottom.

Keywords: SSE 50; SZSE 100; MSCI China 200; ESG Evaluation

Appendix 1   Typical Cases of ESG Performance among Listed Chinese Companies

Xianfeng FU, Jingci WU and Qinxiu LUO / 315

Abstract: Based on the information disclosed in the ESG reports, sustainable development reports, and social responsibility reports of the sample companies in 2021 or 2022, this chapter presents the practices of listed Chinese companies in the three dimensions of ESG through three aspects: environment, society and governance, demonstrates the ESG performance, thinking and actions of listed Chinese companies in an all-round manner. This chapter incorporates dozens of outstanding cases in ESG practice to give a full picture of experience and practices of listed Chinese companies in various industries in ESG management, practice, information disclosure, and other fields, in a bid to inspire innovation in ESG management and help companies improve ESG management.

Keywords: ESG Typical Cases; ESG Information Disclosure; ESG Practice

社会科学文献出版社

皮 书

智库成果出版与传播平台

✧ 皮书定义 ✧

皮书是对中国与世界发展状况和热点问题进行年度监测，以专业的角度、专家的视野和实证研究方法，针对某一领域或区域现状与发展态势展开分析和预测，具备前沿性、原创性、实证性、连续性、时效性等特点的公开出版物，由一系列权威研究报告组成。

✧ 皮书作者 ✧

皮书系列报告作者以国内外一流研究机构、知名高校等重点智库的研究人员为主，多为相关领域一流专家学者，他们的观点代表了当下学界对中国与世界的现实和未来最高水平的解读与分析。截至 2022 年底，皮书研创机构逾千家，报告作者累计超过 10 万人。

✧ 皮书荣誉 ✧

皮书作为中国社会科学院基础理论研究与应用对策研究融合发展的代表性成果，不仅是哲学社会科学工作者服务中国特色社会主义现代化建设的重要成果，更是助力中国特色新型智库建设、构建中国特色哲学社会科学"三大体系"的重要平台。皮书系列先后被列入"十二五""十三五""十四五"时期国家重点出版物出版专项规划项目；2013~2023 年，重点皮书列入中国社会科学院国家哲学社会科学创新工程项目。

权威报告·连续出版·独家资源

皮书数据库
ANNUAL REPORT(YEARBOOK)
DATABASE

分析解读当下中国发展变迁的高端智库平台

所获荣誉

- 2020年，入选全国新闻出版深度融合发展创新案例
- 2019年，入选国家新闻出版署数字出版精品遴选推荐计划
- 2016年，入选"十三五"国家重点电子出版物出版规划骨干工程
- 2013年，荣获"中国出版政府奖·网络出版物奖"提名奖
- 连续多年荣获中国数字出版博览会"数字出版·优秀品牌"奖

皮书数据库

"社科数托邦"
微信公众号

成为用户

登录网址www.pishu.com.cn访问皮书数据库网站或下载皮书数据库APP，通过手机号码验证或邮箱验证即可成为皮书数据库用户。

用户福利

- 已注册用户购书后可免费获赠100元皮书数据库充值卡。刮开充值卡涂层获取充值密码，登录并进入"会员中心"—"在线充值"—"充值卡充值"，充值成功即可购买和查看数据库内容。
- 用户福利最终解释权归社会科学文献出版社所有。

数据库服务热线：400-008-6695
数据库服务QQ：2475522410
数据库服务邮箱：database@ssap.cn
图书销售热线：010-59367070/7028
图书服务QQ：1265056568
图书服务邮箱：duzhe@ssap.cn

社会科学文献出版社 皮书系列
SOCIAL SCIENCES ACADEMIC PRESS (CHINA)

卡号：825649243924
密码：

S 基本子库
SUB DATABASE

中国社会发展数据库（下设 12 个专题子库）

紧扣人口、政治、外交、法律、教育、医疗卫生、资源环境等 12 个社会发展领域的前沿和热点，全面整合专业著作、智库报告、学术资讯、调研数据等类型资源，帮助用户追踪中国社会发展动态、研究社会发展战略与政策、了解社会热点问题、分析社会发展趋势。

中国经济发展数据库（下设 12 专题子库）

内容涵盖宏观经济、产业经济、工业经济、农业经济、财政金融、房地产经济、城市经济、商业贸易等 12 个重点经济领域，为把握经济运行态势、洞察经济发展规律、研判经济发展趋势、进行经济调控决策提供参考和依据。

中国行业发展数据库（下设 17 个专题子库）

以中国国民经济行业分类为依据，覆盖金融业、旅游业、交通运输业、能源矿产业、制造业等 100 多个行业，跟踪分析国民经济相关行业市场运行状况和政策导向，汇集行业发展前沿资讯，为投资、从业及各种经济决策提供理论支撑和实践指导。

中国区域发展数据库（下设 4 个专题子库）

对中国特定区域内的经济、社会、文化等领域现状与发展情况进行深度分析和预测，涉及省级行政区、城市群、城市、农村等不同维度，研究层级至县及县以下行政区，为学者研究地方经济社会宏观态势、经验模式、发展案例提供支撑，为地方政府决策提供参考。

中国文化传媒数据库（下设 18 个专题子库）

内容覆盖文化产业、新闻传播、电影娱乐、文学艺术、群众文化、图书情报等 18 个重点研究领域，聚焦文化传媒领域发展前沿、热点话题、行业实践，服务用户的教学科研、文化投资、企业规划等需要。

世界经济与国际关系数据库（下设 6 个专题子库）

整合世界经济、国际政治、世界文化与科技、全球性问题、国际组织与国际法、区域研究 6 大领域研究成果，对世界经济形势、国际形势进行连续性深度分析，对年度热点问题进行专题解读，为研判全球发展趋势提供事实和数据支持。

法律声明

"皮书系列"（含蓝皮书、绿皮书、黄皮书）之品牌由社会科学文献出版社最早使用并持续至今，现已被中国图书行业所熟知。"皮书系列"的相关商标已在国家商标管理部门商标局注册，包括但不限于LOGO（ ）、皮书、Pishu、经济蓝皮书、社会蓝皮书等。"皮书系列"图书的注册商标专用权及封面设计、版式设计的著作权均为社会科学文献出版社所有。未经社会科学文献出版社书面授权许可，任何使用与"皮书系列"图书注册商标、封面设计、版式设计相同或者近似的文字、图形或其组合的行为均系侵权行为。

经作者授权，本书的专有出版权及信息网络传播权等为社会科学文献出版社享有。未经社会科学文献出版社书面授权许可，任何就本书内容的复制、发行或以数字形式进行网络传播的行为均系侵权行为。

社会科学文献出版社将通过法律途径追究上述侵权行为的法律责任，维护自身合法权益。

欢迎社会各界人士对侵犯社会科学文献出版社上述权利的侵权行为进行举报。电话：010-59367121，电子邮箱：fawubu@ssap.cn。

社会科学文献出版社